JEAN PLAIDY

MEHR ALS MACHT UND EHRE

JEAN PLAIDY

MEHR ALS MACHT UND EHRE

ROMAN UM THOMAS MORE
UND HEINRICH VIII.

HERDER

FREIBURG · BASEL · WIEN

Enid und John Leigh-Hunt gewidmet

AUS DEM ENGLISCHEN ÜBERTRAGEN VON
JUTTA UND THEODOR KNUST
Die Originalausgabe erschien unter dem Titel
St. Thomas's Eve
im Verlag Robert Hale, London

Freiburger Graphische Betriebe 1974
ISBN 3-451-17073-6

I

„Und wer ist dieser Mann, der es wagt, sich Uns zu widersetzen?“ fragte der König. „Wer ist dieser Thomas More? Eh? Beantwortet mir das!“

Der König war zornig. Er saß aufrecht im königlichen Sessel, die eine Hand auf dem purpurnen Samt, der den Tisch bedeckte, während er mit der anderen über den Hermelin strich, der seinen Mantel schmückte. Er bemühte sich, seine Wut zu unterdrücken und die übliche Ruhe zu bewahren, denn er war ein kluger Mann, den das Leben gelehrt hatte, daß gelassene Worte wirksamer waren als das Schwert.

Zwei Männer saßen mit ihm an dem samtbedeckten Tisch, auf dem die Dokumente lagen, mit denen sie sich beschäftigt hatten, ehe Tyler eingetreten war. Der König schaute von einem zum anderen.

„Ihr, Empson! Ihr, Dudley! Redet! Wer ist dieser More?“

„Mir scheint, seinen Namen habe ich schon gehört, Euer Gnaden“, erwiderte Sir Edmund Dudley. „Aber ich kenne ihn nicht.“

„Wir sollten uns die Leute genauer ansehen, denen wir erlauben, in London ins Parlament gewählt zu werden.“

„So ist es, Euer Gnaden“, stimmte Sir Richard Empson zu.

Den König übermannte fast die Wut. Angewidert starrte er Master Tyler an, den Herrn vom Privatkabinett, der die Nachricht gebracht hatte. Doch es war nicht seine Art, den Zorn an Leuten auszulassen, die nicht verantwortlich für das waren, was sie übermitteln sollten. Tyler zitterte. Er wünschte inbrünstig, er hätte einen anderen beauftragt, den König damit vertraut zu machen, daß sein Parlament – infolge der in energische Worte gefaßten Argumente eines der jüngsten Parlamentsmitglieder – ihm nicht die Summe bewilligen wollte, die er verlangt hatte.

Es befand sich noch ein anderer in diesem Raum des Richmond-Palastes, ein Junge von dreizehn Jahren, der müßig aus dem Fenster schaute und eine Barke auf dem Fluß beobachtete. Er wünschte, er säße in der Barke an Stelle des vornehmen Herrn, der die blonde junge Dame auf der fröhlichen Fahrt nach Hampton begleitete. Er konnte die beiden gut sehen, da er ausgezeichnete Augen besaß. Die Sonne schien aufs Wasser, das fast die gleiche Farbe hatte wie das Gewand der jungen Dame. Der Prinz hatte bereits eine Schwäche für Damen – und sie für ihn. Trotz seiner Jugend stand er an Größe kaum erwachsenen Männern nach, und alles sprach dafür, daß er noch erheblich wachsen würde. Seine Haut war hell, und das Haar hatte einen rötlichen Ton, so daß es schimmerte wie die Goldornamente auf seiner Kleidung.

Nun hatte er die junge Dame bereits wieder vergessen. Er wollte Tennis spielen und jeden schlagen, der sich ihm stellte. Er wollte all die Lobreden der anderen über sich hören und so tun, als höre er sie nicht, während die anderen taten, als wüßten sie nicht, daß er sie hörte. Seit zwei Jahren ging das schon so mit diesen Schmeicheleien. Und wie hätte er, der Schmeicheleien so liebte, dann wirklich traurig darüber sein können, daß sein Bruder gestorben war? Er hatte Arthur geliebt, ihn als seinen älteren Bruder bewundert, aber es war ihm, als hätte er ein grobes Friesgewand verloren und wegen dieses Verlustes ein Wams aus Samt und Goldbrokat erhalten. Er war sich bewußt, daß er ein Prinz war, der eines Tages König sein würde.

Und wenn ich das bin, sagte er zu sich, dann werde ich nicht mit solchen grämlichen Einfaltspinseln wie Master Dudley und Master Empson zu Rate sitzen. Ich werde mir nicht den Kopf darüber zerbrechen, wie ich das Geld horten, sondern wie ich es ausgeben kann. Ich will fröhliche Männer um mich haben – dicke Verschwender, keine hageren Knicker.

„Und du, mein Sohn“, hörte er seinen Vater sagen, „wie steht's mit dir? Hast du etwas über diesen Burschen More gehört?“

Der Junge erhob sich und trat an den Tisch, wo er ehrerbietig vor dem König stehenblieb.

Mein Sohn! überlegte der König. Was er für ein König sein wird! Doch welche Ähnlichkeit mit dem verhaßten Haus York er hat! In seiner stolzen Haltung sehe ich seinen Großvater, Edward von York, vor mir.

Und der Vater des Jungen war leicht beunruhigt, denn er erinnerte sich Edwards des Vierten in seinen letzten Jahren, als das Dreitagefieber ihn gepackt hatte und seinen Zügen gleich einem mutwilligen Schreiber hier einen Punkt, da eine Linie hinzugefügt hatte, bis aus dem früher so schönen Gesicht eine abstoßende Pergamentmaske geworden war. Doch nicht nur das Fieber hatte das getan. Auch das Leben, das er führte, hatte dazu beigetragen: zuviel gutes Essen, zuviel guter Wein; zu viele Frauen – überall und jede, von der Dienstmagd bis zur Herzogin. Solche Ausschweifungen nahmen einen Mann arg mit.

Ich muß mit meinem Sohn reden, dachte der König, ich muß seinen Fuß auf den rechten Pfad setzen. Ich muß ihn lehren, wie man Geld spart und es vermehrt. Geld ist Macht, und Macht ist das Erbe eines Königs. Und wenn dieser König ein Tudor-König ist, stets in Gefahr, das Opfer schlauer und heimlicher Feinde zu werden, die sein Territorium beanspruchen, dann muß dieser Tudor-König reich sein, denn für Schätze kann er sich Soldaten und Waffen kaufen, die ihm helfen.

Der König war mit seinen eigenen Erwerbungen nicht unzufrieden, doch sobald er die eine Truhe gefüllt hatte, war er darauf aus, die nächste zu füllen. Leider verwandelte sich nicht alles, was er berührte, so leicht in Gold, wie er es sich gewünscht hätte. Er besaß nicht die Hände des Midas. Er hatte nur einen scharfen Verstand. Nun gut, dann dankte er Gott jedenfalls für diesen scharfen Verstand. Denn der Krieg, der die Schatztruhen anderer Könige leerte, füllte die des Hauses Tudor. Heinrich Tudor beutete den Krieg aus, er ließ sich nicht von ihm ausbeuten. Er konnte dem Volk Geld abnehmen, wenn er den Leuten sagte, sie müßten mit ihren Feinden, den Franzosen und den Schotten, kämpfen. Und das Volk war bereit zu zahlen, weil es glaubte, dem siegreichen Eroberer winke reiche Beute. Doch Heinrich der Siebente wußte, daß der Krieg alle Schätze verschlang, die ihm geboten wurden, daß er immer mehr forderte und im Tausch dafür Pest, Hunger und Armut brachte. Deshalb pflegte der König, sobald er das Geld einkassiert hatte, eilig Frieden zu schließen. So bedeutete das, was dafür bestimmt war, den

Feinden Englands Krieg zu bringen, Reichtum für Englands König.

Der König hatte schon manchen Aufstand erlebt. Da er ein Bastardzweig am königlichen Stamm war, aufgepfropft von einer unbesonnenen verwitweten Königin, hatte er sich anfangs unsicher gefühlt, und viele hatten sich gegen ihn aufgelehnt. Doch nun saß er von Jahr zu Jahr fester auf dem Thron. Er forderte nicht das Blut derer, die ihn zu vernichten geplant hatten; er wollte nur ihre Ländereien und ihr Vermögen. So wurde er mit jedem Jahr reicher.

Nun betrachtete er den Knaben, der vor ihm stand, nicht so, wie ein Vater seinen Sohn ansieht, sondern wie ein König, der seinen Nachfolger mustert.

Die Königin war im vorigen Jahr im Kindbett gestorben, und der König war darauf aus, eine neue Gemahlin zu wählen. Dies war der einzige Sohn, der ihm geblieben war, und der Tod Arthurs, der gerade geheiratet hatte, war ein bitterer Schlag gewesen. Der Verlust der Königin zählte nicht so sehr. Es gab viele Frauen auf der Welt – königliche Frauen –, die nicht zögern würden, sich mit dem König von England zu vermählen. Und der Gedanke, daß Ehefrauen eine Mitgift brachten, war angenehm.

Es hatte ihm nicht viel ausgemacht, das Ende der Königin Elisabeth zu erleben. Zwar war sie ihm eine gute, demütige Frau gewesen und hatte ihm mehrere Kinder geschenkt. Aber sie stammte aus dem Hause York, und so vernünftig er sonst auch war, das hatte er nur schwer verwinden können.

„Nun, mein Sohn?“

„Ich kenne den Mann More, Euer Gnaden.“

„Dann berichte mir, was du von ihm weißt.“

„Er ist Jurist, Sire. Ich sah ihn, als ich mit meinen Schwestern in Eltham war. Er kam mit Mountjoy und Erasmus, dem Gelehrten, denn Erasmus besuchte Mountjoy, dessen Lehrer er war.“

„Ja“, erwiderte der König, „und was ist dieser More für ein Mann?“

„Von mittlerer Größe, würde ich sagen, Sire. Und gut anzusehen. Er hat fröhliche Augen und eine Art zu sprechen, die viel Anlaß zum Lachen gab.“

„Mir scheint, seine Art zu sprechen gab Unserem Parlament viel Anlaß zur Knausrigkeit. Und das werden Wir nicht dulden. Ist das alles, was du Uns berichten kannst?“

„Das ist alles, Sire.“

Der König winkte mit der Hand, und der Prinz kehrte mit einer Verbeugung zu seinem Schemel zurück.

„Man sollte ihm eine schwere Geldbuße auferlegen“, erklärte der König.

„Er ist nicht reich, Euer Gnaden“, murmelte Empson. „Ein Gelehrter, Schriftsteller, Jurist... aus ihm ist wenig herauszupressen.“

Der König konnte seinen Günstlingen Empson und Dudley trauen. Sie waren von seiner Art, habgierig wie er. Sie bereicherten sich selbst mit, wenn sie den König bereicherten.

„Er hat einen Vater, Sire“, sagte Dudley.

„Der vielleicht hundert Pfund gut wäre“, setzte Empson hinzu.

„Werft ihn in den Tower!“

„Unter der Anklage, einen verräterischen Sohn zu haben, Euer Gnaden?“

„Aber nein. Das solltet Ihr wohl besser wissen. Untersucht seine Angelegenheiten, und dann erhebt irgendeine Anklage gegen ihn. Stellt fest, was er für Vermögen besitzt. Dann werden Wir über die Buße entscheiden. Und tut es schnell!“

Der König wünschte, mit seinem Sohn allein zu sein.

Als der Knabe vor ihm gestanden hatte, waren Befürchtungen in ihm aufgestiegen, und diese hatten vorübergehend seinen Zorn, nicht soviel Geld zu erhalten, wie er wünschte, gedämpft. Das lag am Aussehen des Jungen, an der stolzen Haltung des Kopfes, der schimmernd hellen Haut, dem Haar, das fast wie Gold leuchtete, dem kleinen, sinnlichen Mund und den strahlend blauen Augen. Das alles hatte den König so lebhaft an den Großvater des Jungen mütterlicherseits erinnert und an die Verschwendungssucht dieses Mannes. Deshalb verspürte er das Bedürfnis, sofort mit seinem Sohn zu reden.

Als sie allein waren, sprach er ihn an: „Heinrich.“

Der Junge stand sofort auf, doch sein Vater fuhr fort: „Nein, bleib, wo du bist. Kein Zeremoniell, solange wir allein sind. Ich möchte mit dir als Vater zum Sohn reden.“

„Ja, Vater.“

„Eines Tages, mein Junge, wirst du König in diesem Reich sein.“

„Ja, Vater.“

„Vor drei Jahren wußten Wir noch nicht, daß du für solche Größe bestimmt bist. Damals warst du nur der zweite Sohn des Königs, der, wie dein Vater entschieden hatte, Erzbischof von Canterbury werden sollte. Nun werden deine Schritte von der Kirche zum Thron gelenkt. Ist es dir klar, mein Sohn, daß die Sorgen der Herrschaft weit größer sind als Ruhm und Ehre?"

Der Knabe entgegnete: „Ja, Vater."

Doch er glaubte es nicht. So mochte es bei diesen hageren, blassen Männern sein, solchen wie sein Vater, dessen Gedanken nur darauf gerichtet waren, die Geldtruhen zu füllen. Doch wenn ein König jung und stattlich war und die Augen der Damen aufleuchteten, wenn sie auf ihm ruhten, und die der jungen Männer Neid und Bewunderung ausdrückten, dann sah die Sache anders aus. Ruhm und Ehre konnten weit größer sein als alle Sorgen. Und wenn es bei Heinrich dem Siebenten nicht so war, dann würde Heinrich der Achte schon dafür sorgen, daß es bei ihm der Fall sein würde.

„An die Könige treten viele Versuchungen heran, mein Sohn. Du wirst gut daran tun, die Geschichte derer zu studieren, die vorher waren."

„Das tue ich, Vater. Mein Lord Mountjoy hat es verlangt, als er mich unterrichtete."

„Es gibt Zeiten, da ein König von allen Seiten bedrängt wird, wo sich Verräter erheben und ihn bedrohen. Dann muß er rasch und weise handeln."

„Ich weiß es, Sire."

„Dann weißt du auch, weshalb ich wünsche, daß du bei unseren Beratungen anwesend bist. Hoffentlich verbringst du die Zeit nicht damit, müßig aus dem Fenster zu starren und von Kurzweil und Vergnügen zu träumen. Ich möchte, daß du aus unseren Besprechungen etwas lernst."

„Das tue ich, Vater."

„Manche hätten diesen Burschen More in den Tower geworfen und seinen Kopf auf der London-Bridge aufgepflanzt für das, was er getan hat. Doch so etwas ist Torheit. Merk dir eines: Laß die Leute glauben, daß das Parlament den König lenkt, aber laß die Mitglieder des Parlaments wissen, daß der König hundert Möglichkeiten hat, sie zu treffen, wenn sie ihm nicht gehorchen."

„Die Leute sind nicht zufrieden", sagte der Knabe kühn. „Sie mögen die Steuern nicht, sie sagen, es gibt zu viele Steuern. Sie murren gegen Dudley und Empson." Daß sie gegen den König murrten, wagte er nicht zu sagen, doch er wußte, das Volk würde seinen Vater nie lieben, wie es – davon war er überzeugt – seinen Sohn lieben würde. Wenn er durch die Straßen ging, riefen sie seinen Namen. „Gott segne den Prinzen! Gott segne Prinz Hal!" Ihre Hochrufe klangen ihm süßer als die Musik seiner Laute, und seine Laute liebte er innig. *Ihm* konnte sein Vater nicht erzählen, wie sich ein König zu verhalten hatte.

„Es muß Menschen geben, die die Arbeit des Königs tun", sagte König Heinrich, „und wenn es unangenehme Arbeit ist, dann ist es ihre Pflicht, die Vorwürfe des Volkes zu tragen. Mein Sohn, eines Tages wirst du nicht nur König sein, sondern auch ein reicher König, während ich, als ich den Verräter Richard den Buckel bei Bosworth schlug und die Krone nahm, feststellen mußte, daß ich ein bankrottes Reich geerbt hatte."

„Es war eine vortreffliche Tat, den Verräter zu erschlagen!"

„Doch so auf den Thron zu gelangen, wie Wir es getan haben, ist ein gefährlicher Weg. Vergiß das nie! Sei auf der Hut! Und vor allem lerne von denen, die vor uns waren! Nutze die Lehren der Vergangenheit, um die Gefahren der Zukunft zu überwinden. Du erinnerst mich an deinen Großvater, den großen König Edward, denn du hast etwas von seinen Gesichtszügen und seiner Statur. Ach, das war ein Mann!"

Vater und Sohn lächelten bei dem Gedanken an den Großvater des Knaben.

Mit seiner Schönheit und seinem Charme lockte er seinem Volk die Steuern aus der Tasche, dachte der König gerade, und er nannte sie „Wohltätigkeiten". Oh, solche Macht zu haben!

Er streifte als gewöhnlicher vornehmer Herr durch das Land, dachte der Prinz, und so bezwingend waren sein Charme und seine Schönheit, daß keine Frau ihm zu widerstehen vermochte. Oh, solche Macht zu haben!

Die Strahlen der Sonne fielen schräg durch die Fenster des Richmond-Palastes, und während der Vater mit seinem Sohn über die Freuden und Gefahren des Königtums sprach, vergaßen sie beide Thomas More.

Währenddessen schlenderte das Objekt des königlichen Grolls Arm in Arm mit einem seiner besten Freunde über das

Grundstück eines freundlichen alten Herrenhauses in dem kleinen Dorf Stepney. Thomas More mit seinem Beichtvater Dr. John Colet, einem Mann, dessen Geist und Gelehrsamkeit er fast ebenso genoß wie die Freundschaft, die sie füreinander hegten.

Colet, etwa zehn Jahre älter als Thomas More, hörte sich ernst den Bericht seines Freundes über das an, was sich im Parlament ereignet hatte.

Er schüttelte den Kopf. „Es war eine mutige Tat, das will ich nicht leugnen, aber es gibt Situationen im menschlichen Leben, wo Mut nur Torheit und Torheit Mut genannt werden kann."

„Dann sag mir eins, John! Was ist besser, ein mutiger Tor oder ein kluger Feigling zu sein? Ich liebe die Klugen, ich liebe die Mutigen, aber ich liebe weder Feiglinge noch Toren. Was ist das Leben doch für eine verrückte Sache, wenn die falschen Partner zusammengehen!"

Doch John Colet war nicht zum Lachen zumute.

„Wäre es nicht ausgerechnet um Geld gegangen, dann wäre der König eher bereit, dir zu verzeihen."

„Hat der König je etwas anderes vom Parlament verlangt als Geld? Nein, das weißt du so gut wie ich. Der König ist versessen auf Geld. Ihn fasziniert der Glanz des Goldes. Er liebt den Anblick von Gold in seinen Truhen ... goldenes Geschirr ... goldene Münzen. Er genießt es, zu wissen, daß er nicht nur König, sondern auch ein reicher König ist."

„Freund Thomas, eins solltest du dir zu Herzen nehmen. Ich bin älter als du ..."

„Ich weiß, du Graubart."

„Dann solltest du dir auch über eins klar sein: Wenn du dir den König zum Feind machen willst, dann brauchst du dich nur zwischen ihn und das Geld zu stellen, das er zu erlangen hofft. So wirst du – schneller als auf jede andere Weise – seinen Groll erregen. Vergiß es nicht, Thomas! Es ist gefährlich, sich gegen den König zu stellen. Jetzt und zu allen Zeiten."

„Noch gefährlicher ist es, sich gegen sein eigenes Gewissen zu stellen. Sag doch selbst, John, soll dem König erlaubt sein, dem Volk solche Steuern aufzuerlegen? Du hast oft genug erklärt, daß das nicht sein dürfte. Komm, gib's zu!"

„Gewiß, aber darüber haben wir nur im Freundeskreis gesprochen. So etwas im Parlament zu sagen ist etwas anderes."

„Ich erinnere dich daran, daß es unter meinen Freunden

Männer gibt, die Reden darüber gehalten und Menschenmengen damit angelockt haben. Und das haben sie in aller Öffentlichkeit getan." Thomas legte den Kopf schief und zog eine Schulter hoch, wie er's häufig tat. „Ich denke da an einen Freund, der im Augenblick gar nicht weit von mir entfernt ist und der sich in große Gefahr begeben hat, weil er ‚gefährliche Gedanken', wie man sie nennt, allzu kühn geäußert hat."

Colet winkte ungeduldig ab. „Ich habe über Theologie gesprochen. Du über Geld. Es hat nie einen habgierigeren König gegeben als den unseren. Und noch nie ist einer rachsüchtiger gewesen, wenn man ihm das liebe Geld vorenthielt. Doch über eins bin ich froh. Du bist arm, mein Freund. Dir deine irdischen Güter zu rauben würde sich für die Gehilfen des Königs kaum lohnen."

„Da sieht man wieder, wie das Leben einen Ausgleich schafft. Die Armut ist mein Schild. Sie schützt mich vor den Angriffen meiner Feinde. Aber jetzt wollen wir diese Angelegenheit ruhen lassen. Ich kam hierher, um anderes mit dir zu besprechen."

Sie wanderten durch den Obstgarten, in dem die Früchte zu reifen begannen. „Dieses Jahr wird es eine gute Ernte geben, wenigstens, wenn es den Wespen und Vögeln so gefällt", sagte Thomas. „Hast du übrigens in letzter Zeit etwas von unserem Freund Erasmus gehört? Nun mach nicht gleich so ein finsteres Gesicht, John. Ich weiß, es war ein harter Schlag für dich, daß er nicht in Oxford bleiben und dort mit dir zusammen lehren wollte. Aber er konnte nicht anders, es drängte ihn, nach Rotterdam in die Armut zurückzukehren."

„Er hat mich enttäuscht", erwiderte Colet. „Er hätte in diesem Land bleiben können. Hier gab es Arbeit für ihn. Hätte er nicht hier studieren können, soviel er wollte?"

„Erinnere dich, was er dir gesagt hat, John! Du hättest dir deine Enttäuschung selbst zuzuschreiben. Du hättest dir ein Bild von ihm gemacht – viel zu gelehrt, sagte er, viel zu fromm. *Er* habe dich nicht enttäuscht, er sei immer er selbst gewesen. Und das stimmt, John. Du hast dir ein falsches Bild von ihm gemacht. Aber ich … ich habe *ihn* enttäuscht. Du weißt ja, ich habe ihm gesagt, er könne unbesorgt sein Geld nach England mitbringen und es sicher wieder mit hinausnehmen, wenn er es wünsche. Meine Kenntnisse von den Gesetzen waren kümmerlich – und dabei nenne ich mich Jurist! Ich habe ihn, meinen Freund, irregeführt, denn es wurde ihm dann doch nicht erlaubt, sein Geld mit nach Haus zu nehmen. Wenn Erasmus seine paar Goldstücke so liebte, wie der König seine vollen Truhen liebt, dann müßte er mich jetzt hassen, wie mich der König haßt. Ist dir übrigens aufgefallen, daß es immer wieder das Geld ist, das mir all die Schwierigkeiten bringt? Das wundert mich freilich nicht, denn die Liebe zum Geld ist die Wurzel allen Übels, und ich werde es kaum ändern können, daß ich mir deshalb den Zorn des Königs zugezogen habe und, wie ich fürchte, auch die Verachtung meines gelehrten Freundes Erasmus – weil ich töricht genug war, ihn falsch zu beraten."

„Es sieht fast so aus", sagte Colet, „als ob meine klugen Freunde beide rechte Toren sind. Da ist Erasmus, der unbedingt in die Armut zurückkehren mußte, um sein Griechisch zu vervollkommnen. Und da bist du, der alles tut, um den König herauszufordern ... wie ein Junge mit einem Stock, der darauf aus ist, einen Stier zu reizen."

„Aber ein gänzlich unbedeutender Junge ... es lohnt nicht die Mühe, ihn auf die Hörner zu nehmen."

„Glaub es, oder glaub es nicht, aber selbst Leute, deren Leidenschaft es ist, das Gold mit vollen Händen zu scheffeln, sind nicht frei von anderen Leidenschaften. Rachsucht zum Beispiel."

„Genug, John! Laß uns von meinen Angelegenheiten sprechen. Ich habe einen Entschluß gefaßt, der den Verlauf meines Lebens ändern wird."

John Colet wandte sich um und sah seinen Freund an. Die blauen Augen blinzelten, die gewöhnlich rosigen Wangen waren tiefrot. Gott möge ihn schützen, dachte Dr. Colet, denn er ist das gütigste Wesen, das ich kenne, doch manchmal fürchte ich, gerade das wird ihn in bittere Schwierigkeiten bringen.

„Komm, wir wollen uns hier auf die Bank setzen und den Kähnen zuschauen, die den Fluß nach London hinauffahren. Dann erzählst du mir von deinem Entschluß."

Sie setzten sich, und John sagte: „Du hast dich doch nicht entschlossen, die Gelübde abzulegen?"

Thomas schwieg. Er legte die Hände auf die Knie und blickte über den Fluß, wo die Zweige der Weiden tief über dem Wasser hingen und die rosig überhauchten Rispen des blühenden Schilfrohrs zwischen den Purpursternen des Weiderichs standen.

Thomas war sechsundzwanzig – ein Alter, wo ein Mann, wie

er meinte, Entschlüsse fassen sollte. Er war blond, blauäugig, von frischer Gesichtsfarbe. Aber vor allem war es die Liebenswürdigkeit seines Wesens, die man nicht so leicht vergaß.

Als John Colet ihn jetzt ansah, dachte er an all seine anderen Freunde: an den berühmten Erasmus, den scharfsinnigen Grocyn, den zuverlässigen William Lily und den klugen, freundlichen Linacre. All diese Männer waren die großen Gelehrten ihrer Zeit, doch keiner von ihnen konnte Menschen so fesseln und anziehen wie Thomas More. Thomas war jünger als Colet und Erasmus, doch was seinen Geist betraf, so zählten ihn beide zu ihresgleichen. Er besaß einen scharfen Verstand, und sein Wissen war erstaunlich. Er konnte mit Humor und von Scherzen gewürzt gelehrte Gespräche führen, doch bei aller Schärfe seines Witzes erlaubte er sich nie, jemanden zu verletzen. Aber er war nicht nur dieser Eigenschaften wegen beliebt. Noch mehr zählten seine Güte, sein höfliches Benehmen selbst den Geringsten gegenüber, seine Offenheit, das nie fehlende Mitgefühl und das Verständnis für die Probleme der anderen und der Wunsch, jedem in Not Geratenen zu helfen.

„Nein", sagte Thomas, „um die Gelübde geht es nicht."

John wandte sich ihm zu und faßte seine Hände. „Dann bin ich froh, daß du endlich zu dieser Entscheidung gekommen bist."

„Ich bin ein gieriger Mensch", entgegnete Thomas. „Doch, doch, John, das bin ich. Ich habe entdeckt, daß ein Leben mir nicht genügt. Ich möchte zwei Leben führen ... eines neben dem anderen. Ich würde so gern die Gelübde ablegen und bei meinen lieben Brüdern vom Kartäuserkloster sein. Wenn du wüßtest, wie mich das lockt! Die Einsamkeit der Kreuzgänge, der Klang der Glocken zur Vesper, die lateinischen Choräle ... der allmähliche Sieg über alle fleischlichen Anfechtungen. Wenn das härene Hemd nicht mehr quält und die hölzerne Nackenstütze mehr Trost bietet als ein weiches Federbett. Ich finde tiefe Befriedigung an solchem Leben ... Doch wiederum – ich möchte eine Familie haben. Wenn ich ehrlich sein will, John, neben dem Mönch ist auch etwas anderes in mir – ein Mann, der verlangend nach den hübschen Gesichtern junger Mädchen schaut, der daran denkt, sie zu küssen und zu liebkosen, ein Mann, der sich nach der Ehe sehnt, nach der Liebe eines Weibes und dem Lachen von Kindern. Ich mußte mich entscheiden."

„Ich bin froh, daß du die Entscheidung getroffen hast, Thomas. Und ich bin überzeugt, du hast recht gewählt."

„Dann habe ich die Hoffnungen nicht enttäuscht, die du in mich gesetzt hast? Du hast an mich also nicht so hohe Maßstäbe angelegt wie an unseren Freund aus Rotterdam."

„Nein, ich denke dabei nicht an Maßstäbe. Ich denke, wie erfreulich es sein wird, wenn du eine Familie hast und ich dich besuche – deine Frau wird mich an deinem Tisch begrüßen ..."

„Und du wirst meinen Kindern zuhören, wenn sie ihre Aufgaben lernen, und dann wirst du ihnen sagen, daß du niemals Kindern begegnet bist, die so tüchtig in den gelehrten Künsten sind. Ach, John, wäre es nicht herrlich, wenn wir zwei Leben führen könnten, wenn wir, sobald wir das Alter der Weisheit erreicht haben, einfach aus dem heraustreten dürften, das uns nicht mehr zusagt, um ein anderes aufzunehmen, das uns Freude bietet."

„Du bist ein Träumer, mein Freund. Doch es würde dir keine Befriedigung geben, denn du wärest mit fünfzig noch ebenso unentschlossen wie mit dreißig. Jeder Weg bringt dem Menschen Freude und Leid, davon bin ich überzeugt."

„Da hast du recht, John."

„Aber ich möchte schwören, das Leben, das du gewählt hast, wird ein gutes Leben sein."

„Aber ob es das Rechte ist, John? Ob es für mich das Rechte ist, was meinst du?"

„So etwas kann man erst entscheiden, wenn das Leben eines Menschen erfüllt ist."

„Dann reite ich morgen nach Essex", sagte Thomas, „zum Haus von Master Colt in New Hall. Und ich werde Master Colt um die Hand seiner ältesten Tochter bitten."

„Die Älteste? Aber ich glaubte, es sei eine der Jüngeren, auf die du dein Auge geworfen hast."

Thomas runzelte die Stirn, doch gleich darauf lächelte er, und das Lächeln hatte unendlichen Charme.

„Ich hab's mir anders überlegt."

„Ach ... zuerst gefiel dir also eines der jüngeren Mädchen, und dann ... hast du dich in ihre Schwester verliebt. Mir scheint, du bist ein wankelmütiger Mensch."

„Es scheint wirklich so, John. Zuerst habe ich mich in die Kartause und in ein Leben der Zurückgezogenheit verliebt. Und du siehst, daß ich dieser Liebe nicht lange treu bleiben konnte."

„Ach, das war keine wahre Liebe. Denn in all den Jahren, die du bei den Mönchen gelebt hast, hast du zwar gefastet und dich kasteit – aber hast du die Gelübde abgelegt? Nein. Immer hast du diesen Entschluß hinausgeschoben. Und in der Zwischenzeit hast du deinem Vater zuliebe deine Rechtsstudien fortgesetzt. Die Kartause ist nie deine wahre Liebe gewesen. Dann hast du die junge Mistress Colt gesehen und hast gedacht, wie schön sie ist. Aber du hast den Vater nicht um ihre Hand gebeten. Erst als du die Älteste sahest, ist dir der Gedanke vergangen, dich von der Welt zurückzuziehen. Ich wünsche dir ein langes und fruchtbares Eheleben, Thomas! Mögest du viele Söhne und ein paar Töchter haben ... denn Töchter sind nützlich im Haus."

„Meine Töchter werden mir genauso wichtig sein wie meine Söhne. Sie werden ebenso erzogen werden wie meine Söhne."

„Frauen wie Männer erziehen! Welch ein Unsinn!"

„John, was ist das größte Geschenk, das die Welt zu bieten hat? Du wirst ebenso antworten wie ich: Gelehrsamkeit. Ist Gelehrsamkeit nicht das, was du der Welt zu geben planst? Wie oft hast du davon gesprochen, was du mit deinem Vermögen tun willst, wenn es erst dir gehört! Du betest im Tempel der Gelehrsamkeit genau wie ich. Und dann möchtest du die Gelehrsamkeit dem einen Kind versagen, nur weil es anderen Geschlechts ist?"

„Ich sehe, daß du streitlustig wirst. Aber das erwarte ich ja auch von dir. Es wird kühl hier am Fluß. Wir wollen zum Haus zurückgehen, während wir über diese Frage sprechen. Es bleibt nicht mehr viel Zeit, wenn du morgen nach Essex reiten willst."

„Ja, bei Sonnenaufgang muß ich aufbrechen."

„Zu einer Liebesmission! Ich werde heute nacht für dich beten. Ich werde auch an die jüngere Tochter denken, und ich werde beten, daß ihr Ehemann weniger wankelmütig sein möge als der Liebende."

Sie schlenderten zum Haus, und als sie es erreichten, waren sie tief in eine andere Diskussion geraten.

John Colt begrüßte seinen Gast. Er betrachtete den Juristen aus London als einen würdigen Bewerber um seine älteste Tochter. Wie er zu seiner Frau sagte, hatte er fast schon die Hoffnung aufgegeben, einen Ehemann für das Mädchen zu finden.

Jane fehlte etwas, was ihre Schwestern besaßen. Nicht nur,

daß sie keine Schönheit war, es mangelte ihr auch an der Vitalität der anderen. Sie schien nichts anderes zu wollen, als auf dem Lande zu leben, die Gärten zu pflegen oder im Haus zu arbeiten, und sie schien die Gesellschaft der Dienstboten der ihrer eigenen Familie oder der Nachbarn vorzuziehen. John Colt fand, es wäre gut, sie als Ehefrau zu sehen, ehe ihre Schwestern heirateten.

„Willkommen auf New Hall, Freund Thomas!" rief Master Colt und umarmte den Mann, von dem er hoffte, daß er sein Schwiegersohn würde. „He, Knecht! Nimm das Pferd Seiner Ehren. Nun kommt ins Haus! Ihr werdet müde sein nach der langen Reise. Wir haben das Abendessen eine Stunde vorverlegt, weil wir meinten, Ihr würdet hungrig sein. Es wird heute um fünf Uhr gegessen. Und Jane ist in der Küche. Ah! Da sie weiß, daß Ihr kommt, muß sie wohl dort sein und dafür sorgen, daß der Braten genau richtig ist und der Blätterteig von unvergleichlicher Lockerkeit. Ihr wißt ja, wie Mädchen sind!"

Er stieß Thomas mit dem Ellbogen an und brach in herzliches Gelächter aus. Thomas stimmte in sein Lachen ein.

„Aber", entgegnete er, „ich bin nicht gekommen, Master Colt, um dem Rinderbraten oder dem Blätterteig Ehre anzutun."

Master Colt lachte noch lauter. Er war ein Mann von ländlichen Sitten. Thomas More konnte er niemals ansehen, ohne herzhaft zu lachen. All diese Gelehrsamkeit! Sie belustigte ihn. Welchen Sinn hatte sie? „Mann Gottes!" sagte er oft zu seiner Frau. „Mir wär's lieber, einer unserer Söhne würde gehenkt, als daß er ein Bücherwurm wird. Bücher! Gelehrsamkeit! Was hat ein Mann davon? Ach, wenn unsere Jane wie ihre Schwestern wäre, würde ich es nicht dulden, daß sie sich an einen Rechtsgelehrten in London wegwirft, dessen Nase, das möchte ich schwören, den Geruch von Pergament mehr liebt als ein gutes Roastbeef."

Doch nun sagte er: „Kommt, Master More, kommt! Wir wollen ein bißchen Fleisch auf Eure Knochen bringen, ehe Ihr uns wieder verlaßt. Wir werden euch zeigen, daß eine Kalbspastete mehr Nährwert hat als Eure lateinischen Verse.

„Genießt das Roastbeef Englands, um die Muskeln zu stärken", erwiderte Thomas. „Und dann verdaut die Weisheit Platos, um den Geist zu entfalten."

„Mit dem Geist allein werdet Ihr Euch kein schönes Haus bauen, in dem Ihr leben könnt, Master More. Und auch keine

Familie gründen. Ein Mann muß von der Kraft seines Körpers leben."

„Oder von der Beweglichkeit des Geistes, wie es die Minister des Königs tun."

„Bah! Wer möchte schon einer von denen sein? Heute noch obenauf und morgen verschwunden. Heute heißt es noch: ‚Mein Lord hier und mein Lord da', und morgen: ‚Runter mit dem Kopf!' Nein, besser ist's, man kämpft seine eigenen Gefechte aus, nicht die des Königs!"

„Ich sehe, daß bei einem guten roten Roastbeef auch der Geist nicht zu darben braucht."

Master Colt schob den Arm durch den seines Besuchers. Seltsam, dachte er, mochte er auch ein Bücherwurm sein, dieser Thomas More, aber er war ein fröhlicher Mensch, den man gern haben mußte.

Er fühlte sich stolz, als er Thomas seinen Besitz zeigte und ihn über den Vorhof ins Haus führte. In der Halle, die das Erdgeschoß des Mittelgebäudes einnahm, war der große Tisch bereits für die Mahlzeit gedeckt. Master Colt hatte wenig für neumodische Sitten übrig, und sein ganzer Haushalt aß an einem Tisch – die Dienstboten, die nicht aufwarteten, am unteren Ende der Tafel, „unter dem Salz". Thomas schaute nach dem Sonnenlicht, das schräg durch die Fensterscheiben aus Horn fiel, nach dem gewölbten Dach, den zwei Treppen und der Galerie, von der die Türen in die anderen Flügel führten. Doch er dachte nicht an das Haus. Er überlegte, was er Jane sagen wollte.

„Kommt mit in mein Winterwohnzimmer, und trinkt einen Becher Wein mit mir. Riecht Ihr Wacholder und Rosmarin? Das ist unsere Jane. Sie kennt alle Kräuter, die auf den Feldern wachsen, und sie verbrennt sie ständig, um die Luft frisch zu machen."

Master Colt glaubte immer noch, er müsse Janes Freier auf die hausfraulichen Tugenden des Mädchens hinweisen, so als ob dieser seinen Entschluß nicht längst gefaßt hätte.

Der Gastgeber führte Thomas ins Winterwohnzimmer und rief, man solle Wein bringen.

Das Winterwohnzimmer strahlte Behaglichkeit aus. Die Wandbehänge waren von den Mädchen in kräftigen Farben bestickt worden. Es stand ein Tisch mit mehreren Schemeln darin. Master Colt war besonders stolz auf den polierten Metallspiegel und die neue Uhr.

Sie setzten sich an den Tisch, und es wurde Wein gebracht, doch Master Colt bemerkte, daß sein Gast den Becher nur aus Höflichkeit an die Lippen führte.

Er seufzte. Das war ein Mann, der sich nicht darum kümmerte, was er aß, und der Bücher mehr liebte als Wein. Solch einen Menschen konnte er nicht verstehen. Doch jeder Ehemann für Jane war besser als gar keiner. Dann erblickte er durch das Fenster Jane mit ihrem Blumenkorb.

„Da draußen ist Jane", sagte der Vater. „Ihr möchtet sicher lieber mit ihr ein Wort reden, als mit ihrem Vater Wein trinken. Dann geht nur hinaus in den Garten. Ihr könnt mit ihr sprechen, bevor das Abendessen aufgetragen wird."

So ging Thomas aus dem Haus und zu Jane.

Jane wußte, daß er kam. Sie fürchtete sich. Ihre Schwestern lachten wegen ihrer Schüchternheit über sie. Sie solle dankbar sein, sagten sie ihr. Endlich hatte sie einen Bewerber. Endlich dachte ein Mann daran, sie zu heiraten. Sie solle ja achtgeben, wie sie sich benahm, denn noch hatte sie ihn nicht fest an der Angel.

Ich wünschte, dachte Jane, ich könnte zu Haus bleiben bei meinen Stiefmütterchen und Löwenmäulchen, meinen Federnelken und Levkojen. Ich möchte hierbleiben und helfen, das Fleisch nach dem Schlachten einzusalzen, Butter und Käse zu machen, und dafür sorgen, daß die Dienstboten beim Braten aufpassen und Brot und Pasteten gut zubereiten. Ich möchte zu Haus bleiben und all dies tun.

Aber Jane wußte, daß es das nicht war, was man von einem Mädchen erwartete. Sie mußte heiraten. Tat sie es nicht, würde sie zur Zielscheibe des Spottes werden. Ihre Schwestern würden heiraten und sie nicht mehr ins Vertrauen ziehen. Sie würden über sie lachen. Sie würden sie bemitleiden, schon jetzt hieß es immer: „Die arme Jane!"

Die arme Jane. Sie war wirklich übel dran, denn sie fürchtete sich vor der Ehe ebenso wie davor, gar nicht zu heiraten.

Dieser Mann, der sie erwählt hatte, war alt. Er war sechsundzwanzig und sie gerade sechzehn. Aber es war immer noch besser, einen alten Ehemann zu haben als gar keinen. Er war sehr gescheit, so hieß es wenigstens. Und er wußte viel von den Dingen, die in Büchern geschrieben stehen. Doch ihr Vater hielt nicht viel von dieser Art Gescheitheit. Jane selbst beunruhigte sie sehr, denn sie verstand nicht die Hälfte von dem, was Thomas More sagte. Und wenn er sprach, glaubte sie immer, sie müsse lächeln, weil er gern scherzte. Aber sie wußte nie genau, wann das Lächeln kommen mußte. Vielleicht würde sie das noch lernen. Sie war überzeugt, daß es viele Dinge gab, die sie noch zu lernen hatte, und sicher gehörte auch das dazu.

Doch ständig sagte sie sich und war überzeugt, daß dies das Klügste sei: Es war besser, irgendeinen Mann zu heiraten als gar keinen.

Als sie bei der Küchenarbeit sein Pferd gehört hatte, hatte sie rasch nach dem Blumenkorb gegriffen und war in den Garten gelaufen, um sich zu verstecken. Heute war er gekommen, um sie zu bitten, ihn zu heiraten. Ihr Vater hatte ihr gesagt, daß er das tun würde und daß sie ihn nehmen und ihm antworten müsse, sie sei sehr glücklich, seine Frau zu werden.

Wäre ihre jüngere Schwester glücklich gewesen, seine Frau zu werden?

Jane überlegte, weshalb er sich plötzlich von ihrer Schwester ihr zugewandt hatte. Ihr Vater hatte ihre Schwester damals weggeschickt, und wieder überlegte sie, weshalb er das getan hatte.

Das Leben war schwer zu verstehen. Wenn es doch nur so einfach wäre, wie einen Garten zu pflegen! Dann wäre sie sehr zufrieden gewesen.

Nun fuhr sie zusammen, und das Herz schlug ihr bis zum Hals hinauf, denn Thomas kam auf sie zu.

Sie stand da, über die Blumen gebeugt, und rosige Farbe überflutete ihren Hals. Sie hatte den Kopf gesenkt, und er konnte ihr Gesicht nicht sehen. Ich will sie glücklich machen, gelobte er. Arme, zerbrechliche kleine Jane.

„Oh, Mistress Colt!“ rief er. „Ich hoffe, Ihr seid wohlauf.“

Sie knickste linkisch, und ein paar Blumen fielen aus dem Korb.

„Ihr zittert, Jane, Ihr dürft Euch nicht vor mir fürchten.“

„Ich … ich fürchte mich nicht.“ Sie hob die Augen zu ihm auf. Sie erinnerten ihn an die ihrer Schwester, und er verspürte schmerzliches Bedauern. Seine Gefühle für die beiden Mächen waren so verschieden. Das jüngere Mädchen, das der Vater fortgeschickt hatte, war ein Geschöpf voller Charme und Schönheit. Er war fasziniert gewesen von der weichen, klaren Haut, der kindlichen Wangenlinie und einer leisen Keckheit in den Augen, die deutlich verriet, wie sehr sie sich bewußt war, daß man sie bewunderte. Ihr Gesicht und ihr Körper verhießen sinnliches Entzücken. Sie war es, die ihm deutlich klargemacht hatte, daß er die Gelübde nicht ablegen durfte, daß er die Kartause verlassen und einen Hausstand mit einer Ehefrau gründen müsse.

War das Liebe? Er dachte an andere Mädchen, die ihn gefesselt hatten. Er war kein Mönch, er war kein Priester. Er war, wie es schien, ein sinnlicher Mensch. Gott hatte ihn so geschaffen. Aber er selber hatte geglaubt, er würde solche Gefühle sein Leben lang bezähmen müssen. All seine Freunde waren Geistliche geworden – Colet, Linacre, Lily. Und wie stand Erasmus zu den Frauen? Thomas sah ein, daß er selbst aus anderem Holz geschnitzt war. Er wollte so gern ein heiligmäßiges Leben führen. Doch da ihn die Frauen bewegten, ihn bezauberten, tat er recht daran, sich nicht von ihnen abzuwenden, denn es war besser, ein Laie zu sein, der seine Schwäche kannte und sich bemühte, ein ideales Familienleben zu führen, als ein Priester, der die Gelübde ablegte und sie nachher brach.

Er hatte die junge Mistress Colt geliebt, bis er einen Blick in Janes Augen entdeckt hatte, der ihn bewegte – auf andere Weise, gewiß –, aber doch ebenso tief bewegte wie sein Begehren nach ihrer Schwester.

Er erinnerte sich noch gut an den Tag. Sie hatten beim Mittagessen gesessen, und wie immer auf New Hall war es munter dabei zugegangen. Master Colt zollte jeglicher Speise große Ehrerbietung. Deshalb mußten auch die Dienstboten respektvoll den Hut lüften, sobald der Braten hereingetragen wurde. Der Tisch wurde mit so vielen Schüsseln vollgestellt, daß kaum noch Platz für die Holzteller blieb, von denen die Familie aß. Sie hatten bei Tisch gesessen, und Thomas hatte seine Geliebte angeschaut, die munter und unbeschwert plauderte und ihn mit ihrer Lebhaftigkeit entzückte. Sie war kein gebildetes Mädchen. Welche Mädchen waren das! Ach, das war ein großer Mangel, wie er Colet und Erasmus gegenüber oft genug erklärt hatte. Wenn Frauen eine Seele besaßen, dann besaßen sie auch Verstand, und es war nicht richtig, diesen zu vernachlässigen. Nein, sie war nicht gebildet, aber er hatte es zu würdigen gewußt, wie sie mit natürlicher Klugheit ihren lebhaften Geist spielen ließ. Er hatte sich seine Ehe ausgemalt. Nach dem Abendessen würden sie beisammensitzen, und er würde sie Latein lehren. Er würde ihr einige seiner Epigramme vorlesen und später vielleicht auch die, die er mit Lily aus der griechischen Anthologie ins Latein übersetzte – aber das lag noch in der Ferne. Und wenn er sie zu einer gebildeten Frau gemacht hatte, würde er seine Freunde in Erstaunen versetzen. Und sie würde mit ihnen reden und eine von ihnen sein. Ja, sie würde ihm nicht nur ein Heim schaffen und ihm Kinder schenken, sie würde mit ihm und seinen Freunden über Theologie sprechen, über die Notwendigkeit, einige der alten Lehren der Kirche zu reformieren, sie würden die Werke von Plato, Aristoteles und Euripides analysieren. Schließlich würden sie selbst Gedichte und Aufsätze schreiben und sie einander vorlesen. Das alles sah er im Geist schon vor sich und malte sich aus, wie er nicht nur ihren schönen Körper liebkoste, sondern auch für die geistige Entfaltung Sorge trug. Es war eine Vorstellung, die ihn bezauberte.

Und dann war plötzlich sein Blick auf Jane gefallen. Jane, die Scheue, die von allen so geringschätzig behandelt wurde, weil ihr die Zungenfertigkeit fehlte, weil sie die Älteste war und noch kein Mann um ihre Hand angehalten hatte.

Jane hatte ihre Schwester voller Bewunderung und mit wehmütigem Neid angesehen. Es war kein böser Neid. Dazu war Jane eine viel zu sanfte Natur. Nur – sie verblaßte noch mehr neben ihrer unbekümmert plaudernden Schwester. Und während Thomas More sie beobachtete, fand er, daß seine Liebe für das jüngere Mädchen geschmälert wurde durch sein Mitleid für die Ältere.

Er hatte versucht, sie ins Gespräch zu ziehen, doch sie hielt sich zurück wie ein verängstigtes Reh. Danach hatte er sie allein im Garten getroffen. Er sagte: „Ihr dürft Euch nicht fürchten zu reden, kleine Jane. Sagt mir, weshalb Ihr Euch scheut zu sprechen."

Sie hatte erwidert: „Ich habe nichts zu sagen."

„Aber es muß doch etwas hinter diesen Augen sein", hatte er widersprochen, „irgendwelche Gedanken. Erzählt mir davon!"

„Es klänge töricht, wenn ich es sagen wollte. Alle würden lachen."

„*Ich* würde nicht lachen."

Dann erzählte sie ihm, daß sie meine, der Duft der Nelken

sei der schönste auf der Welt, und wenn sie ihn röche, stelle sie sich immer vor – wo sie auch gerade sei –, sie befände sich in dem ummauerten Garten von New Hall. Und sie sagte, sie fürchte, sehr töricht zu sein, denn wenn im November geschlachtet würde, schließe sie sich in ihrem Zimmer ein, halte sich die Ohren zu und weine.

„Das sind gütige Gedanken, Jane“, hatte er erwidert. „Gedanken, die man aussprechen sollte.“

„Aber alle würden lachen, wenn ich darüber spräche. Sie würden sagen, ich sei noch törichter, als sie geglaubt hätten.“

„Ich würde gewiß nicht lachen, Jane“, hatte er gesagt. „Ich würde niemals lachen.“

Dann hatte sie geantwortet: „Ich habe geglaubt, Ihr würdet noch mehr lachen als die anderen, weil Ihr klüger seid als alle.“

„Nein. Weil ich mehr von dem, was in Büchern steht, weiß als Eure Brüder und Schwestern, verstehe ich auch mehr. Denn setzt Verstehen nicht Wissen voraus? Wenn Leute über andere lachen, liegt es oft daran, weil sie sich von den anderen unterscheiden. Aber wenn man das Verhalten der Menschen studiert, dann lernt man viel. Und wenn die Kenntnisse wachsen, dann überrascht einen nur noch wenig. Ein Mensch, der die Welt bereist, staunt sehr bald nicht mehr über das Aussehen und die Bräuche von Menschen anderer Länder. Doch wenn jemand sein Leben lang nicht über die Grenzen seines Dorfes hinauskommt, wundert er sich bereits über Sitten und Bräuche von Leuten, die keine zehn Meilen von ihm entfernt leben.“

„Ich verstehe Eure Worte nicht ganz“, hatte Jane erwidert. „Aber ich verstehe die Güte, die daraus spricht.“

„Dann seid Ihr klug, Jane, denn wenn es mehr Leute gäbe, die die Absicht hinter den Worten der Menschen verständen, dann wäre die Welt glücklicher, und diejenigen, die zum Glück finden und andere dorthin führen, sind die Klugen auf dieser Welt.“

Dann hatte sie ihm gesagt, wie erstaunt sie sei, daß er, der so viel gescheiter sei als andere und zu dessen Freunden die gelehrtesten Männer gehörten, soviel Verständnis aufbringe für ein so einfältiges Mädchen, wie sie es sei.

Danach hatte sie ihn nur still angelächelt, doch immer, wenn er in Zukunft mit ihr sprach, sah er die Freude auf ihrem Gesicht.

Auf New Hall war seine Freundschaft zu Jane nicht unbemerkt geblieben. Und eines Tages, als er wieder einmal gekommen war, erfuhr er, daß die junge Mistress Colt verreist war. Und mit einem plötzlichen Schock begriff er, daß von ihm erwartet wurde, Jane zu heiraten.

Jane zu heiraten! Aber es war doch nur zärtliches Mitleid, das er für sie empfand. Ihre heitere Schwester, die ihn hatte zappeln lassen, war es gewesen, die ihm gezeigt hatte, daß er nicht zum Mönch geschaffen sei.

Sein erster Gedanke war, wegzureiten oder Master Colt über seine Gefühle aufzuklären.

Vielleicht hatte ihr Vater sein Zögern bemerkt. Er sagte: „Jane ist ein gutes Mädchen. Das beste auf der Welt. Der Mann, der sie heiratet, wird eine gute Frau bekommen."

Master Colt war kein diplomatischer Mensch, und wenn sich Thomas More von dem Wunsch eines Landherrn, seine Tochter loszuwerden, auch nicht beeinflußt fühlte, so war er doch tief bewegt von der stummen Bitte Janes.

Er erkannte plötzlich, was er angerichtet hatte. Mit seiner Güte hatte er Hoffnung gesät. Jane hatte ein neues Kleid. Jane hatte in ihrer Familie jene Beachtung gefunden, nach der sie sich stets gesehnt hatte, weil die Eltern nun glaubten, ein Mann wolle sie zur Frau haben.

Was sollte er tun? Konnte er wegreiten und niemals nach New Hall zurückkehren? Konnte er denn nun noch um die Hand des Mädchens bitten, in das er sich verliebt hatte?

Und was wurde aus Jane? Sie war sanft und demütig, doch gerade Menschen mit ihrem Temperament litten am tiefsten. Und ihre Schwester mit dem unbeschwerten Gemüt? Sie würde andere Bewunderer finden. Sie war noch sehr jung, und Thomas zweifelte, ob sie überhaupt ernstlich an einen Mann gedacht hatte, der ihr doch schon recht alt erscheinen mußte.

Wenn er Jane verletzte, wenn er verantwortlich dafür war, daß ihre Familie sie wieder geringschätzig behandelte, wie hätte er sich das jemals verzeihen können? Er hatte die Absicht gehabt, ihr das Leben leichter zu machen. Konnte es sein, daß er es ihr in seiner blinden Torheit schwerer gemacht hatte?

Als der Mann, der er nun einmal war, sah er nur einen einzigen Weg. Er mußte das Mitleid in Liebe verwandeln, er mußte Jane heiraten. Er mußte sie in eine solche Frau verwandeln, daß er sie sich als Gemahlin wünschte. Warum sollte es nicht so sein?

Sie war eine gelehrige Tochter gewesen, sie würde eine gelehrige Ehefrau sein. Deshalb schob er das Mädchen, das er liebte, fort aus dem Bild häuslicher Freuden und setzte Jane an ihre Stelle. Er sah erfreuliche Abende vor sich, an denen sie über ihren Büchern sitzen würde, während er lateinisch mit ihr sprach. Und nach dem Latein ... Griechisch.

Und so malte sich Thomas More, als er in den Garten kam, um mit Jane zu reden, die Zukunft aus ... das glückliche Heim, ihre Kinder und die gelehrten Freunde ... alle fröhlich beieinander.

„Ich habe Euch durchs Fenster gesehen, Jane“, sagte er, „und Euer Vater riet mir, Euch zu begrüßen.“

„Willkommen“, erwiderte sie mit ihrem stillen Lächeln.

Und im Garten, wo die heiße Sonne herniederbrannte und das Mädchen mit gesenkten Augen neben ihm stand, erinnerte er sich, daß er die Worte, die es ihm unmöglich machen würden, sich zurückzuziehen, noch nicht gesprochen hatte. Plötzlich dachte er an die Stille der Kartause und an die Jahre, die er bei den Kartäusermönchen gelebt hatte, und es verlangte ihn danach, wieder bei ihnen zu sein. Er wünschte, noch einmal Gelegenheit zu haben, über alles nachzudenken, die ganze Angelegenheit mit seinen Freunden zu besprechen.

Doch da er so lange schweigsam dastand, hob sie die Augen zu ihm auf. Sie sah ihn einige Sekunden in scheuer Verlegenheit an, ehe er es bemerkte.

Wie jung sie war! Wie rührend! Wie konnte er sie in der Gewalt ihrer Familie lassen? Liebe Jane! Er ahnte, wie ihr Leben verlaufen würde, wenn er jetzt davonritt. Ihre Schwestern würden sie verhöhnen. Die ganze Familie würde sie fühlen lassen, daß sie versagt hatte. Sie würde ein Niemand werden.

Das Leben war ungerecht zu solchen Frauen.

Das Mitleid färbte all seine Gedanken. So war es immer. Wenn er die Armen auf der Straße sah, konnte er nie dem Wunsch widerstehen, ihnen Almosen zu geben. Seine Freunde sagten: „Unter den Bettlern macht das Wort die Runde: ‚Thomas More kommt hier entlang!‘ Dann entblößen sie ihre Schwären, und manche tun, als wären sie blind. Sorg dafür, daß du nicht selbst zum Bettler wirst, wenn du die Bettler bereicherst.“ Und er hatte erwidert: „Mag sein, daß manche nicht so arm sind, wie sie erscheinen möchten. Mag sein, daß manche Not heucheln, um mein Mitleid zu wecken und mir damit das Geld aus der Tasche zu ziehen. Aber, meine Freunde, ich will lieber das Opfer eines Schelms sein, als daß irgend jemand das Opfer meiner Gleichgültigkeit seinem Leiden gegenüber ist."

Mitleid. Süßes Mitleid. Ein edleres Gefühl als Leidenschaft oder Begehren. Das wünsche ich mir am meisten, dachte er, ein glückliches Heim. Und kann Jane mir das nicht geben?

„Jane", sagte er, „ich möchte, daß Ihr meine Frau werdet."

Sie schaute auf die Blumen in ihrem Korb.

„Was habt Ihr zu sagen, Jane?" fragte er zärtlich.

„Mein Vater wünscht es so."

„Das tut er. Und Ihr selbst?"

Sie lächelte. „Ich werde versuchen, Euch eine gute Frau zu sein."

Er küßte sie zärtlich. Und sie dachte: Bei ihm habe ich weniger zu fürchten als bei jedem anderen, denn er ist der gütigste Mensch auf der Welt.

„Dann komm! Wir wollen ins Haus gehen und deinem Vater sagen, daß du meine Frau werden willst."

Sie gingen in die Halle, wo die Diener eben die Schüsseln hereinbrachten. Thomas belustigte das Ritual, mit dem die Speisen aufgetragen wurden.

„Ich wollte Euch bitten, einen neuen Sohn zu begrüßen", sagte er zu seinem Gastgeber, „doch ich sehe, daß er zurückstehen muß, bis seine Majestät der Ochse empfangen worden ist."

Und erst, als die mächtige Ochsenlende auf dem Tisch stand, war Master Colt bereit, Thomas zu umarmen. Dann führte er ihn zum Kopfende der Tafel und verkündete den Versammelten, daß seine Tochter mit Thomas More verlobt sei.

Jane saß am Fenster in ihrem neuen Heim, das Die Barke genannt wurde, und blickte hinaus über Bucklersbury. Sie glaubte, die unglücklichste Frau auf der Welt zu sein. Aber schließlich kannte Jane nicht viel von der Welt.

Die Barke! Sie verabscheute das Haus. Es war ein dummer Name für das düstere alte Gebäude. „Die Barke", hatte Thomas ihr erklärt, „wird unser Heim sein. Vielleicht fragst du, warum es die Barke heißt. In den Tagen, ehe der Bach Walbrook abgedeckt wurde, kamen die Barken und Leichter genau bis hierher. Ach, Jane, wir werden durch die Stadt schlendern und werden uns vorstellen, wie sie in vergangenen Tagen ausgesehen hat. Dann wirst du begreifen, was für eine wunderbare, alte Stadt es ist, und du wirst sie lieben wie ich – mehr als jeden anderen Ort auf der Welt."

Doch Jane konnte die Stadt nicht lieben. Sie liebte keinen anderen Ort als New Hall. Sie sehnte sich nach ihrem Garten, nach den stillen Wiesen mit Butterblumen und Gänseblümchen. Diese große Stadt mit ihren Geschäften und all den lärmenden, betriebsamen Leuten stieß sie ab. Den ganzen Tag hörte sie das Schreien der Händler auf dem Geflügelmarkt und anderen Märkten. Sie roch, wie in den Garküchen Fleisch gebraten wurde, und die scharfen Aromen aus den Apotheken, von denen es in Bucklersbury so viele gab, den Geruch von Moschus vermischt mit dem von Gewürzen aus den Läden der Pfefferhändler und Krämer. Sie hatte Heimweh ... Heimweh nach New Hall und dem Leben vor der Ehe.

Sie weinte viel. Thomas blickte bestürzt auf ihre geröteten Lider. Doch wenn er sie fragte, was sie bedrücke, zog sie sich vor ihm zurück. Sie hatte sich nicht vorgestellt, daß das Eheleben so sein würde, und sie konnte nicht begreifen, daß es so viele Menschen danach verlangte. Weshalb glaubten die Leute, daß ein Mädchen versagt habe, wenn es keinen Mann fand?

Sie hatte einen Mann geheiratet, dessen Herz den Büchern gehörte. In London erschien er ihr älter als auf dem Lande. Andere Männer kamen ins Haus. Sie waren sogar noch älter als ihr Gatte. Und dann saß sie dabei und hörte sich die Gespräche an, ohne irgend etwas von dem zu verstehen, was gesagt wurde.

Sie war ein einfältiges Ding, das wußte sie. Ihre Angehörigen hatten es ihr immer wieder gesagt. Wie tragisch, daß gerade sie, die törichtste von allen, mit einem der gelehrtesten Männer Englands verheiratet war!

Sie mußte so viel lernen. Sie hatte immer geglaubt, daß eine Ehefrau nur die Dienstboten beaufsichtigen und dafür sorgen müsse, daß in der Küche keine Verschwendung getrieben wurde. Das waren die Pflichten ihrer Stiefmutter gewesen. Doch hier in der Barke wurde so viel von ihr erwartet.

„Jane", hatte Thomas gesagt, „ich will dir die ganze Welt zu Füßen legen." Sie hatte gemeint, daß das etwas sehr Schönes sei, wenn es ein Mann zu seiner Frau sagte. Doch dann hatte sie entdeckt, daß seine Art, ihr die ganze Welt zu Füßen zu legen, die war, daß er versuchte, ihr Latein beizubringen und sie zur Erholung die Predigten wiedergeben zu lassen, die sie in der St.-Stephen's-Kirche in Walbrook hörte.

„Arme kleine Jane", sagte er, „man hat deine Erziehung vernachlässigt, aber wir werden das nachholen, mein Liebes. Ich habe gesagt, ich wolle dir die ganze Welt zu Füßen legen, nicht wahr? Ja, Jane, ich möchte dir den Schlüssel zu allen Schätzen der Welt geben. Die große Literatur – das ist der größte Schatz der Welt. Und der Schlüssel dazu ist die Kenntnis der Sprachen, in denen sie geschrieben ist."

Sie war eine recht unglückliche junge Frau. Sie war verwirrt und fühlte sich verloren und wünschte, sie wäre tot.

Alles, was eine normale Ehefrau sich wünschte, war ihr versagt. In einem Buch mit dem Titel *Das Leben des Johannes Picus,* das Thomas geschrieben hatte, fand sie eine Widmung an eine Frau. Sie verspürte eine schwache Regung von Eifersucht, doch dann entdeckte sie, daß die Frau, der er das Buch gewidmet hatte, eine Nonne war – eine Schwester im Orden der armen Klarissen, gleich hinter den Minderbrüdern. Wie konnte sie auf eine Nonne eifersüchtig sein? Selbst das war ihr versagt. Sie wußte, daß sie keinen gewöhnlichen Mann geheiratet hatte, und sie wünschte sich glühend, einen Gatten zu haben, den sie verstehen konnte – einen Mann wie ihren Vater oder ihre Brüder, selbst wenn er manchmal böse mit ihr wäre und sie schlüge. Dieses ständige Reden vom Wert der Gelehrsamkeit war trotz seiner Güte und Sanftheit manchmal mehr, als sie ertragen konnte.

Er versuchte, sie zu formen, sie ebenso zur Gefährtin wie zur Ehefrau zu machen. Es war, als ob man von einem Kind verlangte, daß es mit Weisen umgehen sollte.

Dr. Lily kam ins Haus, ebenso Dr. Linacre und Dr. Colet. Sie führten Gespräche mit ihrem Mann und lachten häufig, denn Thomas lachte viel. Doch eine Frau konnte schließlich nicht immer lächeln, zumal sie keine Ahnung hatte, worüber gelacht wurde.

Manchmal ging ihr Mann mit ihr durch die Stadt und zeigte ihr voller Stolz, was er für besonders interessant hielt.

Dann wanderten sie durch Walbrook und die Candlewick-Straße, über die Tower-Straße und zum Großen Turm. Thomas erzählte ihr Geschichten über das, was sich in diesen düsteren Mauern abgespielt hatte, doch sie stellte immer wieder fest, daß sie keine Ahnung hatte, um welche der vielen Könige und Königinnen es sich dabei gehandelt haben mochte. Und sie wurde unruhig, weil sie wußte, daß sie nie imstande sein würde, sich das zu merken. Dann führte er sie zu den Goodman-Wiesen und pflückte Gänseblümchen mit ihr. Sie flochten gemeinsam einen Kranz daraus, und Jane bekam ihn um den Hals gehängt. Er lachte und neckte sie und sagte, nun sei sie ein Mädchen vom Lande. Doch selbst dabei wurde sie unsicher und wußte nicht, ob sie seine Scherze richtig auffaßte.

Manchmal schlenderten sie am Fluß entlang oder ruderten nach Southwark hinüber, wo die Leute sehr arm waren. Dann sprach er von der Not dieser Armen und davon, daß er sich einen idealen Staat vorstelle, wo keiner Not zu leiden brauche. Über einen solchen Staat, den er in seiner Phantasie aufbaute, ließ er sich häufig aus. Jane war ganz froh, wenn er das tat, denn dann schien er nicht zu merken, daß sie ihm nicht zuhörte, sondern sich der Erinnerung an New Hall hingab.

Zu anderen Zeiten wanderten sie zum Geflügelmarkt und weiter zum Paulskreuz, wo sie den Predigern zuhörten. Er sah sie besorgt an und wünschte, sie hätte die gleiche Freude an den Predigten wie er selbst. Oft sprach er von Oxford und Cambridge, wo so viele seiner Freunde studiert hatten. „Eines Tages, Jane, werde ich mit dir dorthin reisen", versprach er ihr. Davor fürchtete sie sich. Sie hatte den Eindruck, daß diese Orte sie noch mehr bedrücken würden als London mit seinen lärmenden Menschenmengen.

Einmal war sie unterwegs, als der König mit seinem Gefolge durch die Straßen zog. Sie sah den König – eine enttäuschende Gestalt, fand sie, nichts Königliches. Seine Miene war düster und streng, als ob er solche Schaustellungen für reine Zeit- und Geldverschwendung hielte. Doch in seiner Begleitung befand sich der junge Prinz von Wales. Jane war überzeugt, daß er der schönste Prinz der Welt sein müsse. Sie hatte ihm mit der Menge zugejubelt, als er auf seinem Grauschimmel vorüberritt, so vornehm, so prächtig in seinem Umhang aus purpurrotem Samt, das Haar schimmernd wie Gold, das frische Gesicht reizend wie das eines Mädchens – so sagte jemand in der Menge –, und doch so männlich. Jane war es, als ob der Prinz, der lächelnd die Huldigungen entgegennahm, die Augen einen Augenblick auf ihr ruhen ließe. Sie fühlte, wie sie rot wurde. Bestimmt, so glaubte sie, konnte er sehen, welche Bewunderung sie für ihn empfand. Dann schien es ihr, als ob der Prinz ein besonderes Lächeln für sie hätte. Und als sie da stand, war sie glücklich – glücklich, daß sie New Hall verlassen hatte, weil ihr der Knabe, der eines Tages der König sein würde, sonst niemals zugelächelt hätte.

Der Prinz ritt weiter, doch mit Jane war etwas geschehen. Sie fühlte sich nicht mehr ganz so dumm. Und als Thomas ihr von der Thronbesteigung König Heinrichs erzählte, hörte sie eifrig und mit großen Augen zu. Thomas freute sich über ihr Interesse, und als sie Die Barke erreichten, las er ihr einige Notizen vor, die er aufgeschrieben hatte, als er, noch ein Junge, in das Haus von Kardinal Morton geschickt worden war, um dort zu lernen, was er konnte. Die Notizen waren lateinisch abgefaßt, doch er übersetzte sie ihr ins Englische, und sie genoß die Geschichte vom Kommen des Tudor-Königs. Sie weinte über die beiden kleinen Prinzen, die, wie Thomas ihr erzählte, auf Befehl ihres bösen buckligen Onkels Richard im Tower ermordet worden waren. Über den Tod Arthurs jedoch vergoß sie keine Träne, denn wenn Arthur am Leben geblieben wäre, würde der schöne Prinz, der ihr zugelächelt hatte, niemals König werden.

Thomas war beglückt über ihr Interesse und begann sie in Latein zu unterrichten; und wenn sie auch langsam auffaßte, hatte sie doch den Eindruck, daß sie vielleicht ein wenig lernen würde.

Sie dachte viel an den stattlichen Prinzen, doch ein Gespräch, das sie eines Tages hörte, erfüllte sie mit Furcht vor dem Vater des Prinzen, dem König mit dem grausamen Gesicht.

John More war gekommen, um seinen Sohn und seine Schwiegertochter zu besuchen. Wie Thomas war er Anwalt, ein Mann mit gütigem Gesicht und klugen Augen.

Er strich Jane über den Kopf, wünschte ihr Glück und fragte, ob sie denn schon ein Kind erwarte. Sie wurde rot und verneinte die Frage.

Heiraten, hörte sie ihn scherzend zu Thomas sagen, sei, als ob man die Hand in einen tiefen Sack voller Schlangen und Aale steckte. Auf jeden Aal kämen sieben Schlangen.

Sie verstand nicht, ob er damit meinte, daß er zufrieden mit der Heirat seines Sohnes sei oder nicht. Und was Aale und Schlangen mit ihr und Thomas zu tun haben sollten, konnte sie überhaupt nicht begreifen.

Aber dann hörte sie etwas, was sie durchaus verstand.

John More sagte zu seinem Sohn: „Dein Narrenstreich im Parlament hat mich übrigens hundert Pfund gekostet."

„Mein Narrenstreich?"

„Hör zu, Sohn Thomas. Ich bin unter falscher Beschuldigung unrechtmäßig eingekerkert worden, und meine Entlassung mußte ich mit hundert Pfund bezahlen. Ganz London weiß, daß ich diese Buße *für dich* gezahlt habe. Du warst der Schuldige. Du hast mit solchem Eifer gegen die Bewilligung gesprochen, die der König gefordert hatte, daß die Summe vom Parlament fast halbiert wurde. Mit der Buße aber, die ich zahlen mußte, wollte der König seine Untertanen wissen lassen, daß er ein solches Verhalten nicht duldet. Du hast töricht gehandelt. Ein Paar habgierige Königsaugen sind auf uns gerichtet, und mir scheint, sie werden uns nie wieder aus dem Blick verlieren."

„Vater, als Abgeordneter für London hielt ich es für richtig, mich den viel zu hohen Forderungen des Königs zu widersetzen. Er beutet seine Untertanen aus."

„Als Untertan des Königs hast du wie ein Tor gehandelt, wenn du als Parlamentsmitglied vielleicht auch wie ein rechtschaffener Mann gehandelt hast. Du bist ein Mensch, der sich gern in fremde Dinge mischt, mein Sohn. Du wirst nie bis zur Spitze unseres Berufs aufsteigen, wenn du deinen Verstand nicht zum Studium des Rechts benutzt – und zu nichts anderem. In Oxford habe ich dich mit Geld knapp gehalten ..."

„Ja, das habt Ihr wirklich getan – so daß ich oft gehungert habe und das Ausbessern meiner Stiefel nicht bezahlen konnte. Ich mußte vor den Türen der Reichen singen, um Almosen zu erhalten, und mußte vor dem Schlafengehen eine halbe Stunde auf der Straße hin- und herrennen, weil ich sonst vor Kälte keinen Schlaf gefunden hätte."

„Und deshalb grollst du mir, wie, mein Sohn?"

„Nein, Vater. Denn da ich kein Geld für Narreteien hatte, mußte ich all meine Kräfte ans Lernen wenden. Und Wissen ist ein größerer Preis als Fleisch zum Abendbrot – auch wenn es nicht nur das Wissen vom Recht ist."

„Thomas, ich verstehe dich nicht. Du bist ein guter Sohn, und dennoch bist du ein Narr. Statt dich ganz dem Studium des Rechts zu widmen, vergeudest du deine Zeit. Als dieser Bursche Erasmus nach England kam, habt ihr, wie ich höre, Stunden und Stunden verschwatzt, habt Griechisch und Latein getrieben ...

während ich wünschte, daß du dein juristisches Studium fortsetztest. Und nun, wo du zum würdigen Anwalt ernannt worden bist und einen Sitz im Parlament erhalten hast, was tust du nun? Du ... ein bescheidener Untertan des Königs, forderst den Groll des Königs heraus."

„Vater, eines Tages werde ich Euch, falls ich ein reicher Mann bin, die hundert Pfund zurückzahlen."

„Pah!" erwiederte John More. „Falls du ein reicher Mann bist, wirst du vom König hören. Ich bezweifle, daß du lange genug reich bleibst, um deinem Vater diese hundert Pfund zu zahlen. Denn, mein Sohn ... und wir wollen leise reden, ich möchte nicht, daß hiervon jemand anders etwas erfährt ... der König wird dich nicht vergessen. Du glaubst, du bist davongekommen. Du hast deine edle Tat getan, und dein Vater hat seine Buße gezahlt. Aber glaube nicht, daß die Sache damit zu Ende sei." Er senkte die Stimme noch mehr. „Unser König ist ein kaltherziger Mann. Geld ist die Liebe seines Lebens. Aber eine seiner Buhlerinnen ist die Rache. Du hast ihm seine Liebespläne durchkreuzt. Du ... ein junger Mann, der mit seinen Schriften bereits Aufmerksamkeit erregt hat und dessen Name in Europa bekannt ist, so bekannt, daß Gelehrte anderer Länder das Gespräch mit dir suchen. Du hast dir vorgenommen, das Volk aufzuklären. Du hast gesagt: ‚Die Schatztruhen des Königs sind bis zum Bersten gefüllt, gute Leute, und ihr seid arm. Deshalb will ich als Mitglied eures Parlaments dafür arbeiten, diese Zustände zu bessern.' Der König wird dir das nie vergessen. Verlaß dich darauf, er wird eine Gelegenheit suchen, dich wissen zu lassen, daß keiner seiner Untertanen – und sei er noch so gelehrt und noch so anerkannt unter den Gelehrten – die königliche Geliebte – den Reichtum des Königs – schmälern darf."

„Dann, Vater, bin ich glücklich, ein armer Mann zu sein. Und wie viele Menschen genießen wahrhaft ihre Armut?"

„Du nimmst diese Dinge zu leicht, mein Sohn. Sei auf der Hut! Der König beobachtet dich. Wenn es dir gut geht, wird er sich deine Schätze holen."

„Dann bete ich darum, Vater, daß meine einzigen Schätze meine Freunde, meine Schriften und meine Ehre sind."

„Papperlapapp!" sagte der kluge Anwalt. „Das ist Narrengeschwätz. Lerne Weisheit neben deinem Griechisch und Latein! Die wird dir nützlicher sein als beide Sprachen."

Jane hatte Angst. Dieser König mit dem grausamen Gesicht haßte ihren Gatten. Und wenn Thomas es auch nicht tat, *sie* nahm sich die Warnungen ihres Schwiegervaters zu Herzen.

Oft träumte sie von dem König mit dem harten Gesicht, und in ihren Träumen barsten seine Schatztruhen, während Thomas das Gold herausnahm und es unter den Bettlern auf der Candlewick-Straße verteilte.

Sie wußte, daß sie einen sehr seltsamen und beunruhigenden Ehemann hatte. Und oft, wenn sie in der Stille der Nacht nicht schlafen konnte, überlegte sie, ob es wirklich so viel schlechter gewesen wäre, ihr Leben lang unverheiratet zu bleiben, als die Frau von Thomas More geworden zu sein.

Ihre Situation wurde nicht leichter, als der Mann aus Rotterdam kam.

Jane hatte schon viel von ihm gehört. Und von allen gelehrten Freunden, die ihr Herz in Aufruhr versetzten, ängstigte sie dieser Mann am meisten.

Er ließ sich in der Barke nieder und veränderte das Leben im Haus.

Manchmal sah er Jane mit einem leicht sarkastischen Lächeln an, und seine halbgeschlossenen blauen Augen blinzelten ein wenig, als ob er sich fragte, wie sein Freund Thomas More ein so unbedeutendes kleines Landmädchen hatte heiraten können.

Sie erfuhr vieles über ihn, doch die Dinge, die sie interessierten, waren, wie Thomas sagte, unwichtig. Er war der illegitime Sohn eines Priesters, und das erschien Jane als etwas Schändliches. Sie konnte auch nicht verstehen, daß er selbst sich dessen nicht schämte. Er war sehr jung Waise geworden, und als die Menschen in seiner Umgebung seine ungewöhnlichen Fähigkeiten erkannten, war er in einen Konvent regulierter Chorherren geschickt worden. Doch genau wie Thomas brachte er es nicht über sich, die Gelübde abzulegen. Er hatte in Paris studiert, wo er sich der Literatur verschrieben hatte. Und obwohl er unter bitterster Armut litt und gezwungen war, sein Brot als Erzieher junger Herren zu verdienen, war seine Gelehrsamkeit so glänzend, daß er die Aufmerksamkeit anderer Gelehrter erregte und als der größte unter ihnen anerkannt wurde.

Jane, die in der Küche ihren Mägden Anweisungen gab, konnte kaum glauben, daß sie diesen berühmten Mann in ihrem

Haus beherbergte und daß es ihr Gatte war, mit dem er durch die Straßen Londons ging.

Bis zu einem gewissen Grade war sie froh über den Besuch. Er lenkte die Aufmerksamkeit ihres Mannes von ihr ab. Sie übersetzten irgend etwas – Lukian nannten sie es – aus dem Latein ins Griechische, meinte sie. Sie verbrachten Stunden um Stunden mit dieser Arbeit und stritten sich über manche Punkte. Jane gewann den Eindruck, daß gelehrte Gespräche viel Grund zu Meinungsverschiedenheiten boten. Und so konnte Thomas, der neben den ständigen Disputen mit Erasmus seine Arbeit als Anwalt und die Sitzungen im Parlament hatte, nur wenig Zeit für die Bildung seiner Frau erübrigen.

Doch seit dem Lächeln, das ihr, wie sie überzeugt war, der Prinz von Wales geschenkt hatte, kam sie sich nicht mehr so töricht vor wie früher. Wenn sie zurückdachte, schien es ihr, als ob dieses Lächeln des Prinzen eine gewisse Wertschätzung enthalten hätte. Sie war nicht so einfältig, nicht zu wissen, daß der Prinz bei Frauen andere Eigenschaften suchte als Thomas. Doch die Billigung eines solchen Prinzen schenkte ihr Mut und ein wenig Selbstvertrauen.

Sie hörte den Debatten rund um sich her aufmerksamer zu, und wenn sie in Englisch geführt wurden, stellte sie fest, daß sie gar nicht so trübselig waren, wie sie geglaubt hatte.

Erasmus mochte die Mönche nicht, Thomas verteidigte sie.

Erasmus erklärte, eines Tages werde er der Welt die schändlichen Dinge, die in einigen Klöstern Europas vor sich gingen, offen darlegen.

Beim Zuhören erkannte Jane, daß es viel Sünde auf der Welt gab.

In einigen Ordenshäusern, erklärte Erasmus, sei Unzucht, nicht Frömmigkeit an der Tagesordnung. Abtreibung und Kindermord nähmen überhand. Denn wie, so sagte Erasmus, wollten diese heiligmäßigen Nonnen Rechenschaft darüber ablegen, wie sie zu einem Kind gekommen seien? Das können sie nicht. Deshalb erwürgen sie es, sobald es geboren ist, und begraben es auf dem Grundstück des Konvents. Es gibt auch Lüste unnatürlicher Art zwischen den Geschlechtern...

Hier bemerkten die Männer, daß Jane zuhörte, und sprachen lateinisch weiter.

Jane überlegte: Der Prinz hielt mich eines Blickes für würdig.

Vielleicht könnte ich ein wenig Latein lernen. Ich werde natürlich nie eine Gelehrte werden, aber ein wenig könnte ich doch lernen, denn wenn ich Englisch verstehe, warum dann nicht auch Latein?

Erasmus sprach englisch über ein Kloster, in dem die Statue eines heiliggesprochenen Knaben stand, hohl und so leicht, daß schon ein fünfjähriges Kind sie heben konnte. Dennoch wurde gesagt, daß nur Menschen ohne Sünden sie heben könnten. Viele kamen, um sich die Heiligenstatue anzusehen, und reiche Menschen stellten fest, daß sie nur in der Lage waren, sie anzuheben, wenn sie genügend für die Fürsprache der Mönche bei den Heiligen gezahlt hatten. Erst dann gelang es ihnen, die Statue zu heben. Ein Wunder? In gewisser Weise. Einer der Mönche, der nicht zu sehen war, entfernte im rechten Augenblick den Bolzen, der die Statue auf dem Boden festhielt. Dann war da der Fall mit der Phiole Blut, das angeblich Christi Blut war. Es galt als Zeichen des Himmels, daß ein Mensch, der das Blut sehen konnte, in den Himmel aufgenommen wurde. Und das Blut? Das Blut einer Ente, in regelmäßigen Abständen erneuert. Und die Phiole? Sie war auf einer Seite undurchsichtig. Es kostete viel Geld, ehe die Phiole so gedreht wurde, daß das Blut dem frommen Toren sichtbar wurde.

„Solche Praktiken sind schändlich“, sagte Erasmus. „Sie bringen den Klöstern jetzt zwar reiche Einkünfte, aber eines Tages werden sie sich zum Schaden für sie auswirken. Davon bin ich überzeugt.“

„Ist es gerecht“, fragte Thomas, „alle Klöster zu verurteilen, weil in einigen Böses getan wird?“

„Es ist gut“, erwiderte Erasmus, „alle mit Argwohn zu betrachten. Sie sollen ihre Unschuld beweisen.“

„Aber darf man einen für schuldig halten, bis er seine Unschuld bewiesen hat?“

„Du bist zu milde, Freund More. Die Habgier dieser Mönche wird zu ihrem Untergang führen. Eines Tages werde ich der Welt diese verbrecherischen Torheiten enthüllen. Ich werde sie aufschreiben, so daß alle sie lesen können. Dann, mein Freund, werden sie wünschen, sie hätten das Leben heiligmäßiger Männer geführt, das behaglicher ist als das Leben der herumziehenden Bettler, die sie dann sein werden. Was sagt Ihr dazu, Mistress More?“

Die sanft spöttischen Augen waren auf sie gerichtet. Thomas kam ihr zu Hilfe. „Jane wird zweifellos mit dir übereinstimmen."

„Das freut mich", erwiderte Erasmus. „Und ich hoffe, eines Tages auch dich zu überzeugen. Denn es ist die Pflicht von uns Wissenschaftlern, den Menschen das Unrecht zu zeigen."

„Aber wir müssen genau wissen, daß wir dafür etwas Besseres zu bieten haben, ehe wir etwas zerstören, was vielleicht in Ordnung gebracht werden könnte."

„Ach, du und dein idealer Staat! Der spukt dir immer noch im Geist herum, stimmt's? Du setzt zu hohe Maßstäbe. Du glaubst, die Welt besteht aus Heiligen und Märtyrern. Spricht Euer Gatte auch mit Euch, Mistress More, tagein, tagaus über diese seine Wunderwelt?"

„Er spricht davon ... ein wenig", stammelte Jane. „Aber ich bin nicht klug. Ich bin alles andere als gelehrt, und vieles weiß ich nicht."

Thomas lächelte ihr zu, und seine Augen sagten ihr, sie solle nicht ängstlich sein. Er erhob sich und legte ihr den Arm um die Schultern.

„Jane lernt", sagte er. „Eines Tages wird sie genauso gut Latein verstehen wie du und ich."

„Ich fürchte, daß das nicht geschehen wird", entgegnete Jane. „Dazu bin ich viel zu töricht."

„Er plagt Euch also mit Unterricht?" sagte Erasmus. „Wißt Ihr, genau das habe ich von ihm erwartet. Die Welt gefällt ihm nicht, deshalb möchte er sie ändern und eine ideale Welt bauen. Eine Frau ist ... eine Frau, und er möchte eine Gelehrte aus ihr machen."

„Es besteht kein Grund, mein teurer Erasmus, daß Frauen, wenn man sie unterrichtet, nicht genauso gelehrt sein könnten wie Männer."

„Es besteht jeder Grund."

„Und was für Gründe wären das?"

„Frauen sind das schwächere Geschlecht. Weißt du das nicht? Sie sind nicht dazu bestimmt, sich den Kopf zu zerbrechen. Sie sind dazu bestimmt, sich um das Behagen der Männer zu bemühen."

„Nein. Der Meinung bin ich nicht. Ich glaube, es ist ein Fehler, daß wir unseren Mädchen nicht eine ebenso gute Erziehung geben wie unseren Jungen. Wenn wir das täten, würden wir feststellen, daß sich unsere Frauen, auch wenn sie uns das Essen kochen, lateinisch mit uns unterhalten könnten."

„Und erweist sich Mistress More ... als ebenso fähiger Schüler, wie du es einmal warst ... wie ich es war?"

Thomas antwortete lateinisch, weil er Janes Verlegenheit bemerkte. Er hatte ein feines Gespür für die Gefühle anderer und litt mehr darunter, wenn andere verletzt wurden, als wenn man ihm selber eine Kränkung zufügte.

Und die beiden Männer, die ein Thema für ihre Debatte gefunden hatten, redeten weiter, und so führte eins zum anderen.

Es wird nicht immer so sein, dachte Jane. Eines Tages wird Erasmus abreisen. Eines Tages werden wir zu Besuch nach New Hall fahren. Und eines Tages, wer weiß, lerne ich vielleicht, mich lateinisch zu unterhalten.

Doch dieser Tag lag sicher noch in weiter Ferne, und bis dahin mußte sie sich weiter bemühen, das Leben in der Barke zu ertragen.

Hatte er einen Fehler begangen, als er heiratete?

Thomas war sich nicht sicher. Manchmal wanderte er allein durch die Londoner Straßen, und stets führten ihn seine Schritte nordwärts durch die Stadt. Er ging die Kartäusergasse hinauf, bis er an die großen Gebäude kam, in denen er jene vier Jahre der Unentschlossenheit verbracht hatte.

Er trat in den viereckigen, von Häusern eingefaßten Hof und ging zur Kapelle oder zum Kapitelhaus. Und er dachte nicht ohne Verlangen an das Leben der Einsamkeit und Meditation, das Leben, das ganz dem Studium und der Betrachtung gewidmet war, das Leben, das nichts von körperlichen Bedürfnissen und den großen Ereignissen, die draußen in der Welt vor sich gingen, gestört wurde.

Er dachte an die strenge Lebensweise der Kartäuser. Jeder hatte seine eigene Behausung: zwei Zimmer – Schlafraum, Refektorium und Garten. Er lebte sein einsames Leben, sprach nur an Festtagen mit seinen Ordensbrüdern, hielt wenigstens einmal die Woche strenge Fasten, aß niemals Fleisch irgendwelcher Art und unterdrückte so die körperlichen Begierden. Thomas dachte daran, daß er nachts ein härenes Hemd tragen wolle, um das Behagen des Schlafs zu stören, weil er hoffte, daß es ihm schließlich gelingen werde, sich mit nur einer Stunde Schlaf jede Nacht zu begnügen. Er wollte die hölzerne Nackenstütze wieder benutzen und nur grobe Kleidung tragen, um seine Eitelkeit zu unterdrücken. Er dachte daran, daß er sich ganz von der Welt hatte abschließen wollen, um durch sein Beispiel anderen vielleicht zu helfen, ein heiligeres Leben zu führen. Ein Leben in solcher Abgeschiedenheit erschien ihm sehr erstrebenswert, verglichen mit seinem Heim in der Barke zu Bucklersbury.

Hatte Erasmus recht? War es ebenso schwer, eine ideale Frau wie eine ideale Welt zu schaffen? War er ein Tor, wenn er versuchte, Jane nach seinen geistigen Maßstäben zu erziehen? Machte er eine unglückliche Frau aus ihr und aus sich selber einen Narren?

So stand es mit der Ehe von Jane und Thomas More, als Jane entdeckte, daß sie ein Kind haben werde.

Ein Kind! dachte Jane. Das war wunderbar. Ein Junge, aus dem sein Vater einen Gelehrten machen konnte? Das würde ihm viel Freude bereiten und seine Aufmerksamkeit von seiner armen, einfältigen Frau ablenken. Wenn er einen Jungen hatte, dem er Latein beibringen konnte, brauchte er sich nicht mehr mit ihr zu plagen. Und würde er ihr nicht dankbar sein, daß sie einen solchen Segen in sein Leben gebracht hatte?

Aber wenn es ein Mädchen ist, dachte Jane, wie glücklich werde ich dann sein! Dann wird er auch einsehen, daß Mädchen nicht zu Gelehrten gemacht werden sollten. Dieses Kind wird es ihn lehren, weil ich es nicht konnte. Und sie und ich werden zusammensein. Sie wird Blumen lieben, und wir werden sie gemeinsam pflegen, und ich werde mit ihr nach New Hall fahren. Und wenn ich meinen Angehörigen mein Kind zeige, werde ich wissen, daß die Welt recht hat, wenn sie sagt, daß der Ehestand der beste Stand ist.

So konnte das Kind Jane glücklicher machen, als es Thomas je gelungen war.

Thomas war voller Freude.

Ein Kind! Das war der Sinn der Ehe! Das hatte er sich gewünscht. Was bedeutete ein Leben in der Kartause, wenn man es mit dem Aufziehen eines Kindes verglich? Die besten Lehrer in England sollten dem jungen Master More zur Verfügung stehen. Sie würden gern kommen. Vielleicht Dr. Lily? Er war der berühmteste Lehrer in England. Und dann war er, Thomas More, selbst da, um seinen Sohn anzuleiten.

Es waren glückliche Tage – das Warten auf die Geburt des Kindes. Natürlich würde es ein Sohn sein. Das Erstgeborene mußte ein Sohn sein. Und danach weitere Söhne und einige Töchter. Und die Töchter sollten auf die gleiche Weise behandelt werden wie die Söhne. Ganz gleich, was Erasmus, Colet, Lily und die übrigen sagten, Thomas war überzeugt, daß man Frauen die Bildung nicht verweigern dürfe. Seine Töchter sollten beweisen, daß er recht hatte.

Doch im Augenblick konnte er von einem Sohn träumen.

Es wurde gelacht in der Barke, und wenn Jane nicht alle Scherze verstand, so lachte sie doch so fröhlich, als ob sie sie verstände. Sie war glücklich, und Thomas war glücklich, sie glücklich zu sehen.

Der Ehestand war der beste Stand.

Thomas' Freunde waren oft zu Besuch im Haus. Jane störte es nicht. Sie saß da und nähte geschäftig Sachen für das Kind. Sie wurde voller, und ihr Selbstvertrauen wuchs. Wer waren diese Gelehrten? Wer war Dr. Colet mit seinem Gerede, Schulen für Kinder zu gründen? Gewiß, er war nicht mehr Vikar in Stepney, sondern zum Dekan der St.-Pauls-Kathedrale ernannt worden. Aber was kümmerte er sie? Wer war Dr. Lily, der Latein in Italien gelernt hatte, weit gereist war, in London eine Schule eröffnet hatte und, wie Thomas, fast Mönch geworden wäre? Wer war dieser Dr. Linacre, der Thomas Griechisch gelehrt hatte? Wer war der große Erasmus selbst? Gescheit mochten sie sein, doch keiner von ihnen konnte ein Kind zur Welt bringen!

Neue Würde und neues Vertrauen erfüllten Jane. Sie sang, wenn sie durchs Haus ging.

Die Ehe war wirklich eine gute Sache, und Jane war sehr glücklich.

Eines Tages im Sommer 1505 kam Margaret zur Welt.

II

Margaret war vier Jahre alt, als sie zum erstenmal erfahren mußte, was es bedeutet, in Angst zu leben. Bis dahin war die Welt ein fröhlicher Ort gewesen, beherrscht von dem Menschen, den sie am innigsten liebte: von ihrem Vater.

Nur wenn er einmal nicht zu Haus war, fühlte sie sich nicht glücklich. Dann kam es ihr vor, als ob das alte Haus mit den dunklen Treppen, den seltsamen Winkeln und Alkoven verändert wäre, und dann saß sie am Fenster und wartete auf seine Rückkehr. Sie schaute hinaus auf die Läden der Apotheker und Gewürzhändler und hatte das Gefühl, es seien nicht die gleichen Läden, an denen sie an der Hand ihres Vaters vorübergegangen war, während er ihr den Gebrauch von Gewürzen und Drogen erklärte, deren Geruch die Luft erfüllte. Nichts war in Margarets Augen so, wie es war, wenn sie ihren Vater neben sich hatte.

Schon, wenn sie ihn lachen hörte – und er kehrte fast immer lachend heim –, fiel ihr, so meinte sie, ganz von selbst die richtige Lösung für eine Aufgabe ein, mit der sie sich im Unterricht geplagt hatte. Sie rannte auf ihn zu, stand vor ihm und wartete, daß er sie hochhob.

Dann sagte er: „Und was hat meine Meg heute gelernt?"

Eifrig erzählte sie es ihm und lehnte sich zurück, um die Wirkung ihrer Antwort zu sehen. Ihm zu gefallen, das war für sie das Wichtigste auf der Welt. Sie wünschte sich brennend, lateinisch mit ihm reden zu können. Das würde ihn, wie sie glaubte, mehr erfreuen als sonst alles, was sie tat.

„Meg", sagte er einmal, als sie ihm eine besonders zufriedenstellende Antwort gegeben hatte, „wenn ich mir vorstelle, daß wir, ehe du geboren wurdest, auf einen Jungen hofften!"

„Und du möchtest doch lieber mich als irgendeinen Jungen, nicht wahr, Vater?"

„Lieber meine Mädchen als irgendwelche Jungen auf der Welt."

Sie glaubte, er meine: lieber meine Meg als jeden Jungen. Doch er wollte auch an die anderen denken – an Elizabeth, die drei, und Cecily, die zwei war –, und er sagte sich, daß es nicht recht sei, daß ein Vater ein Kind mehr liebte als die anderen. Und er war ein Mann, der immer das Rechte tun mußte, das wußte sie. Sie war ein Kind und nicht gerecht wie er. Sie konnte jemanden so sehr lieben, daß ihre Zuneigung für alle anderen wie der Mond war neben der großen Sonne seiner Liebe zu ihm. Aber sie wollte ihn nicht fragen, ob er sie am meisten liebe, weil sie wußte, daß er das tat. Und er kannte auch ihre Liebe zu ihm. Das war ihr gemeinsames Geheimnis.

Manchmal ging sie in das Zimmer, in dem er mit seinen Freunden saß. Dann nahm er sie aufs Knie oder setzte sie auf den Tisch. Dann sahen sie die Männer mit den ernsten Gesichtern an, und ihr Vater sagte: „Margaret wird euch beweisen, daß ich recht habe. Sie ist noch jung ... aber ihr werdet es sehen, ihr werdet's schon sehen."

Er stellte ihr Fragen, und sie antwortete darauf. Die Besucher sagten: „Ist dieses Mädchen wirklich noch so jung?"

„Es ist ein Mädchen, das euch, meine Freunde, zeigen wird, daß der Verstand einer Frau dem eines Mannes gleich ist." Er schob sein lächelndes Gesicht näher zu ihr. „Meg, sie glauben nicht, daß du deine Lektionen lernen kannst. Sie sagen, weil du ein Mädchen bist, ist dein Kopf der Aufgabe nicht gewachsen. Meg, du mußt ihnen zeigen, daß sie unrecht haben. Wenn du das nicht tust, werden sie sagen, daß ich den richtigen Namen trage, denn *moros* ... das ist das griechische Wort für Tor, Meg, Mir scheint, daß ich dieses Namens würdig bin, wenn ich mich täusche. Meg, du wirst doch nicht zulassen, daß sie deinen Vater auslachen?"

„Nein, Vater", erwiderte sie und schaute die Männer finster an. „Sie werden nicht über dich lachen. Wir werden ihnen zeigen, wer die Toren sind."

Sie lachten und redeten mit ihr, und sie antwortete, so gut sie konnte, während ihr das Herz klopfte vor Furcht, daß sie sich benähme wie ein kleines Kind statt wie ein gelehrtes junges

Mädchen von beinah fünf Jahren. Sie war entschlossen, ihren Vater vor dem Spott seiner Freunde zu bewahren.

Der Unterricht war also mehr als eine Pflicht für sie. Er bedeutete Hingabe. Sie mußte es schaffen.

„Es ist unnatürlich, so lange über den Büchern zu sitzen", sagte ihre Mutter. „Komm... spiel mit Bessy!"

Doch wenn sie mit Bessy spielte, dann nur, um sie zu unterrichten, denn ihr Vater wollte, daß all seine Töchter gescheit sind, dachte sie. Es genügt nicht, wenn eine von uns klug ist und die anderen unwissend.

Dennoch hoffte sie, daß Elizabeth und Cecily nicht so leicht lernen würden wie sie, denn sie wollte die gescheiteste Tochter ihres Vaters bleiben.

So war Margaret schon mit vier Jahren ein ungewöhnlich gelehrtes kleines Mädchen geworden.

Eines Tages brachte ihr Vater ein Mädchen ihres Alters mit – ein scheues, trauriges Kind.

Margaret hörte die Stimme des Vaters und rannte hinunter, um ihn zu begrüßen. Sie schlang ihm die Arme um die Knie. Dann stellte sie sich feierlich auf und betrachtete das kleine Mädchen, das neben ihm stand, ihre Hand in seiner.

Thomas hockte sich nieder, so daß sie alle drei von einer Größe waren. Um jedes Mädchen legte er einen Arm.

„Margaret", sagte er, „ich habe dir eine Spielgefährtin gebracht."

Margaret wollte sagen, daß sie keine Spielgefährtin brauche. Der Unterricht füllte sie aus, und sie hatte zwei Schwestern, mit denen sie spielen konnte. Wenn sie sich etwas wünschte, dann höchstens einen Jungen, damit sie den Freunden ihres Vaters beweisen konnte, wie recht er hatte, wenn er sagte, Mädchen könnten ebensoviel lernen wie Jungen.

Aber sie wußte, daß sie in dem kleinen Mädchen nicht das Gefühl hervorrufen durfte, unerwünscht zu sein, denn das würde ihrem Vater bestimmt mißfallen.

„Dies ist noch eine Margaret", fuhr er fort. „Margaret ist mein Lieblingsname."

Das veranlaßte Margaret zum Lächeln und dazu, das kleine Mädchen, das den gleichen Namen trug wie sie selbst, mit neuem Interesse zu betrachten.

„Diese Margaret wird bei uns leben, Meg."

„Wir können aber doch nicht zwei Margarets in einem Haus haben", erklärte Margaret. „Wenn du mich rufst, würde sie denken, du rufst sie."

„Meine kluge kleine Tochter!" Er lachte fröhlich, aber sie wußte, daß er ihre Verstimmung gespürt hatte, und wurde rot.

„Eine von uns müßte einen neuen Namen bekommen", sagte sie rasch.

„Aber welchen?" fragte er. „Da ist Meg und Marget. Aber wir haben ja schon eine Meg und eine Marget in unserer Margaret. Oder Mercy. Eine von euch wird den Namen ändern müssen, nicht wahr?"

„Ja", entgegnete Margaret, und ihre Lippen zitterten leicht. Sie wußte, was er von ihr erwartete, aber sie wußte auch, daß sie es nicht ertragen würde, zu hören, daß er eine andere Margaret nannte. Auch ihr Vater wußte es. Deshalb erwartete er ja gerade, daß sie diesem Mädchen ihren Namen gab.

„Geben ist seliger denn Nehmen." Das hatte er ihnen oft erklärt. Häufig sagte er: „Ach, meine Meg, wenn die Menschen nur erkennen wollten, daß es die selbstlosen Taten sind, die am meisten Freude bringen, dann wäre die Welt voller selbstloser Menschen."

Als sein Blick auf ihr ruhte, erkannte sie, daß sie ihr Opfer jetzt bringen mußte.

„Ich ... ich will Daisy oder Mercy sein", sagte sie.

Da küßte er sie. „Meine Meg ... meine liebste Meg", sagte er. Und sie glaubte, daß sie nie vergessen würde, wie er sie, wie sie meinte, zum letztenmal bei ihrem richtigen Namen nannte.

„Mercy ist ein schöner Name", sagte er, „denn Mercy, Erbarmen, ist eine der schönsten Eigenschaften."

„Gefällt dir Mercy?" fragte Margaret das eben gekommene Mädchen.

„Ja", entgegnete sie. „Aber ich werde Mercy sein, weil du die erste Margaret in diesem Haus warst."

Dann küßte ihr Vater beide und sagte: „So bleibst du also meine Meg, und Mercy habe ich ins Haus gebracht."

Sie hieß Mercy Gigs und war Waise. Sie besitzt nichts, erklärte er Margaret, als ihr liebenswertes Wesen. „Deshalb müssen wir sie in unser Haus aufnehmen, Meg. Ich werde ihr Vater sein und Mutter ihre Mutter. Und du bist ihre Schwester, genau wie du Elizabeths und Cecilys Schwester bist."

So kam es, daß Margaret noch eine Schwester erhielt, die mit ihr lernte und mit ihr redete. Sie war ihr gegenüber im Vorteil, weil sie früher mit dem Unterricht angefangen hatte, aber sie merkte bald, daß sie in Mercy eine Rivalin hatte, denn Mercy schenkte ihre ganze Zuneigung dem Mann, der sie in sein Haus aufgenommen hatte und ihr Pflegevater geworden war. Und genau wie Margaret strebte sie nur danach, seine Beachtung und Zustimmung zu erringen.

Auch sie arbeitete eifrig an ihren Aufgaben und versuchte, Thomas mit ihren Fähigkeiten zu überraschen. Wenn nun die Freunde erschienen und fragten, wie Margaret im Unterricht vorankomme, traten ihnen zwei kleine Mädchen entgegen. Und Mercy Gigs, die Waise, verblüffte sie noch mehr als Margaret, die schließlich die Tochter eines Gelehrten war.

„Mercy wird endgültig beweisen, daß meine Behauptung richtig ist", sagte Thomas oft voller Fröhlichkeit. „Mercy ist ebenso begabt wie meine eigenen Kinder. Sie wird mit ihnen zusammen die beste Erziehung erhalten, und sie wird euch zeigen, daß der weibliche Geist für jegliches Wissen ebenso aufnahmebereit ist wie ein Schwamm für das Wasser."

Dann wurde Mercy rot und lächelte und war sehr glücklich.

Später kam die Zeit des Kummers. Es begann damit, daß der Vater Margaret eines Tages auf sein Knie nahm und ihr erzählte, daß er für eine Weile fortmüsse.

Sie schlang ihm die Arme um den Hals und biß sich auf die Lippe, um die Tränen zurückzudrängen.

„Aber es wird nicht für lange sein, Meg", fuhr er fort. „Ich gehe ins Ausland. Ich werde an den Universitäten in Paris und Löwen meine Freunde besuchen, die immer zu uns kommen, wenn sie hier sind. Und vielleicht werde ich eines Tages dich, Meg, deine Mutter und deine Schwestern dorthin bringen. Wie würde dir das gefallen?"

„Ich möchte viel lieber mit dir zusammen hierbleiben."

„Das, was wir lieber möchten, trifft nicht immer ein, Meg. Du wirst dich um alle hier im Haus kümmern müssen, das tust du doch? Und du wirst fleißig an deinen Lektionen arbeiten, während ich fort bin."

Sie nickte. „Aber weshalb mußt du denn fort?"

„Ich reise, weil ich euch vielleicht schon sehr bald alle nach

Frankreich bringen möchte. Doch zunächst will ich allein hinfahren, um festzustellen, ob es euch dort gefallen würde."

„Natürlich gefällt es uns, wenn du da bist. Dazu brauchst du nicht erst ohne uns hinzufahren."

Er küßte sie und stellte sie auf den Boden.

Damals hatten ihre Befürchtungen begonnen, nicht nur, weil ihr Vater kurz danach tatsächlich nach Frankreich aufbrach, sondern auch, weil sie aus den Mienen der Dienstboten, den Stimmen der Leute, die mit ihrer Mutter sprachen, und den besorgten Blicken ihrer Mutter entnahm, daß etwas Schreckliches geschehen sein mußte.

Er hatte ihr nicht gesagt, was es war. Und sie wußte, daß er es nur deshalb nicht getan hatte, weil sie noch zu jung war, um es zu verstehen.

Sie sprach mit Mercy über die Angelegenheit. Mercy war klug und ruhig. Auch sie hatte bemerkt, daß etwas nicht stimmte. Auch sie hatte Furcht.

Einmal, als ihre Mutter in der Küche beim Brotbacken war, sagte Margaret: „Mutter, wann wird Vater zurückkommen?"

„Bald, mein Kind. Bald."

„Bald", wiederholte Margaret, „das kann eine Ewigkeit dauern, wenn man sich etwas sehr wünscht. Aber für etwas, was man verabscheut, kann es eine sehr kurze Zeit bedeuten."

Jane strich ihr über den Kopf und wunderte sich über ihre Tochter. Margaret war Thomas viel ähnlicher als ihr. Sie war Thomas ähnlicher als alle anderen. Immer, wenn sie das Kind ansah, entsann sie sich jener Tage kurz nach Margarets Geburt, als Thomas mit ihr im Zimmer auf- und abgegangen war, um ihr Schreien zu beschwichtigen. Sie erinnerte sich, daß Thomas sie beruhigen konnte wie sonst keiner. Sie entsann sich auch, wie Thomas darüber geredet hatte, was er für dieses Kind tun wollte, daß sie eine große, edle Frau werden solle, und wie glücklich er über seine Tochter war, die ihn bezaubert hatte, wie es keinem Sohn jemals gelungen wäre.

Es schien, als ob Thomas das alles vorhergewußt hätte, denn Margaret war der Inbegriff dessen, was er sich gewünscht hatte. Ihre Klugheit setzte die Mutter in Erstaunen. Margaret hatte, obwohl noch nicht fünf, schon mit Latein und Griechisch angefangen und schien daran die gleiche Freude zu haben wie andere

Kinder am Ballspiel. Jane war zufrieden, wenn sie ihre älteste Tochter betrachtete. Sie hatte ihre Ehe mit Thomas gewiß zu einem Erfolg gemacht, als sie ihm diese reizvoll ernste Tochter geschenkt hatte.

„Dein Vater wird ein paar Wochen lang fort sein, Liebling", sagte Jane, „und ich möchte schwören, daß uns das allen sehr lang erscheinen wird. Aber wenn er wiederkommt, wirst du dich um so mehr freuen, weil du ihn so lange entbehren mußtest."

„Am liebsten möchte ich ihn immer und jeden Tag sehen", erwiderte Margaret.

Dann ging sie davon und machte sich an ihre Aufgaben. Ihr einziges Streben war, ihn in Erstaunen zu versetzen, wenn er zurückkam.

Und schließlich kam er zurück. Margaret wollte ihn als erste begrüßen. Und als sie seine Stimme nach der Familie rufen hörte, rannte sie in die große Halle. Doch Mercy war ebenso schnell. Sie standen nebeneinander und schauten zu ihm auf.

Er lächelte in ihre erwartungsvollen kleinen Gesichter und nahm sie auf die Arme. Er küßte Mercy zuerst, doch sie wußte, daß es ihn mehr danach verlangte, Margaret zu küssen, denn Margaret war sein eigenes Kind, und er konnte niemanden so lieben wie sie.

Sie saßen um den großen Tisch – der ganze Haushalt –, und alle waren glücklich, weil er wieder zu Haus war. Die Dienstboten, die mit der Familie aßen, waren glücklich und auch die armen Landstreicher, die müde und fußkrank vorgesprochen hatten, weil sie wußten, daß sie im Haus Thomas Mores immer mit einer Mahlzeit rechnen durften.

Nach Tisch ging Thomas zuerst ins Schulzimmer, und dort bewunderte er den Fortschritt, den seine Töchter gemacht hatten. Selbst die zweijährige Cecily hatte angefangen zu lernen, und Thomas war, wie er sagte, mächtig erfreut. „Die Freude, wieder bei euch zu sein", erklärte er, „ist es wert, daß ich fort gewesen bin."

Doch ein paar Tage darauf nahm er Margaret mit zu einem Spaziergang in Goodmans Felder und setzte sich dort mit ihr ins Gras. Als sie da nebeneinandersaßen, erzählte er ihr, daß er Pläne gemacht habe, Die Barke in Bucklersbury und die Stadt London zu verlassen und mit ihnen allen nach Frankreich zu ziehen.

Margaret rief: „Aber ... Vater, du sagst doch, du liebst London, und keine andere Stadt kann dir je Heimat sein."

„Ich weiß, mein Kind. Und du?"

„Ja, Vater. Ich liebe London auch."

„Und was möchtest du haben – ein fremdes Land mit deinem Vater oder England ... London ... und keinen Vater?"

„Lieber möchte ich irgendwo in der Welt mit dir zusammen sein, Vater, als irgendwo ohne dich."

„Dann wird es dir nicht schwerfallen, Margaret. ‚Besser nur Kraut mit Liebe ...', nicht wahr? Und es wird nicht viel mehr als Kraut geben, meine Liebste, denn wir werden nicht reich sein."

„Wir werden glücklich sein", sagte Margaret. „Aber weshalb müssen wir fortgehen?"

„Manchmal frage ich mich, meine Margaret, ob ich dich gezwungen habe, zu schnell erwachsen zu werden. Aber es verlangt mich so sehr danach, zu sehen, wie du dich entfaltest. Ich möchte, daß du meine kleine Gefährtin bist. Ich möchte alles mit dir besprechen und vergesse dabei so oft, welch ein Kind du noch bist. Aber ich will's dir trotzdem sagen, nur – es bleibt unser Geheimnis. Vergiß das nicht!"

„Nein, Vater."

„Dann hör zu. Vor langer Zeit, ehe du geboren warst und ehe ich deine Mutter heiratete, forderte unser König vom Parlament eine große Summe Geld. Ich war Mitglied, ein sehr jugendliches Mitglied dieses Parlaments und sprach gegen die Forderungen des Königs. Zum Teil wegen meiner Einwände erhielt der König nicht das ganze Geld, das er gefordert hatte."

Margaret nickte.

„Wenn der König Geld vom Parlament erhält, dann ist das das Geld des Volkes, durch Steuern aufgebracht. Du weißt noch nicht, was Steuern sind, und eines Tages werde ich es dir erklären. Aber du siehst ein, daß dem Volk Geld weggenommen werden muß, um den Reichtum des Königs zu vermehren ... hier ein wenig ... da ein wenig ... dort ein wenig ... das ergibt große Summen. Die Kosten für Lebensmittel werden erhöht, damit ein Teil des Geldes, das dafür gezahlt wird, an den König gehen kann. Die Menschen hatten schon allzuviel von diesen Steuern gezahlt, und der König verlangte, daß sie immer mehr zahlten. Ich hielt es für falsch, daß er das Geld bekam, das er forderte.

Ich hielt es für falsch, daß das Volk immer ärmer gemacht wurde. Und das habe ich gesagt."

„Es *war* falsch, Vater."

„Ach, kleine Meg, sagst du das, weil du einsiehst, weshalb es falsch war, oder weil ich es sage?"

„Weil du es sagst, Vater."

Er küßte sie. „Vertrau mir nicht zu blind, Meg. Ich bin ein Sterblicher, weißt du. Ich möchte es so sagen: Ich habe geglaubt, das, was ich getan habe, war richtig. Der König aber glaubte, ich hätte unrecht. Und Könige – wie kleine Mädchen ... kleine Jungen ... und sogar Säuglinge – mögen Leute nicht, die sie daran hindern, Dinge zu tun, die sie gern tun möchten. Deshalb ... mag mich der König nicht."

„Alle Menschen mögen dich, Vater", sagte sie ungläubig.

„Du, ja", sagte er lachend. „Doch leider haben nicht alle Menschen deine liebenswürdige Einsicht. Nein, der König mag mich nicht, Meg, und wenn ein König einen Mann nicht mag, dann sucht er ihm irgendwie zu schaden."

Sie stand beunruhigt auf. Sie nahm seine Hand und zerrte daran.

„Wohin willst du mich führen, Meg?"

„Wir wollen jetzt gleich weglaufen."

„Wohin sollen wir laufen?"

„In irgendein fremdes Land, wo wir einen neuen König haben können."

„Das habe ich ja vor. Meg. Aber du brauchst keine Angst zu haben, und es ist nicht nötig, daß wir es überstürzen. Wir müssen ja die anderen mitnehmen. Deshalb bin ich im Ausland gewesen ... um mir ein Land zu suchen. Sehr bald reisen wir: du, ich, deine Mutter, die Mädchen und einige Dienstboten. Ich habe viele gute Freunde, wie du weißt. Einer von ihnen ist ein Herr, den du kennst, weil er zu Besuch bei uns gewesen ist. Es ist ein sehr einflußreicher Mann – Bischof Foxe von Winchester. Er hat mich vor der Einstellung des Königs gegen mich gewarnt und mir gesagt, er könne den König dazu bewegen, daß er mir seine Gunst schenkt, wenn ich meinen Fehler vor dem Parlament zugebe."

„Dann wäre der König dein Freund, Vater?"

„Nein, Meg, denn wie könnte ich sagen, daß ich unrecht hatte, wenn ich fest davon überzeugt bin, recht gehabt zu haben, und wenn ich, falls ich abermals vor dem gleichen Problem stände, es wieder genauso machen würde?"

„Aber wenn Bischof Foxe den König dazu bringen könnte, dir seine Gunst zu schenken, könntest du in London bleiben."

„Das ist richtig, Meg. Ich liebe diese Stadt. Sieh sie dir an! Warte, ich heb' dich hoch. Keine Stadt der Welt erscheint mir so schön wie diese. Wenn ich ihr fern bin, werde ich oft an sie denken. Ich werde sie betrauern, wie ich den besten meiner Freunde betrauern würde. Schau, Meg! Sieh dir die großen Bastionen unseres Tower an! Was für eine gewaltige Festung! Welches Elend und welche Freude ist in diesen Mauern erlebt worden! Und da – unser Fluß. Wie ruhig, wie friedlich er dahinfließt. Doch was sagte Satan zu Jesus, als er ihm die Herrlichkeit dieser Welt zeigte, Meg? Und genau das sagt eine Stimme in meinem Innern. ‚Dies alles will ich dir geben', sagt sie, ‚nur für ein paar Worte.' Ich brauchte nur zu sagen, daß ich unrecht und der König recht hatte. Ich brauchte nur zu sagen, daß der König das Recht hat, seinen Untertanen ihr Geld wegzunehmen und sie in Armut leben zu lassen, damit er reich wird. Nein, Meg, es wäre unrecht, diese Worte auszusprechen. Es brächte mir keinen Frieden, und meine Stadt würde mich verachten. Deshalb kann ich es nicht, Meg, ich kann es nicht." Dann küßte er sie und fuhr fort: „Ich belaste deinen kleinen Kopf zu sehr. Komm, Meg, lächle wieder. Du und ich, wir verstehen es, glücklich zu sein, wo wir auch sind. Wir kennen das Geheimnis, nicht wahr? Welches ist es?"

„Zusammen zu sein", erwiderte Margaret.

Er lächelte und nickte, und Hand in Hand gingen sie auf einem Umweg zurück.

Sie kamen durch die Milchstraße, wo er ihr das Haus zeigte, in dem er geboren worden war. Er wußte, daß sie nie müde wurde, es sich anzusehen. Und sie stellte sich ihn als Kind vor, nicht älter als sie selbst. Sie gingen an den Läden auf dem Geflügelmarkt vorbei, durch die Senggasse, wohin die Jungen der Geflügelhändler die verkauften Hühner und Gänse brachten, damit sie gerupft und gesengt wurden. In der Luft hing der Geruch von verbrannten Federn. Dann gingen sie weiter über den Lebensmittelmarkt mit den Läden voller Fleisch und Fisch, den Buden mit Obst und Blumen, Kräutern und Wurzeln, bis sie schließlich Bucklersbury erreichten mit seinen angenehmen

Gerüchen von Gewürzen und Salben, die für Margaret ebenso zu ihrem Leben gehörten wie das Haus selbst.

Thomas More betrachtete all diese Straßen und Plätze mit liebevoller Aufmerksamkeit, als wolle er sich jede Einzelheit einprägen, damit er sich ihrer erinnern konnte, wenn er als Verbannter außerhalb der geliebten Stadt leben mußte.

Als sie sich dem Haus näherten, sagte er: „Meg, sprich zu niemandem ein Wort darüber! Es würde die Kinder verängstigen und deine Mutter erschrecken!"

Sie drückte seine Hand, stolz, dieses Geheimnis mit ihm zu teilen.

Doch sie hatte große Angst, daß der mächtige König ihrem Vater schaden könnte, ehe sie ihm entronnen waren.

Große Erregung herrschte in den Straßen. In dem Haus in Bucklersbury aber atmeten alle erleichtert auf.

Der König war tot. Und mit ihm war die Furcht gestorben.

Ein neuer König kam auf den Thron – ein Knabe von noch nicht achtzehn. Er unterschied sich völlig von seinem Vater. An ihm war nichts von Geiz, und das Volk sah einer ruhmreichen Regierungszeit entgegen. Thomas More und seine Angehörigen brauchten nun nicht mehr daran zu denken, ihre Zelte abzubrechen.

In der ganzen Stadt läuteten die Glocken. Die Menschen auf den Straßen tanzten und sangen. Wie konnten sie das Hinscheiden eines geizigen alten Königs bedauern, wenn ein junger, stattlicher darauf wartet, die Krone zu übernehmen?

Männer redeten von den schrecklichen Steuern, die der verstorbene König ihnen durch seine Gehilfen Empson und Dudley abgenommen hatte. Gerüchte liefen durch die Stadt. Der neue König liebte sein Volk. Er liebte Frohsinn und Heiterkeit. Er war nicht wie sein Vater, der meist in einem geschlossenen Wagen fuhr, weil er nicht wollte, daß die Menschen sein häßliches Gesicht sahen. Nein, dieser König ritt gern umher, in Brokat und Samt gekleidet, funkelnd vor Juwelen. Er zeigte sein hübsches Gesicht gern den Untertanen und nahm ihre Huldigungen entgegen.

„Vater", fragte Margaret, „was wird nun geschehen, wo wir einen neuen König haben?"

„Es wird eine neue Zeit anbrechen", erwiderte er. „Der Geiz

des alten Königs brachte alles zum Erliegen – alles Geld wurde von einigen wenigen gehortet. Doch nun wird England den Gelehrten geöffnet werden. Unser Freund Erasmus wird hier einen Platz erhalten und ein Einkommen, von dem er behaglich leben kann, während er seine Studien fortsetzt. Der Habsucht wird ein Ende bereitet. Der junge König wird ein neues und ruhmreiches Regiment beginnen."

„Wird er all das Geld zurückgeben, das sein Vater den Menschen weggenommen hat?" fragte Margaret.

Ihr Vater legte ihr die Hand auf den Kopf. „Ach, das kann ich dir nicht sagen."

„Aber wie kann er sich beim Volk beliebt machen, wenn er nicht damit beginnt!"

„Manchmal, Margaret, scheint es, als ob dein Verstand deinen Jahren allzuweit voraus ist."

Doch er küßte sie, um ihr zu zeigen, daß er sich über sie freute, und sie sagte: „Aber auch, wenn er es nicht tut, hast du nichts zu fürchten, Vater, nicht wahr? Satan flüstert dir nicht mehr zu: ‚Die Reiche der Welt sind dein ...'."

„Du hast recht, Meg", erwiderte er heiter.

Dr. Colet kam, und selbst er unterließ es für eine Weile, über Literatur und Theologie zu reden, und sprach nur über den neuen König.

„Es wird eine Ehe geben. Der König wird die spanische Infantin heiraten, die Witwe seines Bruders", sagte er. „Das gefällt mir nicht. Und ebensowenig meinem Lord, dem Erzbischof von Canterbury."

Margaret hörte ihnen zu. Sie war begierig, alles zu lernen, damit sie ihrem Vater Freude durch ihr Verständnis machen konnte, wenn diese Dinge erwähnt wurden.

„Dazu wird es eine Dispens vom Papst brauchen", sagte Thomas. „Aber ich glaube, leicht wird das nicht sein."

„Ob sie gewährt wird?" fragte Colet. „Die Witwe seines Bruders! Mehr noch, hat er selbst nicht vor einigen Jahren feierlich gegen das Verlöbnis protestiert?"

„Das hat er getan – unter Zwang. Er protestierte, weil sie fünf Jahre älter ist als er, und zitierte dabei, glaube ich, die Bibel. Aus solch einer Ehe könne nichts Gutes entstehen, sagte er. Aber es war sein Vater, der ihm diesen Protest abgezwungen hat. Der junge Heinrich hatte anscheinend immer eine leise Schwäche für die spanische Dame, und seinem Vater gefiel das, da nur die Hälfte ihrer großartigen Mitgift, wie du dich erinnern wirst, in seine Hände gelangt war und er sich unbedingt auch in den Besitz der anderen Hälfte bringen wollte."

„Ich weiß, ich weiß. Doch als sich der alte König entschloß, Katharinas Schwester Juana zu heiraten, gewann er den Eindruck, daß die Beziehung, wenn Vater und Sohn Schwestern heirateten, kompliziert und unangenehm werden müsse. Und ich zweifle nicht daran, daß seine Bedenken daher kamen, weil er es für besser hielt, sich Juanas großen Reichtum zu sichern als die übrige Hälfte von Katharinas Mitgift."

„So war es. Deshalb mußte der jungen Heinrich, in welche Richtung seine eigenen Wünsche auch gehen mochten, gegen sein Verlöbnis mit der Witwe seines Bruders protestieren."

„Doch immerhin erhob er den Protest", sagte Colet.

„Ein Knabe von fünfzehn Jahren!"

„Und nach dem Protest, so höre ich, verliebte er sich ernstlich in die Witwer seines Bruders. Das Spielzeug war ihm angeboten worden. Er hatte sich wenig daraus gemacht. Und erst als der Versuch unternommen wurde, es ihm wieder wegzunehmen, beschloß er, es nicht herzugeben. Und nun erklärt er, daß ihn nichts vom Vollzug dieser Ehe abhalten könne, weil sie die Frau seiner Neigung sei."

„Nun, sie ist eine tugendhafte Prinzessin", erwiderte Thomas, „und sogar schön. Sie wird eine gute Königin sein. Mehr kann man nicht erwarten."

„Mehr darf man nicht erwarten, mein Freund. Vergiß nicht, es ist des Königs Wunsch. In diesem Land gilt kein anderes Recht als das Belieben des Königs. Und es wird gut für uns sein, daran zu denken, daß dieser König – sei er noch so jung und ansehnlich – wie sein Vater ein Tudorkönig ist."

Und Margaret, die zuhörte, überlegte, ob sie nun wirklich keine Furcht mehr zu haben brauche. Dieser König – so jung und ansehnlich er auch war – gab den Menschen wahrscheinlich das Geld nicht zurück, das sein Vater ihnen weggenommen hatte. Er wollte die Witwe seines Bruders vor allem deshalb heiraten, weil sein Vater gesagt hatte, er dürfe es nicht tun. Würde er sich schließlich überhaupt als ein so guter König erweisen? Konnte sie glücklich sein? Durfte sie fest damit rechnen, daß sich ihr Vater in Sicherheit befand?

Ein Ereignis fand statt, das der Familie ebenso wichtig erschien wie die Thronbesteigung des neuen Königs.

Der kleine Jack wurde geboren.

Jane war glücklich. Endlich ein Junge! Sie hatte sich immer einen Jungen gewünscht. Und gleich von Anfang an sah sie, daß er den Colts ähnlich wurde.

Die Nase ihres Vaters hatte er bereits, dazu Janes Augen, und sie liebte ihn innig. Doch seine Geburt hatte ihre Gesundheit schwer mitgenommen. Sie war nach Jacks Geburt viele Wochen lang krank. Und als sie dann aufstand, fühlte sie sich weit schwächer als nach den früheren Niederkünften.

Trotzdem war sie glücklich. Fünf Jahre vorher hätte sie nicht geglaubt, daß sie in dieser alten Stadt so glücklich sein würde. London bedeutete jetzt ihre Heimat. Sie genoß es sogar, durch die Mengen des Chepe zu gehen und bei den Händlern einzukaufen, während ihr die Magd folgte. Sie fürchtete sich nicht mehr vor Menschenmengen, ebensowenig vor Thomas. Sie hatte sogar ein wenig Latein gelernt und konnte an den Gesprächen der Kinder mit ihrem Vater teilnehmen.

Manchmal bedauerte sie, daß nicht eins ihrer Kinder solch eine einfältige kleine Seele war wie sie selber, denn sogar Cecily zeigte schon, daß sie eine kleine Gelehrte werden würde. Dennoch war Jane froh, daß sie gescheite Kinder hatte. Sie werden nicht so leiden müssen wie ich, dachte sie. Und wie traurig wäre es für eins von ihnen, ein Dummkopf zwischen so vielen begabten zu sein – wie ein trauriges Schweinchen in einem ganzen Wurf. Das würde mir gar nicht gefallen. Nein, sollen sie alle gescheit sein, wenn sie mich, ihre Mutter, auch übertreffen und, sobald sie erst erwachsen sein werden, als einfältige Frau betrachten müssen.

Es herrschte große Erregung, weil der König und die Königin kurz nach ihrer Hochzeit gekrönt werden sollten. London war in Krönungsstimmung. Es wurde nur noch von der Thronfolge, der Heirat und der Krönung gesprochen, und alle Straßen wurden für die feierliche Zeremonie geschmückt. Cornhill, die reichste Straße Londons, war über und über mit Goldbrokat dekoriert – ein Anblick, der jedes Auge erfreuen mußte, so wurde Jane berichtet. Sie selbst war zu schwach gewesen, es sich selbst anzusehen, hatte den Kindern jedoch versprochen, mit ihnen zum Krönungszug des Königspaares zu gehen, und nichts würde sie dazu bringen, die Kinder zu enttäuschen.

Thomas konnte die Familie nicht begleiten. Als Parlamentsmitglied hatte er Pflichten am Krönungstag. Und so machte sich an diesem Junitag die kleine Gruppe auf, Cecily an Janes einer Hand, Elizabeth an der anderen, Margaret und Mercy Hand in Hand, um zuzusehen, wie der König mit der Königin vom Tower zur Krönung nach Westminster durch die Straßen ritt.

Jane hatte gemeint, Cornhill würde der beste Platz dafür sein, denn Berichte über den Prunk dieser Straße hatten sich durch die ganze Stadt verbreitet. Außerdem brauchten sie nur durch Walbrook zu gehen, den Lebensmittelmarkt überqueren und waren schon an der Ecke, wo sich Lombardstraße und Cornhill trafen.

Doch Jane hatte nicht mit dem Gedränge gerechnet. Jeder einzelne war anscheinend zu dem Ergebnis gekommen, daß dies der beste Platz sei, sich den Festzug anzusehen.

Jane fühlte sich schwach und erschöpft und schwindlig von der Hitze. Sie hätte nichts lieber gewollt, als mit ihrer kleinen Gruppe nach Haus zu gehen. Doch wenn sie in die aufgeregten Gesichter der Kinder blickte, war es ihr unmöglich, sie zu enttäuschen.

„Bleibt dicht bei mir!" sagte sie. „Margaret, du behältst Cecily im Auge! Und Mercy... nimm du Bess an die Hand! Und bleibt dicht bei mir! Wie heiß es ist! Und die vielen Menschen!"

„Mutter!" rief Elizabeth. „Sieh dir doch den schönen Stoff an! Ist das richtiges Gold? Das sind hier doch Läden von Goldschmieden, nicht wahr? Vielleicht ist es richtiges Gold."

„Ja, ja, es ist sehr schön", entgegnete Jane.

Cecily wollte eine heiße Pastete, die in der Nähe verkauft wurden. Elizabeth wollte lieber Pfefferkuchen.

„Aber nein", sagte Jane. „Dann verpaßt ihr vielleicht den König."

Das ließ die Kinder ihre Wünsche vergessen.

Aber sie mußten lange auf den Umzug warten. Die Sonne brannte immer heißer. Jane konnte sich kaum noch auf den Beinen halten, so sehr bedrängte sie die Menschenmenge. Sie wurde ängstlich und fragte sich, was aus den Kindern würde, wenn sie in diesem Gedränge ohnmächtig wurde.

Plötzlich bemerkte sie, daß ihr die Tasche abhanden gekommen war, und sie entsann sich eines Jungen, der sich vor einigen Minuten an ihr vorbeigedrängt und sich dann mit einem so engelhaften Lächeln entschuldigt hatte, daß sie noch dachte, wie reizend er sei. Das mußte der Dieb gewesen sein.

Sie hätte nicht herkommen sollen. Sie hätte mindestens Thomas von ihrer Absicht erzählen müssen, und sie fragte sich, weshalb sie das nicht getan hatte. Dabei wurde ihr klar, daß sie jetzt manchmal ihre Autorität über die Kinder bestätigt sehen wollte, so als ob sie ihnen sagte: „Ich weiß, daß ich nicht klug bin, aber ich bin die Mutter, und hin und wieder möchte ich selbst Entscheidungen treffen. Ich möchte sagen können, das und das wird getan, und dann erleben, daß es getan wird."

Endlich kündigten Trompetengeschmetter und das Trappeln von Pferdehufen den herannahenden Krönungszug an. Die Leute gerieten außer sich, und die Kinder standen da wie verzaubert. Von der Erregung der Menge mitgerissen, fühlte sich Jane ein wenig besser. Sie hatte nicht viel in ihrer Tasche gehabt, und dies würde ihr eine Lehre sein. Sie zitierte Thomas: „Die Erfahrung ist im allgemeinen ihren Preis wert, wie teuer man sie auch einhandelt."

Nun kamen die Ritter und Herren und die Lords des Landes, prächtig in ihrem Samt und Goldbrokat. Doch prunkvoller als alle der König selbst. Dort ritt er dahin, so jung, so begierig auf den Beifall seiner Untertanen. Er lächelte huldvoll nach allen Seiten und funkelte vor Juwelen. Es war ein wenig Unbequemlichkeit, ja sogar den Verlust der Tasche wert, so etwas Prächtiges zu erleben, dachte Jane.

Und da war die Königin – erst seit einigen Tagen verheiratet, wenn auch vorher schon mehrere Jahre Witwe. Sie war in den Zwanzigern – zu alt, sagten manche, für einen so lebenstrotzenden Jüngling. Aber sie war schön – niemand konnte das leugnen. Das dunkle Haar, das ihr, wie es hieß, bis auf die Füße reichte, hing ihr als schwarzer, schimmernder Mantel um die Schultern. Sie war in weißen Atlas mit kunstvollen Stickereien gekleidet, und ihr Kopfputz funkelte von vielfarbigen Juwelen. Zwei Schimmel trugen ihre Sänfte, die mit Goldbrokat geschmückt war. Die Leute jubelten ihr vor Bewunderung zu, und Rufe: „Gott segne Königin Katharina!" mischten sich in die: „Gott segne den König!"

Nun folgte der Rest des Festzugs, und die sich bäumenden

Rosse kamen den Menschenmassen so nahe, daß diese zurückwichen, um nicht getreten zu werden. Jane packte ihre Kinder und zog sie an sich, doch der Druck wurde immer stärker. Die Gesichter der Leute verschmolzen vor Janes Augen mit dem blauen Himmel, und das Schmettern der Fanfaren und Trompeten schien von weither zu kommen.

„Mutter... Mutter!“ rief Margaret vor Angst.

Doch Jane glitt ohnmächtig zu Boden. In dem Gewühl der Menschenmassen war sie in Gefahr zertreten zu werden.

„Bleibt stehen... bleibt stehen... Ich bitte euch, bleibt stehen!“ rief Margaret.

Cecily fing an zu schreien, Elizabeth weinte verängstigt, während Mercy vergeblich versuchte, sich gegen die Menschenmassen zu stemmen.

Plötzlich rief eine kräftige Stimme: „Zurücktreten! Tretet zurück! Seht ihr denn nicht? Die Frau ist ohnmächtig.“

Es war eine laute, gebieterische Frauenstimme, und Margaret hob furchtsam den Blick zu einer stattlichen Frau auf, die ein kleines Mädchen an der Hand hielt. Ihre dicken Backen bebten, der Mund war vor Entrüstung zusammengepreßt, und ihre Augen funkelten verächtlich in die Menge.

Es gelang ihr, die Leute zurückzuhalten und zu Jane zu gelangen. Sie legte einen Arm um sie, so daß deren Kopf tiefer lag. Nach wenigen Sekunden kehrte zu Margarets großer Freude die Farbe in das Gesicht ihrer Mutter zurück.

„Die Hitze“, sagte die Frau, „daran liegt es. Ich wäre selbst fast ohnmächtig geworden... wenn ich nicht den Willen gehabt hätte, dagegen anzugehen.“

So dankbar Margaret auch war, sie spürte den Vorwurf gegen ihre Mutter in diesen Worten und sagte: „Meine Mutter ist noch sehr schwach. Wir haben gerade einen kleinen Bruder bekommen.“

„Um so törichter, an einem solchen Tag hierherzugehen!“ lautete die Antwort. „Wo wohnt ihr?“

„In der Barke in Bucklersbury.“

„Das ist ja nur ein Steinwurf von hier. Ich werde euch nach Haus bringen. Das Gedränge wird sehr bald schlimmer werden.“

„Ihr seid sehr gütig“, sagte Margaret.

„Larifari! Was sollte ich denn sonst tun? Es einem Baby wie

dir überlassen, in so einem Gedränge eine Ohnmächtige zu versorgen? Ah, Mistress, ich sehe, Ihr kommt wieder zu Euch. Ihr seid ohnmächtig geworden, und ich kümmere mich um Eure Kinder hier. Könnt Ihr aufstehen? Eure zwei großen Mädchen nehmen die Kleinen fest an der Hand. Und du, Ailie, klammerst dich an meinen Rock. Ich werde mir den Weg durch die Menge erzwingen. Kommt, Mistress! Nehmt meinen Arm. Eure Kinder sind hier, und wir werden sie vor uns herschieben, so daß wir sie nicht aus dem Auge verlieren. Im Handumdrehen sind wir in Bucklersbury, und dort gehört Ihr hin."

„Ihr seid sehr gütig", erwiderte Jane. „Ich..."

„Nun spart Euch den Atem fürs Gehen. Kommt nur! Kommt!"

Mit Gewalt bahnte sie einen Weg und fuhr jeden scharf an, der ihnen nicht Platz machte: „Könnt ihr denn nicht sehen? Ich habe eine kranke Frau bei mir. Geht zur Seite, ihr Tölpel! Macht Platz da!"

Und seltsam, niemand wagte sich ihr zu widersetzen. Unter so starker Führung erreichte die Familie bald Bucklersbury.

Die Frau schaute sich voller Geringschätzung in der Gegend um. „Welche Gerüche!" rief sie und rümpfte die Nase. „Ein Glück, daß mein verstorbener Mann keiner von diesen Apothekern und Gewürzkrämern war! Im Geschäft eines Seidenhändlers riecht es immer gut. Aber hier... puh! Ich mag das nicht."

„Mein Mann", sagte Jane, „ist Anwalt."

„Anwalt, eh! Das ist freilich was! Nun, hier seid Ihr schon, und wenn Ihr einen Rat von mir annehmen wollt, dann geht nicht so bald wieder ins Gedränge!"

„Wollt Ihr nicht hereinkommen und eine kleine Erfrischung zu Euch nehmen?"

Die Witwe nahm die Einladung an und folgte der Familie in die große Halle, wo sie sich setzte.

Margaret sah, daß das kleine Mädchen Ailie sehr hübsch und ungefähr im gleichen Alter war wie Mercy und sie selbst. Ihr goldenes Haar schaute unter der Kappe hervor, und ihr Kleid war von besserem Stoff, als sie die Mädchen der Familie More trugen.

„Sagt mir, wie Eure Töchter heißen", bat die Witwe. „Nein... sie können für sich selbst sprechen. Ich möchte wetten, daß jede von euch eine Zunge hat."

„Das haben wir", entgegnete Margaret würdevoll, denn wenn sie der Witwe auch für ihre Hilfe dankbar war, gefiel ihr das anmaßende Benehmen nicht. „Ich bin Margaret. Dies ist meine Pflegeschwester, Mercy genannt, weil sie auch Margaret heißt, und das sind meine Schwestern Elizabeth und Cecily."

„Und ich bin Mistress Alice Middleton, Witwe von Master John Middleton, Seidenhändler der City und Mitglied der Großhändlergesellschaft von Calais. Hier ist meine Tochter. Alice wie ich selber, deshalb wird sie – wie eure Mercy – bei einem anderen Namen genannt. Ihr und sie seid gleich alt. Da könnt ihr Freundinnen werden."

Die Kinder musterten sich, und Mistress Middleton wandte sich an Jane, machte ihr Komplimente über den Honigwein, der ihr angeboten worden war, und erklärte ihr, wie sie ihn noch verbessern könne, wenn sie mehr Honig verwende. Es sei aber ein recht gutes Getränk.

Sie fuhr fort: „Nun ruht Euch aus. Bleibt im Haus, denn heut nacht wird es Unruhe geben ... und so muß es sein, denn es ist ein guter Tag für das Land, das möchte ich schwören, wenn so ein hübscher König auf den Thron kommt."

Als sie den Honigwein ausgetrunken und sich das Haus angesehen hatte, wobei sie – nicht immer zustimmende – Äußerungen über die Möbel machte, ging sie mit ihrer Tochter.

„Eine redselige Frau", sagte Jane, „aber tüchtig, das möchte ich schwören ... und sehr hilfsbereit."

Für Thomas More war es ein glücklicher Tag. Der Tyrann war tot, und an seine Stelle war ein Monarch getreten, der große Dinge für England verhieß.

Wenn sich Thomas glücklich fühlte, liebte er es, nach der Feder zu greifen, und es war nur natürlich, daß sich seine Arbeit nun mit der neuen Regierungszeit beschäftigte.

„Wenn es für dich, England, je einen Tag, je eine Zeit gegeben hat", schrieb er, „den himmlischen Mächten zu danken, dann ist es dieser glückliche Tag, ein Tag, der leuchtend rot in deinem Kalender angemerkt werden muß. Dieser Tag ist der Schluß deiner Sklaverei, der Anfang der Freiheit, das Ende der Trauer, die Quelle der Freude ..."

Darauf zählte er die Vorzüge des jungen Königs auf: „Unter tausend edlen Gefährten, überragt er nicht alle? Wenn die Natur es doch möglich machen könnte, daß die überragende Vortrefflichkeit seines Geistes genauso sichtbar würde wie die seines Körpers! Dieser Prinz hat seines Vaters Weisheit, seiner Mutter gütige Kraft, den scharfen Verstand der Mutter seines Vaters und das edle Herz des Vaters seiner Mutter geerbt. Ist es ein Wunder, wenn England jubelt über einen König, wie es ihn nie zuvor hatte?“

Dann sang Thomas das Lob der Königin. Er schrieb von ihrer Würde und Frömmigkeit, ihrer Schönheit und Treue. Keine Frau sei würdiger, die Frau eines solchen Königs zu sein, und nur dieser König sei eine solche Königin wert. Der Himmel möge die Verbindung segnen, und wenn Katharina und Heinrich die Kronen lange getragen haben, würden ihre Enkel und Urenkel in künftigen Jahren mit der Krone von England gekrönt werden.

Als Thomas dieses Gedicht John Colet vortrug, bemerkte der Dekan der St.-Pauls-Kathedrale in seiner trockenen Art, daß man die Eigenschaften von Heinrichs Vorfahren vielleicht auch anders hätte bezeichnen können. Beispielsweise könne man die Weisheit Heinrichs des Siebenten auch Geiz nennen, die gütige Kraft der Elisabeth von York Unterwürfigkeit, von Berechnung diktiert, den scharfen Verstand der Margarete von Richmond Ehrgeiz und das edle Herz Edwards des Vierten Wollust und Entschlossenheit, um jeden Preis zu regieren.

„Trotzdem“, sagte der Dekan, „sollte man dies dem König zeigen. Es wird Seiner Gnaden bestimmt gefallen. Es ist schon viel Schmeichelei in die königlichen Ohren geblasen worden, doch ich zweifle, daß sie je so ausgezeichnet formuliert worden ist.“

„Schmeichelei?“ erwiderte Thomas. „Mag sein. Aber es geschieht bisweilen, John, daß ein Mann, dem sein geschmeicheltes Bildnis vorgehalten wird, versucht, dieses Bildes würdig zu werden. Aus solchen Gründen ist es angebracht, den Königen zu schmeicheln.“

„Doch wenn Menschen mit der einen Hand Schmeicheleien anbieten, neigen sie dazu, auch die andere auszustrecken, um den Lohn zu empfangen, den solche Schmeichelei möglicherweise einbringt. Welchen Lohn suchst du, Freund Thomas?“

Thomas überlegte. „Könnte es nicht sein“, fragte er schließlich, „daß meine Schrift die Bezahlung dafür ist, daß der König zu einer für mich günstigen Zeit auf den Thron gelangt ist? Ich könnte Freudenlieder singen, John, wenn ich die Stimme dafür hätte, weil jetzt dieser König regiert und ich das Land nicht zu verlassen brauche. Lohn? Vielleicht wünsche ich ihn. Vielleicht verlangt es mich danach, weiterzuleben wie bisher... hier in London... meine Familie um mich her. Ach ja, und wenn der König wirklich zufrieden mit meiner Gabe ist, könnte ich vielleicht um Zugeständnisse für Erasmus bitten. Es wäre gut, ihn wieder bei uns zu haben, nicht wahr?"

„Das wäre es gewiß. Nimm die Verse! Bitte um eine Audienz! Ich zweifle nicht daran, daß du sie erhältst."

Und so trug Thomas seine Schrift zum König.

Nach allem hätte der glücklichste Mensch im Westminster-Palast der König sein müssen. Niemand wußte das besser als er selbst, und es grämte ihn, als er feststellte, daß es nicht so war.

König zu sein war eine ruhmreiche Sache. Wohin er auch kam, die Menschen jubelten ihm zu, denn er war nicht nur König, das Volk liebte ihn auch. Wäre er nicht soviel größer gewesen als alle um ihn her, dann hätte man ihn doch schon an den funkelnden Juwelen, die er trug, als den König erkannt. Er war der reichste Herrscher in Europa. Erst jetzt begriff er, wie reich, denn die Schätze, die sein Vater angesammelt hatte, übertrafen seine kühnsten Erwartungen.

Und dennoch war er mißvergnügt. Und der Grund dafür war die Königin. Er fand Gefallen an ihr. Sie war zwar fünf Jahre älter als er – doch da er es nicht mochte, noch als Knabe angesehen zu werden, konnte ihm das nur recht sein, denn es schien, als ob sie seiner Jugend einige Jahre hinzufügte.

Aber sie waren reich, sie waren jung, sie sollten fröhlich sein. Es mußte glanzvolle Feste geben, Maskenspiele, Turniere, prunkvolle Festzüge. Und bei all den Unterhaltungen sollte er der Mittelpunkt der Aufmerksamkeit sein, wie es sich gehörte, wenn man bedachte, wer er war. Alle Festlichkeiten sollten nur den einen Zweck haben, den König zu ehren, ihn in all seinem Glanz zur Schau zu stellen und zu zeigen, daß er gewandter und kühner war als jeder König, der vor ihm gelebt hatte oder nach ihm kommen würde.

Aber ach, die Königin hatte ihn enttäuscht. Sie teilte nicht seine Liebe für Lustbarkeiten, seine Sucht nach Pläsier. Ihre Kindheit am spanischen Hof hatte sie zu einem ernsten Menschen gemacht. Doch sie war anziehend genug, um ihn zu reizen. Und es schmeichelte ihm, zu wissen, daß sie die Tochter von zwei der größten Monarchen der Welt war. Er empfand auch Befriedigung darüber, sie geheiratet zu haben, denn damit hatte er sich gewissermaßen mit einem Achselzucken über den Geist seines Vaters hinweggesetzt. Es lag ihm fern, die Toten zu verunglimpfen, aber es hatte an ihm genagt, *gezwungen* worden zu sein, seine Verlobte aufzugeben. Erst zu jener Zeit hatte er entdeckt, wie schön sie war und wie er sie begehrte – sie vor allen anderen Frauen. Es hatte ihn in seinem Stolz verwundet, zu jenem Protest gezwungen zu werden. Und nun konnte er jedesmal, wenn er sie ansah, sagen: „Jetzt gibt es niemanden mehr, der mich zu etwas zwingt, was ich nicht will. Es wird auch nie wieder jemanden geben." Solche Gedanken erhöhten sein Begehren, machten ihn glühender, als er sonst wohl gewesen wäre, was, wie er sich selbst nicht ohne eine Spur Prüderie einredete, ausschließlich zum Besten Englands diente, da ein leidenschaftlich begehrender Mann mehr Kinder zeugt als ein kalter.

Und dennoch enttäuschte sie ihn.

Es war am Tag nach der Krönung, als die Festlichkeiten den Höhepunkt erreicht hatten. Er und Katharina hatten auf einer mit Samt und Goldbrokat ausgeschlagenen Tribüne im Park des Westminster-Palastes gesessen. Welch wunderbarer Blick hatte sich ihren Augen geboten – die Brunnen gaben den besten Wein, und noch mehr Wein floß aus den Mäulern steinerner Tiere! Viele Prunkszenen waren zur Freude des königlichen Paares vorbereitet worden. Eine schöne junge Dame, als Minerva gekleidet, hatte der Königin sechs Begleiter zugeführt, und das war ein Tribut für ihren Ernst, denn diese in Brokat und grünen Samt gekleideten Herren sollten Gelehrte darstellen. Es sollte ihr Freude machen, und das war auch der Fall. Dann kündigten Trommeln und Trompeten weitere Ritter an, die sich vor der Königin verneigten und um die Erlaubnis baten, mit den Begleitern Minervas im Turnier zu kämpfen.

Welch ein Schauspiel! Und die Turniere währten den ganzen Tag und die Nacht dazu.

Dann verschwand der König von der Seite der Königin, und kurz darauf erschien ein geringer Ritter bei ihr, der um die Erlaubnis bat, mit dem besten Kämpfer zum Turnier zu reiten. Die Königin gewährte die Bitte, während alle verächtlich über den bescheidenen Ritter lachten, bis er den schäbigen Mantel abwarf – und da stand, sie alle überragend, in schimmernder Rüstung, Heinrich selbst. Und Heinrich mußte der Sieger sein.

Das alles war gut und schön.

Aber Heinrich hatte weitere Freuden für seine Königin geplant. Auf dem Hof des Palastes war ein künstlicher Park aufgebaut worden mit künstlichen Bäumen und Farnpflanzen, von Pfählen eingezäunt. In dieser Einfriedigung waren mehrere Stück Damwild, und der Platz war dazu bestimmt, eine passende Umgebung für die Diener der Minerva zu bilden. Plötzlich wurden die Tore dieses Wildparks aufgestoßen und Windhunde hineingejagt. Sie liefen springend und bellend durch das imitierte Blätterwerk, und heraus kamen, zur Belustigung aller außer der Königin, die verängstigten Damhirsche – sie stürmten über den Platz und drangen sogar in den Palast ein. Als alle Tiere erlegt waren, wurden sie blutbefleckt und noch zuckend der Königin zu Füßen gelegt.

Und wie nahm sie diese Huldigung auf? Schaudernd wandte sie den Blick ab. „So schöne Geschöpfe", sagte sie, „sie so zu quälen!"

Er protestierte: „Es war eine glänzende Jagd!" Und vor allen Höflingen lachte er über ihre zimperliche Art. „Mitleid – bei einem solch vortrefflichen Sport!"

Doch seine Stimme klang ein wenig drohend, als er sagte: „Du mußt lernen, unsere englischen Sitten zu lieben, mein Schatz!"

Als er jetzt mit ihr allein war, dachte er an diesen Vorfall und sah sie verdrossen an. Sie hatte nicht gelernt, auf Jagd zu reiten. Sie verbrachte ihre Zeit lieber mit Priestern. Und es verdarb ihm das Vergnügen, daß sie die Lustbarkeiten nicht schätzte, die er, wie er sich einredete, für sie veranstaltete. Wenn er sie nicht geliebt hätte, wäre er sehr zornig auf sie gewesen.

Nun, es war nur eine Kleinigkeit, und er würde es ihr schon noch beibringen. Aber vielleicht mißfiel es ihm doch nicht einmal so sehr, denn man mußte zugeben, daß sie eine überaus tugendhafte Frau war. Und das Licht ihrer Tugend fiel auch auf ihn. Und bei all seinen Vergnügungen wollte er doch gern als tugendhafter Mann gelten.

Von Augenblick zu Augenblick empfand er weniger Mißbehagen über sie. Und um sich selbst zu beschwichtigen, plante er weitere Lustbarkeiten für sie.

Er sagte zu ihr: „Ich will in die Stechbahn reiten. Ich werde gegen Brandon kämpfen. Mit ihm lohnt sich ein Turnier.“ Er lachte. „Nur wenige sind geschickt genug für die Aufgabe. Und danach haben wir einen Ball... ein Maskenspiel, wie es noch nie gezeigt worden ist.“

„Du gibst zuviel von den Schätzen deines Vaters für diese Festlichkeiten aus“, erwiderte die Königin. „Sie sind teuer, und selbst große Schätze reichen nicht ewig.“

„Ist es nicht besser, das Volk mit Festzügen und Lustbarkeiten zu unterhalten, als Schätze in großen Truhen zu horten? Ich wäre lieber der am meisten geliebte als der reichste König.“

„Das Volk hat wegen der Steuern gegen deinen Vater gemurrt. Wäre es nicht gut, sie ein wenig zu mildern und das Volk wissen zu lassen, daß du die Bedrückung durch deinen Vater wiedergutmachen willst? Ich bin überzeugt, daß mein Lord Norfolk und dieser sehr gescheite Master Wolsey dich beraten könnten, was da zu tun ist.“

Der König kniff die Augen zusammen. „Mag sein. Vielleicht“, sagte er gereizt. „Aber merk dir eins: Ich weiß... und zwar besser als solche Männer wie Norfolk und Wolsey, was mein Volk wünscht – und das ist, seinen König zu sehen und zu wissen, daß er England zu einem fröhlichen Land für seine Untertanen machen wird.“

Katharina senkte die Augen. Dieser Knabe, den sie geheiratet hatte, war ein eigensinniger, ungestümer Junge. Er mußte, wie sie jetzt zu begreifen begann, ständig in Stimmung gehalten werden. Es war nicht klug von ihr gewesen, ihren Abscheu zu zeigen, als man ihr die noch warmen Kadaver des Damwilds zu Füßen legte. Sie mußte so tun, als genösse sie die verschwenderischen Festzüge und Schaustellungen, die ihn in solches Entzücken versetzten. Sie mußte ständig Erstaunen heucheln, wenn er sich ihr, ein wenig als Robin Hood oder als bescheidener Ritter verkleidet, präsentierte. Sie durfte nie vergessen, wie jung er noch war. Er würde rasch heranwachsen, davon war sie überzeugt. Doch einstweilen war er noch ein Knabe, der kindliche Spiele liebte. Und sie mußte sich einprägen, daß er, wenn auch noch ein Knabe, der mächtigste Mensch im Königreich war. Manchmal glaubte sie, in diese jugendlichen Hände ein Szepter zu legen sei fast so, als gäbe man einem ungebärdigen, jähzornigen Kind ein Schwert zum Spielen.

Der König lächelte jetzt, doch sein Lächeln erschreckte sie, denn es lag boshafte Grausamkeit darin, die seltsam in diesem schönen jungen Gesicht wirkte. Obwohl sie sich allmählich daran gewöhnte, fühlte sie sich unbehaglich dabei.

„Ich habe für die Leute etwas vorbereitet, was sie für alles entschädigen wird, was sie erlitten haben“, sagte er.

„Und was ist das, Heinrich?“

„Du erinnerst dich, daß ich befohlen habe, die Männer Empson und Dudley an den Pranger zu stellen?“

„Ich erinnere mich.“

„Und was ist ihnen geschehen?“

„Der Pöbel ist, glaube ich, über sie hergefallen und hat sie fast zu Tode gesteinigt.“

Das Lächeln des Königs vertiefte sich. „Jetzt sollen sie mehr bekommen. O ja. Ich werde die Menschen für ihre Leiden entschädigen, hab keine Furcht!“

„Dann wirst du ihnen zurückgeben, was dein Vater ihnen genommen hat?“

„Mehr als das!“ entgegnete er. „Viel mehr! Sie sollen Empson und Dudley haben. *Sie* waren die Bedrücker. Sie sollen vor dem Tower hingerichtet werden, und ich verspreche dir eins, Kate, die Menschen werden von nah und fern kommen, um ihr Blut fließen zu sehen ... und sie werden ihrem König dafür danken, daß er das Unrecht rächt, das ihnen widerfahren ist.“

Worte drängten sich ihr auf die Lippen, doch sie hatte inzwischen gelernt, klug zu sein. Du willst ihnen also das Blut der unbeliebten Diener deines Vaters anbieten, dachte sie, aber ihr Geld – das Geld, das ihnen mit grausamen Steuern abgepreßt wurde, so daß ihnen kaum etwas für ihre mühevolle Arbeit blieb – willst du für deine Juwelen, deine feinen Kleider und deine Vergnügungen ausgeben.

„Du schweigst“, sagte er und runzelte die Stirn. „Gefällt dir mein Plan nicht?“

Ich kann nichts tun, begriff sie.

O ja, sie begann den Mann zu verstehen, den sie geheiratet hatte. Ruhig sagte sie: „Das Volk wird sich freuen, daran zweifle ich nicht.“

Nun lachte er und umarmte sie leidenschaftlich. Er liebte und brauchte den Beifall ebensosehr, wie er Feste und Lustbarkeiten brauchte.

Lord Mountjoy war einer der Männer, die sich beim König befanden, als Thomas die Verse brachte, die er auf Pergament, mit den weißen und roten Rosen von York und Lancaster geschmückt, geschrieben hatte.

Mountjoy war voller Hoffnungen. Der König hatte ihm anvertraut, er erwarte, daß die Gelehrten seinen Hof zu einem strahlenden Mittelpunkt der schönen Künste machen würden. Mountjoy plante bereits, an Erasmus zu schreiben.

Außer dem König und Mountjoy war noch der Kaplan des Königs anwesend, ein Mensch, für den Heinrich Sympathie und Achtung empfand. Gewiß, er war kein ansehnlicher Mann. Sein Gesicht war von Pockennarben entstellt, und über dem linken Auge hing das Lid schwer herab, was sehr störend wirkte. Mit seinen weit über dreißig Jahren erschien er dem König alt. Doch Heinrich erfuhr so viele Anregungen aus den Gesprächen mit ihm, daß er sich entschlossen hatte, Thomas Wolsey, der bisher nur Kaplan gewesen war, bei sich zu behalten und ihn bald mit höheren Ämtern auszuzeichnen.

Und nun erschien Thomas More, der Gelehrte und Schriftsteller, um ihm lobende Verse zu bringen.

Der König reichte Thomas More die Hand zum Kuß. Das Gesicht des Mannes gefiel ihm, und das königliche Lächeln war wohlwollend, als er Thomas befahl aufzustehen.

„Ich erinnere mich", sagte er, „Euch in Gesellschaft des gelehrten Erasmus gesehen zu haben. War es nicht in Eltham, wo wir uns begegnet sind?"

„So war es, Euer Gnaden. Und daß sich Euer Gnaden dessen erinnern, ist eine große Ehre für mich."

„Wir lieben Unsere Dichter. An Unserm Hof gibt es zuwenig Gelehrsamkeit. Wir selbst fühlen uns unwissend, wenn Wir Uns mit solchen gelehrten Männern vergleichen."

„Euer Gnaden versetzen mit Ihrer Gelehrsamkeit die Welt in Erstaunen."

Der König lächelte, da er sich seinem Besucher von der besten Seite zeigen wollte. Der Instinkt sagte ihm, daß dieser Mann mit dem gütigen Mund und den klugen Augen durch Bescheidenheit zu fangen sei. „Wenn auch nicht mit meiner eigenen", sagte Heinrich, „dann doch mit der meiner Untertanen. Dies ist hübsch, was Ihr mir da bringt. Lest die Verse vor... damit alle hören, was Ihr Euerm König zu sagen habt."

Thomas las, und während der König zuhörte, erwärmte sich sein Herz für diesen Mann. Eine solche Gewandtheit des Ausdrucks, so glänzend in Worte gefaßte Gefühle. Es gefiel ihm, was dieser Mann über ihn und seine Königin zu sagen hatte.

„Wir danken Euch, Thomas More“, sagte er, als der Vortrag beendet war. „Wir wissen die Verse zu schätzen. Und Mountjoy hat Uns gerade von Euerm Freund erzählt... von Erasmus. Wir müssen ihn hier haben. Alle sollen wissen, daß ich meinen Hof von gelehrten Männern geziert sehen möchte. Ich wünschte, ich hätte meinen Erziehern mehr Aufmerksamkeit geschenkt. Aber ich fürchte, die Jagd und sportliche Spiele jeder Art haben mir allzusehr gefallen.“

„Euer Gnaden“, erwiderte Thomas, „Eure ergebenen Untertanen wünschen ja nicht, daß Ihr ein Gelehrter werdet, denn Ihr habt ein Königreich zu regieren. Wir bitten Euch nur um Eure gnädige Ermutigung für die Gelehrten in unserem und anderen Ländern.“

„Darauf geben Wir Euch Unser Wort. Wir brauchen diese Gelehrten. Sie sind die strahlendsten Juwelen in Unserer Krone.“

Und er behielt Thomas bei sich und plauderte ungezwungen mit ihm über Theologie und die Wissenschaft der Astronomie. Die Königin beteiligte sich, und es gefiel dem König, daß sie es tat.

Es gab Menschen, die er gern hatte, ob sie alt oder jung, heiter oder ernst waren. Zwei von diesen Männern hatte er nun in seiner Nähe... seine beiden Thomasse nannte er sie. Der eine war Thomas Wolsey und der andere Thomas More.

Zwei Tage nach der Krönung stattete Alice Middleton der Barke einen Besuch ab und brachte für Jane einen gutgewürzten Milchgrog mit.

Kaum hatte sie das Haus betreten, als es Margaret schon schien, daß sie es beherrschte. Doch Margaret und Mercy freuten sich, daß sie ihre Tochter mitgebracht hatte.

Die drei Kinder setzten sich in einen Fenstersitz und unterhielten sich. Die kleine Alice Middleton hatte zu Margarets und Mercys Erstaunen nicht Latein gelernt.

„Aber was wirst du dann machen, wenn du erwachsen bist?“ fragte Margaret bestürzt. „Möchtest du denn nicht mit deinem...“

Margaret hielt bei einem Blick Mercys inne. Sie hatte vergessen, daß dieses kleine Mädchen keinen Vater mehr hatte. Deshalb durfte man nicht von Vätern sprechen.

Margaret wurde rot, und ihre Augen waren voller Mitleid. Sie und Mercy wollten sehr lieb zu dem kleinen Mädchen sein, das keinen Vater hatte. Doch Alice war keineswegs verwirrt.

„Wenn ich erwachsen bin, werde ich einen Mann heiraten", sagte sie. „Einen reichen Mann." Und sie wickelte sich eine der goldenen Locken um den Finger. Sie schien durchaus mit sich einverstanden zu sein.

Inzwischen redete ihre Mutter mit lauter Stimme:

„Dieses Haus ist nicht gesund. Ich möchte schwören, daß es feucht ist. Kein Wunder, daß Ihr Euch nicht wohlfühlt, Mistress More. Aber nehmt nur ein wenig von diesem Milchgrog, und schon werdet Ihr Euch besser fühlen."

Jane erwiderte, es sei sehr freundlich von ihr, sie zu besuchen. Sie wiederholte ihren Dank, denn sie hätte, wie sie immer wieder sagte, wirklich nicht gewußt, wie sie ohne Mistress Middletons Hilfe ihr Haus erreicht hätte.

„Ihr wäret schon nach Haus gekommen, daran zweifle ich nicht. Das, was wir tun müssen, schaffen wir auch ... Das sage ich immer." Und Mistress Middleton lächelte, als ob das bedeutete: Und was ich sage, ist unbedingt richtig.

Jane war froh, daß Thomas hereinkam, so daß er der Witwe auch persönlich für ihre Güte danken konnte.

„Thomas", sagte sie, „dies ist Mistress Middleton, die freundliche Dame, die mich nach Haus gebracht hat."

„Ich freue mich sehr, Mistress Middleton, Euch kennenzulernen. Meine Frau hat mir viel Gutes von Euch erzählt."

Mistress Middleton musterte ihn scharf. Ein Jurist! Ein Gelehrter! dachte sie. Sie hatte nicht viel Respekt vor Gelehrten. Sie zweifelte daran, daß sie so wohlhabend waren wie Seidenhändler in London und Mitglieder der Großkaufmannsgesellschaft von Calais.

„Schade, Herr, daß Ihr nicht die Zeit hattet, Eure Frau und Eure Kinder zu begleiten, damit sie sich den Festzug ansehen konnten."

„Sehr schade, Madam."

„Thomas", rief Jane. „Der König ... hat er dich empfangen?"

Thomas nickte.

„Mein Mann", erklärte Jane, „ist Schriftsteller."

Ein Lächeln spielte um Alice Middletons Lippen. Schriftsteller? Schreiber von Wörtern? Was nutzten Wörter? Lieber Ballen guter Stoffe. Das wollten die Leute kaufen. Wer kaufte schon Wörter?

Thomas, der der Witwe dankbar war, konnte sich nicht helfen; ihre offensichtliche Geringschätzung und ihre Weigerung, zu heucheln, belustigten ihn.

„Ich sehe schon", sagte er, „daß Ihr nicht vor dem Altar der Literatur betet."

„Ich bete in der Kirche wie alle anständigen Leute und nirgends sonst. Und Literatur? Larifari! Was ist das schon? Baut sie ein Haus? Webt sie einen Stoff? Kümmert sie sich um Eure Frau, wenn sie auf der Straße ohnmächtig zusammenbricht?"

„Sie könnte einen Mann oder eine Frau anregen, ein Haus zu bauen, Madam. Und ehe ein Mann ein Haus baut, muß er den Willen haben, es zu tun. Ebenso könnte sie einen Mann – oder sollte ich lieber sagen, eine Frau? – so sehr zu dem Wunsch veranlassen, ein neues Gewand zu besitzen, daß sie sich den Stoff weben wird. Und wenn es sich darum handelt, sich um eine ohnmächtige Ehefrau zu kümmern: Nehmen wir einmal an, eine Dame könnte etwas über einen großen Festzug gelesen haben, dann könnte ihre Phantasie, von der Literatur inspiriert, so lebendig sein, daß sie es überflüssig findet, sich ins Gedränge zu begeben, um mit eigenen Augen zu sehen, was sie durch eine geistige Bemühung heraufbeschwören kann."

„Das ist nichts als gescheites Geschwätz!" sagte Alice. „Und meine eigenen Augen sind für mich gut genug. Ich kann weben wie die besten und brauche keine Wörter, die mir dabei helfen. Wenn ich auch kein Haus bauen kann, so kann ich es doch sauberhalten. Und was dieses Latein betrifft, das die Gelehrten untereinander reden, so komme ich, Herr, sehr gut mit meiner Muttersprache aus."

„Darf ich sagen, Madam, daß Ihr damit auskommt... daß Ihr bewundernswert damit auskommt."

„Aber mein Mann ist Dichter", sagte Jane mit sanftem Vorwurf.

„Gedichte backen kein Brot. Ebensowenig machen sie einen Mann reich, wie ich gehört habe."

„Wer spricht denn von Reichtum, Madam?"

„Ich spreche davon, Herr. Denn in dieser Welt ist Reichtum eine nützliche Sache. Und was Ihr mir auch erzählt, Reichtum kommt von Arbeit und sparsamem Leben ... nicht vom Gedichteschreiben."

„Der wahre Reichtum gehört dem Geist, Madam, der seine eigenen Möglichkeiten nutzt, sich ständig zu verbessern. Wir dürfen einen Mann nur reich nennen, wenn er es versteht, den Reichtum zu nutzen. Jeder, der nur endlose Schätze aufhäuft, um sie zu zählen, ist wie die Biene, die im Bienenstock arbeitet. Er plagt sich, und andere essen den Honig."

„Ich spreche von Geld, nicht von Honig, Master More. Anscheinend gehört Ihr zu den Leuten, die nie bei der Sache bleiben können. Lächelt nur, lächelt! Mir scheint, ich bin die, die lächeln kann."

Alice Middletons Wangen röteten sich leicht. Der Mann gefiel ihr. Deshalb ließ sie ihn die Schärfe ihrer Zunge spüren, wie sie es nannte. Die verschwendete sie nicht an Leute, die sie für unwürdig hielt.

Sein Gesicht ist angenehm und freundlich, fand sie. Ein gescheiter Mann, doch irgendwie hilflos. Sie hätte ihn gern mit ihren gewürzten Milchgrogs versorgt und mit ihrer Butter eine Schicht Fett auf seine Knochen gebracht. Sie war fest überzeugt, daß er viel mehr daran dachte, was alles in seinen Kopf hineinging, als daran, was er in den Magen bekam.

„Seine Verse sind dem König gewidmet", sagte Jane. „Und hat der König sie angenommen, Thomas?"

„Das hat er getan. Er nahm sie und machte mir Komplimente darüber."

Thomas lächelte. Margaret verließ die beiden anderen Mädchen und trat neben ihren Vater. Sie war so glücklich, daß der König ihn liebte. Von diesem König hatten sie nichts zu fürchten. Sie griff nach der Hand des Vaters und drückte sie.

„Der König mag also Gedichte", sagte Mistress Middleton, und ihre Stimme wurde ein wenig sanfter.

„Ach, Madam", gab Thomas scherzend zurück. „Dürfen wir hoffen, daß das, was heute dem König gefällt, Mistress Middleton morgen vielleicht auch gefällt?"

„Und er hat sie angenommen ... aus Euren Händen?" fragte sie.

„Das hat er getan." Thomas erinnerte sich an alles. Im Hinblick auf seine Schriftstellerei war er ein wenig eitel. Er erfand Ausreden für diese Eitelkeit. Künstlerisches Talent, sagte er sich, ist ein Geschenk Gottes. Aber er war sich seiner Eitelkeit bewußt, und er spottete über sich selber, obwohl er Lobesworte hoch schätzte. Und nun, in diesem Augenblick, konnte er nicht anders, als sich mit Vergnügen an das Entzücken des Königs über seine Verse zu erinnern.

Was Alice Middleton betraf, so betrachtete sie ihn jetzt mit neuem Respekt. Für einen Anwalt und Gelehrten hatte sie wenig übrig, für einen Mann, der mit dem König gesprochen hatte, dagegen viel.

Die beiden nächsten Jahre waren für Margaret recht ereignisreich. Vor allem zwei Menschen spielten eine wichtige Rolle in ihrem Leben. Beide waren Besucher des Hauses – die Nachbarin, die häufig vorsprach, während der andere bei ihnen lebte wie ein Mitglied der Familie.

Die erste war Alice Middleton, die regelmäßig erschien. Margaret mochte Mistress Middleton nicht so recht, wenn sie auch den Wunsch dieser Frau, freundlich zu sein, anerkannte. Mistress Middleton war übezeugt, daß jeder, der nicht alles so machte wie sie, es unbedingt falsch machte. Wenn irgendeine Arbeit im Haushalt nicht genau auf Mistress Middletons Weise getan wurde, wurde sie nicht richtig getan. Sie machte den Bewohnern der Barke klar, daß man gutes Brot nur zustande brachte, wenn man es so backte, wie sie es tat. Sie zeigte ihnen, wie man Fleisch einsalzt, damit es wohlschmeckend und haltbar wurde. Sie erklärte, wie Kinder erzogen werden sollten: Sie müßten den Eltern gehorchen, und man müsse sie peitschen, wenn sie störrisch waren; man solle sie sehen, aber nicht hören; und sie dürften vor allem keine heidnischen Sprachen reden, die die Älteren nicht verstanden.

Am meisten verwirrte es Margaret, daß ihr Vater nicht die gleiche Einstellung zu Mistress Middleton hatte wie sie selbst. Margaret beobachtete sein Gesicht, wenn er ihren Tiraden zuhörte, und sah, wie es oft belustigt um seine Mundwinkel zuckte. Manchmal kam es ihr vor, als ob er es darauf anlegte, sie herauszufordern. Sie war eine grobe und dumme Frau. Doch er schien ihre Grobheit und Dummheit zu mögen. Und Margaret, die ihrem Vater sonst in allem folgte, vermochte es hier nicht.

Der andere Mensch war der große Erasmus.

Ihn betrachtete Margaret voller Ehrfurcht. Er war jetzt berühmter als damals bei seinem ersten Aufenthalt in England. Er war in der ganzen Welt berühmt als der beste Kenner der griechischen Sprache und bereitete sich darauf vor, eine kritische Ausgabe des griechischen Textes des Neuen Testaments zu schreiben.

Die Zuneigung ihres Vaters zu diesem großen Mann konnte Margaret verstehen, denn Erasmus war seiner Achtung und Freundschaft würdig, was Madam Alice niemals sein würde.

Erasmus war ein kranker Mann. An manchen Tagen konnte er nicht aus dem Bett aufstehen. Dann kümmerte sich Margaret um ihn und brachte ihm die Bücher, die er verlangte. Er empfand große Zuneigung für sie, und sie freute sich darüber, vor allem wegen der Freude, die sie ihrem Vater damit bereitete. Thomas forderte offen Lob für seine Tochter heraus, wie er es für sich selbst nie getan hätte, und Margaret war glücklich, zu sehen, wie stolz er war, wenn Erasmus sie lobte.

Einmal sagte Erasmus: „Ich glaube nicht, daß es noch ein Kind gibt – ob Mädchen oder Junge –, das in diesem Alter so gut Latein spricht und schreibt wie Margaret." Und hinterher sagte der Vater zu ihr: „Meg, dies ist einer der glücklichsten Tage meines Lebens. Ich werde mich noch am Tag meines Todes an ihn erinnern. Wenn ich den Tod neben mir weiß, werde ich zu mir sagen: ‚Das hat der große Erasmus von meiner Tochter gesagt.'"

Margaret dachte viel über Erasmus nach. Er mochte ein größerer Gelehrter sein als ihr Vater – wenn sie das auch bezweifelte –, aber sie glaubte nicht, daß er ebenso tapfer war. Aus seinem Verhalten sprach eine gewisse Furchtsamkeit. Das hatte sich einmal deutlich gezeigt, als Alice Middleton anwesend war und recht scharf mit ihm geredet hatte – denn Alice erwies keinem Gelehrten Respekt, und der Ruhm des Erasmus hatte ihre Ohren nicht erreicht. Offensichtlich glaubte sie nicht, daß so eine armselige Handvoll Mann, der, wie sie sagte, aussah, als ob ihn ein Windhauch umblasen könnte, so bedeutend sei, wie sie alle meinten. „Gelehrter! Ausländer!" schnaubte sie. Männer, die sie respektierte, waren die von der Art des Königs: über sechs Fuß groß und entsprechend breit, ein Mann, der wußte, was man mit einem ungeteilten Lendenstück vom Rind und einem fetten gebratenen Kapaun anfing... ja, und mit sonst allem, was ihm eine gute Köchin vorsetzen konnte. Sie mochte diesen listig aussehenden Menschen mit seinen Leiden und Wehwehchen nicht. Der größte Gelehrte der Welt! Das mochte ja sein. Aber von ihr aus konnte die Welt ihre Gelehrten behalten, wie sie erklärte.

Margaret sagte zu Mercy:„Nein, die Tapferkeit Vaters besitzt er nicht. *Er* hätte sich nicht vor das Parlament gestellt und gegen den König gesprochen."

„Und ihm fehlt Vaters Güte", entgegnete Mercy. „Er würde spotten, wo Vater Mitleid hat."

„Aber wie können wir denn erwarten, daß er wie Vater ist!" rief Meg, und sie lachten beide.

Erasmus brachte die Tage damit zu, eine nichtige Lappalie, wie er es nannte, zu schreiben, um seinem Gastgeber zu gefallen, der, wie er wußte, einen Scherz mehr als alles andere liebte. Er sei zu müde, sagte er zu Margaret, um am Neuen Testament zu arbeiten. Er müsse auch sein Griechisch noch vervollkommnen, ehe er sich an einer so gewaltigen Aufgabe versuchte. Er müsse sich seiner Kraft ganz sicher sein. Inzwischen wolle er das *Lob der Narrheit* schreiben.

Und er las es Thomas vor, wenn der nach Haus kam. Manchmal saß Thomas am Bett seines Freundes, Margaret auf der einen Seite, Mercy auf der anderen. Er legte die Arme um beide, und wenn er lachte und Erasmus Komplimente machte, so daß dessen blasses Gesicht vor Vergnügen rot wurde, dann glaubte Margaret, daß alles Glück der Welt in diesem Zimmer zusammengekommen sei.

Erasmus machte sich über alle lustig... sogar über den Gelehrten mit seinem kränklichen Gesicht und den hohlen Wangen. Er spottete über den Jäger wegen seiner Liebe zum Abschlachten und über die Pilger, weil sie auf Pilgerfahrt gingen, wenn sie hätten zu Hause bleiben sollen. Er spottete über die Abergläubischen, die große Summen für den Schweiß eines Heiligen zahlten, und über die Schullehrer, die sich, wie er sagte, für Könige in den kleinen Königreichen der Jugend hielten. Niemand wurde verschont, nicht einmal Juristen und Schriftsteller, wenn er auch mit diesen, wie Margaret bemerkte, weniger streng umging als mit der übrigen Welt.

Und dies alles war mit äußerster Leichtigkeit geschrieben, so daß es nicht nur Thomas erfreute, sondern auch andere von ihren Freunden, weil es die Narrheit in ihrer Schellenkappe auf der Lehrkanzel zeigte, von der aus sie zur Menschheit sprach.

Erasmus blieb über ein Jahr im Haus, und während seiner Anwesenheit wurde Thomas zum Unter-Sheriff der City von London ernannt, eine Ehre, die er sehr schätzte. Alice Middleton, immer noch ständige Besucherin, war entzückt über diese Ernennung.

„Ach“, hörte Margaret ihren Vater zu Mistress Middleton sagen, „wie angenehm ist es doch, zurückgestrahlte Ehren zu genießen! Man braucht sie weder zu verdienen noch zu verteidigen. Man wärmt sich in ihrem sanften Licht, während sich die anderen in der Hitze abmühen. Eher gemäßigte als heiße Zone. Das ist viel bequemer, wie, Mistress Middleton?“

„Larifari! Ich weiß nicht, was Ihr meint“, entgegnete sie ihm scharf. „Ihr verschwendet also Euern Atem.“

Er erklärte Margaret sein neues Amt, wie er immer alles erklärte: „Der Bürgermeister von London und seine Sheriffs sind keine Juristen. Deshalb brauchen sie einen Anwalt, der sie in verschiedenen Rechtsfragen berät. Das, meine Margaret, ist die Aufgabe des Unter-Sheriffs, der dein Vater jetzt ist.“

Und wenn er sich mit diesen Fällen beschäftigte und die Prozessierenden nicht zahlen konnten, verlangte er keine Gebühren, die ihm zustanden und die seine Vorgänger stets gefordert hatten. Das wurde in der ganzen Stadt bekannt. Etwa um diese Zeit begann die Bevölkerung von London ihn zu lieben.

Margaret war während dieser zwei Jahre sehr glücklich. Sie hatte die Bedeutung der Furcht kennengelernt, doch kurz darauf war die Freude gekommen. Aber es war noch eine andere Lektion zu lernen: daß nichts im Leben unveränderlich bleibt.

Zunächst verließ Erasmus die Stadt und reiste nach Paris, wo er das *Lob der Narrheit* zu veröffentlichen hoffte. Und damit waren die angenehmen Vorlese- und Gesprächsstunden vorbei. Bald darauf wurde Margarets Mutter bettlägerig. Seit der Geburt des kleinen Jack war sie immer noch nicht recht zu Kräften gekommen. Doch nun fühlte sie sich so schwach, daß sie dem Haushalt nicht mehr vorstehen konnte.

Was sie in dieser Zeit getan hätten, wenn Alice Middleton nicht gewesen wäre, konnte niemand sagen. Alice fegte durch das Haus wie ein frischer Ostwind, ermahnte träge Dienstboten, versorgte Jane mit Milchgrog und Klistieren, verteilte Ohrfeigen an Mägde und Diener und auch an die Kinder, wenn sie den Eindruck hatte, daß sie eine solche Behandlung brauchten.

Mit der sanften Herrschaft ihrer Mutter war es vorbei, und an ihren Platz war die geschäftige und tüchtige, wenn auch scharfzüngige und harthändige Madam Alice getreten.

Die Kinder sahen sich verstört an.

„Wird unsere Mutter bald gesund werden?“ fragte die vierjährige Cecily.

Jack weinte am Abend: „Wo ist Mutter? Ich möchte zu Mutter.“

„Still“, sagte Margaret in dem Versuch, ihn zu trösten. „Mistress Middleton hört dich sonst weinen und gibt dir eine Ohrfeige.“

Wenn er hinfiel und sich das Knie aufschlug oder wenn sich eins der anderen Kinder verletzte, war es Mercy, die die Wunde verbinden oder das Blut zum Stehen bringen konnte. Mercy hatte die sanftesten Hände, und schon, wenn sie einem über den Kopf strich, hörten die Schmerzen auf.

„Ich würde gern Medizin studieren“, vertraute sie Margaret an. „Ich glaube, das ist das einzige, was ich leichter lernen könnte als du. In allen anderen Dingen wärest du, glaube ich, besser als ich. Aber darin nicht, Margaret.“

Und Mercy fing an, hinter dem Haus Heilkräuter zu ziehen, und wurde sehr geschickt in diesen Dingen. Thomas nannte sie „unseren jungen Arzt“.

Doch nichts, was auf Mercys Beet wuchs, und nichts, was sie selbst tun konnte, machte Jane gesund.

Eines Tages rief Jane ihre älteste Tochter zu sich.

Jane schien in den letzten Tagen kleiner geworden zu sein. Sie sah winzig aus in dem vierpfostigen Bett, und ihre Haut war von der gleichen Farbe wie der gelbe Faden in der Stickerei des Betthimmels.

Margaret wußte plötzlich, daß ihre Mutter nicht mehr lange in diesem Bett liegen würde.

„Margaret“, sagte Jane, „komm nah zu mir!“

Margaret trat ans Bett.

„Setz dich“, sagte Jane. „So, daß ich dich sehen kann.“

Margaret kletterte auf das Bett und schaute ihre Mutter an.

„Margaret, du bist erst sechs Jahre alt, aber du bist ein kluges kleines Mädchen. Du wirkst wie elf. Ich glaube, mit dir kann ich reden.“

„Ja, Mutter.“

„Ich werde sterben.“

„Nein... du darfst nicht sterben. Was sollten wir ohne dich anfangen?“

Jane lächelte. „Meine kleine Meg, das sind liebevolle Worte. Aber ich möchte mit dir über die Zeit, wenn ich nicht mehr da bin, sprechen. Ach, wie ich wünschte, noch eine Weile damit warten zu können! Noch sieben Jahre, dann hätte ich meinen Haushalt unbesorgt in deinen Händen lassen können.“

„Mutter... Mutter, sag doch nicht so etwas! Es macht mich so traurig.“

„Ich weiß, du möchtest keine Veränderung. Niemand von uns möchte das. Du wirst für deinen Vater sorgen, Margaret. Oh, er ist ein Mann und du nur ein Kind... aber du wirst wissen, was ich meine. Margaret, ich kann glücklich sterben, weil ich dich deinem Vater hinterlasse.“

Margaret liefen die Tränen über die Wangen. Sie wünschte, sie hätte ihrer Mutter mehr Zuneigung geschenkt. Sie hatte ihren Vater so sehr geliebt, daß sie nur wenig an die stille Frau gedacht hatte, die, wie sie jetzt einsah, einen so wichtigen Platz in ihrem glücklichen Haushalt eingenommen hatte.

„Mutter... bitte...“, fing sie an.

Jane schien sie zu verstehen.

„Gott segne dich, Meg, es ist meine größte Freude gewesen, diese Liebe zwischen dir und deinem Vater zu sehen. Als wir heirateten, fürchtete ich, ich sei seiner unwürdig. Ich war so... ungebildet. Und zuerst war ich unglücklich. Ich saß am Tisch und bemühte mich so sehr, Latein zu lernen, wie er es wünschte... und wußte doch, ich würde es niemals zu seiner Zufriedenheit lernen. Und als du dann geboren wurdest, war all mein Unglück vergangen. Ich wußte, daß ich ihm, wenn ich auch nicht die beste Frau für ihn war, einen Menschen geschenkt hatte, den er mehr lieben konnte als alles auf der Welt. Das hat es gelohnt, Margaret. Da war ich glücklich. Und als ich dich dann aufwachsen und all das werden sah, was er sich gewünscht hatte, wurde ich noch glücklicher. Dann kam Elizabeth... und Cecily... und nun Jack. Vater hat, wie er sagen würde, seinen Köcher voll. Und wenn ich nicht gewesen wäre, hätte er euch alle nicht haben können. Das habe ich mir immer wieder gesagt, und deshalb kann ich in Frieden sterben. Mach dir also keine Vorwürfe, mein Kleines, weil du ihn mehr liebst als mich. Liebe wird nicht gewogen. Sie strömt. Und wie könnten wir den Fluß eindämmen oder beschleunigen? Margaret, denk stets daran, wenn du ihm großes Glück geschenkt hast, dann hast du mir dasselbe gegeben. Komm, küß mich!"

Margaret küßte ihre Mutter auf die Wange, und die Feuchtigkeit der Berührung erschreckte sie.

„Mutter", sagte sie, „ich will Mercy holen. Vielleicht weiß sie, was dir helfen könnte."

„Einen Augenblick, liebste Meg. Meg... sorg für alle. Mein kleiner Jack... er ist ja noch ein Baby. Und er ist wie ich. Ich fürchte, er wird im Unterricht nicht so gut sein wie ihr Mädchen. Kümmere dich um ihn... und um die kleine Bess und um Cecily. Und, Meg, ich brauche dir nicht zu sagen, daß du deinen Vater trösten sollst, denn schon deine Anwesenheit wird das tun. Oh, wie ich wünschte, daß dies noch ein wenig hinausgeschoben werden könnte...ein, zwei Jahre... damit du nicht mehr so ein Kind bist. Du bist ein liebes, ein gescheites Kind – nie war eine so gescheit –, aber... wenn du nur ein paar Jahre älter wärest, dann könnte ich zufrieden sein."

„Mutter... bitte, quäl dich nicht. Ich werde sein, als ob ich schon zwölf wäre. Ich schwöre es dir. Bestimmt. Aber du wirst wieder gesund. Du mußt. Was sollen wir denn alle ohne dich anfangen?"

Jane lächelte und schloß die Augen. Und als Margaret sie ansah, wurde sie von Entsetzen erfüllt.

Sie lief aus dem Zimmer, rief Mercy. Doch es war Alice Middleton, die ins Sterbezimmer kam.

Eine Woche später war Jane tot. Und nur einen Monat nach der Beerdigung rief Thomas seine Kinder zu sich und sagte ihnen, daß sie nicht lange mutterlos bleiben sollten.

Er wolle eine Frau heiraten, die fähig sei, für sie zu sorgen, eine Frau von großer Tugend. Sie sei ohne Bildung und mehrere Jahre älter als er, aber er sei überzeugt, daß sie die beste Stiefmutter für sie sein werde, die er finden könne.

Ihr Name sei Alice Middleton.

III

Als Margaret zwölf Jahre alt war, trat die Furcht wieder in ihr Leben. Wie eine finstere Wolke zog sie drohend herauf, kam immer näher und nahm die Gestalt eines Mannes von gewaltiger Größe und mächtigem Umfang an, der auf dem Haupt eine Krone trug. Mit vier Jahren hatte Margaret gelernt, Könige zu fürchten. Würde die Wolke über dem Haus davonziehen? Würde sie weitersegeln, wie früher schon einmal eine ähnliche Wolke weitergezogen war?

Viel hatte sich seit dem Tod ihrer Mutter ereignet. Die Familie lebte immer noch in Bucklersbury, doch unter der Herrschaft von Mistress Alice war es ein anderer Haushalt geworden.

Die Barke muß in jener Zeit wohl das sauberste Haus von London gewesen sein, die Binsen wurden jede Woche gewechselt und strömten kaum Geruch aus. Wenn sie hinausgeschafft wurden, brauchte die Familie nur ins obere Stockwerk zu ziehen und nicht, wie früher, das Haus für einen ganzen Tag verlassen, bis die Dienstboten den Schmutz beseitigt hatten. Alice war eine überaus praktische Frau. Sie wußte genau, wie viele Scheiben aus einer Rindslende geschnitten werden konnten, und sorgte dafür, daß das auch geschah. Ihre Dienstboten mußten über jede Portion Fisch, über jeden Laib Brot Rechenschaft ablegen. Sie zählte die Besucher, die um eine Mahlzeit baten, und rechnete aus – in dieser Angelegenheit gab es heftige Auseinandersetzungen mit ihrem Gatten –, daß diese Besucher die Wirtschaftskasse täglich mit vollen zwei Penny belasteten: Nahrung, Bettzeug und Feuerung. Die Familie durfte jährlich nur sechzig Kerzen verbrauchen, und wer seinen Anteil verbraucht hatte, ehe das Jahr vorüber war, mußte eben im Dunkeln sitzen. Die Schlüssel der Butterküche bewahrte sie selbst. Sie sorgte dafür, daß niemand mehr als seinen gerechten Anteil an Bier und Honigwein erhielt. Sie war der Zuchtmeister des Haushalts.

Alle Versuche, die Thomas unternahm, um ihr Latein beizubringen, schlugen dagegen fehl.

„Was denn noch!" rief sie entrüstet. „Möchtet Ihr einen dieser blaßgesichtigen, hohlwangigen Gelehrten aus mir machen? Ich versichere Euch, Master More, daß ich Euch mehr Nutzen bringe, wenn ich Euern Haushalt überwache, als wenn ich ausländische Sprachen radebreche. Die englische Sprache, Herr, ist gut genug für mich."

Trotzdem ließ sie keine Nachsicht walten, sobald es um die Aufgaben der Kinder ging.

Thomas hatte seine „Schule", wie er es nannte, im Haus eingerichtet, und hier brachten alle Kinder viele Stunden mit ihren Lektionen zu. Alice hatte es sich zur Gewohnheit gemacht, unerwartet hineinzuschauen, und wenn sie sie nicht an ihren Pulten fand, packte sie sie, zog sie über einen Stuhl und versetzte ihnen eine ordentliche Tracht mit ihrem Pantoffel.

„Euer Vater hat euch an diese Arbeit gesetzt", sagte sie dann, „und euer Vater ist der Kopf dieses Hauses." (In seiner Gegenwart hätte sie das niemals zugegeben.) „Er würde euch nicht schlagen, da er zu sanft ist, deshalb muß ihm jemand diese Pflicht abnehmen. Und nun... mach dich an dein Latein...an dein Griechisch... an deine Mathematik... oder was es nun gerade für Unsinn sein mag. Und wenn du's bis Sonnenuntergang nicht gelernt hast, wirst du mehr von meinem Pantoffel zu spüren kriegen, als dir lieb ist!"

Jack war der Hauptsünder, weil er das Lernen nicht liebte wie seine Schwestern. Jack blickte sehnsüchtig aus dem Fenster, vor allem, wenn Reiter vorüberkamen. Er hielt sich am liebsten außerhalb von London auf, auf dem freien Land, kletterte auf Bäume, ritt auf Pferden und hatte oft das Gefühl, daß es eine betrübliche Sache sei, als Junge so gescheite Schwestern zu haben.

Ailie machte sich nicht allzuviel aus dem Unterricht, aber sie wollte nicht, daß die Stiefschwestern sie allzusehr übertrafen. Sie gab sich Mühe, und da sie eine ganz eigene Klugheit besaß, mit viel Mutterwitz gepaart, vermochte sie den Schein zu erwekken, mehr zu wissen, als es tatsächlich der Fall war. Ihre Mutter blickte gewöhnlich zur Seite, wenn sich Ailie schlecht benahm, so gelang es dem Mädchen, das vielleicht sonst ebensooft in Schwierigkeiten gekommen wäre wie Jack, ihnen auszuweichen. Sie war sehr hübsch, und Alice glaubte, daß sie eines Tages eine sehr gute Partie machen werde.

Alice bestand darauf, daß alle Mädchen unter ihrer Führung Hauswirtschaft lernten. Denn was, hatte sie gefragt, nutzte all das Lernen, wenn sie bei ihrer Heirat – und wenn Master More seine Möglichkeiten nur ausnutzen wollte, würden sie sehr gut heiraten können – nicht einmal wußten, wie man einen Haushalt führt und die Dienstboten in Zucht hält? So mußten die Mädchen der Reihe nach neben dem Schulunterricht eine ganze Woche lang den Dienstboten Anweisungen erteilen, die Zusammensetzung der Mahlzeiten bestimmen und das Kochen beaufsichtigen, bis diese Aufgabe einer Schwester oder Stiefschwester zufiel. Und wenn irgend etwas versäumt, das Brot verbrannt oder das Fleisch zu lange oder zu wenig über dem Feuer gedreht worden war, dann waren es nicht nur die Dienstboten, die den Pantoffel der Herrin zu spüren bekamen.

Alice war sich nicht zu schade, jedes Mitglied dieses großen Haushalts persönlich abzukanzeln. Selbst die Erzieher erhielten ihr Teil, wie gelehrt sie auch sein mochten. Master Nikolaus Kratzer, Dozent am College Corpus Christi zu Oxford, der ins Haus gekommen war und dort wohnte, um die Kinder in Astronomie zu unterweisen, ärgerte Alice besonders.

Sie lachte geringschätzig über ihn. „Ihr, ein Gelehrter? Ihr könnt ja nicht mal des Königs Englisch sprechen! Das ist ein schöner Zustand! Und so was will ein Gelehrter sein!"

„Madam", erklärte er ihr mit der Bescheidenheit, die all diese großen Männer vor Alice zur Schau trugen, denn unter ihrem geringschätzigen Blick wurde tatsächlich jeder klein, „ich bin in München geboren. Und wenn ich Eure Sprache auch nicht gut beherrsche, so zweifle ich doch, ob Ihr von meiner auch nur ein Wort versteht."

„Larifari!" sagte Alice. „Wer braucht das schon, wenn er sich in gutem klarem Englisch verständlich machen kann?"

Dem armen Gelehrten fiel zur großen Belustigung von Margaret und Mercy keine Antwort darauf ein, denn irgendwie war Alices Methode, auszudrücken, was sie dachte, so gewichtig, daß es auf den ersten Blick wirklich richtig schien. Deshalb kehrte Master Kratzer zum Studium seiner Sterne zurück und fühlte sich ein wenig eingeschüchtert, während Margaret und Mercy jede eine Ohrfeige erhielten, weil sie – wie Alice sagte, als Kratzer gegangen war – über einen großen und gelehrten Mann gelacht hatten.

Richard Hyrde, der berühmte griechische Gelehrte, wohnte ebenfalls im Haus. Mercy war seine Lieblingsschülerin, denn er war auch Mediziner, und diese Wissenschaft übte auf Mercy größeren Reiz aus als jede andere. Master Drew und Master Gunnel, tüchtige Gelehrte, lebten ebenfalls in dem immer größer werdenden Haushalt, damit sie die Kinder unterrichten konnten.

Dr. Colet und Dr. Lily kamen hin und wieder in die Barke, doch nicht so oft wie zu früheren Zeiten, denn Dr. Colets Gedanken und Kräfte konzentrierten sich jetzt ganz auf die Schule, die er auf dem St.-Pauls-Kirchhof gebaut hatte und in der er Kinder aller Altersstufen, aller Klassen und Rassen unterrichten wollte. Diese Schule war seine ganze Freude. Sie war ein Traum, der Wirklichkeit geworden war. Er hatte immer gesagt, wenn er erst reich sei – und er wußte, daß er das beim Tod seines Vaters wurde –, wolle er diese Schule bauen. Nun wachte er über sie wie eine Mutter über ihr Kind, grübelte über sie nach, machte sich Sorgen und redete unablässig über alles, was diese Schule betraf. Dr. Lily teilte seine Begeisterung und auch die Befürchtungen, denn er hatte sich bereit erklärt, Leiter dieser Schule zu werden.

Thomas hatte gesagt: „Kein Mann in England könnte diese Aufgabe mit mehr Tüchtigkeit ausführen. Aber ich wünschte mir Lily für meine Kinder."

Colet lachte fröhlich. „Ich bin zuerst dagewesen, Thomas", rief er. „Ich habe ihn mir für meine Kinder gesichert."

Nun, da Margaret spürte, wie die Wolken ihrem Haus näher kamen, dachte sie oft daran, wie Dr. Colet dem Zorn des Königs entronnen war. Das war vor wenigen Jahren geschehen, und sie hatten alle gezittert wegen des Verhängnisses, das diesen geliebten Freund treffen konnte. Damals mußte die gleiche Wolke das Haus Colets bedroht haben, die sich jetzt dem der Mores näherte.

Weshalb mußten diese großen Männer ihre Ansichten nur immer mit solcher Sorglosigkeit äußern, ohne jede Rücksicht auf die Folgen? Konnten sie sich nicht damit begnügen, privat mit ihren Freunden zu reden, und das glückliche Leben genießen, das sie sich aufgebaut hatten? Dr. Colet hatte seine Schule – der große Lebenswunsch war erfüllt –, doch als der König Krieg mit Frankreich plante, konnte er es nicht lassen, sich auf die Kanzel zu stellen und eine Predigt über die Torheit und Verderbtheit des Krieges zu halten.

Es war unvermeidlich, daß der König ihn zornig zu sich rief. Nur durch ein Wunder war er mit dem Leben davongekommen. Aber war es wirklich ein Wunder? Welch einnehmende Sprache führte dieser große Mann, wie konnte er mit Worten umgehen!

Er kam danach in die Barke, um der Familie More darüber zu berichten. Und er und der Vater lachten so sehr, daß Margaret schon fürchtete, sie würden krank werden von diesem hemmungslosen Gelächter, das, wie sie in ihrer Klugheit begriff, zum Teil das Lachen der Erleichterung war.

„Aber gewiß, Euer Gnaden“, hatte Colet zum König gesagt, „es trifft zu, daß ich gegen den Krieg gepredigt habe. Und ich würde es wieder tun. Ich habe gesagt: ‚Wenige, die in der Schlacht sterben, haben einen guten Tod, denn wie können sie gerecht und aus Liebe handeln, wenn Blut das Argument ist? Die Menschen müssen Christus, dem König des Friedens folgen ... nicht den Königen des Krieges.‘ Dies waren meine Worte, Majestät.“

„Ich kenne Eure Worte, Bursche!“ hatte der König ärgerlich gerufen. „Und sie gefallen mir nicht.“

„Aber Euer Gnaden“, lautete die Erwiderung, „ich habe gegen den unehrenhaften Krieg gepredigt ... den ungerechten Krieg ... und Euer Gnaden werden mit mir übereinstimmen, daß an einem ungerechten Krieg nichts Gutes sein kann.“

An diesem Punkt wurde Colet, als er die Geschichte erzählte, von Heiterkeit überwältigt. „Und, Thomas, da sah mich der König an, Argwohn in den kleinen Augen. Dann plötzlich wurde der kleine Mund ganz schlaff. Der König lachte, er schlug mir auf die Schulter. ‚Ich verstehe, Freund Colet‘, sagte er. ‚Ihr habt nicht von diesem gerechten Krieg gesprochen, den ich gegen die Feinde Englands führen wollte. Ihr habt von den ungerechten Kriegen gesprochen, die meine Feinde gegen mich führen möchten.‘ Ich senkte den Kopf. Ich fürchtete, er könne das Lachen in meinen Augen sehen. Denn dieser unser König, Thomas, glaubt, er sei Gott selber. Er glaubt in aller Einfalt, in aller Aufrichtigkeit, daß er selbst gar nicht ungerecht, gar nicht unehrenhaft sein kann.

Allein die Tatsache, daß *er* es ist, der etwas tut, macht diese Tat ehrenhaft. Welch ein Mann! Welch ein König!"

„Wie einfach das Leben für ihn sein muß!" erwiderte Thomas. „Er braucht sein Gewissen nur seinen Begierden anzupassen."

„Genau. Und das hat er getan. Er redete sich ein, daß sein Dr. Colet nicht gegen *seinen* Krieg, sondern gegen den ungerechten Krieg gesprochen habe. So hätte er ja selber auch gesprochen, denn ist er nicht ein gerechter König? Er führte mich aus dem Privatkabinett und legte dabei seinen Arm in den meinen. Es hätte dir Spaß gemacht, die Gesichter seiner Höflinge zu sehen. Sie hatten erwartet, mich zwischen zwei Hellebardieren erscheinen zu sehen, und da war ich – von Seiner Gnaden eingehakt. Er umarmte mich vor allen und rief: ‚Soll jeder seinen eigenen Doktor bevorzugen. Dieser Dr. Colet ist der Doktor für mich ...'"

Wenn sie auch lachten, Margaret wurde von solchen Begegnungen erschreckt. Ohne diese treffende Formulierung hätte es sein können, daß sie John Colet jetzt nicht bei sich gehabt hätten.

Erasmus hatte während dieser Jahre wieder im Haus gelebt, und ihn schätzte Alice von allen Gelehrten, die bei ihnen erschienen, am wenigsten.

Ein „zimperlicher" Mann sei er, wie sie erklärte – er stochere im Essen herum, rede mit ihrem Gatten Latein und lache mit ihm. Alice war sich gar nicht so sicher, ob sie nicht über sie lachten. „Und das sind mir schöne Zustände, wenn eine Frau nicht weiß, was in ihrer Gegenwart geredet wird!"

Ihre Entrüstung erreichte aber den Höhepunkt, als Erasmus eines Tages ein Ring in die Binsen fiel. Als er ihn aufgehoben hatte, betrachtete er ihn mit solchem Abscheu und wischte ihn so sorgfältig mit einem Tuch ab, ehe er ihn wieder auf den Finger schob, daß Alice ihren Unwillen nicht länger unterdrücken konnte.

„So, Master Desiderius Erasmus, Ihr findet mein Haus wohl nicht sauber genug für Euch? Ihr rümpft die Nase über meine Binsen, nicht wahr, Herr? Darauf gibt es eine Antwort, und ich will sie Euch sagen. Wenn Euch mein Haus nicht gefällt, warum bleibt Ihr dann hier? Geht doch zurück in Eure Hütte ... Eure Heimat, wo die Häuser so sauber sind, daß sie Euch veranlassen, Eure ausländische Nase über uns zu rümpfen!"

Er hatte sich bemüht, sie zu beschwichtigen, wie sich alle bemühten, Alice zu beschwichtigen, doch seine Argumente rührten sie nicht. Sie mochte ihn nicht, das war die unbeschönigte Tatsache. Alle die gelehrten Erzieher – den zerstreuten Master Gunnel und den kehlig redenden Master Kratzer – wollte sie ertragen, nicht aber diesen kränklichen, triefäugigen, sarkastisch lächelnden Erasmus. Und tatsächlich verließ Erasmus England bald danach. Zu Margaret, die er sehr gern hatte, sagte er: „Ich bin Englands ein wenig überdrüssig geworden, und deine Stiefmutter ist meiner sehr überdrüssig."

Kurz nach der Abreise des großen Gelehrten war es zu dem schrecklichen Aufstand der Lehrlinge in der City gekommen, und ihr Vater hatte als Unter-Sheriff eine große Rolle in der Niederschlagung der Rebellion gespielt. Der Aufstand hatte seinen Grund in der Unzufriedenheit der Bürger über die Ausländer, die in London lebten und den Engländern, wie die Bürger sagten, den Lebensunterhalt in ihrem Heimatland wegnahmen. Diese Ausländer brachten Seide, Goldbrokat und andere Waren nach London und verkauften sie billig. Holländer brachten Holz und Leder, Körbe und Stühle, Tische und Sättel, schon fertig gearbeitet, herüber und verkauften sie in solchen Mengen, daß nur noch wenig Arbeit für diejenigen blieb, die solche Waren bisher für die eigenen Landsleute angefertigt hatten.

So lief das Volk im Monat April in den Straßen zusammen, um diese Angelegenheit zu besprechen, und die Leute fragten sich, wie sie die Ausländer am besten loswerden könnten. Thomas Wolsey, inzwischen Kardinal, Legat des Papstes, Erzbischof von York, Kanzler Englands und Erster Staatsminister, ließ die führenden Ratsherren der City kommen und erklärte ihnen, der König wünsche, daß die Ausländer nicht belästigt würden, da sie viel Handel ins Land brächten. Doch die Ratsherren gingen, nachdem sie Thomas Wolsey respektvoll angehört hatten, und versicherten sich gegenseitig, daß sie zu allererst der City von London gegenüber zur Treue verpflichtet seien. Wenn die Londoner Bürger beschlossen hätten, sich von den Ausländern zu befreien, dann könnten sie nichts dagegen unternehmen.

Dann kam der „Unglückliche Erste Mai", an dem sich die Lehrlinge zusammenrotteten und, das Volk hinter sich, durch die Straßen zogen und die Häuser von Ausländern plünderten und niederbrannten.

Thomas als Unter-Sheriff hatte in einigen Teilen der City die Ordnung wiederherstellen können. Der Kardinal, der vorausgesehen hatte, wie sich die Lage entwickeln würde, hatte Truppen rings um London zusammengezogen, und mehrere Aufrührer wurden festgenommen.

Diese Männer und Jungen wurden als Verräter abgeurteilt, doch nur einer von ihnen wurde auf schreckliche Weise hingerichtet – gehenkt, der Bauch aufgeschlitzt und schließlich gevierteilt –, wie es das Los von Hochverrätern war. An diesem einen Mann sollte ein Exempel für das Volk statuiert werden. Die übrigen lieferten dem König eine Gelegenheit, eins der kleinen Spiele zu inszenieren, die er so liebte und dessen Ende eine Überraschung werden sollte, obwohl es, wie alle außer den Einfältigsten genau wußten, unausweichlich feststand.

Heinrich saß in prächtiger Kleidung, ein gewaltiger Mann in funkelndem Juwelenschmuck, auf einem hohen Sitz in der Westminster Hall. Die Verurteilten wurden, einen Strick um den Hals, vor ihn geführt. Die Königin – selbst Ausländerin – mußte vor ihm niederknien und den König um Milde anflehen, da einige der Missetäter noch so jung seien. Sie erbat es als persönliche Gunst für sich selbst.

Der verdrossene kleine Mund wurde weniger verdrossen. Der König hob die Königin auf und sagte, um ihretwillen wolle er sich überlegen, ob diese Elenden begnadigt werden könnten.

Dann war der große Kardinal – prächtig in seinem scharlachroten Gewand – an der Reihe, vor dem König niederzuknien und um Gnade zu bitten.

Alle mußten diesem Schauspiel zusehen, als sollten sie wissen, daß sich eine geliebte Königin, die Mutter der Tochter des Königs, der Prinzessin Maria, vor dem allmächtigen Monarchen demütigen mußte – genau wie der mächtige Kardinal, der in solcher Pracht durch die City ging, daß die Menschen zusammenliefen, um ihn vorüberziehen zu sehen, als wäre er der König selbst. Dieser mächtige Kanzler, dieser große Erste Minister des Königreiches, mußte ebenfalls das Knie beugen, um von dem König eine Gunst zu erflehen.

Und schließlich gestattete sich der König ein Lächeln. Er ließ Gnade vor Recht ergehen und empfing den demütigen Dank dieser elenden Männer und die Dankbarkeit ihrer Frauen und Mütter, die Gottes Segen auf ihn herabriefen – auf ihren allergnädigsten König, ihren allerstattlichsten König, der im Zorn so furchtbar war, aber wußte, wie man sich erweichen ließ.

Es war eine rührende Szene, die so ernst begonnen hatte und so freudevoll endete. Die Erinnerung daran würde den König noch tagelang bei guter Stimmung halten.

Und es wurde nicht vergessen, welch ausgezeichnete Rolle bei der Niederschlagung der Rebellion Thomas More gespielt hatte. Der König merkte es sich und sprach mit dem Mann, der seine rechte Hand war, darüber. Sie wollten Master More im Auge behalten. Ihnen gefiel dieser Bursche.

Doch das Leben besteht aus Erfolg und Fehlschlag, aus Freude und Furcht. Es ist wie eine Wippe.

Gerade als das Wohlwollen des Königs auf Thomas More in jenem Monat Mai herniederschien, ereignete sich etwas, was das Lächeln des Königs in Stirnrunzeln verwandelte.

Ein Schiff des Papstes war gezwungen, den Hafen von Southampton anzulaufen, und der König hatte befohlen, es zu kapern.

Nach zwei Tagen sprach ein Mann im Haus in Bucklersbury vor, um mit Thomas zu reden. Als er wieder gegangen war, erzählte Thomas, daß er sich entschlossen habe, als Dolmetscher und Anwalt in einem Prozeß aufzutreten, den der Papst gegen die Behörden in England anstrenge.

Alice sagte: „Das ist gut. Ihr werdet den Prozeß für den König gewinnen, und die Gunst des Königs hat noch keinem Menschen geschadet."

„Nein", erwiderte Thomas, „Ihr habt mich mißverstanden. Ich soll nicht den König vertreten, sondern den Papst."

Margaret sagte nichts. Sie schaute ihren Vater nur stumm an. Er sah ihren Blick und nickte ihr beruhigend zu.

Doch Alice rief: „Ich muß mich wundern, Master More, daß es Leute gibt, die Euch für klug halten. Einem größeren Narren zu begegnen, habe ich noch nicht das Unglück gehabt. Da sitzt ein Anwalt, der denen, die vor Gericht gehen wollen, den Rat gibt, ihr Geld nicht hinauszuwerfen! Ein Anwalt, der einen großen Teil seiner Zeit damit verbringt, seinen Klienten Ausgaben zu ersparen, damit er selber arm bleibt. Am ‚Unglücklichen Ersten Mai' hat dieser Master More nun die Gunst des Königs gewonnen. Und was tut er? Statt diese Begünstigung zu nutzen, arbeitet er gegen den König und dient dem Papst."

„Ich suche keine Begünstigung durch den König", sagte Thomas. „Ich will verteidigen, was recht ist. Dieses Schiff wird nicht zum Eigentum des Königs, nur weil es einen englischen Hafen angelaufen hat."

„Alles in diesem Land gehört dem König."

„Madam, Ihr solltet Euch als Jurist betätigen. Zweifellos würde der König für Eure Beförderung sorgen. Ich glaube sicher, daß Ihr große Ehren einheimsen würdet."

„Ich muß Euch bitten, mich nicht zu verspotten, Herr", schnaubte Alice. „Und ich muß Euch außerdem bitten, nicht solch ein Tor zu sein und diesen Fall zu übernehmen."

„Meine Torheit ist Eurer Weisheit schon zuvorgekommen, Madam. Ich habe den Auftrag angenommen."

„Doppelter Tor!" rief Alice. Doch genau wie Margaret war sie besorgt, weil sie nicht wollte, daß sie und die Familie von Veränderungen überrascht wurden. Denn wenn ihre Zunge auch scharf war und sie sich einem Toren preisgegeben fühlte, so war es doch ihrer wahren Ansicht nach ein geliebter Tor.

Die Wochen erschienen allen wie ein Jahr, und die Wolken rings um das Haus wurden dunkler und bedrohlicher.

Margaret sagte zu ihrem Vater: „Ich erinnere mich, daß du mir vor langer Zeit, als ich noch ein kleines Mädchen war, erzählt hast, daß der König zornig auf dich sei. Das war ein anderer König, aber ich glaube, dieser König kann ebenso zornig – vielleicht sogar noch zorniger – werden als sein Vater."

„Das mag sein, Meg."

„Mußt du dies tun?"

„Wie könnte ich mich weigern? Der Fall wurde mir übertragen. Ich weiß, daß der Papst im Recht ist. Möchtest du, daß ich mich weigere, den Fall zu übernehmen, nur weil ich weiß, daß ich, wenn ich das Recht verteidige, beim König in Ungnade falle?"

„Laß einen anderen den Prozeß übernehmen."

„Das würde heißen: Wende dich ab von der Gefahr, damit irgendein anderer ihr entgegentritt! Oder überlaß den Fall denen, die dem Recht Hohn sprechen würden, um des Königs Gunst zu erringen! Nein, Meg! So kann man nicht leben. Du ... ausgerechnet du verlangst das von mir!"

„Aber, Vater, ich ..."

„Ich weiß, Meg, du liebst mich. Aber wäre ich deiner Liebe

würdig, wenn ich der Gefahr auswiche? Merk dir eins, Meg! Wenn das Glück am größten, dann sind die Schwierigkeiten am nächsten. Wenn die Schwierigkeiten den Gipfel erreicht haben, ist das Glück nahe. Denn das Schicksal hat Freude daran, die zu fällen, die zu hoch stehen, und die zu erheben, die zu tief gefallen sind. Und wenn wir Schwierigkeiten nicht fürchten, können wir ihnen mit mehr Kraft begegnen, falls sie auftreten."

Deshalb zitterte sie, und an dem Tag, an dem er zu Gericht ging, konnte sie nicht an ihre Aufgaben denken. Ebenso erging es Elizabeth und Cecily. Als Alice ins Schulzimmer schaute, sah sie, daß Jack rittlings auf einem Stuhl saß und träumte, daß Ailie an ihren Locken zupfte, statt zu arbeiten, daß Cecily und Elizabeth miteinander flüsterten und daß weder Mercy noch Margaret aufmerksam bei ihren Aufgaben saßen. Doch sie schüttelte nur den Kopf über die Kinder und sagte nichts, was ungewöhnlich bei ihr war. Doch während der ganzen Zeit war sie von einer Wachsamkeit erfüllt und lauschte ständig nach dem Klang von Pferdehufen, die die Rückkehr von Thomas verkündeten.

Und endlich kam er heim.

„Frau!" rief er. „Kinder! Wo seid ihr?"

Alle kamen herbeigelaufen und schauten erwartungsvoll zu ihm auf. Seine Augen leuchteten im Triumph.

„Nun, Master More?" fragte Alice.

„Der Prozeß ist gewonnen."

„Gewonnen?" rief Margaret.

„Es konnte nur ein Urteil geben. Und das habe ich durchgesetzt."

Er hatte den Prozeß gewonnen, obwohl er vor dem großen Wolsey selbst verhandelt worden war. Er hatte dem Papst den Prozeß gewonnen und damit den König besiegt.

Margaret hatte das Gefühl, daß jene frühere Sache nur eine Probe für diese gewesen war. Heinrich der Siebente war zur rechten Zeit ins Grab gegangen. Doch der neue König war jung und gesund.

Was wird aus uns werden? fragte sich Margaret.

Mercy stand neben ihr. „Komm, Margaret. Setz dich!"

Mercy drückte sie auf einen Schemel und legte ihr die kühle Hand auf die Stirn.

„Danke, Mercy."

„Erschreck die Kleinen nicht", flüsterte Mercy.

„Du hast recht", erwiderte Margaret. „Wir dürfen die Kleinen nicht verängstigen. Aber, Mercy... Mercy..."

Mercy drückte ihr die Hände. Obwohl sie Thomas ebenso liebte wie Margaret und die Gefahr ebenso erkannte, blieb sie gelassen.

Sie saßen beim Abendessen, als der Kurier erschien. Es war der Kurier des Königs. Sie sahen es an seiner Livree.

Der König wünsche, erklärte der Kurier, das Erscheinen von Thomas More im Westminster-Palast. Es wäre gut für Thomas More, wenn er die Barke sofort benutze.

Margaret hatte das Gefühl, daß ihr das Stück Brot in der Kehle steckenbleibe. Ihr Blick begegnete den Augen Mercys. Doch auch die waren voller Furcht.

Als Thomas in die königlichen Gemächer des Westminster-Palastes geleitet wurde, befand sich der König allein mit dem Kanzler.

Thomas ging vorwärts, kniete nieder, und eine große Hand, von Smaragden, Diamanten und Saphiren blitzend, wurde ihm entgegengestreckt.

Fast unverzüglich wurde sie zurückgezogen.

„Steht auf!" winkte der König ungeduldig ab.

Thomas gehorchte und stand vor dem königlichen Sessel. Die funkelnden Hände lagen nun auf den samtbezogenen Lehnen. Das Gesicht des Königs war gerötet, seine Augen wurden schmal.

„Wir haben erfahren, Master More", sagte der König, „wie Ihr Euch in dieser Sache mit dem Schiff des Papstes verhalten habt." Er starrte Thomas an. „Deshalb haben Wir Euch kommen lassen."

Thomas' Blick wandte sich für eine Sekunde dem Kanzler zu, der neben dem Sessel des Königs stand. Es war unmöglich, die Gedanken hinter diesen Augen zu lesen, doch Thomas spürte eine gewisse Sympathie, etwas wie Ermutigung. Während der Verhandlung vor Gericht hatte er die Billigung Wolseys bemerkt, als er seine Ausführungen machte. Doch was der Kanzler in Abwesenheit des Königs empfand, konnte durchaus von dem abweichen, was er in seiner Gegenwart zeigte.

„Master More", fuhr der König langsam und bedächtig fort, „Ihr habt Euch wirklich fein verhalten."

Thomas schwieg.

„Habt Ihr das nicht?" brüllte der König. „Wir haben gehört, daß Ihr heute, als Ihr den Papst verteidigt habt, voller schöner Phrasen wart. Und nun, wo Ihr Euch selbst verteidigen sollt, habt Ihr anscheinend die Stimme verloren. Was soll das bedeuten? Eh, was soll das bedeuten?"

„Ehe ich meine Verteidigung beginne, Majestät, muß ich wissen, wie die Anklage lautet."

„Ihr wagt es, vor Uns zu stehen ... vor Euerm *König* ... und zu fragen, wie die Anklage lautet! Master More, seid Ihr heute bewußt gegen Euern König vorgegangen – oder nicht?"

„Nein, Majestät. Ich bin gegen die Ungerechtigkeit vorgegangen."

Die Hände des Königs auf den Sessellehnen krampften sich plötzlich zusammen. Sie schienen zu zittern.

„Habt Ihr das gehört, Wolsey? Habt Ihr das gehört?"

„Ich habe es gehört, Euer Gnaden."

„Er ist gegen *mich* vorgegangen ... und er nennt es, gegen die Ungerechtigkeit vorgehen! Beim Namen Gottes, was soll ich mit so einem Mann machen, eh? Sagt mir das! Ihr seid der Kanzler dieses Reiches. Was soll ich mit ihm machen? Ihn in den Tower sperren? Merkt Euch eins, mein Freund ... merkt Euch eins: Wer gegen den König vorgeht, ist ein Verräter. Master More, wißt Ihr, welcher Tod den Verräter erwartet?"

„Ich weiß es, Euer Gnaden."

„Das solltet Ihr auch ... als Anwalt. Nun ... und was habt Ihr dazu zu sagen? Ihr steht nur da ... Kommt, kommt, sagt doch, was Ihr heute vor Gericht vorgetragen habt! Ihr ... Ihr Verräter ... Ihr ... Ihr ... arbeitet für eine fremde Macht gegen Euer eigenes Land."

„Euer Gnaden, ich bin von dem Vertreter Seiner Heiligkeit des Papstes gebeten worden, ihn vor Gericht zu vertreten. Der Kanzler wird Euch bestätigen, daß ich nur getan habe, was jeder Anwalt tun würde."

„Und ist es Eure Gewohnheit, Master More, Eure Fähigkeiten dafür einzusetzen, um die Ungerechtigkeit zu verteidigen?"

„Nein, Majestät."

„Ich wage darauf zu schwören, daß Ihr einen Fall, den Ihr für ungerecht haltet, ablehnen würdet."

„Das würde ich tun, Euer Gnaden."

Der König erhob sich. Er stemmte die Hände in die Hüften und schaukelte auf den Fersen. Die kleinen Augen öffneten sich weit, und er fing an zu lachen.

„Hier, Wolsey!" rief er. „Hier ist unser Mann."

Thomas blickte erstaunt vom König zum Kanzler. Heinrich trat auf Thomas zu und legte ihm eine Hand auf die Schulter.

„Eins bereitet Uns Kummer", sagte er. „Eins bereitet Uns gewaltigen Kummer: Wenn wir ehrliche Männer in Unserem Königreich finden ... ehrlich und tapfer dazu ... dann sind sie nicht für Uns, sondern gegen Uns." Er hob plötzlich die Hand und ließ sie mit einem herzlichen Schlag auf Thomas' Schulter niederfallen. „Und wenn Wir Kummer haben, Master More, dann suchen Wir den Kummer zu beheben. So ist es doch, Master Wolsey?"

Der Kanzler trat vor. „Genau so ist es, mein gnädiger Herr."

„Dann sprecht mit ihm, Wolsey! Berichtet diesem Menschen, was ich über ihn gesagt habe."

Dann begann Wolsey: „Unser allergnädigster König in seinem Erbarmen, seiner großen Liebe zu Wahrheit und Gerechtigkeit, ist nicht, wie Ihr wohl meinen könntet, ungehalten über die Art, in der der Prozeß an diesem Nachmittag verlaufen ist. Als ich Seiner Gnaden berichtete, wie Ihr mit Euerm gelehrten Vortrag, mit Eurer Entschlossenheit, zu verteidigen, was Ihr in dieser Angelegenheit für recht hieltet, das Gericht so beeinflußt habt, daß das Urteil gegen das Festhalten des päpstlichen Schiffes erging, war Seine allergnädigste Majestät nachdenklich."

„So ist es!" unterbrach der König. „So ist es. Und ich habe zu Wolsey gesagt: ‚Thomas Wolsey', habe ich gesagt, ‚Thomas, es gefällt mir nicht, wenn die besten Männer in meinem Königreich ... wegen ihrer Rechtschaffenheit und Tapferkeit ... nicht für mich, sondern gegen mich sind.' Das habe ich zu ihm gesagt. ‚Bei Gott', habe ich gesagt, ‚Wir sollten diesen Burschen kommen lassen. Er soll künftig für mich arbeiten, denn er ist ein Mann, der mir gefällt ... und er ist ein Mann, den ich neben mir haben will.'"

„Ich verstehe nicht, Euer Gnaden", entgegnete Thomas.

„Er versteht nicht meine Gnade!“ sagte der König und lachte. Seine Augen drückten Wohlwollen aus, und der kleine Mund war schlaff vor Rührseligkeit. „Nun, Ihr werdet es gleich verstehen. Ihr sollt sehen, Thomas More, daß ich ein König bin, der sich mit den Besten im Königreich umgeben will. Ihr gefallt mir, Master More. Ihr wart gegen mich ... aber Ihr gefallt mir. Ihr seid ein Mann wie ich. Ihr habt gewagt, gegen Euern König zu sprechen, aber gerade deshalb gefallt Ihr ihm. So ist Euer König.“

Nun trat er zurück wie ein Knabe, der alle Spielsachen besitzt, um die ihn andere beneiden, und der, weil er klug und freundlich ist, diese Spielsachen mit den weniger Glücklichen teilen will.

„Kommt her, mein Freund.“ Er ergriff Thomas’ Arm mit einer Geste solcher Freundlichkeit, daß Thomas völlig überrascht war. „Fürchtet Euch nicht vor Uns, Master More. Seid nicht überwältigt, lieber Mann. Gestern wart Ihr ein armer Anwalt. Heute ist der König Euer Freund. Und Ihr, mein lieber Wolsey, mein anderer Thomas ...“ Er schob den Arm durch den des Kanzlers und ging mit beiden durch die ganze Länge des Raumes. „Wir haben Arbeit für einen Mann wie Euch hier am Hof, Master More. Wir können Euch erheben. Wir können Euch mit Begünstigungen auszeichnen ... und Wir werden es tun. Ihr sollt mit Unserem Kanzler arbeiten, denn er hat Gefallen an Euch gefunden. Er mag Euch. Stimmt’s nicht, Wolsey?“

„Er gefällt mir, mein gnädigster Herr.“

„So ist es wirklich.“ Der König blieb stehen und schaute den Kardinal mit äußerster Zuneigung an. „Diesen klugen Augen entgeht nicht viel. Nun werden zwei Thomasse ihrem Herrn dienen ... zwei gute, rechtschaffene Männer. Was habt Ihr zu sagen, Master More?“

„Euer Gnaden überwältigen mich. Ich weiß nicht, was ich sagen soll.“

Der König lachte. „Es war so gut wie ein Theaterstück, eh, Wolsey? So gut wie ein Maskenspiel. Master More, erscheint beim König! Bei Gott, Master More, als Ihr dieses Zimmer betratet, glaubtet Ihr, daran zweifle ich nicht, in den Kerker geworfen zu werden. Ihr wußtet nicht, daß Ihr des Königs warme Achtung finden würdet ... die Gunst des Königs.“

„Euer Gnaden“, sagte Thomas, „ich weiß, daß Ihr ein gerechter König seid. Ich habe nicht geglaubt, daß Ihr einen Untertan verurteilen würdet, weil dieser Untertan in Übereinstimmung mit dem gehandelt hat, was er für Recht hielt.“

„Gut gesprochen“, entgegnete der König nüchtern. „Eure Beförderung ist gewiß. Ihr werdet Gutes im Dienst des Kanzlers leisten.“

„Euer Gnaden, ich ... ich habe meine Pflichten als Anwalt ...“

Sowohl der König als auch Wolsey zogen die Brauen hoch, doch Thomas fuhr kühn fort: „Außerdem habe ich meine Pflichten als Unter-Sheriff der City von London ...“

„Genug! Genug!“ rief der König. „Wir werden das regeln. Mann, ich biete Euch hohen Lohn. Seht Euch diesen Mann hier an! Er war nur mein Kaplan, aber ich habe ihn zum größten Mann in diesem Land gemacht ... nach mir. Was war er früher? Ich will es Euch sagen ... Nein, nein, ich werde es Euch nicht sagen. Es mag genügen, daß er gering war ... *ungemein* gering, wie, Master Wolsey? Aber ich mag diesen Mann. Mir gefällt dieser Wolsey. Er ist mein Berater und Freund. Und so ... habe ich ihn aus der Niedrigkeit zur Größe erhoben. Das will ich auch für Euch tun. Jetzt ... seid Ihr überwältigt. Es war ein kleiner Scherz von mir, Euch zuerst zu necken, Euch mit Furcht zu erfüllen und dann mit Freude. Ihr werdet ein reicher Mann werden, Master More. Das Schicksal begünstigt Euch, denn der König reicht Euch die Hand zur Freundschaft. Nun geht ... und denkt an die Größe, die vor Euch liegt. Ich will heute allen Menschen zeigen, wie ich Männer ehre, die tapfer und rechtschaffen sind ... selbst wenn sie nicht immer meine Ansichten teilen.“

„Euer Gnaden ...“

„Ihr seid entlassen, Master More“, sagte der König lächelnd. „Von Eurer Dankbarkeit könnt Ihr ein andermal sprechen. Ihr müßt jetzt allein sein ... über diese plötzliche Veränderung in Euerm Geschick nachdenken.“

Der König hatte sich abgewandt und rief nach einem Pagen. Thomas ging rückwärts aus dem Zimmer.

Langsam ging er zum Fluß hinab, wo seine Barke auf ihn wartete.

Noch nie hatte es ihm so an Worten gefehlt. Noch nie in seinem Leben war er so überrascht gewesen. Er war zum Palast gegangen, bereit, sich zu verteidigen, doch statt sich wegen des Prozesses rechtfertigen zu müssen, hatte er sich plötzlich einer sehr viel schwierigeren Aufgabe gegenüber gesehen. Er hatte versucht, eine Stellung am Hof zurückzuweisen, die der König selbst ihm angeboten hatte und wo eine Weigerung gewiß als Affront aufgefaßt worden wäre.

Aber er mußte ablehnen. Er wollte nicht an den Hof. Er war kein Höfling. Er wollte nicht, daß sein ruhiges Leben gestört wurde. Er hatte seine Arbeit, sein Schreiben, sein Studium, seine Familie. Das war genug für ihn. Er hatte alles, was er sich wünschte. Doch welche Ironie! So viele verlangten nach einem Posten am Hof, so viele waren ehrgeizig, und ihm, der diese Stellung nicht suchte, der sie ablehnen mußte, wurde sie aufgedrängt.

Als er eben in die Barke steigen wollte, kam einer der Diener des Kardinals zum Ufer gelaufen.

Wolseys Dienerschaft war ebenso prächtig gekleidet wie die des Königs. Die Leute trugen eine Livree aus rotem Samt, mit goldenen Ketten verziert, und selbst seine Knechte trugen rotes Tuch, mit schwarzem Samt besetzt.

„Seine Eminenz der Kardinal bittet Euch, noch eine Weile zu warten", sagte der Mann. „Er würde gern mit Euch sprechen. Er sagt, die Angelegenheit sei wichtig. Wollt Ihr in seinen Gemächern auf ihn warten, Herr?"

„Gewiß will ich das", erwiderte Thomas und wurde zum Palast zurückgeleitet. Die Gemächer des Kardinals standen denen des Königs an Pracht nicht nach. Thomas wurde durch viele Räume in ein kleines Zimmer geführt, und als er da fünf Minuten gewartet hatte, kam der Kardinal herein.

In seinem scharlachroten Atlasgewand, mit Zobelfell besetzt, beherrschte er den ganzen Raum. Er trug die Kleidung, als ob er ihre Kostbarkeit genösse. Über seine Prunksucht redete jedermann. Er unterhielt mehrere fürstliche Haushaltungen, in denen er viele Schätze sammelte. Von dem York-Haus und dem Hampton-Hof hieß es, sie könnten sich mit den Palästen des Königs messen. Er lebte in großem Pomp, umgeben von seiner zahlreichen Dienerschaft. Er hatte seinen Schatzmeister, drei Marschälle, einen Almosenier, zwei Türhüter und zwei Kammerdiener, dazu die Geistlichen der Küchen, einen Geistlichen als Aufseher der Haushaltskasse, und sogar einen Geistlichen der

Gewürzkammer. Seine Pagen, die Knechte der Spülküche, des Räucherhauses und der Küche, seine Träger und Läufer waren so zahlreich, daß er selbst nicht einmal wußte, wie viele es waren. Und seinen Koch sah man durch die Gärten seiner Häuser stolzieren wie ein kleinerer Potentat, in Damast gekleidet, eine Goldkette um den Hals – und wie sein Herr trug er meist einen Blumenstrauß oder eine Parfümkugel in der Hand, und seine eigenen Küchenknechte folgten ihm.

Die Pracht Wolseys übertraf, wie manche sagten, die des Königs. Und weil der Kardinal von niederer Herkunft zu großer Höhe aufgestiegen war, haßten ihn die von hoher Geburt, weil sie meinten, er gehöre nicht zu ihnen, und die von niederer Herkunft beneideten ihn, weil sie glaubten, er gehöre zu ihresgleichen. Doch er kümmerte sich nicht um solche Kritik. Er kümmerte sich auch nicht darum, daß der boshafte Skelton Verse über den Prunk geschrieben hatte, in dem er lebte, und daß die Leute auf der Straße sangen:

Warum kommt ihr nicht zum Hof?
An welchen Hof?
An des Königs Hof
oder zum Hampton-Hof?

Des Königs Hof
sollt' haben Exzellenz.
Doch Hampton-Hof
hat Prä-Eminenz.

Vielleicht glaubten diejenigen, die diese Verse sangen, sie könnten damit den Groll des Königs wecken. Doch der König grollte seinem Günstling nicht, denn er glaubte, daß all die Pracht, mit der der Kardinal sich umgab, auf seine königliche Freigebigkeit zurückzuführen sei. Heinrich hatte die Springbrunnen sprudeln lassen. Wenn er es wünschte, brauchte er nur zu befehlen, und sie würden versiegen. Hampton-Hof war in Wirklichkeit der Hof des Königs, und der Hof des Königs war Hampton-Hof. Der Kardinal aber betrachtete den König als seine Marionette. Doch ebenso sah der König den Kardinal. Keiner bemerkte die Kurzsichtigkeit des anderen, und solange das so war, konnten sich beide sicher und befriedigt fühlen.

Der Kardinal war, wenn der Ehrgeiz auch seine Haupteigenschaft bildete, kein unfreundlicher Mensch. In seinem Leben gab es keinen Platz für Bosheit um ihrer selbst willen. Das Leben des Kardinals wurde von einer einzigen Leidenschaft beherrscht, und das war der Ehrgeiz. Den Geringen gegenüber war er großzügig, und seine Diener liebten ihn. Er hatte die Religion als Leiter zu Ruhm und Vermögen benutzt. Er benutzte auch Menschen, und wenn er es für notwendig hielt, sie zu vernichten, dann nicht aus Bosheit oder plötzlichem Zorn, sondern lediglich, weil sie seine ehrgeizigen Pläne durchkreuzten.

Er hatte – wie der König – Gefallen an Thomas More gefunden. Er hatte begriffen, daß dieser Mann nützlich sein könnte.

Er hatte außerdem etwas begriffen, was der König nicht bemerkt hatte: daß Thomas More nicht von Freude über die Aussicht auf die Gunst des Königs überwältigt war. Thomas More hatte es nicht an Worten gefehlt, seine Dankbarkeit auszudrükken. Er hatte nur so lange gezögert, weil er sich überlegte, wie er die Ehren zurückweisen konnte, die der König ihm versprach.

Und deshalb wollte der Kardinal Thomas More sprechen.

„Ich freue mich, daß Ihr noch einmal gekommen seid", sagte der Kardinal. „Ich möchte mich mit Euch unterhalten. Ihr könnt offen mit mir reden, wie ich es auch tun werde. Und Ihr braucht nicht zu fürchten, daß das, was Ihr sagt, über diese vier Wände hinausgehen wird, denn mein Diener Cavendish, dem ich mein Leben anvertrauen könnte, wird dafür sorgen, daß uns niemand hört. So ... sprecht also freimütig mit mir, Master More, wie ich es Euch gegenüber tue."

„Was hat Eure Eminenz mir zu sagen?"

„Nur dies: Ihr überlegt, wie ich glaube, auf welche Weise Ihr das Angebot des Königs ablehnen könnt?"

„Ihr habt recht. Ich werde es ablehnen."

„Ein solches Vorgehen wäre nicht klug."

„Ich will versuchen, es zu erklären."

Der Kardinal hob die gepflegte Hand. „Spart Euch den Atem. Ich verstehe es. Ihr seid nicht ehrgeizig. Ihr seid ein Gelehrter, der am liebsten ungestört bei der Arbeit bleiben möchte, die er sich erwählt hat. Ich verstehe diesen Standpunkt, wenn er auch ganz ungewöhnlich ist. Ich habe Eure literarischen Werke gelesen – darf ich Euch meine Komplimente über ihre Vortrefflichkeit machen? Ihr zieht das Leben in Abgeschiedenheit vor. Doch wenn Ihr die freundliche Geste des Königs zurückweist, seid Ihr töricht. Nein... nein... mißversteht mich nicht! Ich weiß, daß ein Mann, der den Ruhm nicht sucht, keinen Wert darauf legt. Aber ich spreche nicht von Ruhm... von dem Aufstieg, der einem Mann von Euern Gaben zuteil werden könnte. Ich spreche von Euerm Leben, Master More."

„Meinem Leben?"

„Es könnte leicht auf dem Spiel stehen."

„Ich verstehe Euch nicht."

„Das liegt daran, daß Ihr den Mann nicht versteht, den wir eben verlassen haben. Ihr seht ihn als einen mächtigen König. Bitte, seid nicht beunruhigt. Wie ich sagte, werde ich offen mit Euch reden, sogar über den König. Ihr mögt meinen, ich sei unvorsichtig. Aber, mein Freund, wenn Ihr etwas von dem, was ich Euch nun sage, weitertrüget, würde ich es leugnen. Überdies würde ich Mittel finden, Euch zum Schweigen zu bringen. Aber ich rede mit Euch, weil ich weiß, daß Ihr eine vertrauliche Mitteilung respektiert. Ich vertraue Euch, wie Ihr mir vertrauen müßt. Ihr seid soeben Zeuge einer kleinen Theateraufführung in den königlichen Gemächern geworden. War sie nicht bezaubernd? Ein bescheidener Beamter glaubt, dem König mißfallen zu haben. Und dann stellt er fest, daß er Gefallen gefunden hat. Der König ist im Herzen ein Knabe, Master More. Er spielt gern, und Ihr habt ihm geholfen, eine sehr hübsche Szene zu spielen. Nun ist aber der König nicht immer ein frohgelaunter Knabe. Manchmal brüllt der junge Löwe, und manchmal springt er zu. Und wenn ich auch ein sehr aufmerksamer Wärter bin, kann ich seine Opfer doch nicht immer vor diesen mächtigen Tatzen retten. Nicht einmal, wenn ich es wollte. Ihr wundert Euch? Hört zu. Ich habe Gefallen an Euch... genau wie der König. Es gibt ein paar Männer mit Verstand und Rechtschaffenheit in diesem Königreich... sehr wenige. Nachdem ich einen gefunden habe, beabsichtige ich nicht, ihn mir durch die Finger schlüpfen zu lassen. Ich wünsche, daß Ihr, Master More, mit mir arbeitet. Ich kann Euch eine große Laufbahn bieten... Ruhm... Aufstieg..."

„Euer Eminenz..."

„Das alles wollt Ihr nicht. Ich weiß. Aber Ihr wollt leben. Ihr möchtet nach Haus gehen zu Euern gescheiten Kindern und zu Eurer Frau, nicht wahr? Ihr möchtet weiter Gespräche mit Euern gelehrten Freunden führen. Oh, das Leben ist süß, Master

More, wenn es einem Mann soviel bringt, wie es Euch gebracht hat. Doch vergeßt eins nicht: ein Kind spielt seine Spiele und liebt sein Spielzeug. Aber was tut das Kind, wenn ihm ein Spielzeug mißfällt? Es schlägt es entzwei. Master More, als Ihr heute den ehrenwerten Anwalt spieltet, nahmt Ihr ein großes Risiko auf Euch. Aber dem Knaben hat sein kleines Schauspiel gefallen, auch seine neue Rolle. Vielleicht hat er in letzter Zeit sein Lob allzu konsequent singen gehört. Wer will das sagen? Aber Ihr habt ihm gefallen. Ihr habt Eure Rolle so gut gespielt, daß der Hauptdarsteller uns alle überstrahlen konnte. Dem König wird es jedoch nicht gefallen, wenn Ihr nicht weiter dafür sorgt, daß er sich *selbst* gefällt, wenn Ihr ihm nicht erlaubt, der Welt zu zeigen, welch wohlwollender Monarch er ist."

„Ihr seid sehr kühn, Kardinal."

„Ihr wart heute nachmittag kühn, Master More. Aber Ihr könnt es Euch nicht leisten, den König zweimal an einem Tag zu kränken. Ihr habt großes Glück gehabt. Ihr dürft nicht erwarten, daß sich das wiederholt. Unser König ist ein gewaltiger Löwe, der seine Kraft noch nicht kennt. Er ist im Käfig eingesperrt ... aber er sieht die Gitterstäbe nicht. Ich bin sein Wärter. Doch wenn er seine Kraft und seine Macht kennte, dann könnten wir anfangen zu zittern. Ich glaube, er würde sein Königreich aufs Spiel setzen, um seine Gelüste zu befriedigen. Deshalb muß er sorgsam gefüttert werden. Es ist die Pflicht von Männern, wie Ihr es seid ... wie ich es bin ... die unserem Land dienen möchten – manche um Ehre, andere um des Ehrgeizes willen, was kommt es darauf an, solange wir unserm Land gut dienen? –, es ist die Pflicht solcher Männer, ihre persönlichen Wünsche zurückzustellen. Und wenn wir es nicht tun, könnte es geschehen, daß sich das Lächeln des Königs in Stirnrunzeln verwandelt."

„Seid Ihr überzeugt, daß ich, falls ich mich weigerte, an den Hof zu kommen, verfolgt würde?"

„Ich glaube, daß das bestimmt der Fall sein würde. Vergeßt nicht, mein Freund – und ich meine es ernst, wenn ich ‚mein Freund' sage, denn ich will Euer Freund sein, wie Ihr der meine seid –, daß ich ihn kenne. Ich habe seinem Vater gedient, wie ich jetzt ihm diene. Und ich habe ihn heranwachsen sehen."

„Aber ich habe nicht den Wunsch, an den Hof zu kommen."

„Master More, Ihr habt nicht die Wahl. Ich erinnere mich,

daß Ihr, als ich seinem Vater diente, in Ungnade wart. Ihr seid ein Mann, der die Aufmerksamkeit unbedingt auf sich zieht. Ihr wäret in diesem Augenblick nicht hier in England, wenn sein Vater noch lebte, es sei denn, Ihr läget jetzt unter der Erde. Der junge König ist nicht der alte König. Aber, Master More, er ist deshalb um nichts weniger gefährlich."

„Ich möchte in Ruhe und Frieden mit meiner Familie leben."

„Wenn Ihr überhaupt leben möchtet, Master More, dann werdet Ihr die Ehren des Königs nicht zurückweisen." Der Kardinal lächelte rätselhaft. „Nun geht, mein Freund. In diesem Stadium ist nichts weiter zu sagen. Ich werde dem König berichten, daß ich mit Euch gesprochen habe und daß Euch die Ehren, mit denen er Euch überhäufen will, überwältigt haben, so daß Ihr vorübergehend nicht mehr über Euern angeborenen Geist verfügen konntet. Ich werde ihm sagen, daß ich überzeugt bin, unser Land wird glücklich sein in der gelehrten Rechtschaffenheit von Master More ... und der Gnade und erstaunlichen Klugheit seines Königs."

Margaret warf sich dem Vater in die Arme, als er nach Haus kam.

„Vater!"

Er küßte sie herzlich.

„Weshalb so ein betrübtes Gesicht? Es ist die Zeit der Freude. Der König ehrt mich. Er hat mich kommen lassen, um mir zu gratulieren ... um mir seine Hochachtung auszudrücken."

Margaret, die Arme immer noch um seinen Hals gelegt, lehnte sich zurück und blickte ihm prüfend ins Gesicht.

„Aber du bist beunruhigt."

„Beunruhigt! Meine Liebste, du wirst deinen Vater noch als Höfling sehen. Ich habe den großen Kardinal gesprochen. Auch er beehrt mich mit seiner Freundschaft. Meg, ich bin beladen mit Ehrungen."

Doch sie sah ihn weiter besorgt an. Die anderen waren ebenfalls herbeigekommen.

„Was ist das für ein Unsinn?" fragte Alice.

„Der König hat mich gerufen, um mir zu sagen, daß er Gefallen an mir gefunden hat.

„Gefallen, weil Ihr ihm sein Schiff verspielt habt?"

„Das Schiff des Papstes, Madam."

„Gefallen an Euch. Gefallen! Ist das auch einer Eurer Scherze?"

„Es ist kein Scherz", entgegnete Thomas nachdenklich. „Der König war zufrieden mit dem, was ich heute getan habe, und er ehrt mich. Ich soll an den Hof kommen. Ich soll bei Kardinal Wolsey arbeiten. Als ich dieses Haus verließ, war ich ein bescheidener Anwalt. Nun bin ich ... ich weiß nicht was."

Alice rief: „Das ist ja eine wunderbare Sache und ein großes Glück, wenn Ihr auch wenig getan habt, es zu verdienen. Kommt zu Tisch! Erzählt uns mehr darüber. Eine Stellung am Hof! Larifari! Mein ganzes Leben bin ich nicht so aufgeregt gewesen."

Wie seltsam, dachte Margaret, daß die gleiche Nachricht von Mitgliedern derselben Familie so verschieden aufgenommen werden kann. Da war ihre Stiefmutter, die schon eine rosige Zukunft vor sich sah, reiche Heiraten für die jungen Mitglieder der Familie. Und auf der anderen Seite ihr Vater, der in die Zukunft schaute, um ihretwillen lächelte und versuchte, sich über die Beförderung zu freuen, und dennoch nicht imstande war, vor seiner Tochter die bösen Ahnungen zu verbergen, die sich in seinen Augen widerspiegelten.

Dieser Sommer war heiß und trocken, und das Schweißfieber wütete in der Stadt.

Thomas sollte seinen Dienst beim König mit einer Mission nach Flandern beginnen. Sein Leben hatte sich verändert. Er mußte oft im Palast erscheinen und verbrachte viel Zeit beim Kardinal. Die erste Unannehmlichkeit, die seine Erhöhung mit sich brachte, war die häufige Abwesenheit.

„Ich wünschte, wir wären eine bescheidene Familie", sagte Margaret leidenschaftlich zu Mercy. „Dann könnten wir zusammensein und lenkten die Aufmerksamkeit nicht auf uns."

„Dann hätten wir keine Bildung", erinnerte Mercy sie. „Und kannst du dir Vater ohne Bildung vorstellen? Nein, wie er sagt, gibt es Gutes und Schlechtes im Leben. Und es ist Schlechtes im Guten und Gutes im Schlechten. Und die einzige Art, wie man leben kann, ist, das eine mit dem anderen anzunehmen. Genieße das eine, ertrage das andere."

„Wie klug du bist, Mercy!"

„Es ist geliehene Klugheit ... von Vater geliehen."

Mercy war in diesem Jahr glücklich, obwohl die Abreise von

Thomas nahe bevorstand. Und der Grund war ein neues Mitglied des ständig wachsenden Haushalts. Es war John Clement, ein Schützling des Kardinals, ein junger Mann, noch nicht zwanzig, der Thomas als Sekretär und Gehilfe auf die Mission nach Flandern begleiten sollte.

John Clement, ein ernster und gelehrter Mensch, ein junger Mann nach Thomas' Sinn, wurde herzlich im Haus seines neuen Herrn willkommen geheißen. Er wurde rasch zum Mitglied dieser glücklichen Familiengruppe, doch am meisten interessierten ihn, wie er feststellte, nicht die Mores, sondern Mercy Gigs.

Er suchte jede Gelegenheit, sich mit ihr zu unterhalten. Er war mehrere Jahre älter als sie, doch ihm schien, als wäre er niemals einem Mädchen ihres Alters begegnet, das so ernsthaft und beherrscht war. Und wenn sie auch nicht ganz so gelehrt war wie Margaret, so lag ihr Wissen doch auf einem Gebiet, das ihn am meisten anzog.

Er vergaß nie den hingerissenen Ausdruck in ihren Augen, als er ihr berichtete, daß er in Oxford Medizin studiert habe.

„Ihr seid an Medizin interessiert, Mistress Mercy?" fragte er.

„Mehr als an allem anderen."

Nun hatten sie ein Thema, über das sie sprechen konnten. Thomas sah den beiden mit Freude zu. Meine kleine Mercy wächst heran, dachte er. Sie wachsen alle heran. In zwei, drei Jahren wird man Ehemänner für Mercy und Margaret suchen müssen – auch für Ailie, obwohl die zweifellos selbst einen finden wird.

Ein Traum verwirklichte sich, ein Ideal wurde greifbar. Als er sich entschlossen hatte, das Mönchsleben zugunsten der Ehe aufzugeben, hatte er sich eine Familie vorgestellt, die seiner jetzigen ganz und gar entsprach. Hatte er sich aber jemals eine solche Liebe vorstellen können, wie er sie für Margaret empfand? Nein, die Wirklichkeit war größer, als er sie vorausgesehen hatte. Wenn sie heiratet, darf sie mich niemals verlassen, dachte er, denn ohne sie möchte ich nicht mehr leben. Und auch Mercy ist mir teuer wie meine eigenen Kinder. Hat jemals ein Mann eine so gelehrte und zärtliche Tochter wie Margaret und so liebenswerte Kinder besessen wie ich? Und selbst Alice, sie war zwar kein Juwel und auch nicht mehr jung, doch er mochte sie gern. Und er wußte, daß sich hinter ihren scharfen Worten häufig gütige Motive verbargen. Wo hätte er eine bessere Hauswirtschafterin finden können? Und bestimmt war sie seinen Kindern die beste Mutter, denn es war gut, auch in dem süßesten Gericht eine Prise Salz zu schmecken. Vielleicht brauchten seine geliebten Kinder bisweilen eine Züchtigung, und wie hätte er sie schlagen können? Wo es um solche Dinge ging, war er ein Feigling. Doch Mistress Alice wich vor dieser Aufgabe nicht zurück.

Er war ein glücklicher Mann. Er durfte sich nicht beklagen, daß sein Leben außerhalb der Familie nicht immer so verlief, wie er es sich vielleicht wünschte. So viele Männer verlangten nach der Gunst des Königs, so viele hätten sich geehrt gefühlt, wenn sie den Kardinal ihren Freund hätten nennen dürfen. Er forderte zuviel vom Leben. Er mußte aus den neuen Ehren machen, was möglich war. Er mußte sich, sooft es ging, davonstehlen, um bei seinen Büchern und seiner Familie zu sein. Und er mußte Gott für das gute Leben danken, das er ihm schenkte.

War je ein Mann so geliebt worden? Gewiß nur sehr wenige, meinte er. Erst gestern, als die Kinder miteinander darüber sprachen, was sie am meisten wünschten, war er zufällig vorübergegangen und hatte ihre Unterhaltung gehört. Mercy hatte gesagt: „Wenn ich mir etwas wünschen könnte, dann, daß ich Vaters richtige Tochter wäre."

Und als er sie später allein gefunden hatte, hatte er zu ihr gesagt: „Mercy, du brauchst dir nichts zu wünschen, was dir bereits gehört. Für mich ist es genau, als ob du meine rechte Tochter wärest."

Sie war rot geworden, hatte gestammelt und schließlich entgegnet: „Vater, ich habe gemeint, ich wünschte mir, ich wäre deine Tochter, wie es Margaret, Elizabeth und Cecily sind."

„Da besteht nicht der geringste Unterschied, Mercy, mein Kind. Ich betrachte dich als meine Tochter – meine wahre Tochter –, ebenso wie irgendeine von den anderen. Du bist mir ebenso teuer."

„Ich weiß, Vater", erwiderte sie. „Aber..."

„Kein Aber, Mercy! Wenn die Liebe zwischen uns beiden ebenso stark ist wie die Liebe zwischen mir und meinen leiblichen Töchtern, dann bist du meine Tochter... in allem, worauf es ankommt. Ich erinnere mich noch, als du ein kleines Mädchen warst und ich dich wegen eines kleinen Fehlers tadelte. Damals schmerzte mich deine Not ebenso wie die Not irgendeiner der anderen."

Sie griff nach seiner Hand und küßte sie. „In jener Zeit", sagte sie, „habe ich diese Fehler manchmal absichtlich begangen, damit du allein mit mir sprachest ... wenn auch, um mir Vorwürfe zu machen."

„Arme kleine Mercy! Hast du damals das Gefühl gehabt, übersehen zu werden? Den Eindruck, daß du ein Pflegekind warst? Du hast dir also gewünscht, Aufmerksamkeit zu finden ... selbst wenn du dafür getadelt wurdest?"

„Ja", gab sie zu, „aber es war auch der Wunsch nach der Freude, vor dir zu stehen und zu wissen, daß du dich mit mir beschäftigtest ... nur mit mir ... ganz allein, ohne Margaret."

„O Mercy ... Mercy ... du darfst keine so hohe Meinung von mir haben. Wir dürfen uns keine Götter auf Erden machen, das weißt du doch."

Sie sagte: „Ich habe mir nichts gemacht. Ich habe die Augen aufgehoben und gesehen."

Er lachte. „Nun wollen wir vernünftig reden. Du hast dir gewünscht, meine rechte Tochter zu sein. Und da du nun weißt, daß ein solcher Wunsch nicht notwendig ist, welchen anderen Wunsch hast du, mein Kind? Nimm an, ich wäre ein König, und alle Reichtümer der Welt ständen mir zur Verfügung, und ich würde sagen: Ich gewähre dir eine Gunst. Was würdest du wünschen?"

Sie zögerte nicht. „Ich würde um ein großes Haus bitten, in das ich die Kranken bringen und wo ich für sie sorgen könnte, um allmählich immer mehr zu lernen, damit ich nicht nur weiß, wie man Krankheiten heilen, sondern auch, wie man sie verhindern kann."

„Das ist ein edler Wunsch, Mercy. Ich wollte, ich wäre ein König ... nur, um ihn dir zu erfüllen."

So beobachtete er sie und John Clement, und das Herz wurde ihm warm, wenn er die beiden zusammen sah, denn er wünschte sich, daß seine Mädchen heirateten und Familien gründeten. Das war das glücklichste Leben, davon war er überzeugt, er hatte es erprobt. Und während sich Thomas darauf vorbereitete, zu seiner Mission abzureisen, waren Mercy und John Clement häufig zusammen und sprachen von der furchtbaren Krankheit, die die Stadt gepackt hatte.

„Es ist erstaunlich", sagte Mercy, „daß es hier in Bucklersbury nicht einen einzigen Fall des Schweißfiebers gibt."

„Ich habe dazu eine Theorie", entgegnete John Clement eifrig. „In dieser Straße gibt es die schädlichen Gerüche anderer Straßen nicht. Hier riechen wir nichts Unangenehmes, sondern Frische ... den Geruch von Moschus, von Gewürzen, Parfümen und Salben."

„Glaubt Ihr denn, daß die Krankheit von üblen Gerüchen kommt?"

„Ich glaube, daß es so sein könnte. Und wenn diese Straße, wie es auch bei früheren Epidemien gewesen sein soll, nicht einen einzigen Fall des Schweißfiebers aufzuweisen hat, während kaum ein Haus in der ganzen Stadt ohne einen oder mehrere Kranke ist, dann könnte doch etwas dransein an der Theorie."

Mercy war ganz aufgeregt.

„Und als Erasmus hier war", rief sie, „kritisierte er unsere Häuser. Er hatte gar nichts für sie übrig. Er sagte, die Häuser seien so gebaut, daß man sie nicht lüften könne. Unsere Fenster ließen zwar Licht, aber keine Luft herein. Und es zöge so in den Häusern. Er sagte, unser Brauch, die Fußböden mit Lehm zu bedecken und dann Binsen daraufzustreuen, sei schädlich – besonders in den Hütten der Armen, wo die Binsen zwanzig Jahre lang nicht gewechselt werden. Ich weiß, wie ärgerlich Mutter immer war, wenn er sich über unsere Binsen beschwerte, obwohl sie jede Woche erneuert wurden. Er sagte, wir sollten Flügelfenster haben, die sich weit öffnen ließen. Und er sagte, wir äßen zuviel – zuviel Pökelfleisch. Er sagte auch, unsere Straßen seien schmutzig und eine Schande für ein Land, das sich zivilisiert nenne."

„Das klingt, als ob er ein sehr grimmiger Herr wäre."

„Das ist er ... in gewisser Weise. Sonst war er sanft. Aber ich glaube, es ist etwas dran an dem, was er über unsere Häuser gesagt hat, meint Ihr nicht, Master Clement?"

„Doch, das meine ich auch."

„Ich habe Angst, daß die Krankheit auch in unser Haus kommen könnte. Ich bin nur froh, daß Vater das Land gerade jetzt verläßt. Er wenigstens kommt weg von diesen verpesteten Straßen. Ihr auch, Master Clement ... Aber ... es wäre schrecklich, wenn hier etwas geschähe ... während er fort ist. Was soll ich tun, wenn jemand die Krankheit bekommt?"

„Wegen der schlechten Luft im Haus könnt Ihr nichts tun. Natürlich nicht. Aber ich glaube, häufigeres Ausräuchern würde die Krankheit daran hindern hierherzukommen. Und dann eine gute Mixtur für jeden, den die Krankheit vielleicht befallen sollte: Ringelblumen, Endivien, Nachtschatten und Gänsedistel – im ganzen drei Hände voll. Das siedet Ihr in Brunnenwasser – ein Quart Wasser. Schließlich seiht Ihr es mit ein wenig Zucker in ein Gefäß. Das beseitigt die Säure. Dann gebt es dem Patienten zu trinken. Der Patient sollte sich warm halten und sofort zu Bett gehen, wenn ihm der erste Schweiß ausbricht. Wenn er angezogen ist, laßt ihn angezogen, und wenn er schon ausgezogen ist, laßt ihn ausgezogen, aber deckt ihn gut zu ... recht warm. Ich habe erlebt, daß Männer und Frauen, die so behandelt wurden, wieder gesund geworden sind."

„Ringelblumen, Endivien, Nachtschatten und Gänsedistel. Ich werd's mir merken."

„Ich sage Euch auch, wie Ihr das Ei der Weisen machen könnt. Das ist ein ausgezeichnetes Heilmittel für das Schweißfieber. Man kann es vorher zubereiten und jahrelang aufbewahren. Es wird sogar immer besser, je länger man es aufbewahrt."

„Das würde mich sehr freuen. Sagt es mir!"

„Ihr nehmt ein Ei und stecht ein Loch hinein, dann trennt Ihr das Dotter sauber vom Eiweiß. Füllt die Schale mit dem Dotter und etwas Safran. Dann schließt das Loch mit einem Stück Eierschale. Legt es in die Asche, bis es ganz hart ist und zu Pulver zerstoßen werden kann."

Ailie kam zu ihnen herüber und sah sie schelmisch an.

„Was interessiert dich da so sehr, daß du alles andere vergißt?" wollte sie wissen.

„Master Clement erklärt mir gerade, wie man das Ei der Weisen macht."

„Das Ei der Weisen! Meinst du das, das unedle Metalle in Gold oder Silber verwandelt? Oh, Master Clement, ich flehe Euch an, verratet *mir* das Geheimnis!"

„Ihr habt es mißverstanden", erwiderte John Clement nüchtern.

„Es handelt sich um das *Ei* der Weisen", erläuterte Mercy. „Du denkst an den *Stein* der Weisen."

„Und welche magischen Eigenschaften hat dieses Ei?"

„Es heilt Kranke", sagte Mercy.

„Ich möchte lieber den Stein", entgegnete Ailie.

„Achtet nicht auf sie!“ sagte Mercy ein wenig ungeduldig. „Sie macht gern ihre Scherze.“

Ailie blieb stehen und sah die beiden lächelnd an, während John Clement fortfuhr: „Ihr braucht Weißen Senf, Diptan und Termontell mit einem Quentchen Stachelnuß. Ihr müßt ferner Angelika und Pimpernelle hinzufügen, vier Gran vom Horn des Einhorns, wenn Ihr das beschaffen könnt. All das muß mit Melasse gestoßen werden, bis es am Stößel hängenbleibt. Ich will Euch die Zutaten aufschreiben. Wenn Ihr diese Substanz zubereitet habt, könnt Ihr sie in Glasgefäßen aufbewahren. Sie hält sich jahrelang. Ihr großer Vorzug ist, daß sie um so besser wird, je länger Ihr sie aufbewahrt.“

„Vielen Dank. Ich werde Eure Güte nie vergessen.“

Ailie ging zu Cecily und flüsterte: „Sieh nur, wie freundschaftlich sie miteinander umgehen!“

„Was gibt er ihr da?“ fragte Cecily.

„Bestimmt einen Liebesbrief“, erwiderte Ailie. „Wenn man sich vorstellt, daß Mercy noch vor mir einen Liebesbrief bekommt!“

„Liebesbrief! Du irrst dich, Ailie. Das ist ein Rezept für irgendeine Arznei, darauf möchte ich schwören.“

„Ach, meine liebe kleine Cecily, das mag ja sein. Aber es gibt viele Arten von Liebesbriefen“, sagte Ailie schmollend, denn es gefiel ihr gar nicht, daß eins der Mädchen vor ihr einen Liebhaber hatte.

Alice lachte über die beiden jungen Menschen. „Master More, was für seltsame Töchter Ihr habt! Ihnen sind lateinische Verse wichtiger als hübsche Kleider, und sie tauschen Rezepte aus, wenn andere Burschen und Jungfern Liebeszeichen austauschen.“

„Das mag sein“, entgegnete Thomas, „doch an meiner Familie – und das gilt für jedes Mitglied –, an meiner Familie habe ich großes Wohlgefallen.“

„Larifari!“ sagte Alice, doch sie selbst hatte ebensoviel Wohlgefallen an ihr.

Thomas schrieb regelmäßig nach Haus, während er im Ausland war.

Sie müßten ihm auch schreiben, sagte er, denn er vermisse sie bitter, und nur wenn er ihre Briefe erhalte, könne er glücklich sein. Er wollte alles hören, ganz gleich, wie unwichtig es ihnen erschien. Wenn es um seine Familie gehe, so genüge das schon, ihm Freude zu bereiten. „Für Euch Mädchen gibt es keine Ausrede", schrieb er. „Finden Mädchen nicht immer etwas, worüber sie plaudern können? Und das wünsche ich mir von Euch, meine Lieblinge. Greift zur Feder und plaudert mit Euerm Vater!"

Besonderes Lob gab es immer, wenn Jack etwas schrieb. Der arme Jack! Jetzt, wo er heranwuchs, begann er zu begreifen, wie schwierig es für einen normalen, gesunden Jungen war, mit so begabten Schwestern wetteifern zu müssen. Alice sagte, das sei Gottes Tadel für den Vater, weil er immer soviel über die Gleichheit des Verstandes bei Männern und Frauen geredet habe, wo doch die ganze Welt der Ansicht war, daß Gelehrsamkeit ein Vorrecht der Männer sei.

Jack war keineswegs dumm. Er war nur normal und konnte dem Unterricht beim besten Willen nicht soviel Geschmack abgewinnen wie dem Leben im Freien. Deshalb schrieb der Vater besonders verständnisvoll an den Sohn, lobte dessen Bemühungen mit der Feder, ermutigte ihn und sagte, er könne begreifen, daß Gelehrsamkeit nicht allen gleichviel bedeute.

Mit großer Begeisterung schrieb er an Margaret. Er konnte es nicht ändern, aber an sie zu schreiben, bereitete ihm eine Freude, die größer war als alles, was er während seiner Reise im Ausland genoß.

Er arbeite an einem Buch, das ihm schon lange im Kopf herumging, berichtete er ihr. Es bestehe aus erdachten Gesprächen zwischen ihm und einem Mann, der aus einem sonderbaren Land kam, Utopia genannt. Die Arbeit an dem Buch mache ihm großes Vergnügen, und wenn er nach Hause zurückkehre, werde er es genießen, es ihr vorzulesen.

„Ich habe einen Deiner lateinischen Aufsätze einem berühmten Mann gezeigt, Margaret. Er ist ein bedeutender Gelehrter, und Du wirst Dich freuen, wenn Du hörst, wer es ist. Reginald Pole. Mein Liebling, er war erstaunt. Wenn ich es ihm nicht ausdrücklich versichert hätte, sagte er, dann hätte er es einfach nicht geglaubt, daß ein Mädchen – oder überhaupt jemand Deines Alters, Junge oder Mädchen – ohne Hilfe eine solche Arbeit leisten könne. Mein liebstes Kind, ich kann Dir meinen Stolz nicht beschreiben!"

Er war sehr stolz. Er trug die Schriften seiner Kinder bei sich, damit er sie lesen konnte, wenn er sich niedergeschlagen fühlte und Heimweh hatte. Er konnte es sich auch nicht versagen, sie seinen Freunden zu zeigen und ein wenig zu prahlen. Sein Stolz auf seine Familie und seine Freude an ihr waren unermeßlich.

„Meine liebsten Kinder", schrieb er ihnen, „hoffentlich trifft Euch dieser Brief alle bei guter Gesundheit an. Möchten Euch die guten Wünsche Eures Vaters gesund erhalten! Während ich, durchnäßt vom Regen, eine lange Reise unternehme, bei der mein Pferd allzuhäufig im Schlamm versinkt, setze ich dies für Euch auf, um Euch eine Freude zu machen. Ihr werdet einen Hinweis auf die Liebe Eures Vaters daraus entnehmen, daß er Euch mehr liebt als die eigenen Augen, denn der Schlamm, das erbärmliche Wetter und die Notwendigkeit, ein kleines Pferd durch tiefes Wasser zu treiben, haben meine Gedanken nicht von Euch ablenken können... Im Augenblick erfüllt mich meine Liebe zu Euch so sehr, daß es mir scheint, als hätte ich Euch früher überhaupt nicht geliebt. Eure Eigenschaften bewegen mein Herz tief und binden mich so an Euch, daß die Tatsache, daß ich Euer Vater bin (der einzige Grund für die Liebe vieler Väter), kaum ein Grund für meine Liebe zu Euch sein kann. Deshalb, meine innigstgeliebten Kinder, macht Euch weiter Euerm Vater lieb und wert und sorgt, daß ich wegen der gleichen Leistungen, die mich jetzt glauben lassen, ich hätte Euch früher nicht geliebt, in Zukunft glauben werde (denn das könnt Ihr), daß ich Euch jetzt nicht liebe..."

Und so warteten sie, während das Schweißfieber Bucklersbury überging, auf die Rückkehr des Vaters, den sie liebten.

Nach seiner Rückkehr sagte Thomas eines Tages, als die Familie um den Tisch versammelt war: „Ich habe eine Überraschung für euch. Unsere Familie wird wieder größer werden. Ich hoffe, daß ihr alle das neue Mitglied herzlich aufnehmt. Ich finde, er ist ein interessanter und liebenswerter Mensch, und ich bin überzeugt, daß ihr zu der gleichen Ansicht kommen werdet."

„Ist es ein Mann?" fragte Ailie mit funkelnden Augen.

„Das ist er, Tochter."

„Diesmal kein graubärtiger Gelehrter?"

„Halb richtig und halb falsch. Ein Gelehrter ja, aber kein graubärtiger. Er ist, nehme ich an, etwa zwanzig."

„Hoffentlich hat er nicht so affektierte Manieren wie dieser

Erasmus", sagte Alice. „Solche Ausländer wünsche ich nicht mehr im Haus."

„Nein, Alice, er ist kein Ausländer. Er ist Engländer, und ich glaube nicht, daß Ihr ihn übermäßig affektiert finden werdet. Er ist von sehr guter Herkunft, und er kommt, um bei mir die Rechte zu studieren."

„Aber Vater", rief Margaret, „wie willst du Zeit aufbringen, einem jungen Mann bei seinen Studien zu helfen, deine Anwaltstätigkeit zu erledigen und dem König und dem Kardinal zu dienen? Du arbeitest zuviel. Wir werden überhaupt nichts mehr von dir haben."

„Schilt nicht, Meg! Ich bürge dafür, daß dir Freund Roper gefallen wird. Er ist ein ernsthafter junger Mann, ein wenig still, deshalb wird er euch nicht allzusehr stören. Ich glaube, er wird zu unserem Familienkreis passen."

So kam William Roper ins Haus – ein junger Mann von ruhigem Benehmen und scheinbarer Sanftmut, doch mit einem eigensinnigen Zug um den Mund, wie Margaret bemerkte. Eins hatte er, was Margaret an ihm gefiel, und das war seine Verehrung für ihren Vater. Es war deutlich, daß sich der junge Mann entschlossen hatte, Thomas More, wo immer es möglich war, in den Fußtapfen zu folgen.

John Clement, der in den Haushalt des Kardinals zurückgekehrt war, erschien in der Barke, wann immer er Zeit erübrigen konnte. Und nach wenigen Monaten zeigte sich deutlich, daß Will Roper und John Clement die Barke in Bucklersbury als ihr Zuhause betrachteten.

Margaret war dreizehn, als Will Roper kam, und er zwanzig, aber dennoch fühlte sich Margaret nicht jünger als er. Wie John Clement die Gesellschaft Mercys suchte, so suchte Will Roper die Margarets. Und deshalb schmollte Ailie ein wenig. Sie, die bei weitem hübscheste von den dreien, mußte mit ansehen, wie sich die beiden einzigen jungen Männer im Haus um die Freundschaft von Margaret und Mercy bewarben.

„Nicht, daß man solche Leute wie John Clement und Will Roper Männer nennen könnte", sagte sie zu Cecily, die selbst ein bißchen frivol war, „denn der eine schnüffelt dauernd an Kräutern und Arzneien herum, und der andere steckt die Nase ständig in seine juristischen Bücher. Aber immerhin, da Vater jetzt wieder am Hof ist, bringt er vielleicht wirklich einmal ein paar richtige Männer ins Haus ... für dich, Cecily, und für mich. Ich zweifle, daß Margaret oder Mercy daran interessiert ist."

Alice setzte Thomas zu, wenn sie allein waren: „Da Ihr jetzt solche Gelegenheiten habt, müßt Ihr Euch nach Männern für unsere Mädchen umsehen."

„Das hat noch eine Weile Zeit, Alice."

„Nicht sehr lange. Mercy, Margaret und meine Tochter sind dreizehn. In ein, zwei Jahren ist es so weit, daß sie unter die Haube gebracht werden müssen."

„Dann wollen wir auch noch ein, zwei Jahre warten."

„Ich weiß, ich weiß. Es ist alles gut und schön, klug und weise zu sein und griechisch zu schwatzen, aber mir scheint, Ihr wäret klüger und weiser, wenn Ihr ein wenig an die Zukunft Eurer Kinder dächtet."

Er wurde nachdenklich und legte ihr dann plötzlich die Hand auf die Schulter.

„Ich verspreche Euch", sagte er, „daß ich zur rechten Zeit alles tun werde, was ein Vater tun sollte."

Das waren die glücklichen Tage, wo wenig Sorgen den Haushalt beunruhigten. Die Familienmitglieder hatten sich inzwischen daran gewöhnt, daß Thomas bei Wolsey arbeitete. Er kam bei jeder sich bietenden Gelegenheit nach Haus, und dann lachten sie, wenn er erzählte, wie er es wieder einmal fertiggebracht hatte, sich ungesehen vom Hof wegzustehlen.

Eines Tages ritt Thomas nach Exeter, um Bischof Vedey zu besuchen, und kam recht verstimmt nach Haus. Als sie bei Tisch saßen, sprach er über den Grund.

„Ich hatte einige Arbeiten von euch in der Tasche ... von jeder von euch eine kleine Schrift. Ich konnte der Versuchung nicht widerstehen, sie dem Bischof zu zeigen, und offen gesagt, wartete ich während der ganzen Zeit, die ich bei ihm war, auf eine passende Gelegenheit. Als sie sich bot, holte ich rasch die Arbeit von Margaret hervor und gab sie ihm. Er las sie und starrte mich an. ‚Das hat ein Mädchen geschrieben?' rief er ungläubig. ‚Meine Tochter Margaret', erwiderte ich leichthin. ‚Und ihr Alter?' ‚Sie ist gerade dreizehn.' Und, meine Lieben, wie Reginald Pole hätte er mir nicht geglaubt, wenn ich ihm nicht mein Wort gegeben hätte. Er behielt den Aufsatz in der Hand und las ihn noch einmal. Plötzlich sprang er auf, öffnete einen Kasten und nahm dies hier heraus."

Sie drängten sich näher, um zu sehen, was er in der Hand hielt.

„Was ist das, Vater?“ fragte Jack.

„Eine Goldmünze, mein Sohn, aus Portugal.“

„Ist sie wertvoll?“

„Das ist sie. Der Bischof sagte: ‚Gebt dies Eurer Tochter Margaret mit meinen Komplimenten und guten Wünschen, denn ich habe noch nie eine solche Arbeit von einem so jungen Menschen gesehen. Sie soll die Münze behalten und sie sich hin und wieder ansehen und sich dadurch ermutigen lassen, die große Gelehrte zu werden, die sie, wie ich weiß, werden wird.‘ Ich weigerte mich entschieden, die Münze anzunehmen. Doch je mehr ich mich weigerte, desto heftiger drängte er sie mir auf.“

Ailie fragte: „Aber warum wolltest du sie nicht nehmen, Vater?

„Weil ich ihm, meine Tochter, auch die Arbeiten der anderen zeigen wollte, die ich in der Tasche hatte. Doch wie konnte ich sie ihm nun zeigen? Er hätte ja denken müssen, ich wollte noch mehr Goldmünzen haben. Selten bin ich so enttäuscht gewesen. Ich fühlte mich betrogen. Ich wollte sagen: ‚Aber ich habe fünf kluge Töchter und einen klugen Sohn, und ich möchte Euch zeigen, wie gescheit sie alle sind.‘ Aber wie konnte ich das nun noch tun?“

Sie lachten alle, denn jetzt sah er aus wie ein Kind – wie ein kleiner Junge, dem man eine Freude verdorben hat. Margaret sagte ihm das auch.

„Nun, hier ist dein Goldstück, Meg. Wie, du magst es nicht?“

„Nein, Vater. Jedesmal, wenn ich es ansähe, müßte ich daran denken, daß es dir eine Enttäuschung gebracht hat.“ Dann legte sie ihm die Arme um den Hals und küßte ihn. „Vater, du darfst nicht so stolz auf deine Kinder sein. Stolz ist Sünde, das weißt du doch – eine der Hauptsünden. Ich will dir ein paar Verse schreiben ... über einen Vater, der in die Kardinalsünde des Stolzes verfiel.“

„Ach, Meg, ich brenne schon darauf, sie zu hören. Sie werden mich für die Enttäuschung entschädigen, die ich dem Bischof zu verdanken habe.“

Abends saßen sie häufig zusammen, redeten und lasen, und manchmal sangen sie. Thomas hatte Alice ein wenig im Singen unterrichtet. Erst hatte sie protestiert. Sie sei zu alt, erklärte sie, um sich noch in seine Schule zu setzen. Ob er denn an gar nichts anderes denken könne als immer nur lernen und lehren?

Doch er hatte nur den Arm um sie gelegt und sie sanft überredet: „Komm doch, Alice, versuch's mal mit diesen Noten. Du hast eine wundervolle Stimme. Du wirst noch unser Singvogel werden."

„Solchen Unsinn habe ich wirklich noch nicht gehört!" hatte sie erwidert. Doch danach sang sie oft vor sich hin, wenn sie bei einer Näharbeit saß, und probierte ihre Stimme aus. Und alle wußten, daß sie eines Tages mitsingen würde, und das tat sie auch.

Margaret hatte das Gefühl, daß sie ihrem Vater in dieser Zeit noch näherkam. Wenn das überhaupt möglich ist, sagte sie.

Sein Buch *Utopia* lehrte sie viel über ihn. Darin erkannte sie sein Verlangen nach Vollkommenheit. Sie genoß es, mit ihm über das Buch zu sprechen. „Mein Stolz auf dich, Vater, ist ebensogroß wie der deine auf deine Kinder. Mir scheint, wir sind ein sehr stolzes Paar. Und eins, Vater, mag ich an dir noch mehr als alles andere: deine Toleranz in der Frage der Religion." Sie zitierte: „‚König Utopus erließ ein Gesetz, daß jedermann das Recht habe, die Religion, die er wollte, zu wählen und ihr zu folgen, und daß jeder alles tun dürfe, um andere von seiner Ansicht zu überzeugen, soweit er es friedlich, sanft, ruhig und besonnen tat, ohne unüberlegte und streitsüchtige Vorwürfe und Scheltreden gegen andere ...' Mir gefallen die Ansichten des Königs Utopus über die Religion. Ich habe das Gefühl, daß sie richtig sind."

„Ach, Meg, welch wundervolle Welt könnten wir haben, wenn man die Menschen dazu bringen könnte, es so zu halten."

Ein andermal sagte er zu ihr: „Meine liebste Tochter, ich möchte eine Angelegenheit mit dir besprechen, aber ich möchte nicht, daß andere davon erfahren."

„Ja, Vater?"

„Du weißt, daß ich einmal daran gedacht habe, die Gelübde abzulegen. Es ist seltsam, Meg, aber das klösterliche Leben zieht mich immer noch an."

„Wie? Du würdest uns verlassen und in die Einsamkeit gehen?"

„Nein, niemals. Denn ihr seid mir teurer als die ganze Welt ... du vor allem. Aber ich habe einmal zu Colet gesagt, als er noch mein Beichtvater war, daß ich ein gieriger Mensch sei, weil ich zwei Leben führen möchte. Und anscheinend bin ich ein hartnäckiger Mensch, denn ich möchte diese beiden Leben immer noch nebeneinander führen, Meg. Ich sehne mich danach, Mönch zu sein, und während ich bei euch lebe, während ich glücklich mit euch bin, und ich glaube, wir sollen glücklich sein, denn ein heiligmäßiges Leben braucht nicht düster zu sein, halte ich immer noch jene Übungen, die ich gehalten habe, als ich in der Kartause war." Er löste die Krause um den Hals und öffnete das Wams.

„Vater!" flüsterte Margaret. „Ein härenes Hemd!"

„Ja, Meg. Ein härenes Hemd. Das tötet das Fleisch ab. Es lehrt einen, zu leiden und zu ertragen. Meg, es bleibt unser Geheimnis."

„Ich werde es bewahren, Vater."

Er lachte plötzlich. „Willst du mehr tun als das? Willst du es mir *waschen*... und heimlich?"

„Gewiß."

„Gott segne dich, Meg! Diese Sache könnte ich keiner anderen anvertrauen und auf Verständnis rechnen."

„Es gibt nichts, was du mir nicht anvertrauen könntest... oder ich dir."

„Deine Mutter, Gott segne sie, würde es nicht verstehen. Sie würde die Übungen lächerlich machen. Deshalb... ich danke dir, Tochter."

Als sie das Hemd nahm und heimlich wusch, weinte sie, als sie das Blut darauf sah. Manchmal wunderte sie sich, ihn so fröhlich zu sehen, obwohl er sich doch, wie sie wußte, diese Schmerzen zufügte. Aber niemals ließ er sich etwas anmerken, und wenn er im Herzen Mönch war, so doch ein sehr fröhlicher Mönch.

Es gab große Aufregung, als das Neue Testament in Griechisch, das Erasmus herausgegeben hatte, im Haus der Mores eintraf. Thomas las der Familie daraus vor. Alice saß dabei und hörte zu, obwohl sie es nicht verstand, und ließ dabei die Nadel in ihren Fingern geschäftig hin- und hergehen.

Das waren glückliche Tage, und niemand ahnte, daß eine Wende eintreten sollte, die das Leben so vieler Menschen von Grund auf veränderte. Ein deutscher Mönch namens Martin Luther hatte während dieses ereignisreichen Jahres die Praktiken der Mönche und der katholischen Kirche öffentlich angeprangert, wie es Erasmus bereits vor ihm getan hatte. Doch während sich Erasmus mit sachlicher und fast sanfter Mißbilligung begnügt hatte, brandmarkte dieser Deutsche die Mißstände kühn und leidenschaftlich. Und während sich Erasmus hinter seiner Gelehrsamkeit verschanzt und mit kühlem Zynismus angegriffen hatte, tat es der Mönch mit brennender Entrüstung. Während Erasmus für die Eingeweihten geschrieben hatte, donnerte Luther für die Massen.

Der Höhepunkt kam, als dieser Mann Luther seine fünfundneunzig Thesen gegen den Ablaß an die Tür einer Kirche in Wittenberg nagelte. Und als er das tat, feuerte er den ersten Schuß in der Reformation ab, die Europa erschüttern, die Kirche spalten und die Welt, die sich christlich nannte, in Blut und Schrekken tauchen sollte.

Männer und Frauen ergriffen Partei. Entweder für den Papst oder für Martin Luther. Erasmus verzog sich hinter sein Schreibpult, er war kein Kämpfer. Es wurde gesagt, er habe ein Ei gelegt, das Martin Luther ausbrütete. Aber er wünschte sich aus dem Konflikt herauszuhalten, er wünschte friedlich mit seinen Büchern zu leben.

Doch wie Margaret es sah, war ihr Vater von anderer Art. Er war ein Mann von festen Ansichten. Er konnte vielem zustimmen, was Erasmus geschrieben hatte, doch wenn es darum ging, Partei zu ergreifen, würde er sich auf die Seite der alten Religion stellen.

Doch so weit war es noch nicht gekommen.

Die glücklichen Abende gingen weiter, nur unterbrochen von der Erschütterung, die der Tod von Dekan Colet mit sich brachte, der von der Pestilenz getroffen wurde. Im Haus von Thomas More weinten alle um den Verlust dieses alten Freundes.

Doch, wie Thomas sagte, er hatte ein gutes Leben gehabt. Er hatte erlebt, daß sich sein innigster Wunsch verwirklichte – und was konnte ein Mensch sonst noch verlangen? Seine Schule gedieh unter der Leitung von William Lily, und Colets Leben war weder vergebens noch kurz gewesen.

Später wunderte sich Margaret, daß sie dem fernen Grollen jenes Gewitters, das über Europa hereinbrach, nicht mehr Aufmerksamkeit geschenkt hatte. Das lag natürlich daran, daß William Roper um jene Zeit ihre Gesellschaft bei jeder Gelegenheit suchte und sie häufig bat, mit ihm allein einen Spaziergang zu machen, denn ein Gespräch zwischen zwei Menschen konnte, wie er sagte, sehr viel interessanter sein, wenn man allein und nicht unter vielen war.

Es gab eine weitere Aufregung. Eines Tages erschien ein gut aussehender junger Mann im Haus, um Thomas zu sprechen. Es war Giles Allington, ein reicher junger Höfling, und Ailie, die ihn mit ihrer Mutter empfangen hatte, schien recht angetan von ihm, wenn sie ihn das auch nicht merken ließ.

Ailie konnte, wenn sie wollte, ganz bezaubernd sein. Sie war die hübscheste von allen Töchtern, goldhaarig, blauäugig, groß und anmutig. Sie gab sich alle Mühe, ihre Schönheit zu erhalten, und schaute dauernd in den Spiegel. Vergeblich neckte Thomas sie deshalb. Häufig zitierte er vor ihr die Epigramme, die er mit William Lily übersetzte. Das Epigramm, das Lais betraf, die ihren Spiegel der Venus weihte, war eine sanfte Warnung. „Denn“, sagte Lais, „die Frau, die ich bin, will ich nicht sehen; die Frau, die ich war, kann ich nicht sehen.“

„Und das, meine liebe Tochter, geschieht Frauen, die der Schönheit allzu große Bedeutung beimessen, denn die Schönheit ist wie ein ungetreuer Liebhaber. Ist er fort, läßt er sich nicht zurückrufen.“

Doch Ailie lachte nur und küßte ihn auf ihre anziehende Art. „Ach, liebster Vater, keine Frau glaubt, daß ihr Liebhaber treulos wird, solange er treu ist. Und wie du selbst so oft sagst, weshalb sollen wir uns über die Plage des morgigen Tages Sorgen machen? Steht nicht in der Bibel: ‚Genug, daß ein jeglicher Tag seine eigene Plage habe‘?“

Thomas konnte ihrem Charme nicht widerstehen, denn obwohl sie so großen Wert auf Vergnügungen legte, die er für wertlos hielt, ihre weibliche Logik, fand er, war entwaffnend.

So bereitete Ailie weiter Wässerlein für die Frische ihrer Haut und hielt ihre Hände weich und geschmeidig, indem sie sich allen hauswirtschaftlichen Aufgaben entzog, die sie rauh und grob machen konnten. Und ihre Mutter wandte den Blick ab, wenn Ailie sich weigerte, solche Arbeiten zu tun. Denn wenn Alice auch alle Mädchen gut verheiratet sehen wollte – was sie wirklich tat –, dann wünschte sie sich doch für Ailie die glänzendste Partie von allen.

Und nun kam Giles Allington ins Haus. Er sollte ausgedehnten Grundbesitz und einen hohen Adelstitel erben. Er hatte höfische Manieren und trug Juwelen über dem Wams. Er konnte seine Bewunderung für Ailie nicht verbergen, während sie ihr Interesse an ihm verheimlichte.

„Wo sie diese Tricks gelernt hat, weiß ich wirklich nicht", sagte Cecily sehnsüchtig.

„In unserm Haus nicht", entgegnete Elizabeth.

„Ich glaube, manche Mädchen werden mit solchen Kenntnissen geboren", sagte Mercy. „Und Ailie gehört auch zu ihnen."

So schien es, denn Ailie wurde sehr vergnügt nach dem Besuch von Giles Allington, und obwohl sie mehr an Master Allingtons Gütern und Titeln interessiert war als an ihm selbst, wurde sie von Tag zu Tag hübscher.

„Sie blüht auf", sagte Cecily. „Die Leute sagen, Mädchen blühen auf, wenn sie verliebt sind."

„Sie ist verliebt", erwiderte Margaret. „Denn ein Mädchen kann sich ebenso in Reichtum verlieben wie in einen Mann."

Giles Allington erschien oft in dem Haus in Bucklersbury. Und Alice und ihre Tochter redeten ständig von dem jungen Mann. Alice war sehr erfreut, daß Thomas die Gunst des Königs gewonnen hatte und daß er nun ein Mann von nicht geringer Bedeutung war. Will Roper stammte aus einer guten Familie und lebte wie ein Sohn im Haus. John Clement stieg im Dienst des Kardinals allmählich auf und betrachtete ebenfalls die Familie More als die seine. Und nun kam der ansehnliche und reiche Giles Allington häufig zu Besuch. Die Familie stieg im Ansehen der Welt.

Das Leben ging auf diese Weise viele Monate lang angenehm weiter.

Als der König und seine Lords auf Einladung des Königs von Frankreich dessen Land besuchten, wo es von englischer wie französischer Seite zu einer solchen Prachtentfaltung kam, daß man von einer „Goldbrokatparade" sprach, begleitete Thomas die Gesellschaft, um für den König und den Kardinal zu arbeiten.

Und zu jener Zeit offenbarte William Roper Margaret seine Gefühle.

Margaret war nun fünfzehn. Sie wußte, daß sie, außer ihrem Vater, das gelehrteste Mitglied der Familie war. Aber sie hatte sich immer für die am wenigsten anziehende gehalten.

Ailie war eine Schönheit. Mercy besaß einen sanften Liebreiz, mit Güte gepaart, Eigenschaften, die, wie Margaret wußte, selten ihre Wirkung verfehlten. Elizabeth zeigte nun, da sie heranwuchs, einen fröhlichen, sprühenden Witz, der wie der des Vaters nie verletzte. Cecily war hübsch und heiter, Jack gutmütig und voller Humor. Und ich, überlegte Margaret, besitze keinen von all diesen Reizen, denn wenn mir die Worte auch schnell zufließen, sobald ich eine Feder in der Hand habe, im Gespräch lassen sie mich doch oft im Stich, wenn ich nicht gerade mit Vater rede. Ailies Schönheit fehlt mir ganz gewiß. Ich bin eher düster und bestimmt nicht heiter wie Cecily. Mir fehlen Mercys Sanftheit und Elizabeths Witz. Ich bin auch nicht gutmütig und lustig wie Jack, der Dinge sagt, die uns immer wieder zum Lachen bringen.

Margaret hatte in den seltenen Augenblicken, wenn sie sich in Gedanken mit sich selbst beschäftigte, stets den Eindruck gehabt, daß sie nie heiraten würde. Doch es machte ihr nichts aus, da sie gar nicht den Wunsch hatte zu heiraten.

Und nun... William Roper.

Er bat sie, mit ihm zu reden, und sie gingen in die Goodman-Felder, wo sie so oft mit ihrem Vater gewesen war. „Es ist nicht leicht", sagte Will, als sie durch das Gras schlenderten, „im Haus zu sprechen."

„Wir sind eine so große Familie."

„Die glücklichste in London, meine ich, Margaret. Es war ein guter Tag für mich, als ich in Euer Haus kam."

„Vater würde sich freuen, Euch das sagen zu hören."

„Ich brauche es ihm nicht zu sagen. Ich möchte schwören, er weiß es."

„Ich freue mich jedenfalls, daß Ihr es sagt, Will."

„Margaret... sagt mir eins... was fühlt Ihr für mich?"

„Für Euch fühlen? Oh ... ich freue mich, daß Ihr bei uns seid, wenn Ihr das meint."

„Ja, Margaret, diese Worte machen mich sehr glücklich... glücklicher, als wenn sie irgendwer sonst in der Welt gesagt hätte."

Sie war erstaunt, und er fuhr rasch fort: „Ihr seid ein seltsames Mädchen, Margaret. Ich gestehe, daß Ihr mich ein wenig beunruhigt. Ihr müßt mehr Latein und Griechisch können als jedes andere Mädchen in England."

Sie schwieg und dachte an Ailie in ihrem neuen, blauen Kleid, die ihr vorhin, als sie über ihren Büchern saß, zugerufen hatte: „Latein ... Griechisch ... Astronomie ... Mathematik ... Es ist mehr vom Leben zu lernen, Mistress Margaret, als du in diesen Büchern finden kannst."

Ailie hatte recht. Ailie war mit dieser besonderen Kenntnis zur Welt gekommen.

„Margaret", fuhr Will fort, „ich ... ich bin nicht mehr so von Euch beunruhigt, wie ich es früher war, denn manchmal erscheint Ihr mir wie ein sehr junges Mädchen." Er wandte sich ihr lächelnd zu. „Wißt Ihr, was ich für Euch fühle, Margaret?"

„Ja, natürlich, Will. Ihr mögt mich gern ... Ihr mögt Vater gern ... Ihr mögt uns alle gern."

„Aber ich mag Euch lieber als alle anderen."

„Doch nicht lieber als Vater!"

„Oh, liebe Meg, eins der Dinge, die ich an Euch so sehr schätze, ist Eure Liebe zu Euerm Vater. Ich bewundere ihn mehr als jeden anderen Mann, den ich kenne. Aber, Margaret – seid nicht erschrocken –, ich bewundere seine Tochter mehr."

Sie lachte, um ihre Verlegenheit zu verbergen. „Das klingt wie einer von Vaters Scherzen."

„Ich muß es ihm erzählen."

„Nein, wenn Ihr das tut ... wird er erfahren ..."

„Ach, Meg, glaubt Ihr denn, er weiß es nicht längst?"

„Aber ... warum sollte er es wissen?"

„Ich glaube, ich habe meine Gefühle allen deutlich gemacht außer Euch, deshalb wird es höchste Zeit, daß Ihr anfangt mich zu verstehen. Margaret, ich möchte, daß Ihr mich heiratet."

„Aber ... ich werde gar nicht heiraten."

„Ihr seid noch jung. Ich zweifle, daß Euer Vater es für richtig hält, daß wir gleich heiraten. Aber vielleicht in einem Jahr oder so."

„Aber, Will, ich hatte doch beschlossen, niemals zu heiraten. Jetzt habt Ihr mich verwirrt. Ich glaube, nun kann ich nie wieder so an Euch denken wie an die anderen – wie an John Clement und Giles Allington."

„Aber ich möchte doch gar nicht, daß Ihr an mich denkt wie an die anderen. Ach, Margaret, Ihr seid noch nicht erwachsen geworden. Ihr seid so sehr damit beschäftigt gewesen, eine Gelehrte zu werden, daß Ihr noch keine Frau geworden seid. Ihr könntet beides sein. Das wünsche ich mir, Meg: daß Ihr beides seid. Sagt jetzt nichts mehr! Denkt über diese Sache nach – aber nicht zuviel, damit sie Euch nicht bedrückt. Gewöhnt Euch an den Gedanken, zu heiraten. Denkt darüber nach, Meg! Ich will Euch Euerm Vater ja auch nicht wegnehmen. Wirklich nicht. Ich würde Euch ihm niemals wegnehmen, weil ich weiß, wie groß die Liebe zwischen euch ist. Es ist eine seltene Liebe. Das weiß ich. Nein, ich bin überzeugt, er möchte, daß wir weiter unter seinem Dach leben ... hier, wo wir jetzt sind. Ihr wäret meine Frau. Das wäre der einzige Unterschied. Ich bitte Euch, denkt darüber nach. Versprecht mir, daß Ihr darüber nachdenken wollt, Margaret."

„Ich ... ich werde es tun ... Aber ... ich glaube nicht, daß ich heiraten möchte."

Langsam und nachdenklich gingen sie zurück zum Haus.

Das Jahr 1521 bedeutete eine Wende im Leben Margarets und ihres Vaters.

Thomas wurde immer stärker in die Angelegenheiten des Hofes hineingezogen. Zu Margaret, der er nichts verbarg, sagte er: „Ich komme mir vor wie eine Fliege im Spinnennetz. Vielleicht hätte ich einmal eine gewaltige Anstrengung machen sollen ... vielleicht wäre ich dann entronnen ... doch jetzt halten mich die klebrigen Fäden unentrinnbar fest."

„Aber der König mag dich. Du bist ihm und dem Kardinal sehr von Nutzen."

„Du hast recht Margaret, und ich will dir sagen, was ich keinem anderen sagen würde: Sowohl der König als auch der Kardinal mögen nur die, die ihnen von Nutzen sein können, und auch nur so lange, als sie ihnen von Nutzen sind. Aber es kann geschehen, daß das eines Tages nicht mehr der Fall ist."

Eine Angelegenheit erschütterte Thomas tief. Es handelte sich um etwas, was sowohl den König als auch den Kardinal betraf, und es lehrte ihn vieles über diese Männer. Doch wenn er jetzt zurückschaute, erkannte er, daß es ihn wenig gelehrt hatte, was er nicht schon vorher wußte. Es hatte seine Ansicht nur bestätigt.

Der Kardinal war Thomas in jenen Jahren der gemeinsamen Arbeit nähergekommen. Thomas gegenüber war er manchmal offen, und wenn er sicher war, daß sie ganz allein waren, sprach er in einer Weise über den König, die ihn, wenn es bekannt geworden wäre, den Kopf hätte kosten können. So groß war sein Vertrauen Thomas gegenüber.

Der Kardinal war von anmaßendem Stolz. Er glaubte, für den König unersetzlich zu sein. Und es schien wirklich, als ob es so wäre. Der König traf selten Entscheidungen, ohne seinen ersten Minister bei sich zu haben. Ihm selber genügte es, sich zu amüsieren, und er wußte, daß die Staatsangelegenheiten bei Thomas Wolsey in guten Händen waren.

Außer dem König und Lady Tailbois, seiner Mätresse, gab es keinen, der sich mehr als der Kardinal über die Geburt von Heinrichs natürlichem Sohn mit dieser Dame gefreut hätte. Das war vor etwa vier Jahren gewesen, ein Jahr nach der Geburt von Prinzessin Mary.

Nun, im Jahr 1521, als die Königin dem König noch immer keinen Sohn geboren hatte, war der Kardinal ein wenig beunruhigt und schüttete Thomas sein Herz aus.

„Als der Junge geboren war, Master More, war Seine Gnaden wie ein Kind, dem man gerade das schönste Spielzeug der Welt geschenkt hatte. Er hatte einen Sohn – seit Jahren hatte er sich einen Sohn gewünscht. Die fehlgeschlagenen Versuche der Königin, weitere Kinder zu bekommen, haben ihn erheblich beunruhigt, denn wie Ihr wißt, legt er großen Wert auf seine Männlichkeit. Und wenn es auch die Gewohnheit Seiner Gnaden ist, bei einem Versagen dem Partner die Schuld zuzuschieben, wenn überhaupt von Schuld gesprochen werden kann, wurde er doch von der leisen Furcht verfolgt, er sei vielleicht nicht fähig, einen Sohn zu zeugen. Doch dann hatte Elizabeth Blount – oder Lady Tailbois, wenn Ihr wollt – bewiesen, daß er einen Sohn zeugen kann. Und der kleine Heinrich Fitzroy ist sein Augapfel. Ich war erfreut über das Glück Seiner Gnaden. Aber die Jahre sind verstrichen, und es ist noch immer kein männlicher Thronerbe da – nicht einmal eine zweite Tochter. Master More, der König ist unruhig, und die Königin wird nicht jünger. Wenn sie nicht eine so erlauchte Prinzessin wäre und wenn ich nicht fürchtete, die Spanier zu beleidigen, würde ich vorschlagen, die Ehe aufzulösen und eine andere Prinzessin für den König zu suchen – eine, die ihm Söhne schenken kann. Elizabeth Blount hat bewiesen, daß er welche haben kann."

„Aber es gibt keinen ehrenhaften Grund für die Auflösung

der Ehe", argumentierte Thomas. „Die Königin ist überaus tugendhaft und ... noch nicht über das gebärfähige Alter hinaus."

„Ihr habt eine Zuneigung für Ihre Gnaden, ich weiß, und sie begünstigt Euch. Ich selber hege die höchste Achtung für die Dame. Doch die Frömmigkeit einer Königin ist etwas ganz anderes als ihr Nutzen für König und Land. Das Hauptziel einer königlichen Ehe ist, Erben zu bekommen, und das hat sie bisher nicht mit besonderem Erfolg getan."

„Diese Dinge liegen in der Hand Gottes."

Der Kardinal lächelte sein zögerndes, zynisches Lächeln. „Mein Freund, wenn Gott zu langsam handelt, ist es manchmal notwendig, daß die Minister des Königs ohne ihn handeln. Ach, ich wünschte, die Dame hätte nicht so mächtige Verwandte! Stellt Euch vor ... eine neue Königin. Eine französische Prinzessin oder einen Schützling des Kaisers Karl? Wenn man bedenkt, was ich tun könnte ... und statt dessen lasse ich sie im ungewissen ... und beide fürchten, daß sich England mit dem anderen verbündet. Eine französische Prinzessin würde, wie ich meine, zu diesem Zeitpunkt weit günstiger für das Gleichgewicht der Kräfte sein."

„Mein Lord Kardinal", sagte Thomas, „das Gewand, das Ihr tragt, zeigt, daß Ihr ein Mann Gottes seid, doch die Worte, die Ihr sprecht ..."

Doch Wolsey unterbrach: „Die Worte, die ich spreche, zeigen, daß ich der Lordkanzler, der Erste Minister Englands, bin. Ich diene England, und ich glaube, dies ist meine Pflicht."

Nein, dachte Thomas, Ihr dient weder Gott noch England, Ihr dient Thomas Wolsey.

Doch Thomas More verstand Thomas Wolsey. Er begriff, daß dieser bescheidene Gelehrte, der Sohn eines Händlers, der rasche Auffassungsgabe und viel Klugheit besaß, dazu Eigenschaften, die einen König fesseln konnten, diese Talente nutzen wollte. Wolsey war von Natur aus nicht schlecht, doch er war durch seinen maßlosen Ehrgeiz schlecht geworden. Er genoß seinen Reichtum und freute sich um so mehr daran, als er ihn verdient hatte.

Für Männer wie die Herzöge Norfolk, Suffolk oder Buckingham war es leicht, sich in die Ehren zu finden, die ihnen bereits in die Wiege gelegt worden waren. Doch der Mann, der diesen

Ruhm nicht geerbt und die Ehren erst durch seine Geschicklichkeit und Schlauheit für sich geschaffen hatte, mußte sie um so höher schätzen. Und wie groß mußte Wolseys Stolz sein, wenn er diese Edelleute betrachtete, von denen er mit einigem Recht annehmen durfte, daß sie, wären sie als Söhne von Händlern aus Ipswich zur Welt gekommen, ihr ganzes Leben lang Ipswicher Händler geblieben wären!

Nein, Wolsey war nicht völlig schlecht, denn er war gütig zu seinen Untergebenen, und sie liebten ihn. Er verlangte nicht mehr von ihnen, als daß sie seiner Größe huldigten. Dann war er ihnen ein wohlwollender Vater, sorgte für sie, ernährte sie und liebte sie auf seine Weise.

Er hatte illegitime Kinder. Nicht, daß er ein wollüstiger Mann gewesen wäre. Der Verbindung mit der Frau seiner Wahl fehlte es anscheinend an nichts als an der Gesetzlichkeit. Er ging nicht wahllos mit Frauen um. Es gab für ihn nur eine. Doch da er sich entschlossen hatte, die Kirche als Leiter zum Ruhm zu benutzen, war ihm die Ehe versagt. Deshalb verzichtete er auf die Trauungszeremonie. Als normaler Mann aber hatte er nicht die Absicht, auf alles zu verzichten, was ihm die Ehe gebracht hätte. So lebte er in einem ruhigen und steten Verhältnis, das sich, abgesehen davon, daß es keine Trauung gegeben hatte und daß er Priester war, äußerlich kaum von der Ehe Thomas Mores unterschied.

Er liebte seine Kinder, wenn auch auf andere Weise als Thomas More. Und doch sah Thomas ein, daß der Unterschied gar nicht so groß war. Thomas wollte seinen Kindern das geben, was er am höchsten schätzte. Und Wolsey wollte seine Kinder mit dem überschütten, woran sein Herz am meisten hing – Macht und Reichtum. Sein Sohn, der noch ein Knabe war, besaß bereits die Würden eines Dekans von Wells und Erzbischofs von York und Richmond und war dadurch selbst bereits reich und mächtig.

Kein schlechter Mensch, aber ein Mann, der, nach Thomas Mores Ansicht, falsche Götter anbetete. Doch Thomas wußte genau, daß Wolsey von ihm sagen würde: ein gescheiter Bursche, aber irgendwie ein Narr, denn er scheint keine Ahnung davon zu haben, wie er sein Glück fördern könnte.

Nun sprach Wolsey von Staatsgeschäften und davon, wie einfach es sein werde, die Billigung des Königs für seine Pläne zu erhalten. Der König war mit einer neuen Liebesaffäre beschäftigt – ein dreistes Mädchen hatte seine Aufmerksamkeit erregt und stellte große Ansprüche an ihn.

„Die Tochter von Thomas Boleyn. Ihr kennt ihn gewiß. Nun, Master Boleyn wird manche Gunst genießen, daran zweifle ich nicht, wenn seine hübsche Tochter Mary dem König ihre Bitten ins Ohr flüstert. Er sah das Mädchen, als wir voriges Jahr nach Frankreich reisten. Seither findet er Gefallen an ihr. Wir werden auch erleben, daß der Bruder vorankommt. George Boleyn ist ein begabter Junge. Das muß sein Norfolk-Blut sein – wenigstens würde uns Norfolk so etwas erzählen. Ich glaube, es gibt noch eine jüngere Tochter ... sie ist jetzt in Frankreich. Wir müssen diese Familie beobachten, denn ein Mann wie Thomas Boleyn wird anmaßend, wenn er allzu hoch in Gunst steht. Und wenn die kleine Mary allzu große Ansprüche stellt, werden wir eine andere Dame für Seine Gnaden suchen müssen. Ich weiß, Master More, Ihr liebt solche Reden nicht. Ihr möchtet, daß es im Haushalt des Königs zugeht wie in dem Euren in Bucklersbury. Aber im ganzen Königreich gibt es nur wenige Familien wie die Eure. Deshalb muß ich mir die Mühe machen, Euch aufzuklären."

Dieses Zeichen der Gunst des Kardinals hätte die meisten Männer beglückt. Doch Thomas fühlte sich unbehaglich dabei. Es bestand Gefahr, daß er dadurch noch mehr in all das verstrickt wurde, dem er entkommen wollte.

Er war enttäuscht über den jungen König. Heinrich schien einzig und allein auf Vergnügungen aus zu sein, und ein großer Teil der Schätze, die der Vater ihm hinterlassen hatte, war bereits verschwendet – nicht nur für den Krieg, sondern auch für nichtige Schaustellungen wie diese letzte bei der „Goldbrokatparade".

Welchem Zweck hatte das gedient? Zwar war bekannt, daß England Reichtümer vergeuden konnte, um den König und seinen Hof zu verherrlichen, und daß Frankreich das gleiche für seinen frohen, jungen König tat. Doch wem half das? Diese beiden Monarchen entwickelten sich zu Wollüstlingen, deren Geist ständig mit Plänen für neue amouröse Abenteuer statt mit dem Studium einer klugen Staatspolitik beschäftigt war.

England hatte Wolsey, und darüber konnten alle Engländer

froh sein, weil Wolsey trotz seines Stolzes, trotz seines Ehrgeizes und seiner Prunkliebe ein großer Staatsmann war.

Doch wie wurde er von manchen gehaßt! Aber wie unbedacht äußerte er auch selber seinen Haß auf seine Gegner! Da war der Herzog von Buckingham...

Zu jener Zeit war es Buckinghams Aufgabe, die goldene Schüssel zu halten, in der sich der König die Hände wusch. Bei einer Gelegenheit nun tauchte Wolsey – offenbar, um sich an Buckingham wegen einer wirklichen oder vermeintlichen Kränkung zu rächen und um seine Intimität mit dem König zu beweisen – selber die Hände in das Wasser, in dem sich Heinrich gerade die Hände gewaschen hatte.

Das war mehr, als der edle Herzog hinnehmen konnte, denn er vergaß nie, daß königliches Blut in seinen Adern floß und daß er mit Edward dem Vierten verwandt war. Die Schüssel, in der sich der Sohn eines Händlers aus Ipswich die Hände wusch, zu halten war unerträglich. Er schüttete das Wasser dem Kardinal unverzüglich über die Füße.

Der König mochte von dem Vorfall belustigt gewesen sein und Wolsey ihn scheinbar leicht genommen haben, doch Buckingham hatte den Stolz des Kardinals verletzt, und das durfte niemand straflos tun.

Nun wurde Thomas Zeuge der Anfänge dieser entsetzlichen Fehde, die nur mit einer Tragödie enden konnte.

Als sich Buckingham den Kardinal zum Feind gemacht hatte, hatte er zwei Dinge nicht bedacht. Er befand sich in einer gefährlichen Lage, denn sein königliches Blut war etwas, was Heinrich nie behagt hatte, und er besaß großen Reichtum, der Heinrich ins Auge stach. Er war einer der reichsten Peers von England.

Es war deshalb leicht für den Kardinal, dem König ein paar klug gewählte Worte ins Ohr zu flüstern. Er konnte Heinrich daran erinnern, daß Buckinghams Reichtum, falls der Herzog wegen eines Kapitalverbrechens hingerichtet würde, Eigentum des Königs wäre. Überdies hatte sich Buckingham seines königlichen Blutes gerühmt, und es war nicht schwer, jemanden zu finden, der die Äußerung des hochmütigen Herzogs gehört hatte, daß er, Buckingham, falls der König ohne Erben sterben sollte, der Thronfolge sehr nahe stehe.

Der Herzog wurde zum König gerufen und kam in der Erwartung zum Hof, zur Teilnahme an einem Turnier oder einer Lustbarkeit gebeten zu werden. Er mußte jedoch entdecken, daß ihn der Tower erwartete und daß er sich vor einem Gericht von seinesgleichen verantworten sollte. Und keiner von diesen Peers wagte es, ihn als unschuldig zu bezeichnen, da der König den Schuldspruch von ihnen gefordert hatte. Auch der alte Norfolk, Buckinghams Freund, mußte ihn verurteilen, obwohl er Tränen dabei vergoß.

Die Ermordung des Herzogs erschütterte England und den Kontinent ebenso wie Thomas More. Sie zeigte, von welcher Art der junge König mit dem hübschen Gesicht war, auf dem sich die Spuren der Wollust und des guten Lebens noch nicht abgezeichnet hatten. Dieser hübsche Knabe erwies sich als überaus grausam. Er hatte seine Laufbahn mit königlichen Morden begonnen, wobei der Tod von Empson und Dudley nur das Vorspiel war.

Thomas sehnte sich jetzt mehr denn je nach der Stille seines Hauses, um dort mit seinen Freunden Gespräche zu führen. Erasmus hatte ihm geschrieben: „Du hast also die Gelehrten um des Hofes willen im Stich gelassen. Unser gelehrter Philosoph ist Höfling geworden."

„Ja", murmelte Thomas, „aber höchst widerstrebend."

Es hatte eine Zeit gegeben, als es unter Wissenschaftlern hieß, die gelehrtesten Männer der Welt seien Erasmus aus den Niederlanden, More aus England und Budé aus Frankreich. Doch jetzt wurde Mores Namen in diesem Zusammenhang nicht mehr genannt. Ein junger Spanier, Vives, hatte seinen Platz eingenommen.

Doch die Männer am Hof des Königs wußten nichts von diesem verlorenen Ruhm, der Thomas soviel bedeutet hatte. Sie sahen ihn am Hof und kannten ihn als einen Mann, der zur Größe ausersehen war.

„Thomas More kommt voran in der Welt", sagten sie.

Er konnte ihnen nicht sagen, daß er keinen Wert darauf lege, in ihrer Welt voranzukommen, sondern weiter in seiner eigenen leuchten wollte.

Inzwischen hatte Martin Luther sein Buch veröffentlicht, das er *Von der Babylonischen Gefangenschaft der Kirche* nannte. Der Papst war in hellen Zorn geraten, und Europa war geteilt. Abermals führte der Kardinal ein geheimes Gespräch mit Thomas More.

„Seine Gnaden hat kürzlich starkes Interesse an Euch geäußert, Master More."

„Tatsächlich? Und aus welchem Grund?"

„Es gibt zwei Menschen auf der Welt, die er haßt, fürchtet und beneidet, während er sie überaus eifersüchtig beobachtet. Zweifellos wißt Ihr, wen ich meine."

„Die Herrscher jenseits des Wassers?"

„Ihr habt recht. Der mächtige Kaiser Karl, der neben Spanien noch weitere Länder beherrscht, ist der eine. Und vielleicht noch mehr als Karl haßt er den Herrscher Frankreichs. Sie kennen sich gut, sie sind in einem Alter, beide suchen das Vergnügen und den Genuß. Karl und Franz sind Diener des Papstes. Karl ist der allerkatholischste König und Franz der allerchristlichste König. Unser König aber besitzt keinen Titel, den er neben die der beiden anderen setzen könnte, und das bereitet ihm Kummer. Er hat den Eindruck, daß dies eine Angelegenheit sei, bei der Ihr ihm mehr als jeder andere helfen könntet."

„Ich?"

Der Kardinal legte Thomas die Hand auf die Schulter. „Ihr unterschätzt Euch selbst. Geht zu Seiner Gnaden. Er möchte mit Euch reden. Seid nicht zu bescheiden. Das Glück begünstigt Euch. Geht hinein... und erringt Ehren!"

Verwirrt begab sich Thomas zu den königlichen Gemächern.

Als Thomas den Audienzsaal des Königs betrat, fand er Heinrich mit drei Freunden und Staatsmännern zusammen, dem Herzog von Norfolk, dem Sohn des Herzogs, Graf von Surrey, und Heinrichs Schwager, Herzog von Suffolk.

Thomas begriff, daß es tatsächlich eine Ehre für ihn war, in solcher Gesellschaft empfangen zu werden. Hier war der König, sprach vertraulich mit seinen Freunden und empfing ihn, Thomas More, lächelnd in ihrem Kreis. Doch als Thomas vor dem König niederkniete, spürte er die prüfenden Blicke der drei Edelleute auf sich gerichtet.

Alle waren ihm gut bekannt.

Suffolk war nicht nur der Schwager des Königs, sondern auch sein engster Freund, ein auffallend gut aussehender Edelmann. Er hatte Heinrichs Schwester Maria nach Frankreich begleitet, wo sie den alten Ludwig heiratete. Und als der französische König nach einigen Ehemonaten mit der vitalen jungen Maria gestorben war, hatte Suffolk sie mit großer Kühnheit vor ihrer Rückkehr nach England geheiratet. Doch Heinrich hatte ihm diese Unbesonnenheit schon vor langer Zeit vergeben.

Der alte Herzog von Norfolk, Lordschatzmeister und Ritter des Hosenbandordens, war ein derber alter Haudegen, das stolze Haupt einer der vornehmsten Familien des Landes. Er erntete immer noch den Lohn für seinen Sieg gegen die Schotten auf dem Feld bei Flodden.

Sein Sohn Surrey, wenig älter als Thomas, war ein tapferer Soldat und klug. Obwohl seine Frau die Tochter des kürzlich ermordeten Herzogs von Buckingham war, stand er beim König hoch in Gunst. Der König fühlte sich zu jener Zeit gut von Surrey unterhalten, und wer ihn belustigte, der gefiel ihm. Surrey, der harte Soldat, hatte sich in die Wäscherin seiner Frau verliebt, und überall am Hof gab es viel schlüpfrige Kommentare über Surrey und Bess Holland.

„Ha", rief der König, „da kommt Master More zu Uns. Wir haben gerade von diesem wahnwitzigen Luther gesprochen, Master More. Ihr habt gewiß seine neueste Schändlichkeit schon gesehen."

„Ich habe sie gesehen, Euer Gnaden."

„Bei Gott, ich habe Lust, ihm mit meiner eigenen Feder zu antworten. Ihr seid ein Meister der Worte, und deshalb wollte ich mit Euch über diese Angelegenheit reden."

„Euer Gnaden erweisen mir zuviel Ehre."

„Wir haben einige Eurer Schriften gelesen und sie verdienstvoll gefunden. Wir geben gerade die Befehle, daß dieses üble Machwerk des deutschen Mönchs öffentlich auf dem St.-Pauls-Kirchhof verbrannt werden soll. Wir weisen Bischof Fisher an, eine Predigt gegen ihn zu halten. Master More, dieser Mann ist ein Gehilfe des Teufels. Nun ... meine Freunde, verlaßt Uns! Ich möchte mit Unserem Freund hier allein über literarische Fragen sprechen."

Die drei Edelleute zogen sich zurück, und der König lächelte Thomas zu.

„Wir können uns gleich an die Arbeit machen, mein Freund. Seit ich dieses ... dieses ... wie soll ich es nennen? ... dieses böse Dokument gelesen habe ... fühle ich den Zorn in mir brennen. Ich höre die Stimme Gottes, die mich zum Handeln drängt. Dies kann nicht ohne Erwiderung bleiben, Master More. Und es muß eine Erwiderung sein, deren Verfasser die Welt in Erstaunen versetzt. Wer könnte das besser als der König von England?“

„Euer Gnaden haben dieses Buch geschrieben?“

„Noch nicht ... noch nicht. Ich habe Notizen gemacht ... Notizen von dem, was ich zu sagen wünsche. Das soll durch ganz Europa hallen. Wenn ich den Burschen hier in meinem Königreich hätte, müßte er den Tod des Verräters erleiden. Aber er ist nicht hier. Ich kann seinen Leib nicht züchtigen, deshalb werde ich es mit Worten tun. Ich will Euch zeigen, was ich meine *Verteidigung der sieben Sakramente* nenne. Und Ihr werdet sehen, daß ich die Absicht habe, auf diese ungeheuerliche Schrift dieses abscheulichen Mönchs zu entgegnen. Nun kommt her! Dies habe ich vorbereitet.“

Thomas griff nach den Notizen, die der König ihm reichte. „Und meine Aufgabe, Euer Gnaden?“

Heinrich winkte mit der Hand. „Nun ... Ihr werdet dies ordnen ... und es in eine Form bringen, wie ... wie Ihr sie beherrscht. Ihr seid ein Mann der Literatur. Ihr werdet sehen, was geschehen muß. Ich bin König. Ich habe mich um meine Staatsgeschäfte zu kümmern. Aber ich habe den Kern bereits geschrieben. Ihr werdet ...“ Der König machte eine umfassende Bewegung mit der Hand. „Ihr wißt schon, was Eure Aufgabe ist, Master More. Dies zu einem Buch zu machen. Ich habe Euch erwählt, weil ich Hochachtung für Euch hege.“

„Euer Gnaden sind entschlossen, mich zu ehren.“

„Wie ich immer bereit bin, die zu ehren, die mir gefallen ... deren Gelehrsamkeit Unserem Reich mehr Glanz gibt. Nun, Master More, werdet Ihr Eure Dienste von jetzt an in dem kleinen Vorzimmer leisten, zu dem ich Euch führe. Ihr erhaltet alles, was Ihr braucht, und ich hätte gern, daß die Arbeit so rasch wie möglich beendet wird. Schont den Missetäter nicht. Wir werden zur Welt sprechen ... genauso, wie er es getan hat. Und wir werden in literarischer Sprache reden, Master More. Denn man sagt mir, darin seiet Ihr Meister. Ihr werdet von allen anderen Pflichten befreit. Mein Freund, macht diese Arbeit gut, und Ihr werdet belohnt werden. Ach, sie gefällt Euch?“

„Euer Gnaden hätten mir keine Aufgabe stellen können, die mich mehr begeisterte. Wieder eine Feder in der Hand zu haben und noch dazu für eine solche Arbeit! So etwas habe ich mir seit langem gewünscht.“

Die Hand des Königs fiel auf seine Schulter. Es war ein schwerer Schlag, er drückte nicht nur Zustimmung, sondern auch Zuneigung aus. Heinrichs Augen leuchteten vor Vergnügen, und seine Wangen waren gerötet.

„Kommt, Master More! Hier entlang."

Der König stieß die Tür zu einem kleinen Raum auf, in dem dicke Teppiche lagen und erlesen gestickte Wandvorhänge hingen.

Thomas erblickte eine junge Frau, die in wenig vorteilhafter Haltung, die Beine unter den Rock gezogen, auf der Fensterbank saß. Ihr Mieder war tief ausgeschnitten, und das dunkle Haar fiel ihr auf die nackten Schultern. Was ihn in diesem Augenblick am meisten erstaunte, war, daß sie sich nicht erhob, als der König eintrat, sondern ihm ein dreistes Lächeln zuwarf.

Der König blieb stehen und starrte sie an. Dann mußte sie bemerkt haben, daß er nicht allein war. Sie sprang auf und fiel auf die Knie.

„Was tust du hier, Mädchen?" fragte der König.

„Vergebung, Euer Gnaden. Ich ... ich dachte ... Euer Gnaden wünschten meine Anwesenheit hier."

„Steh auf!" sagte der König.

Sie erhob sich, und Thomas erkannte Mary Boleyn, die Mätresse des Königs. Ihr Blick war fast herausfordernd, als sie Thomas ansah. In diesem Blick war die Gewißheit zu lesen, daß das Mißfallen des Königs nicht von langer Dauer sein werde.

„Du hast Unsere Erlaubnis, dich zurückzuziehen", sagte der König.

Sie knickste und tat zwei, drei Schritte rückwärts zur Tür.

Thomas bemerkte, wie der König sie beobachtete – der Mund wurde schlaff, die Augen leuchteten blauer.

„Kommt herein, kommt herein, Mann!" sagte er fast gereizt. „Ah, hier dürft Ihr sitzen. Nun schaut her! Diese Notizen sollen zu einem großen Buch verarbeitet werden. Ihr versteht mich? Ein großes Buch! Ihr versteht, Bücher zu schreiben. Und das müßt Ihr jetzt für mich tun."

Die Aufmerksamkeit des Königs schweifte ab, das spürte Thomas. Seine Gedanken waren dem dunkelhaarigen Mädchen gefolgt.

Heinrich sagte! „Falls Ihr irgend etwas braucht, verlangt es! Beginnt jetzt! Seht zu, was Ihr mit den Notizen anfangen könnt... und später... wenn Ihr etwas bereit habt, dürft Ihr es mir bringen."

Der König lächelte. Seine Stimmung war umgeschlagen. Er war bereits bei dem Mädchen, das eben gegangen war.

„Macht Eure Arbeit gut, Master More! Ihr werdet es nicht bedauern. Ich belohne gern Menschen, die mir gefällig sind..."

Der König ging hinaus, und Thomas setzte sich, um sich die Notizen anzusehen.

Es wurde ihm schwer, sich zu konzentrieren. Er dachte an den König und das dunkeläugige Mädchen. Er dachte an Surrey und Bess Holland. Er dachte an die scharfen Augen Suffolks, die listigen des alten Norfolk und an Thomas Wolsey, der gescheiter war als sie alle.

Und es verlangte ihn, wie es ihn noch niemals verlangt hatte, nach dem Frieden seines Hauses.

Das Ordnen und Ausarbeiten der Notizen des Königs war eine angenehme Aufgabe, wenn es Thomas nicht noch mehr als früher von seiner Familie ferngehalten hätte. Sehr oft war er im Begriff gewesen, sich nach Bucklersbury davonzustehlen, als plötzlich ein Bote kam und ihm sagte, der König frage, weshalb er nicht bei ihm sei.

Heinrich mochte ihn. Und ihm gefiel die Art, in der die Arbeit Gestalt annahm. Er las sie und las sie wieder und glühte vor Stolz.

„Ach", rief er häufig, „das ist die Erwiderung für Master Luther. Lies das, Kate!"

Die Königin las, und auch sie war entzückt, denn sie haßte den deutschen Mönch noch mehr als Heinrich.

„Ich wünschte, ich hätte ihn hier... diesen deutschen Mönch!" rief der König oft. „Er sollte sterben ... sterben für die Schmähungen, mit denen er meine Mutter überhäuft. Denn meine Mutter ist die Kirche. Ha, Kate, du wirst sehen, was Wir mit diesem Trompeter des Hochmuts, der Verleumdung und der Spaltung tun werden. Er ist ein Glied des Teufels. Ein niedriger Mensch. Merk dir meine Worte! Nur Unmoralische können den Glauben ihrer Väter auf diese Weise verlieren. Wir aber sind an den Heiligen Stuhl in Rom gebunden. Ihm können wir gar nicht genug Ehre erweisen. Was wir auch tun könnten, es wäre nicht zuviel. Das schwöre ich."

„Euer Gnaden werden mir vergeben“, warf Thomas ein, „aber die Worte, die Ihr eben geäußert habt, würden vor einem Gericht als Zustimmung zur päpstlichen Jurisdiktion in England bezeichnet werden.“

„Was ist das? Was ist das?“ rief Heinrich.

„Ich dachte an das Statut des Praemunire, mein Herr König.“

„Ha!“ lachte der König. „Das ist ein Rechtsanwalt für uns, Kate. Eine Vorladung des Königs in seinem eigenen Reich, eh? Ha, Thomas More, die Leute haben recht, wenn sie Euch einen ehrlichen Mann nennen. Ihr tut wohl daran, so vor Euerm König zu sprechen. Deshalb gefallt Ihr ihm. Aber ich sage dies: Ich liebe das Papsttum so, daß mich nichts hindern würde, es zu verteidigen. Vergeßt nicht, Master More, vom Heiligen Stuhl erhalten Wir Unsere kaiserliche Krone.“

„Ich muß Euer Hoheit an eine Sache erinnern“, erwiderte Thomas. „Der Papst ist, wie Euer Gnaden wissen, ein Fürst, wie Ihr selbst es seid, und mit anderen Fürsten verbündet. Es könnte geschehen, daß Euer Gnaden und Seine Heiligkeit zu irgendeiner Zeit einmal verschiedener Ansicht wären. Deshalb meine ich, daß man in dem Buch auf seine Autorität nicht allzuviel Gewicht legen sollte.“

„Aber ich sage Euch, Master More, wir sind so sehr an den Heiligen Stuhl in Rom gebunden, daß wir gar nicht zuviel tun könnten, um ihn zu ehren.“

„Dann ist es meine unausweichliche Pflicht, Euer Gnaden abermals an das Statut des Praemunire zu erinnern.“

„Habt keine Furcht, Master More, habt keine Furcht! Wir wissen schon, wie Wir diese Angelegenheiten betrachten müssen. Und verhaltet Euch Uns gegenüber weiter so, wie Ihr es stets getan habt. Wir lieben Eure Ehrlichkeit.“

Und wie das Buch Fortschritte machte, tat es die Freundschaft zwischen Thomas und dem Königspaar. Er mußte am Tisch des Königs speisen. Er mußte mit dem König über die Terrassen schlendern. Und er mußte im Palast bleiben, bis es dunkel wurde, denn die Königin hatte gehört, daß er von den Sphären, die sich am Himmel bewegten, ebensoviel wußte wie nur sonst ein Mann am Hof. Und die Königin wünschte, von ihm unterrichtet zu werden.

„Der König selbst würde auch gern an der Unterweisung teilnehmen“, sagte Heinrich. „Denn während er dieses Königreich hier auf Erden regiert, würde er gern etwas über das Reich des Himmels lernen."

So stand Thomas abends auf einem der Balkone des Palastes, die Königin zu seiner Linken, den König zur Rechten, die Höflinge um ihn geschart, während er der zuschauenden Gruppe die Sternbilder erklärte.

„Wie der König diesen Mann begünstigt!" sagten die Höflinge. „Er steht in der Gunst des Königs gleich neben dem Kardinal."

Sie bemerkten das Lächeln der Königin, die darauf hinwies, wie glänzend Orion in dieser Nacht leuchte, und bescheiden fragte, ob sie recht mit ihrer Annahme habe, daß die beiden hellen Lichtpunkte am westlichen Himmel die Zwillinge Kastor und Pollux seien. Und ob das dort unten im Westsüdwest Prokyon sei?

Sie hörten das laute dröhnende Lachen des Königs, als er erklärte, das Kassiopeia genannte Sternbild erscheine ihm nun wirklich nicht wie eine Dame auf einem Sessel. Sie bemerkten genau, wie häufig sich die juwelenblitzende Hand auf die dunkel gekleidete Schulter von Thomas More legte.

„Der König scheint mehr an den Plejaden als an Mary Boleyn interessiert zu sein!" So wurde unter den Damen geflüstert, die auf solche Dinge ein Auge hatten, da so manche von ihnen hoffte, daß sich eines Tages der königliche Blick von Mary Boleyn auf sie richten werde.

Als das Buch beendet war und so gelehrte Männer wie Fisher, Stephen Gardiner und Wolsey selbst es studiert und erklärt hatten, daß es gut und vernünftig von Inhalt und vollendet im literarischen Stil sei, war der König so erfreut, daß er erklärte, Master More in Zukunft nicht mehr am Hof haben zu wollen. In Zukunft sollte es *Sir* Thomas More sein.

Heinrich, der König, war tief befriedigt. Das Buch erhielt in ganz Europa von all denen Beifall, die gegen Martin Luther standen. Es wurde nun als das Werk eines Genies bejubelt. Der Papst war entzückt über seinen englischen Verteidiger, wehrte sich jedoch noch ein wenig, den erbetenen Titel zu verleihen. Er mußte auf die Eifersucht und den Neid von König Franz und Kaiser Karl, vor denen er in ständiger Furcht lebte, Rücksicht nehmen. Doch schließlich trugen Heinrichs Bestechungen und Freundschaftsangebote den Sieg davon, und der König von England wurde in der ganzen katholischen Welt als „Verteidiger des Glaubens" bekannt.

Doch Martin Luther war nicht der Mann, der die Veröffentlichung dieses Buches unbeachtet gelassen hätte. Er übergoß das Buch und gleichzeitig den König von England mit Hohn und Verachtung. Heinrich benannte Sir Thomas More dazu, Luther im Namen des Königs von England zu erwidern.

Thomas hatte nicht nur seinen Titel erhalten. Er war eben zum Unterschatzmeister – Norfolk selbst war der Lord-Oberschatzmeister – und damit zu einem wichtigen Mitglied des Königlichen Rates ernannt worden. So wurde der Mann im härenen Hemd einer der Minister, die ständig um den König waren.

Luther schrieb ausfallende Angriffe auf Heinrich. Thomas erwiderte mit ähnlich skurrilen Attacken auf den deutschen Mönch. Und Margaret, die diese Entgegnungen, die ihr Vater im Namen des Königs verfaßte, las, fühlte sich häufig deprimiert und unbehaglich. Ihr war, als ob sie den Vater, den sie früher kannte, verloren hätte. Der sanfte höfliche Mann war ein Meister der Schmährede geworden. Margaret schauderte, als sie lesen mußte! „Ehrwürdiger Bruder, Vater, Säufer, Luther, Renegat vom Orden des heiligen Augustin, ungeschlachter Bacchant beider Fakultäten, ungelehrter Doktor der Theologie..." Wie konnte ihr nobler Vater solche Worte schreiben? Wie konnte er sagen, daß Luther seine Gefährten zusammengerufen und ihnen aufgetragen habe, daß jeder seinen eigenen Weg gehen und Schmähreden und Unflätigkeiten auflesen solle – der eine in den Spielhäusern, ein anderer in den Kneipen und Baderstuben, ein dritter in den Bordellen?

Was tut der Hof meinem Vater an? fragte sie sich.

Als er nach Haus kam, bemerkte sie die Veränderung. Es war ein gewisser Grimm in ihm. Sie wußte, daß das härene Hemd, das sie ihm wusch, jetzt häufiger getragen wurde. Sie wußte, daß er ein Stück Holz als Kopfkissen benutzte, um dem Schlaf alles Behagen zu nehmen. Es war eine neue Gefühlsbewegung in seinem Leben, die früher nie dagewesen war. Es war der Haß auf die Ketzer.

Sie mußte mit ihm reden.

„Vater", sagte sie, „du hast dich verändert."

„Nein, Tochter, ich bin derselbe wie stets."

„Ich verstehe es nicht ganz“, sagte sie, „denn früher hast du mit Erasmus über die Verderbtheit in den Klöstern gesprochen. Ihr plantet, gewisse Angelegenheiten in der Kirche zurechtzurücken. Dieser Martin Luther ... denkt er nicht so, wie du und Erasmus es früher auch getan habt?“

Sie dachte an Erasmus, der vor allem andern Gelehrter war. Nun, wo das Werk, das er begonnen hatte, von einem anderen aufgenommen worden war, wollte er nichts mehr damit zu tun haben. Er zog sich zurück an sein Gelehrtenpult, zum Leben des Nachdenkens, nicht der Tat. Margaret dachte, daß auch ihr Vater dieses Leben hätte wählen sollen. Doch der König hatte ihn in die vorderste Front des Kampfes gezwungen, und es war der Kampf des Königs. Ihr Vater gebrauchte Worte, die der König benutzen würde. Wäre er ein anderer Mensch, dann hätte sie glauben müssen, daß er es tue, um den König für sich einzunehmen.

„In diesen Angelegenheiten ist eine Änderung vor sich gegangen, Meg“, sagte er. „Erasmus und ich versuchten, recht zu machen, was unrecht war. Dieser Mönch aber will die Kirche zerstören und an ihrer Stelle eine andere errichten, die auf Ketzerei gegründet ist.“

„Aber diese Worte, die du über ihn geschrieben hast ... Ich ... ich kann nicht glauben, daß du es bist, der sie geschrieben hat.“

„Ich habe sie geschrieben, Meg. Du brauchst nicht daran zu zweifeln. Wie ich es sehe, haben wir ein größeres Übel in denen zu bekämpfen, die die Kirche *vernichten* möchten, als damals, wo wir nur gegen solche kämpften, die sie mißbrauchten. Meg, die Kirche steht noch ... die heilige katholische Kirche. Sie zu vernichten würde Greuel in die Welt bringen. Das Böse würde seine Fesseln sprengen. Um jeden Preis muß die Kirche erhalten bleiben. O ja, laß uns das Böse aus den Klöstern vertreiben, laß uns eine strengere Regel für unsere Priester bekommen, wenn es sein muß ... doch diejenigen, die die Kirche zu vernichten suchen, müssen selbst vernichtet werden, denn wenn wir ihnen erlauben, die Kirche zu vernichten, dann herrscht das Böse.“

„Aber dieser Mönch, Vater ... kann man ihn wirklich einen Heiden nennen?“

„Ich kann es, Meg, und ich tue es.“

„Aber er behauptet, ein Mann Gottes zu sein. Es ist nicht Gott, den er verunglimpft, es ist die Kirche von Rom.“

„Aber die Kirche von Rom ist die Kirche unserer Väter. Das weißt du selbst, Meg.“

Sie sah ihn an und dachte: Zum erstenmal in meinem Leben zweifle ich an seiner Klugheit. Ich habe diesen Grimm in ihm noch nie bemerkt. Ich habe nie erlebt, daß er solchen Zorn zeigt wie jetzt diesen Ketzern gegenüber.

„Vater“, sagte sie beunruhigt, „der König hat erklärt, daß dieser Heide – womit er Luther meint –, wenn er nicht widerruft, bei lebendigem Leibe verbrannt werden soll. Bei lebendigem Leibe verbrannt, Vater! *Du* kannst doch nicht meinen, daß man so etwas tun sollte! Du hast früher immer gesagt, wir sollten zu anderen gütig sein und sie behandeln, wie wir selbst behandelt werden möchten.“

„Meg, wenn deine rechte Hand böse wäre, wenn sie von einem Gift angefressen wäre, das den ganzen übrigen Körper infizieren würde, würdest du sie dann nicht abschneiden?“

Sie schwieg, doch er forderte eine Antwort. „Ja, Vater.“

„Nun also. Das Leiden des Körpers ist ein Nichts gegen die ewige Verdammung der Seele. Wenn wir, indem wir das Feuer zu Füßen dieses Mönches Luther anzünden, seine Seele wieder zu Gott bringen könnten, wäre es dann nicht gut, ihn bei lebendigem Leibe zu verbrennen?“

„Ich weiß es nicht.“

„Meg, es ist eine ruhmreiche Sache, das Fleisch abzutöten, den Schmerzen gegenüber gleichgültig zu werden. Was dem Leib geschieht, kann nicht von großer Bedeutung sein. Und was kann es denen, die Gott leugnen und deshalb die ewige Verdammung erleiden, ausmachen, wenige Minuten im Feuer zu dulden?“

Margaret bedeckte das Gesicht mit den Händen. Ich habe einen Teil von ihm verloren, dachte sie.

Er zog ihr die Hände vom Gesicht und lächelte ihr zu. All seine Sanftheit war wieder in seinen Augen.

Sie sah, daß er müde war, daß es ihn danach verlangte, dem Leben am Hof zu entfliehen, sich in die Ruhe und den Frieden des Familienlebens zurückzuziehen.

Es war eine seltsame Entdeckung, daß sie nicht völlig mit ihm übereinstimmte. Doch wie liebte sie ihn! Jetzt, da sie glaubte, sie habe eine gewisse Schwäche in ihm erkannt, sogar noch mehr als früher, wo sie ihn wegen seiner Stärke geliebt hatte.

Sie wünschte fast, er hätte sie nicht so gründlich gebildet, er hätte ihren Geist nicht so sehr zur Logik erzogen. Sie wünschte, sie könnte ihn weiter als vollkommen ansehen.

Er sehnte sich danach, das alte Verhältnis mit ihr wiederzufinden. Er wollte lachen und heiter sein.

„Nun hast du mit mir geredet, Margaret", sagte er. „Du hast mich mit vielen Fragen geprüft, und du siehst mich spöttisch an und wendest in deinem Geist hin und her, was ich gesagt habe, und du zweifelst an der Klugheit meiner Worte. Gut und schön, meine Meg. Darüber wollen wir später sprechen. Jetzt habe ich dir etwas zu sagen. Kannst du raten, was es ist?"

„Nein, Vater."

„Nun, es ist etwas über Will."

„Will Roper?"

„Wen sonst? Magst du ihn nicht ein wenig, Meg?"

Sie wurde rot, und er lächelte darüber. „Ich mag ihn, Vater."

„Er liebt dich innig. Er hat es mir gesagt."

„Mir wäre es lieber, wenn er dich nicht mit diesen törichten Gefühlen belastete."

„Ist es töricht, dich zu lieben? Dann muß ich der törichtste Mensch der Welt sein, Meg."

„Mit uns ist es etwas anderes. Du bist mein Vater, und es ist nur natürlich, daß du und ich uns lieben."

„Es ist auch natürlich, daß Will es tut. Er ist gut. Ich mag ihn gern. Ich mag ihn sehr gern. Es gibt keinen Menschen, den ich lieber als deinen Ehemann sähe, Meg. Denn wenn er vielleicht auch nicht so reich oder so ansehnlich sein mag wie unser fröhlicher junger Allington, wenn er auch nicht eines Tages eine Lady oder Herzogin aus dir machen wird ... er ist deshalb um nichts schlechter."

„Glaubst, ich möchte einmal eine Lady oder Herzogin sein, Vater? Ich bin nicht wie deine Ehefrau, die so stolz darauf ist, Lady More zu heißen."

Er lachte. „Laß ihr das Vergnügen, Meg! Es sind kleine Dinge, und wir verstehen, daß sie sie genießt, nicht wahr? Aber zurück zu Will: du hast ihn gern, das weiß ich."

„Wie die anderen. Für mich ist er nicht mehr als ... irgendeiner von ihnen."

„Aber, Meg, er ist angenehm und klug ... ein liebenswürdiger Junge. Was erwartest du von einem Mann?"

„Mir scheint er viel zu jung."

„Er ist sieben Jahre älter als du."

„Trotzdem erscheint er mir jung. Es fehlt ihm an Ernst. Er ist kein großer Gelehrter. Wenn er etwas wie *Utopia* geschrieben hätte... etwas, was seine Ideale zeigt und... Ach, du hast uns hohe Maßstäbe gesetzt, Vater. Deine Tochter mißt alle Männer an dir. Und das bedeutet, daß sie an allen Mängel findet."

Er lachte über diese Worte, doch es gelang ihm nicht, sein Vergnügen darüber zu verhehlen.

Nun war er wieder er selbst, voller Lachen, und genoß jeden Augenblick. An diesem Abend wollten sie zusammensein ... alle. Sie wollten sich lateinisch unterhalten, wie sie es gewohnt waren. Und Alice würde sie ausschelten, aber nur milde. Ihr neuer Titel war eine schillernde Seifenblase für sie. Alle lächelten, sobald sie ihr Gesicht sahen, wenn die Dienstboten sie „meine Lady" titulierten.

Es war gut, den Vater wieder im Haus zu haben, seinen Grimm auf die Ketzer zu vergessen, zu singen und froh zu sein wie in alten Tagen.

Vielleicht ist immer etwas Gutes in dem, was schlecht zu sein scheint, dachte Margaret. Sie wünschte sich die Tage zurück, wo ihr Vater einfacher Anwalt und Unter-Sheriff der City gewesen war. Die erinnerte sich mit zärtlicher Wehmut der Spaziergänge durch die Stadt. Doch nicht allen Mitgliedern der Familie ging es so wie ihr.

Ailie kam strahlend vor Glück in das Schulzimmer, wo Margaret mit ihren Büchern saß.

Wie reizend sie ist! dachte Margaret. So schön war sie früher, als wir noch bescheidener lebten, nicht.

Ailie zog das Netz herunter, das ihr goldenes Haar umschloß. Das Haar fiel ihr über die Schultern und bis zu den Hüften.

„Eine Neuigkeit, Meg! Ich werde heiraten. Lady Allington! Was hältst du davon?"

„Giles wird also dein Ehemann?"

„Ich bin die erste in unserer Familie, die einen gefunden hat."

„Das überrascht uns eigentlich nicht."

„Ehrlich gesagt, Meg, mich auch nicht. Giles sagt, wie gut, daß Vater dieses Buch mit dem König geschrieben hat und dadurch eine bedeutende Persönlichkeit am Hof geworden ist. Sein Vater konnte die Erlaubnis zu einer Verbindung mit der

Stieftochter von Sir Thomas More nicht verweigern. Ach, Meg, es ist eine wunderbare Sache... welch große Ereignisse werden von solch kleinen Dingen ausgelöst? Ein Buch ist geschrieben worden, und *ich* werde Lady Allington!"

Margaret lachte. Ailie hatte etwas an sich, was sie ebenso belustigte wie ihren Vater. Vielleicht war Ailie selbstsüchtig, weil sie sich als Mittelpunkt der Welt sah, aber es war eine reizende kleine Welt, und Ailie selber war so hübsch und angenehm auf ihre Weise, daß es unmöglich war, sie nicht zu lieben.

„Dann wirst du uns ja verlassen, Ailie, denn Giles wird nicht hier wohnen."

„Er wird sich natürlich um seine Güter kümmern müssen. Aber sei überzeugt, ich werde dafür sorgen, daß ich meiner lieben Familie viele Besuche abstatten darf."

„Dann zweifle ich nicht, daß es auch viele Besuche werden, denn ich glaube, daß du deinen Willen als Lady Allington ebenso durchsetzen wirst, wie als Alice Middleton."

„Also härm dich nicht, liebste Meg. Wir werden oft zusammen sein. Ich werde euch Nachrichten aus der großen Welt bringen. Ich werde euch erzählen, was die Damen tragen und welche neuen Tänze getanzt werden... und all die Hofdinge, die Vater nie bemerkt. Meg, als nächste bist du an der Reihe... du oder Mercy. Ich überlege dauernd, wer von euch wohl als erste einen Mann findet."

Margaret wandte sich ab, doch Ailie sah sie listig an.

„Da ist Master Clement, der so häufig herkommt. Hast du bemerkt, daß er zuerst immer nach Mercy Ausschau hält? Es würde mich nicht überraschen, wenn uns unsere ernste Mercy eines Tages erzählte, daß sie bald Mistress Clement sein werde."

„Mercy ist viel zu sehr an ihren Studien interessiert, um an etwas anderes zu denken."

Ailie lachte. „Mercy ist an ihren Studien *und* an John Clement interessiert. Ständig sitzen sie da, die Köpfe zusammengesteckt, und reden von nichts anderem als von Arzneien und Krankheiten. Manchmal glaube ich, ich muß vor Lachen sterben. Ehrlich, Meg. Ich habe neulich erst zu Giles gesagt: ‚Du redest von meiner Schönheit, von meinen Reizen... und das ist die bei weitem beste Art der Werbung. Aber wie ich entdeckt habe, gibt es auch andere Wege, denn ich lebe in einem seltsamen Haushalt. Manche

Liebespaare tauschen Rezepte aus und reden von den inneren Organen der Kranken statt von den Wimpern der Geliebten.'"

„Ailie, hör auf mit diesem frivolen Geschwätz!"

„Aber warum denn! Weißt du, es ist merkwürdig, Meg, wenn ein Mädchen einen Ehemann gefunden hat, ist sie nur noch darauf aus, daß es all ihren Freundinnen ebenso ergeht. Wie ernst, wie gelehrt sie auch sein mögen, ich wünsche ihnen, daß sie heiraten, wie ich es tue." Ailie tanzte ein paar würdevolle Takte mit einem imaginären Partner, warf das Haar zurück und lächelte kokett in das Gesicht, das sie in ihrer Phantasie sah. „Dies ist der neueste Tanz bei Hofe, Meg. Giles hat ihn mir beigebracht. Oh, wie ich darauf brenne, bei Hof zu sein, in den großen Hallen zu tanzen, während die Spielleute des Königs auf der Galerie musizieren. Ich werde kostbare Gewänder haben, Meg, und Juwelen ... ich werde das glücklichste Mädchen auf der ganzen Welt sein ... und alles, weil Vater die Achtung des Königs gewonnen hat. Denn, Meg, wenn das nicht geschehen wäre, glaube ich nicht, daß Giles' Vater seine Zustimmung zur Heirat so bereitwillig gegeben hätte."

„Du denkst an nichts anderes als an dich selbst, Ailie. Vielleicht würde Vater viel lieber wieder zu Haus sein – wie früher?"

„Wie könnte er das lieber wollen! Giles sagt, daß der König ihn ebenso gern mag wie Master Wolsey ... vielleicht sogar mehr ... denn während der Kardinal große Anstrengungen unternimmt, um dem König zu gefallen, tut Vater es, ohne sich darum zu bemühen, und während der Kardinal dem König schmeicheln muß, braucht Vater nur er selbst zu sein. Nein, wir kommen voran, Meg. Immer weiter hinauf. Vater wird noch mehr geehrt werden, und viele werden bereit – nein, geradezu erpicht darauf – sein, seine Töchter zu heiraten. Aber ich wette, manche von seinen Töchtern schauen nicht weiter als auf die eigenen vier Wände."

Ailie sah Margaret listig an, doch Margaret sagte nur: „Genug davon! Bist du nicht diese Woche mit der Hauswirtschaft an der Reihe und hast dort deine Pflichten zu erfüllen?"

„Keine Sorge, Meg, Lady More wird nicht allzuhart mit der künftigen Lady Allington verfahren. Eins muß ich dir noch sagen, Meg. Ich bin fest überzeugt, daß Will Roper ein angenehmer Bursche ist, aber da wir jetzt so emporsteigen, überstürze nichts!"

„Ich verstehe dich nicht."

„Ach? Bist du plötzlich eine Närrin geworden? Du ... die gescheiteste der Töchter unseres Vaters? Hör mich an, Margaret. Wenn du Will Roper auch nicht nachschaust, er sieht dir gewiß nach."

Margaret packte die Bücher zusammen und stellte sie ins Regal. Ihre Wangen brannten.

„Du irrst dich, Ailie", sagte sie, „wenn du meinst, daß alle deinen Wunsch zu heiraten teilen."

Darüber mußte Ailie lachen, und sie lachte immer noch, als Margaret sehr würdevoll aus dem Zimmer ging.

Nun mußte sie ständig an Will Roper denken. Wenn sie bei den Mahlzeiten die Augen hob, sah sie unabänderlich Wills Blick auf sich gerichtet. Während sie studierte, fand sie immer wieder, daß sich ihre Gedanken mit Will beschäftigten.

Es war verwirrend.

Dann bemerkte sie eine Veränderung an Will Roper. Wenn sie nun aufblickte, stellte sie häufig fest, daß er ins Leere starrte, und wenn sie plötzlich seinen Blick fing, fuhr er zusammen und lächelte ihr zu. Und dann wußte sie, daß seine Gedanken mit Dingen beschäftigt waren, die sie nicht betrafen.

Er verbrachte lange Zeiten allein und schien Genügen an der eigenen Gesellschaft zu finden.

Er hat es sich anders überlegt, dachte Margaret. Er will mich nun doch nicht mehr heiraten. Ob er eine andere gefunden hat?

Sie war überrascht von ihren Gefühlen. Konnte es sein, daß sie, die die Ehe mit Will ja nicht wünschte, dennoch wollte, daß er keine andere heiratete? Sie dachte darüber nach, wie es im Haus sein würde, wenn er es verließ. Ihr Vater war so häufig nicht da. Wie würde es sein, wenn Will nicht mehr da war?

Ihr Vater... und Will! Sie hatte sich angewöhnt, sie beide ständig in Verbindung miteinander zu bringen. Sie wurde sich klar darüber, wie sie sich immer gefreut hatte, wenn ihr Vater gut von ihm sprach.

Als sie eines Tages allein im Schulzimmer war, kam Will herein. Er hatte ein Buch unter dem Arm. Sie glaubte, es sei ein juristisches Buch, bis sie sah, daß es das griechische Testament des Erasmus war.

„Oh, Margaret, ich bin froh, Euch allein zu finden", sagte er. „Ich möchte mit Euch sprechen. Nein, seid nicht beunruhigt ... nicht über Heirat. Es ist eine andere Sache, die mir große Sorgen macht."

„Bitte, erzählt mir, was Euch bedrückt, Will. Ich habe gemerkt, daß Euch in letzter Zeit etwas bekümmert."

„Ich weiß nicht, wie Ihr es aufnehmen werdet, Margaret. Ich habe dieses Neue Testament gelesen, und ich habe über das, was ich gelesen habe, nachgegrübelt. Ich habe auch *Die babylonische Gefangenschaft der Kirche* gelesen, und ich bin zu folgendem Schluß gekommen, Meg: Es gibt keine andere Wahrheit als die, die aus Deutschland kommt."

„*Will!*"

„Ich weiß. Ihr seid beunruhigt. Ihr werdet mich jetzt verabscheuen. Euer Vater hat seine Ansichten klar und deutlich ausgesprochen ... Und Eure Ansichten sind in dieser Angelegenheit ganz bestimmt die seinen. Ich mußte es Euch sagen. Ich glaube nicht, daß Martin Luther ein schlechter Mensch ist. Ich glaube, er ist ehrlich und gottesfürchtig. Ich glaube, er sucht ein besseres Leben für die Welt, und ich glaube, Margaret, daß er – und er allein – die Wahrheit gefunden hat."

Margaret starrte ihn an. Seine Augen leuchteten, und seine Wangen waren gerötet. Er sah völlig anders aus als der sanfte Jurastudent, den sie seit drei Jahren kannte. Er wirkte entschlossen und nobel.

Sie dachte: Er weiß, daß dieses Geständnis für ihn bedeuten kann, daß er aus dem Haus gewiesen wird, und dennoch legt er es ab. Er weiß, daß es Vater gegen ihn einnehmen kann, und dennoch legt er es ab. Er weiß, daß Vater einer der hellsten Sterne am Hof ist, und er weiß, daß Ketzer in unserem Land bestraft werden. Dennoch kommt er zu mir und sagt, er will Lutheraner werden.

O Will, dachte sie, du Narr ... du *Narr!*

Doch sie war bewegt über seinen Mut, wenn er auch von falschem Denken inspiriert war. Daß es so sein mußte, gab ihr die Treue zu ihrem Vater ein.

Sie wiederholte im Geist die Argumente ihres Vaters, um ihre Gedanken daran zu hindern, eine Richtung zu nehmen, von der sie nicht wußte, wohin sie führte.

„Der Mann versucht, die Kirche zu spalten."

„Und wie war es mit Erasmus? Wie mit Eurem Vater in den Tagen, als sie das *Lob der Narrheit* und *Utopia* schrieben?"

Sie entgegnete: „Sie haben gewisse Übel in der Kirche angeprangert. Sie wollten, daß diese Dinge beseitigt wurden. Dieser Mann Luther jedoch bietet dem Papst und der ganzen Kirche Trotz. Er möchte statt dessen eine neue Kirche errichten."

„Aber, Meg, wenn das nun die wahre Kirche wäre ... ist es nicht gut, sie anstelle der falschen zu errichten?"

„Würdet Ihr also den Glauben Eurer Väter verleugnen?"

„Ich möchte eine einfachere Weise des Gottesdienstes. Ich möchte die Heilige Schrift sorgfältiger prüfen. Ich möchte nicht sagen: ‚Meine Väter dachten dies, deshalb muß ich es auch denken.' Ich habe viel über Martin Luther nachgedacht, Meg. Könnt *Ihr* leugnen, daß er ein großer Mann ist? Stellt ihn Euch doch vor – den Sohn armer Eltern, in früher Jugend in die Welt hinausgeworfen, um sein Brot bettelnd und studierend ... ständig studierend. Meg, er erinnert mich an Euern Vater, denn wie er studierte er die Rechte, und wie er ging er in ein Kloster. Und als er dort war, fand er viel Übles und entschloß sich, es mit all seiner Kraft zu bekämpfen. Margaret, denkt doch nach! Dieser Ablaß, über den er herzieht – ist der etwa gut? Ich frage Euch: Können Menschen für Geld die Vergebung des Himmels kaufen? Stellt ihn Euch an jenem Oktobertag in Wittenberg vor ... wie er kühn zur Kirchtür ging und seine Thesen dort annagelte. Er kannte die Gefahr, in der er sich befand. Er wußte, daß die ganze katholische Welt gegen ihn war. Aber er machte sich nichts daraus, Meg, weil er wußte, daß das, was er tat, richtig war. Er ist ein großer Mann, ein Genie, und er ist ein *guter* Mensch, dessen Lehre ich folgen möchte."

Margaret war tief bewegt. In dem, was Will sagte, steckte viel Wahres. Kaum je in ihrem Leben war sie so bekümmert, als wenn durch ganz Europa Schimpfworte gegen diesen deutschen Mönch geschleudert wurden – und von ihrem eigenen Vater im Namen des Königs. Wie schrecklich war es, wenn zwei gute Menschen, weil sie in gewissen Punkten nicht der gleichen Ansicht sein konnten, Höflichkeit und gutes Benehmen vergaßen und sich gegenseitig Schmähungen zuriefen!

Sie sagte ernst: „Ich weiß nicht, was Vater tun wird, wenn er hiervon hört."

„Ich auch nicht, Meg."

„Er wird gewiß einem Ketzer kein Obdach geben wollen."

„Ich weiß. Aber, Margaret, ich liebe Euch. Deshalb durfte ich nicht länger schweigen. Ich konnte Euch gegenüber nicht unehrlich sein. Aber ich kann meine Gedanken auch nicht anders lenken. Ich hoffe, daß Ihr mich versteht. Sprecht mit mir, Margaret! Sagt, daß Ihr versuchen wollt, zu verstehen, wie ich gegen diese Gedanken angekämpft habe."

„Ihr ... Ihr solltet nicht gegen sie ankämpfen. Alle Gedanken sollten geprüft werden."

„Margaret ... Ihr ... Ihr werdet es Euerm Vater nun erzählen, ich weiß es. Dann werde ich hier fortgehen. Das ist etwas, was ich nicht ertragen kann ..."

Er hatte sich ihr zugewandt, doch sie lief aus dem Schulzimmer hinaus.

Wie froh sie war, daß sich jetzt am Tag niemand im Schlafzimmer aufhielt! Sie legte sich auf das Bett, das sie mit Cecily teilte, und zog die Vorhänge zu ... Sie schloß das Haus aus ... sie schloß alles aus bis auf ihre Gedanken.

Will ... ein Ketzer! Und ihr Vater verabscheute Ketzer! Sie hatten ihm einen Grimm eingeflößt, einen Haß, dessen sie ihn nie für fähig gehalten hätte.

Dies war entsetzlich ... es hätte nichts Entsetzlicheres geschehen können. Diese beiden standen nun gegeneinander.

Sie erinnerte sich der Veränderung in ihrem Vater, seines Grimms gegen die Ketzer, seines absoluten Glaubens an die Kirche von Rom.

Er befindet sich im Irrtum, wenn er so sicher ist, dachte sie. Und Will hat unrecht, wenn er so sicher ist, daß Luther recht hat. Weshalb dieser Haß zwischen Menschen? Warum können sie Gott nicht einfach lieben – ohne Dogmen, über die es zu Auseinandersetzungen kommt?

Jesus hatte den Menschen befohlen, sich gegenseitig zu lieben. Doch wie konnten sie dieses Gebot befolgen, wenn sie sich mit solcher Wildheit stritten und statt Liebe Haß säten?

Die Liebe mußte die beherrschende Leidenschaft der Welt werden. Wenn ihr Vater der Lehre Jesu Christi folgen wollte, durfte er Martin Luther nicht hassen, weil sich dessen Ansichten von den seinen unterschieden. Ebensowenig durfte Luther ihren Vater und den König aus ähnlichen Gründen hassen.

Warum konnten sie nicht sagen: „Ihr glaubt dies, und ich glaube das. Aber wir wollen in Frieden unserer Wege gehen. Laßt uns über diese Dinge nachdenken, und wenn wir dabei vielleicht die Wahrheit finden, dann ist das eine große und ruhmreiche Sache, die wir der Welt zeigen können. Und diese Wahrheit wollen wir dann mit Liebe, nicht mit Haß beleuchten, damit alle sie sehen können."

Sie setzte sich im Bett auf und legte die Hände auf die brennenden Wangen. Sie, Margaret, mußte sich selbst ebenso deutlich sehen, wie sie die anderen sah. Ihr Verstand mußte ihr Herz prüfen. Sie stand zwischen zwei Männern – Will Roper und ihrem Vater –, und nun war sie bereit zuzugeben, daß es die beiden Männer waren, die sie am meisten auf der Welt liebte. Sie liebte beide so sehr, daß sie es nicht ertragen konnte, ohne einen von beiden zu sein. Zwischen diese beide war eine Sache getreten, über die sie sich auseinandersetzen würden. Dieser drohende Streit war wie ein Drache, dessen Nüstern das Feuer des Hasses sprühten.

Sie mußte diesen Haß in Liebe verwandeln. Sie wußte plötzlich, daß sie bereit war, sich sogar einer Lüge zu bedienen, falls es notwendig sein sollte, um dieses Ziel zu erreichen.

Margaret More blickte in ihren Geist und entdeckte, daß es am wichtigsten auf der Welt für sie war, ihren Vater und Will Roper weiter in Freundschaft miteinander verbunden zu sehen, und daß sie alle zusammenblieben, um glücklich miteinander zu sein. Wer hatte recht – der Papst oder Martin Luther? Sie wußte es nicht, und sie begriff tief erschüttert, daß sie glaubte, keiner von beiden habe völlig recht oder völlig unrecht. Jedenfalls zweifelte sie daran, ob sie bereit sein würde, Partei zu ergreifen, wenn es darum ging, wer von beiden recht und wer unrecht hatte.

Sie wollte in Harmonie mit den Männern leben, die sie liebte.

Nun, da sie sich selbst klargeworden war, konnte sie nicht mehr Unwissen heucheln.

Sie stand auf und machte sich auf die Suche nach Will.

Er stand noch im Schulzimmer, wo sie ihn verlassen hatte. Trostlos starrte er aus dem Fenster. Wenn er ein Mann war, der die Wahrheit gefunden hatte, dann sah er doch aus, als ob er bei der Suche alles andere verloren hätte, was ihm etwas bedeutete.

Er fuhr herum, als sie eintrat. „Margaret!"

Sie trat zu ihm und lächelte zu ihm auf. Dann legte er die Arme um sie.

„Margaret ... liebste Margaret ... Dann hast du mich doch geliebt?"

„Ich weiß nicht, ob ich dich geliebt habe oder nicht", erwiderte sie. „Ich weiß nur, daß ich dich liebe."

„Margaret ... jetzt?"

„Ja, jetzt!" sagte sie nachdrücklich. „Denn wenn unsere Gedanken kommen, müssen sie, wie du sagst, geprüft werden. Will, vor einiger Zeit hast du mich gefragt, ob ich dich heiraten will. Jetzt antworte ich dir: Ich will."

„Aber dein Vater, Margaret!"

„Er hat gesagt, er freut sich."

Er küßte sie, und sie dachte: Wie seltsam das ist: Ich bin nicht mehr Margaret More, die ernste kleine Gelehrte. Ich mache mir nichts mehr aus den Argumenten in den Büchern. Ich mache mir nur noch etwas daraus, daß Will mich liebt und daß ich den Rest meines Lebens mit ihm und Vater zusammen leben kann.

„Du lachst, Meg. Du bist ganz verändert."

„Ich bin glücklich", sagte sie. „Ich sehe ein, daß der Grund dafür der ist, daß ich liebe. Gefalle ich dir so nicht?" Jetzt schien sie genauso kokett wie Ailie.

„Meg, ich liebe dich jetzt und immer. Aber ich habe das Gefühl, daß das in Wirklichkeit gar nicht sein kann und daß ich im nächsten Augenblick aufwache."

„Es ist Wirklichkeit. So wirklich, wie unser Leben sein soll."

Er zog sie auf den Fenstersitz und legte den Arm um sie.

Wir werden zusammen hier leben, sagte sie zu sich. Das Leben ist gut. Es muß so sein. Ich werde es so machen.

„Meg ... wie glücklich ich bin! Ich habe nie geglaubt ... Du schienest so fern ... viel zu klug für mich ... und jetzt ... nachdem ich die Hoffnung schon aufgegeben hatte ..."

„Man darf die Hoffnung niemals aufgeben, Will! Niemals."

„Wie du lachst, Meg! Ich habe dich noch nie so lachen hören."

„Es ist das Lachen des Glücks, Will. Das ist die beste Art des Lachens. Nicht aus Spott über das Unglück anderer ... nicht aus Erleichterung, weil man den Eindruck hat, dieses Unglück kann einen selbst nicht treffen ... sondern zu lachen, weil man glücklich ist ... glücklich, weil man findet, daß das Leben gut ist."

„Wann hast du dich entschlossen, mich zu heiraten?"

„Ich glaube, das muß schon vor langer Zeit gewesen sein, aber gewußt habe ich es erst, als du eben mit mir gesprochen hast. Da wußte ich, daß ich dich liebe."

„Als ich dir erzählt habe... als ich *gebeichtet* habe?"

„Da habe ich dich richtig gesehen, Will, in deiner festen Überzeugung, daß du recht hast..."

„Dann bist du der gleichen Ansicht wie ich?"

„Ich? Ich weiß nur, daß ich liebe. Manchmal denke ich, vorher habe ich noch nie geliebt. Gewiß, ich habe Vater geliebt und wollte gescheit sein, um ihm zu gefallen. Weißt du, das war die Liebe zu Vater, nicht die Liebe zur Gelehrsamkeit. Und nun weiß ich, daß ich dich auch liebe. So habe ich zwei Menschen, die ich liebe, und ich liebe euch beide so sehr, daß kaum noch Platz für etwas anderes in meinem Leben zu sein scheint."

„Margaret! Ist dies denn wirklich Margaret?"

„Ja, es ist dieselbe Margaret. Sie war schon immer da, nehme ich an, aber sie hatte sich hinter der ernsten Gelehrten versteckt. Sie kannte sich selber nicht. Sie sah sich so, wie die anderen sie sahen. Nun hat sie sich endlich so gesehen, wie sie ist."

Sie sprachen über die Hochzeit, und er sagte: „Was wird dein Vater sagen? Wird er jetzt zustimmen?"

Sie schwieg, über sich selbst verwundert, überrascht, daß sie, die nie daran gedacht hatte, ihren Vater zu täuschen, jetzt daran denken konnte, ihn zu täuschen.

Doch sie war eine Frau geworden, deren Denken von der Liebe bestimmt wurde. Es kam nur auf eines an: daß in ihrem Haus gutes Einvernehmen herrschte, daß sie, die Frau, ihr Heim zusammenhielt und damit Frieden und Liebe zwischen denen schuf, die sie mehr als das eigene Leben liebte.

Deshalb war sie bereit zu Kompromissen.

Sie sagte sich: Es ist nicht nötig, Vater etwas davon zu sagen. Er hat genug andere Dinge, über die er sich den Kopf zerbrechen muß. Er soll sich nicht auch noch über Wills Angelegenheiten Sorgen machen. Außerdem könnte Will ja entdecken, daß er die Wahrheit doch noch nicht gefunden hat. Wer weiß, vielleicht kommt er bald zu dem Schluß, daß die Lehren dieses Mannes Luther doch nicht die Wahrheit sind. Dann haben wir all die Stürme umsonst erlitten. Ich kann weder Will noch Vater verlieren. Deshalb müssen sich die beiden, die ich liebe, auch lieben. Heute wollen wir an die Liebe denken. Und wir wollen hoffen, daß es morgen nicht mehr notwendig ist, an etwas anderes als die Liebe zu denken.

Deshalb sagte sie jetzt zu Will: „Vater ist so selten zu Haus. Es wäre bedauerlich, ihm mit deinen Zweifeln und Neigungen Sorgen zu machen. Außerdem ändern sich die Gedanken der Menschen. Vielleicht wird er sich ändern ... oder du. Laß uns diese Angelegenheit einstweilen geheimhalten. Du und ich wollen uns darüber unterhalten, wenn wir allein sind ... und nur dann ..."

Und sie lächelte ihn an und überlegte, ob es ihr gelingen würde, seine Gedanken nach der Denkweise ihres Vaters zu formen – oder die ihres Vaters nach der seinen.

Zärtlich dachte sie: Sie sind halsstarrig, alle beide. Sie sind tapfer und werden niemals etwas akzeptieren als das, was sie für die Wahrheit halten.

Aber sie wollte warten.

Inzwischen hatte sie die Liebe entdeckt, und sie hatte beschlossen, daß vorläufig nichts diese Liebe stören solle.

IV

Margaret heiratete im Juli dieses Jahres. Will lebte weiter im Haus, und niemand war glücklicher über die Heirat der Tochter als Thomas. Er sah seinen neuen Schwiegersohn, von dessen neuen religiösen Ansichten er nichts wußte, als einen ernsthaften jungen Mann, der in seinem Beruf vorankommen würde. Er würde ein liebender Ehemann, ein hingebungsvoller Vater sein. Er würde nicht den Wunsch haben, an den Hof zu gehen, sondern zufrieden sein, im Schoß der Familie leben zu können. Seine geliebte Tochter war verheiratet, aber sie war ihm nicht verloren.

Auch Ailie war verheiratet, doch sie hatte das Haus verlassen, um im Luxus der Herrenhäuser oder des Londoner Stadthauses ihres Gatten zu leben.

Der Stern der Familie stieg stetig.

Ailie kam häufig zu Besuch. Wenn sie sich in London aufhielt, ging sie bei ihnen aus und ein. Sie hatte entdeckt, daß ihr der Familienkreis in Bucklersbury, sosehr es sie auch nach Lustbarkeiten und Erregungen verlangte, mehr bedeutete, als sie früher geglaubt hatte. Sie gestand den Mädchen: „Ich werde richtig gefühlvoll, wenn es um das Zuhause geht... und wenn ich ‚Zuhause' sage, dann meine ich dieses Haus hier. Nirgendwo sonst fühle ich mich so sehr zu Haus."

Sie war nicht unzufrieden mit ihrer Ehe. Ihr Giles betete sie an. Er war bereit, ihr jeden launischen Wunsch zu erfüllen, und es gab nichts, was Ailie mehr gefiel, als wenn ihre launischen Wünsche erfüllt wurden. Dennoch sprach sie manchmal davon, wie sie früher im Winter um den Kamin oder im Sommer im Freien gesessen und über ihre Träume geredet hätten, wie sie Geschichten erfunden oder Lieder gesungen hätten. Und dann klang Sehnsucht in ihrer Stimme.

Sie hatte Freude an ihren schönen Juwelen. Sie genoß es, den Schmuck zur Schau zu stellen, wenn sie nach Haus kam, und versuchte, den Neid der Mädchen zu erregen. Doch wenn sie dann wieder ging, schien es oft genug, als ob sie es wäre, die Grund zu ein wenig Neid hatte.

Von der Großartigkeit der Güter ihres Schwiegervaters wußte sie viel zu erzählen. Sie war auch schon am Hof gewesen und hatte sogar mit dem König gesprochen. „So fröhlich ... so brennend interessiert an den Bällen und Maskenspielen." Und die Königin? Ailie zog immer eine leise Grimasse, wenn sie von der Königin sprach. „Sie ist alt ... und so ernst. Älter als Seine Gnaden, und mir scheint, daß ihn das mit einigem Unbehagen erfüllt. Gewiß, da ist sein Sohn Henry Fitzroy als Beweis dafür, daß er der Königin nicht treu gewesen ist und daß er Söhne zeugen kann ... Und nun ist er völlig von Mary Boleyn bezaubert."

Cecily genoß es, solche Geschichten zu hören.

Sie drängte Ailie immer wieder weiterzuerzählen und bearbeitete sie mit wißbegierigen Fragen. „Und wie sieht dieses Mädchen aus? Ist sie sehr schön?"

„Das würde ich nicht sagen. Aber sie hat etwas ... etwas, was die Männer mögen. Sie ist drall und schäumt über von Heiterkeit und Temperament. Und der König liebt sie schon lange, nun ja, nach seinen Maßstäben natürlich." Ailie unterdrückte ein Lachen, ehe sie fortfuhr: „Wir dürfen Margaret solche Geschichten gar nicht hören lassen. Die liebe Margaret. Sie möchte so gern glauben, daß alle Menschen genauso rein und edel sind wie sie selbst. Und der König, meine liebe Cecily, hat Mary Boleyns Vater mit Titeln und Ehren überhäuft. Er ist Verwalter von Tonbridge, Aufseher des Herrenhauses Penshurst ... und was weiß ich noch alles. Und George ... ihr Bruder ... wird auch nicht vergessen. George ist sehr anziehend. Oh, er sieht ausgezeichnet aus! Und die Gedichte, die er schreibt! Und immer gelingt es ihm, die Lustbarkeiten zu einem Erfolg zu machen. Der König mag ihn gern, wie er alle mag, die ihn amüsieren."

„Ebenso, wie er Vater mag?" fragte Cecily.

„Oh, ganz anders! Bei Vater ist er ernst. Vater ist ein Staatsmann und Höfling. George Boleyn ist ein Höfling und Staatsmann."

„Aber Dichter sind sie beide."

„Ich wollte, du könntest ihn sehen, Cecily! Du würdest dich

sofort in ihn verlieben. In George, meine ich. Bestimmt würdest du das tun."

Und Margaret? Auch sie war glücklich, doch ihr Glück war von einem Unbehagen beeinträchtigt. Ständig fürchtete sie, es könne zu Zwietracht zwischen Will und ihrem Vater kommen. Sie las mit Will. Sie wappnete sich mit Argumenten, die sie, falls es notwendig werden sollte, ihrem Vater vorlegen konnte. Doch sie war ebenso bereit, die Argumente ihres Vaters Will vorzulegen.

Und wer hatte recht? Sie, die um Wills und ihres Vaters willen beider Standpunkte studiert hatte, konnte es nicht sagen.

Dann kam ein Tag, an dem Will nicht nach Haus zurückkehrte. Margaret wußte, daß er am Nachmittag ausgegangen war, um einige Freunde zu besuchen. Es waren meist Kaufleute in der City, einige Engländer und auch Deutsche aus den Hansestädten. Es war Wills Gewohnheit, eins der Häuser dieser Kaufleute zu besuchen, in dem sie sich verabredet hatten, um die Lehren Luthers zu lesen und darüber zu diskutieren.

Es wurde zu Abend gegessen, doch Will war noch immer nicht zu Haus.

Auf die Fragen der Familie entgegnete Margaret: „Er hatte etwas in der City zu erledigen. Wahrscheinlich hat ihn das aufgehalten. Ich hätte es mir denken können."

Doch sie hatte Furcht. Bei solchen Gelegenheiten hatte sie immer Furcht, denn sie wußte, daß Ketzerei in England als Verbrechen betrachtet wurde, seit der König „Verteidiger des Glaubens" geworden war.

Sie ging in das Schlafzimmer, das sie mit Will teilte, und saß die ganze Nacht am Fenster. Doch er kam nicht nach Haus.

Thomas trat in das kleine Privatkabinett neben dem prächtigen Ratssaal des Kardinals.

Wolsey sah ernst aus. „Ich mache mir Sorgen um Euern Schwiegersohn", sagte er.

Thomas war erstaunt. Wie konnte sich der Kardinal für den unbedeutenden Will Roper oder für Giles Allington interessieren?

„Um Euern Schwiegersohn Roper", machte Wolsey deutlich. „Er ist mit einigen Ketzern im Haus eines Londoner Kaufmanns festgenommen worden."

„Wie? Will Roper... mit Ketzern!“

„So scheint es. Er erklärt, daß er die Überzeugungen dieser Menschen teilt und daß er, wenn er Gelegenheit dazu hätte, seinen Glauben von der Kanzel verkünden würde.“

„Aber... das kann ich kaum glauben. Ihr... Ihr wißt es genau?“

Wolsey nickte grimmig. „Es ist eine traurige Geschichte. Ein Ketzer... der Schwiegersohn eines Mitglieds des Geheimen Kronrats ein Ketzer! Wir können nicht dulden, daß das bekannt wird, Master More.“

„Mein Herr Kardinal, ich verstehe nicht. Mir scheint es unmöglich, das zu glauben. Wo ist er jetzt?“

„Gewiß wird er in Euerm Haus sein, wohin ich ihn geschickt habe. Seine Freunde werden bestraft... streng bestraft. Doch was Euern Schwiegersohn betrifft... so habe ich ihn nach Haus geschickt und ihm befohlen, in Zukunft vorsichtig zu sein.“

„Ihr meint... daß er der Ketzerei ebenso schuldig ist wie die anderen?“

Wolsey nickte.

„Sollte er dann nicht mit den anderen verurteilt werden, mein Lord?“

Der Kanzler und Kardinal, jener Meister des Nepotismus, dessen illegitime Söhne Ämter innehatten, die sie in ihrem zarten Alter keinesfalls ausüben konnten, lächelte seinem Gehilfen nachsichtig zu.

„Der Schwiegersohn des Unterschatzmeisters! Keinesfalls!“

„So soll er, weil er mein Schwiegersohn ist, ohne Strafe davonkommen, während die anderen leiden müssen?“

„Wir werden diese Angelegenheit vertuschen müssen, Master More. Aber ich bitte Euch, sorgt dafür, daß so etwas nicht noch einmal geschieht...“

Thomas ging im Zimmer hin und her. Will... ein Ketzer! Margarets Ehemann! Und er hatte nichts davon gewußt. Wußte es Margaret?

Ein neues Gefühl war in sein Leben getreten seit seinem literarischen Kampf mit Martin Luther. Er hatte nicht geahnt, daß er eines so wilden Hasses fähig war, wie er ihn gegen diesen Mönch und diese Menschen hegte, die auf ihn hörten. Margaret war ebenso erstaunt gewesen wie er selbst über die Heftigkeit dieses Gefühls. Wie kam er zu dieser Einstellung? Sie hatte recht, als sie ihn daran erinnerte, daß er mit Erasmus erklärt hatte, es gebe Gesetzlosigkeiten in der Kirche, die ausgemerzt werden müßten. Sie hatte recht, ihn daran zu erinnern, daß er sich in einem vollkommenen Staat Meinungsfreiheit vorgestellt hatte. Weshalb hatte er sich also so plötzlich geändert und jene Sanftheit verloren, jenes Verständnis für andere, die seine Ansichten nicht teilten? Glaubte er wirklich, daß Martin Luther, der Mönch, der sein Leben in Gefahr brachte und sich leidenschaftlich für die Reformation der alten Religion einsetzte, ein Schurke sei?

Als er *Utopia* geschrieben hatte, hatte er einen Staat vor sich gesehen, der von weisen Männern regiert wurde. Doch wenn er sich nun die Zukunft vorstellte, war er überzeugt, daß die drastische Veränderung, wie sie Luther verfocht, nichts anderes als Elend und Blutvergießen bedeuten konnte, nichts anderes als die Zerstörung einer Institution, die zwar alles andere als ideal war, ihre Wurzeln aber doch in der Gerechtigkeit vor Gott hatte. Der Mann Luther wollte, wie es schien, die katholische Kirche vernichten und damit all jene, die ebenso entschlossen waren wie er selbst. Dann wollte er an ihren Platz ein anderes Gebäude setzen, noch nicht erprobt und das, daran zweifelte Thomas keinen Augenblick, mit all den Mängeln groß werden würde, die jetzt die katholische Kirche belasteten.

Wie ließ sich dieses Unheil abwenden? Nur dadurch, daß man die Ketzer zertrat, daß man dafür sorgte, daß diese Veränderung nicht stattfinden konnte. Um der vielen willen, die grausam in einem gewaltigen Religionskrieg leiden würden, mußte man die wenigen Neuerer leiden lassen. Sie mußten als Warnung für das Volk bestraft werden. Jene, die mit dem Gedanken spielten, ihnen zu folgen, mußten dazu gebracht werden, daß sie die Folgen fürchteten.

Der Tod einiger weniger war ein geringer Preis für den Tod und die Qualen der vielen, für das Chaos, das, wie er es sah, für die Welt kommen mußte, wenn man die Bewegung duldete und ihr gestattete zu wachsen.

Als Thomas die *Utopia* schrieb, hatte er geglaubt, daß in einem idealen Staat die Freiheit des religiösen Denkens entscheidend wichtig sei. Doch ehe man solche Freiheiten gewähren konnte, mußte der ideale Staat erst einmal dasein.

Er selbst fügte sich täglich körperliche Qualen zu, denn außer dem härenen Hemd, das er ständig trug, hatte er in letzter Zeit begonnen, sich mit Knotenschnüren zu geißeln. In der kleinen Kammer, die ihm als Schlafgemach diente, lag er und benutzte ein Stück Holz als Kopfkissen. Die Martern des Leibes waren, wie er meinte, nichts gegen den Triumph des Geistes. Wenn er glaubte, daß Ketzer bestraft werden müßten, dann mußte er sich selbst bestrafen. Er war überzeugt, daß sich alle Menschen, die erklärten, ihr Leben für eine geistige Sache einzusetzen, ebensowenig aus Foltern des Körpers machten wie er selbst.

Diese Gedanken kamen ihm, wie er meinte, als göttliche Inspiration. Er mußte alles tun, was in seiner Macht stand, um den heiligen katholischen Glauben zu erhalten, der seine Wurzeln in Rom hatte. Aus diesem Grund hatte er all seine Gaben in seiner Schrift gegen Luther eingesetzt. Er betrachtete sich als einen der Männer, die die Führung in diesem Kampf zu übernehmen hatten. Er war kein Erasmus, der, nachdem er den Stein nach dem Glas des orthodoxen Denkens geworfen hatte, davongelaufen war, um nicht von den Splittern verletzt zu werden.

Aber nun war einer von denen, die er bekämpfen sollte, sein eigener Schwiegersohn. Mehr noch, er war der Ehemann der Tochter, die er mehr liebte als alles sonst auf der Erde.

Wolsey betrachtete den Mann mit einiger Belustigung. Sie wuchsen immer weiter auseinander – er und der Unterschatzkanzler. More mißbilligte die Politik des Kanzlers, und er zögerte nicht, das auszusprechen. Ein tapferer Mann, dachte Wolsey, aber irregeleitet. Ein Mann, der es bei seinen Talenten weit bringen könnte, wenn ihm nicht das Gefühl immer wieder im Wege stände. Daran würde er eines Tages zweifellos scheitern, dachte Wolsey, denn in der politischen Arena hat der Mann nur Zeit, seinem Ehrgeiz zu dienen. Und Thomas dachte über Wolsey: ein gescheiter Mann, schlau, klug, begabt, aber er stellt den eigenen Ruhm zu hoch und dient seinem Ehrgeiz mehr als Gott.

Und jetzt grübelt er darüber nach, überlegte der Kardinal, ob dieser Mann Roper verschont werden soll oder nicht, nur weil er einen Schwiegervater in hoher Stellung hat. Zu welchen Torheiten wird der Idealismus diesen Thomas More noch führen?

Wolsey zuckte die Achseln. Er hatte getan, was er einem Freund und Mitglied des Geheimen Kronrats gegenüber für seine Pflicht hielt, und hatte das strafbare Vergehen eines nahen Verwandten dieses Mannes vertuscht. Weiter wollte er mit dieser

Angelegenheit nichts zu schaffen haben. Sein Geist war mit Angelegenheiten beschäftigt, die große Auswirkungen auf Europa haben würden. Papst Leo war krank. Wie lange würde er noch leben? Und wenn der neue Papst unter den Kardinälen gewählt wurde, wer würde dieser Mann sein?

Welch großartiger Aufstieg wäre es von Ipswich nach Rom, vom bescheidenen Hauslehrer zum mächtigen Papst! Ein Papst war ebenso ein Fürst wie ein König, und ein Papst stand auf einer Stufe mit Karl dem Kaiser, König Franz von Frankreich und König Heinrich von England.

Weshalb sollte nicht Kardinal Wolsey der neue Heilige Vater sein?

Thomas schloß sich in das kleine Zimmer ein, in dem er seinen Leib marterte. Er lehnte sich gegen die verschlossene Tür.

Was konnte er tun? Liebe und Pflicht standen vor ihm. Welcher sollte er gehorchen? Seine Pflicht, das wußte er, wäre es, das Eingreifen des Kardinals zurückzuweisen, Roper aus dem Haus zu entfernen und zu sagen: Dieser Mann ist ein Ketzer. Er ist einer von denen, die die Kirche untergraben und Blutvergießen über das Land bringen wollen.

Doch bei der Liebe ging es um seine Tochter Margaret, und erst jetzt begriff er völlig, was sie ihm bedeutete. Sie liebte Roper, und er konnte sich nicht mit dieser Angelegenheit beschäftigen, ohne an Margarets Qualen zu denken, wenn sie sich von ihrem Ehemann abwenden sollte. Und wenn er sich selber auch stark genug fühlte, Foltern zu erdulden, Margaret Leid zuzufügen, brachte er nicht über sich.

Und dennoch war es unrecht, daß einige Schuldige litten, während andere davonkamen, nicht wahr?

Aber... sein eigener Schwiegersohn... und Margarets Ehemann!

Er mußte zuerst mit Margaret sprechen.

Er rief einen Dienstboten und ließ Margaret bitten, zu ihm zu kommen, weil er mit ihr sprechen wolle. Sie würde natürlich wissen, worum es ging, da Will einen Tag und eine Nacht festgehalten worden war, und Will würde ihr gesagt haben, weshalb man ihm erlaubt hatte, nach Haus zu gehen. Deshalb mußte sie wissen, daß er, Thomas, über die Festnahme unterrichtet war.

Außerdem war Margaret, als Thomas heimkam, nicht erschienen, um ihn zu begrüßen. Gewiß war sie in dem Zimmer gewesen, das sie mit Will teilte, und hatte mit ihm gesprochen. Versuchte sie, ihn dazu zu bewegen, daß er sich die Ansichten ihres Vaters zu eigen machte? Oder war sie ... es schauderte ihn, sich dies auch nur vorzustellen ... war sie selbst auch eine Ketzerin?

Endlich kam sie. Sie war blaß, und unter ihren Augen lagen tiefe Schatten. Und als sie da stand, die Spuren des Kummers und Leidens auf dem Gesicht, wußte er, daß seine Liebe für diese Tochter so groß war, daß sie ihn von seiner Pflicht zurückhalten würde.

„Nun, Margaret", sagte er, „dein Ehemann ist also ein Ketzer."

„Ja, Vater."

„Du hast es gewußt?"

„Ja, Vater."

Er hätte ihr eine weitere Frage stellen müssen: Und du, Margaret? Doch er gewann es nicht über sich. Er fürchtete sich vor der Antwort.

„Weshalb hast du mir nichts davon gesagt? Du und ich, wir haben doch immer alles geteilt." Doch schon tat es ihm leid. „Aber nein – er ist dein Mann ... Der Platz des Ehemannes ist vor dem des Vaters ... Du hattest recht mit dem, was du getan hast. Natürlich hattest du recht."

Nun sah er die Tränen in ihren Augen. Sie kam näher und umarmte ihn. Er drückte die Wange auf ihr Haar.

„O Margaret ... meine liebste Tochter."

„Vater", erwiderte sie, „wie könnte mir irgendein Mensch mehr bedeuten als du?"

„Still, meine Tochter! Das darfst du nicht sagen." All seine Entschlossenheit geriet ins Wanken. Er sah, daß er ebenso schwach war wie andere Männer. Er verstand den Kardinal, der seine geliebten Söhne mit Ämtern und Ehren überhäufte. Wie konnte er, der seine Tochter so sehr liebte, dem Kardinal vorwerfen, seine Söhne zu lieben?

„Wir müssen ehrlich sein, Vater. Das sind wir immer gewesen. Ehe ich Will heiratete, wußte ich, daß er dem neuen Glauben zuneigte. Ich muß dir alles sagen, was in mir vorgeht. Ich kannte deine Gedanken, und ich kannte seine ... und seltsam, weil diese Gedanken so verschieden waren und weil ich einen Streit zwischen euch fürchtete, wußte ich auf einmal, daß ich ihn ebenso liebte wie dich und daß mir auf der Welt nichts wichtiger war, als den Frieden zwischen euch beiden zu erhalten. So habe ich Will geheiratet, und ich habe gewußt, daß er sich mit diesen Kaufleuten trifft... und welche Bücher er las... und ich weiß, wie er denkt."

„Hat er seine Gedanken zu... deinen Gedanken gemacht?"

„Vater, du hast immer gesagt, ich sei deine gescheite Tochter. Du hast gesagt, mein Geist sei dem jedes Mannes gewachsen."

„Das glaube ich auch, Meg."

„Doch in dieser Angelegenheit ist mein Geist so umwölkt, daß ich fürchte, du täuschst dich in mir. Wenn ich Will zuhöre, finde ich, daß Vernunft in dem ist, was er sagt – und ich meine, das liegt vielleicht daran, daß ich ihn liebe. Ich kenne aber auch deinen Geist und weiß, daß deine Überzeugungen vernünftig sind – vielleicht liegt das daran, daß ich dich liebe, Vater. Ich halte es nicht für so wichtig, ob die Menschen Luther oder dem Papst folgen... solange sie nur Christi Gebote halten. Ich habe die Unterschiede in einer Tabelle zusammengestellt und sie gegeneinander abgewogen. Sind es wirklich Unterschiede? Keins der Glaubensbekenntnisse schließt die Liebe aus; und die Liebe umschließt gewiß die ganze Bedeutung dessen, was gut im Leben ist, nicht wahr? Ich kenne deine Gedanken, Vater. Du meinst, daß diese Unterschiede in den Ansichten schließlich zu Blutvergießen führen werden, und zweifellos hast du damit recht. Geschieht es nicht sogar jetzt schon bis zu einem gewissen Grade? Es wäre eine schreckliche Tragödie. In allem, was du tust und was du sagst, ist also Vernunft und Nächstenliebe. Will aber glaubt, daß diese von Martin Luther aufgeworfenen Fragen geprüft werden müssen. Und wenn Luther recht hat, muß man seinem Weg folgen... ganz gleich, wie hoch der Preis auch wäre. In gewisser Weise hat Will damit auch recht. Du siehst, ich schwanke... bald hierhin, bald dorthin. Und ich weiß, daß das Wichtigste auf der Welt ist, daß die Menschen in gutem Einvernehmen miteinander leben und sich lieben, nicht hassen. Ich weiß, daß die beiden, die ich am innigsten liebe, das unbedingt tun müssen und daß ich alles in meiner Macht Stehende tun werde, um sie dazu zu bringen – denn dies erscheint mir als das Wichtigste auf der Welt."

„Das sind Frauenargumente, Meg", erwiderte er.

„Ich weiß. Aber du hast gesagt, es dürfe keinen Unterschied in der Erziehung von Männern und Frauen geben. Könnte es nicht sein, daß die Frauenargumente in gewissen Fragen klarer, präziser, wahrhaftiger sein könnten als die der Männer?"

„Das könnte sein, Meg."

„O Vater, du mußt versuchen, Will zu verstehen."

„Margaret, wir müssen versuchen, ihn von dieser Torheit abzubringen. Hätte ich nicht eine hohe Stellung am Hof, dann wäre er jetzt nicht bei uns."

„Ich weiß. Er befände sich im Gefängnis und erwartete sein Urteil."

„Er hat die Gesetze des Landes gebrochen und auch – wie ich es sehe – die Gesetze Gottes."

„Will meint, wenn er die Gesetze Gottes hält, wie er sie versteht, dann spielt es keine Rolle, ob er die Gesetze des Landes bricht."

„Diese Konzession dürfen wir nicht akzeptieren, Margaret. Wenn er solche Ansichten geäußert hat, dann sollte er bereit sein, sie zu verteidigen."

„Er ist dazu bereit, Vater. Es fehlt ihm nicht an Mut."

„Das trifft zu. Ich bin der Feigling."

„Du?"

„Ja. Weil ich dich so sehr liebe, Meg, daß ich es nicht fertiggebracht habe, diese Gunst zurückzuweisen. Es gibt einige Dinge, die zu ertragen ich nicht gelernt habe. Einmal wünschte ich mir, Mönch zu sein, doch ich konnte meinen Träumen vom Familienleben nicht widerstehen. Nun wünsche ich, ein rechtschaffener Staatsmann zu sein, doch ich kann es nicht sein, wenn es meiner geliebten Tochter Leid bringt."

Sie lächelte. „O Vater, sei doch kein Heiliger! Martere deinen Leib nicht mit Geißeln und mit diesem härenen Hemd. Du bist du selbst. Du bist unser geliebter Vater. Wir wollen keinen Heiligen. Und wenn dich deine Liebe schwach macht... dann bist du das auch... weit liebenswerter als irgendein Heiliger. Wenn du nur etwas weniger entschieden darin sein könntest, Vater, immer das zu tun, was du für recht hältst! Wenn du nur etwas mehr sein könntest wie andere Menschen! Du hast deine Erwiderungen an Luther für den König geschrieben. Jeder Staatsmann hätte das getan, wenn er mit deiner Begabung für das Schreiben gesegnet wäre. Kann es nicht damit sein Bewenden haben? Was haben Ketzereien und religiöse Ansichten mit unserem glücklichen Heim zu tun?"

„Sie sind ein Teil der Welt um uns her, Meg. Sie umgeben uns wie das Licht der Sonne. Du magst deine Türen verschließen, dennoch wird das Licht einen Weg finden, bei dir einzudringen. Willst du mir helfen, deinen Mann aus seiner Ketzerei zurückzuführen?"

„Dazu kann ich nichts sagen", erwiderte sie. „Eines gibt es, was ich tun möchte, und das ist, die Liebe zwischen euch zu hegen und zu pflegen. Ich kann es nicht ändern, Vater. Aber ich möchte, daß ihr beide, Will und du, euch liebt. Ich möchte, daß wir alle glücklich sind. Ich weiß, daß das recht für uns ist."

Er umarmte sie zärtlich. Er sagte: „Ich werde mit deinem Mann sprechen und für ihn beten. Ich vertraue darauf, daß ich ihn bald heimrufen kann."

„Vater, auch ich werde für ihn und für dich beten. Ich werde beten, daß alles gut zwischen euch wird und daß der, der recht hat, den anderen heimruft, damit ihr wieder zusammensein könnt – ihr beide, die ich liebe – in Freundschaft, Einvernehmen und Hingabe."

Und als Margaret ihn verlassen hatte, kniete Thomas nieder und betete um die Seele von William Roper und darum, daß die Wünsche seiner Tochter erfüllt würden.

In den folgenden Tagen gab es Dispute und Auseinandersetzungen zwischen Thomas und Will. Dabei wurde Will heftig, während Thomas stets gelassen blieb. Das hieß, daß Will in den Disputen schlechter abschneiden mußte.

Bei Thomas' weiten Kenntnissen von der Welt und den Menschen, bei seinem Geschick im Umgang mit Worten mußten seine Argumene überzeugender sein. Thomas war ein erfahrener Anwalt. Will war sehr jung und unerfahren – und nichts konnte natürlicher sein, als daß Will schon bald etwas weniger fest von seinen Ideen überzeugt war.

Margaret war froh darüber, denn sie erkannte, daß die Hartnäckigkeit ihres Vaters noch ein wenig stärker war als die ihres Mannes. Und sie wünschte immer noch vor allem, daß zwischen diesen beiden Frieden herrschte.

Will verkehrte nicht mehr mit den Kaufleuten, nahm nicht mehr an verbotenen Versammlungen teil. Er hatte das Gefühl, es seinem Schwiegervater schuldig zu sein, darauf zu verzichten. Denn wenn Thomas darunter litt, daß er eine Vergünstigung angenommen hatte, die gegen sein Gewissen ging, dann litt Will ebenso. Er wollte seinen Schwiegervater nicht wieder in eine so mißliche Lage bringen. Deshalb studierte er in der Abgeschlossenheit seines Zimmers und sprach nur noch mit Margaret und ihrem Vater über seine Ideen.

Margaret hatte in jenem Jahr etwas Großes, was ihren Geist beschäftigte. Sie erwartete ein Kind.

Jetzt bedauerte Thomas noch mehr denn je, daß er nicht genug Zeit zu Haus verbringen konnte. Doch die Ereignisse nahmen einen raschen Lauf. Wolsey war tief enttäuscht gewesen, als nach dem Tode Leos nicht Wolsey, Kardinal von York, Papst wurde, sondern Hadrian, Kardinal von Tortosa. Doch Hadrian war ein kranker Mann, und es bestand wenig Hoffnung, daß er den heiligen Stuhl lange besetzt halten würde, und Wolseys Augen waren weiter auf Rom gerichtet. Sein Ehrgeiz war so groß geworden, daß er ihn für alles andere blind zu machen schien.

Margarets Gefühle waren aufgeteilt zwischen ihrer Freude auf das ungeborene Kind und ihrer Sorge um den Vater, der immer bedeutender am Hof wurde. Sie konnte niemals den Tag vergessen, an dem sie erfahren hatte, daß ihr Vater sich das Mißfallen Heinrichs des Siebenten zugezogen hatte. Sie erinnerte sich auch des Prozesses wegen des Besitzes an jenem päpstlichen Schiff. Er war der Anfang des Aufstiegs gewesen. Doch wohin würde der Aufstieg führen? So viele Männer hatten feststellen müssen, daß das Beil auf sie wartete, als sie die Spitze der Leiter erreichten, die zum Ruhm führte.

Thomas war jetzt zum Sprecher des Parlaments gewählt worden. England befand sich in jenem Jahr im Krieg mit Frankreich und Schottland, und es war Thomas gelungen, das Eintreiben jener Steuern hinauszuzögern, die Wolsey dem Lande auferlegt hatte, um den Krieg weiterführen zu können. Thomas war gegen Krieg. Er war immer gegen Kriege gewesen. Wenn er aber ständig so sprach, was würde dann aus ihm werden?

Der Kardinal war jetzt von offener Feindseligkeit gegen Thomas erfüllt. Er litt unter der bitteren Enttäuschung über die Papstwahl. Deshalb fand er es unglaublich, daß ein Mann so töricht sein konnte wie Thomas More, so blind für die eigenen Aufstiegsmöglichkeiten.

Als Wolsey das Parlament verließ, vergaß er seine übliche Gelassenheit. Er knurrte – und mehrere Männer hörten es: „Ich wünschte bei Gott, Master More, daß Ihr in Rom gewesen wäret, ehe ich Euch zum Sprecher dieses Parlaments machte."

Wolsey ging unverzüglich zum König, und einige Tage später wurde Thomas mitgeteilt, daß er auf eine Gesandtschaft nach Spanien geschickt werde.

Wie konnte er London verlassen, wenn Margaret bald ein Kind bekommen sollte? Er wurde von Befürchtungen verfolgt. Wie viele Frauen starben nicht im Kindbett! Jacks Geburt hatte zu Janes Tod geführt. Er *mußte* bei Margaret sein, wenn das Kind geboren wurde.

Sie hatte gesagt: „Hoffentlich wirst du bei mir sein, Vater. Erinnerst du dich noch der Zeit, als ich noch ein ganz kleines Mädchen war und der Schmerz verging, wenn du an meinem Bett saßest und mir die Hand hieltest?"

Er hatte erwidert: „So soll es auch jetzt sein, Meg. Ich werde bei dir sein."

Aber Spanien! Die Anstrengungen seiner Arbeit für den König untergruben seine Gesundheit. Oft war er bis aufs äußerste erschöpft. Er glaubte nicht, daß er gesund bleiben konnte, wenn er die lange Reise in ein fremdes Klima unternahm. Er dachte an die vielen beschwerlichen Monate fern seiner Familie. War es zu spät, aus dem Leben am Hof auszubrechen, das er sich nie gewünscht hatte?

Sehr vermessen erbat er, ohne seiner Familie etwas davon zu sagen, Audienz beim König. Sie wurde ihm unverzüglich gewährt, denn Heinrich liebte ihn um seiner selbst willen, und oft genug verspürte er den Wunsch, seine frivolen Gefährten zu verlassen und bei diesem ernsthaften Mann zu sein. Er liebte es, sich als ernsten König zu sehen, der zwar häufig fröhlich war, aber doch auch die Gesellschaft eines Gelehrten zu schätzen wußte.

Thomas hatte um ein Gespräch unter vier Augen gebeten, so schickte der König seine Höflinge hinaus, und als sie allein waren, wandte er sich mit einem liebenswürdigen Lächeln seinem Schützling zu.

„Nun, Thomas, über welche Angelegenheit wolltet Ihr mit mir sprechen?

„Es ist diese Gesandtschaft nach Spanien, Euer Gnaden."

„Ach ja, Ihr werdet Uns bald verlassen. Wir werden Euch vermissen. Aber Wolsey meint, Ihr seid der beste Mann, den Wir senden könnten."

„Ich fürchte, der Kardinal irrt sich, Euer Gnaden."

„Wolsey ... sich irren! Niemals! Wolsey kennt Eure Talente, mein Freund, ebensogut wie ich."

„Euer Hoheit, ich fühle mich dieser Aufgabe nicht gewachsen. Das Klima ist meiner Gesundheit abträglich, und wenn ich krank bin, kann ich der Mission Euer Gnaden nicht gerecht werden. Ich habe das Gefühl, wenn Ihr mich dorthin schickt, könntet Ihr mich gleich ins Grab schicken. Wenn Euer Gnaden beschließen, daß ich reisen muß, dürft Ihr versichert sein, daß ich Eure Anweisungen nach bestem Können befolgen werde. Aber ich habe Furcht vor der Fahrt, Majestät. Ich habe große Furcht vor der Reise."

Der König sah den Mann, der vor ihm stand, ernst an. Er war mager geworden, das sah Heinrich. Er grübelte zuviel über den Büchern. Er aß nicht gut genug. Nach dem, was der König gehört hatte, verwandte der Bursche nicht genug Aufmerksamkeit auf das, was er aß. Er trank keinen Wein. Armer Thomas More! Er verstand nicht zu leben. Und er war mit einer Frau verheiratet, älter als er selbst. Der König runzelte die Stirn bei dem Gedanken, denn er erinnerte ihn daran, daß er sich in der gleichen Lage befand. Und er selbst empfand diese Lage allmählich lästig.

Armer Thomas! dachte Heinrich. Er hat auch sein Päckchen zu tragen ... genau wie ich. Und er besitzt nicht meine gute Gesundheit.

„Es ist noch etwas anderes, Majestät", fuhr Thomas fort. „Meine Tochter, die kürzlich geheiratet hat, erwartet ihr erstes Kind. Ich würde vor Angst sterben, wenn ich nicht erreichbar wäre."

Der König schlug sich aufs Knie. „Ah, so ist das, wie? Das ist es also, Freund Thomas." Die Augen Heinrichs füllten sich mit Tränen. „Mir gefällt solche väterliche Liebe. So würden Wir Uns auch bei Unserer Tochter, der Prinzessin Mary fühlen, wenn sie in der gleichen Lage wäre. Aber Ihr habt eine große Familie in Bucklersbury, wie, Thomas? Ihr habt einen tüchtigen Sohn, wie ich höre."

„Ja, Euer Hoheit. Drei Töchter, einen Sohn, eine Pflegetochter und eine Stieftochter."

„Das höre ich gern, Thomas. Würde es Euch überraschen, wenn Euer König Euch sagte, daß er Euch – in mancher Hinsicht – beneidet?"

„Euer Hoheit sind wirklich sehr gnädig. Und ich weiß, daß ich in mancher Hinsicht ein glücklicher Mann gewesen bin."

„Wahrhaft glücklich! Ein schöner Sohn, wie? Ich wünschte bei Gott, daß ich dasselbe sagen könnte. Und dieses Kind ... Eure Tochter ... Wir wollen hoffen, daß sie von einem schönen Sohn entbunden wird." Der König schob das Gesicht näher zu dem von Thomas. „Und Wir halten es für richtig, daß ihr Vater in London ist ... daß er hier ist, wenn sein Enkel auf die Welt kommt. Bleibt glücklich, mein Freund. Wir werden einen anderen finden, den Wir zu dieser Gesandtschaft nach Spanien schikken."

So hoch stand Thomas beim König in Gunst.

Doch so erfreut Margaret auch war, als sie die Nachricht hörte, sie fühlte sich unbehaglich.

Die Gunst des Königs war angenehm, solange sie währte, doch nun schien es Margaret, daß ihr Vater sie auf Kosten der Freundschaft des Kardinals gewonnen hatte.

Margaret hatte sich schnell von ihrer Entbindung erholt, und die Familie in Bucklersbury lebte während jener Monate sehr glücklich miteinander.

Thomas freute sich an seinem Enkelsohn.

„Aber da nun mein Sekretär John Harris bei uns lebt und ich einen Enkel habe", sagte er, „ist dieses Haus nicht mehr groß genug. Und in den kommenden Jahren werde ich viele Enkel und Enkelinnen haben – denn die anderen Mädchen werden auch eines Tages heiraten, und ich vertraue darauf, daß sie wie Margaret unter dem väterlichen Dach bleiben – ich brauche ein größeres Haus."

So kaufte er Crosby Place in der City – ein schönes Haus, das größte in London, aus Stein und Holz erbaut und nahe am Bischofstor gelegen.

Eines Tages führte er Margaret hin, um es mit ihr anzusehen.

Sie gingen durch die Zimmer dieses Hauses, das soviel größer war als das, in dem sie jetzt wohnten. Margaret stand mit ihrem

Vater in der weiträumigen Halle, blickte zum Gewölbe der Decke hinauf und versuchte, sich die Familie hier vorzustellen.

„Dir gefällt es nicht?“ fragte Thomas.

„Du hast es gekauft, Vater, und gewiß werden wir es zu dem unseren machen, wenn wir erst eingezogen sind, aber...“

„Aber?“ drängt er.

„Ich weiß nicht. Vielleicht bin ich töricht. Aber es ist nicht wie unser Haus.“

„Propria domus omnium optima – das eigene Haus ist das beste aller Güter.“

„Gewiß, wir sollten dies zu unserem Haus machen, Vater. Und doch... ich kann es noch nicht als unser Haus betrachten. Es ist etwas Düsteres daran.“

„Du bildest dir das ein, Tochter.“

„Das wird es sein. Wenn wir erst alle hier sind und zusammensitzen, miteinander reden und singen... dann wird es unser Heim sein... und ein ganz anderer Ort als jetzt.“

„Richard der Dritte, der Bucklige, hat eine Weile hier gelebt“, sagte Thomas. „Vielleicht fühlst du deshalb diesen Widerwillen. Ich frage mich, ob du an ihn und all das Elend denkst, das er verursacht hat und das auf ihn zurückgeschlagen sein muß. Ist es das, Meg?“

„Es könnte sein.“

Sie saß in einer Fensternische und sah ihren Vater nachdenklich an.

„Komm, Margaret, worüber denkst du nach?“

„Daß wir dieses Haus zu unserem Heim machen sollen.“

„Sprich offen mit mir!“

„Es ist nur so ein törichter Gedanke. Wenn du nicht bei uns warst, haben wir oft darüber gesprochen, wie das Haus aussehen müßte, das wir einmal haben möchten.“

„Und das hat nicht so ausgesehen wie dieses?“

„Hast du das erwartet? Wo sollten wir all das finden, was wir geplant hatten? Und außerdem ... wenn es so ein Haus überhaupt geben könnte, dann müßten wir es jede Woche einreißen und neu bauen, weil wir so viel hinzugefügt und verändert hatten, daß es niemals länger als eine Woche dasselbe blieb. Da ist Mercy mit ihrem Spital; und da ist die Bibliothek, die ich für dich gebaut habe; da ist die Kapelle, die alle großen Häuser haben sollten, wie Mutter meint... Und Jack hat natürlich alles in die Mitte von grünen Wiesen und Feldern gesetzt."

Er schwieg eine kleine Weile. Dann wandte er sich ihr zu. „Weshalb habe ich nur nicht früher daran gedacht, Meg?" sagte er. „Wir werden uns unser Haus bauen. Und wir alle werden dabei mittun. Wir bauen, was wir haben wollen. Es wird Mercys Spital geben, die Kapelle für eure Mutter, deine Bibliothek für mich und Jacks grüne Wiesen ..."

„Aber, Vater, du hast doch dieses Haus schon gekauft."

„Wir werden es wieder verkaufen."

„Das klingt wunderbar, Vater. Aber läßt sich das denn machen?"

„Warum nicht? Ich stehe hoch in der Gunst des Königs, nicht wahr? Ich habe Geld, das noch nicht ausgegeben ist. Das ist die Lösung, Meg. Wir werden nicht in diesem düsteren Haus leben, das voller Geister des Unglücks ist. Wir werden uns selbst ein Stück Land suchen und selbst ein Haus darauf bauen ... unser ideales Haus."

„Wie du einen idealen Staat bauen wolltest", erinnerte sie ihn.

„Ein Haus baut sich leichter als ein Staat, Meg. Und ich zweifle nicht daran, daß ich es mit Hilfe meiner Familie schaffe." Er war aufgeregt wie ein Junge. „Dort werde ich bis ans Ende meiner Tage leben, meine Kinder und Enkel um mich her. Mein Vater wird auch bald zu uns ziehen müssen. Er und seine Frau werden zu alt, um allein zu bleiben. Elizabeth, Cecily und Mercy müssen heiraten und unser neues Haus mit Kindern füllen. Es muß außerhalb der City liegen ... aber nicht zu weit draußen. Wir müssen London leicht erreichen können, denn ich bin noch an den Hof gebunden. Und Meg, immer, wenn es möglich ist, werde ich mich vom Hof wegstehlen. Ich werde nach Haus kommen. Laß uns gehen. Wir wollen entscheiden, wo wir wohnen wollen. Ich kann es kaum erwarten, dies mit den anderen zu besprechen. Meg, wir wollen für heute abend eine Konferenz einberufen. Das Land wird sofort gekauft, und das ideale Haus wird gebaut werden ... Und wir werden viele Jahre glücklich darin leben."

Sie gingen nach Haus und sprachen von dem neuen Plan.

Thomas hielt sein Wort. In kurzer Zeit hatte er Crosby Place an einen Freund, einen reichen italienischen Kaufmann, verkauft, der ein Haus in London suchte.

Antonio Bonvisi, der Kaufmann aus Lucca, ließ sich im Crosby Place nieder, und Thomas kaufte Land in Chelsea.

Der Bau des idealen Hauses beschäftigte die Gedanken der ganzen Familie so sehr, daß sie kaum darauf achteten, was um sie her geschah.

Der Kardianl wurde abermals in seinen Hoffnungen auf die Papstwürde enttäuscht. Nach dem Tode Hadrians wurde Giulio de' Medici gewählt und nahm den Namen Klemens der Siebente an. Kaiser Karl kam nach London und wurde zum Ritter des Hosenbandordens gemacht. Das bedeutete, daß Thomas seiner Familie fernbleiben und ständig Dienst bei Hof tun mußte. Doch man betrachtete es als ärgerlichen Zwischenfall, kaum als eine Tatsache von politischer Wichtigkeit.

Viel interessanter war, daß der große Freund der Familie, Dr. Linacre, der jetzt Leibarzt des Königs war, die Damaszenerrose nach England brachte. Sie sollte einen besonderen Ehrenplatz in den Gärten in Chelsea erhalten. Es gab wieder Krieg mit Frankreich, doch der Krieg schien weit weg, denn das Haus in Chelsea wurde gebaut.

Es stand ein Stück vom Fluß entfernt und hatte etwa hundert Meter Garten zwischen sich und dem Wasser. Vier Erker- und acht Flügelfenster erlaubten einen prächtigen Ausblick auf den Fluß. Das Mittelgebäude wurde hauptsächlich von der großen Halle eingenommen, und in den Seitenflügeln im Osten und Westen lagen zahlreiche Zimmer.

„Mercy", sagte Thomas, „du hast einmal geäußert, dein innigster Wunsch sei ein eigenes Spital, in dem du die Kranken pflegen kannst. Da wir nun in Chelsea bauen, sollst du das Spital bekommen."

Und so wurde es gebaut, durch ein eingezäuntes Gelände vom Haus getrennt, denn Mercy hatte gesagt: „Und wenn ich einmal ansteckende Krankheiten in meinem Spital habe? Es wäre furchtbar, wenn meine Patienten die Familie ansteckten."

Nie hatten sie Mercy so glücklich gesehen als an dem Tag, als sie Dr. Clement durch ihr Spital führen konnte. Es schien gerade, als ob Mercy alles besäße, was sie sich vom Leben wünschte, als sie den jungen Arzt da hatte – John Clement, ihre Familie und ihr Spital auf der anderen Seite des Zaunes.

Da gab es die Bibliothek für Thomas und die Kapelle in einem eigenen Gebäude – genau, wie sie es sich ausgemalt hatten.

Elizabeth und Cecily planten die Gärten. Und Jack bestimmte, wo sie ihren Weizen bauen, die Kühe unterbringen und die Meierei bauen wollten. Thomas plante seine Bibliothek, die Galerie und die Kapelle, und Margaret half ihm dabei.

Will und sein Schwiegervater waren nun die besten Freunde, wenn Will den neuen Ideen auch noch nicht ganz entfremdet war. Thomas betete für ihn. Will betete für Thomas. Will schwankte, denn es schien ihm, daß ein Mann wie sein Schwiegervater, der in allen Dingen so gerecht wirkte, nicht völlig unrecht haben konnte in dieser Angelegenheit, die Will die allergrößte zu sein schien.

Am Ende des Jahres zogen sie bereits in das neue Haus.

Sie waren jetzt eine größere Familie, denn Thomas' Vater, der Richter Sir John More, und seine Frau wohnten nun bei ihnen.

Trotz seiner zynischen Einstellung zur Ehe hatte Sir John die vierte Frau genommen und lebte freundschaftlich mit ihr. Er hatte aufgehört, sich wegen seines Sohnes zu beunruhigen, und er lachte oft, wenn er daran dachte, welche Sorgen er sich früher gemacht hatte, weil Thomas mehr Zeit auf Griechisch und Latein verwendet hatte als auf die Juristerei. Er gab zu, daß er unrecht gehabt hatte. Er hatte Thomas als einen gewöhnlichen Menschen betrachtet. Und wie alle übrigen in der Familie wußte er nun, daß dies ein Irrtum war.

Er war zufrieden, im Alter in diesem großen Haus in Chelsea ausruhen zu können, durch die Gärten zu wandern, den Gärtnern bei der Arbeit zuzusehen und hin und wieder eine Rechtsfrage mit Thomas durchzusprechen, der ihm stets die gleiche Ehrerbietung entgegenbrachte wie in jener Zeit, als er noch ein junger unbekannter Student gewesen war. Gelegentlich arbeitete er an den Gerichten in Westminster und wurde als Vater von Sir Thomas More mit größerem Respekt behandelt als früher, als er noch Richter an diesen Gerichtshöfen war.

Die Familie in dem Haus in Chelsea war sehr glücklich.

Kurz nachdem sie dort eingezogen waren, wandte sich Sir John Heron, der Schatzmeister der Privatschatulle des Königs, wegen seines Sohnes Giles an Sir Thomas More. Sir John Heron bewunderte Sir Thomas und bat, da er von dem großen Haus gehört hatte, das im Dorf Chelsea erbaut worden war, um die Vergünstigung, daß sein Sohn Giles, wie es zu jener Zeit häufig geschah, bei den Mores leben dürfe.

Alice geriet außer sich vor Freude, als sie dies erfuhr.

„Die Herons!" rief sie. „Das ist doch eine überaus wohlhabende Familie. Ich werde mich um den jungen Mann kümmern, als ob es mein eigener Sohn wäre."

„Und Ihr werdet Euch gewiß bemühen, ihn auch dazu zu machen", entgegnete Thomas trocken."

„Ich habe Euch gesagt, Master More, daß ich den jungen Mann hegen und pflegen werde ... Er soll wahrhaft mein Sohn sein."

„Nein, nein, Alice, nicht ‚wahrhaft', sondern nur nach dem Gesetz ... dem Ehegesetz. Ich möchte darauf schwören, daß Ihr Euch, ehe Ihr ihn noch gesehen habt, schon klar darüber seid, daß er einen geeigneten Ehemann für eins der Mädchen abgeben wird."

„Sie kommen ins heiratsfähige Alter. Habt Ihr das noch nicht bemerkt?"

„Gewiß habe ich es bemerkt."

„Deshalb wird es Zeit, daß wir mehr solcher Giles Herons ins Haus bekämen, denn eines Tages wird er das große Vermögen seines Vaters erben."

„Und das ist nur gut, denn ich zweifle sehr, daß der junge Master Giles je von sich aus viel erreichen wird."

„Larifari! Zeugt es etwa von großer Klugheit, sich von einem jungen Menschen nur deshalb abzuwenden, weil er eines Tages das Vermögen seines Vaters erben wird?" fragte Alice.

„Eurer Meinung nach wäre es zweifellos klüger, sich ihm ganz besonders zuzuwenden, gerade weil er es eines Tages erben wird."

„Wollt Ihr Euch nun bemühen, Master More, eine Ehe zwischen diesem jungen Mann und einer Eurer Töchter zu arrangieren?"

„Lieber wäre es mir, wenn eine meiner Töchter und dieser junge Mann das selbst arrangieren würden."

Alice schnalzte mit der Zunge und sprach darüber, daß die Torheit mancher Menschen über ihr Verständnis gehe. Doch sie freute sich des Lebens. Sie genoß es, in dem großen Haus in Chelsea zu schalten. Sie hatte mehr Mägde als je in ihrem Leben.

Ihre Tochter war gut verheiratet. Sie würde ihre Pflichten den Stieftöchtern gegenüber erfüllen und dafür sorgen, daß sie Ailies Vorbild folgten. Und nie würde sie auch nur für einen einzigen Augenblick vergessen, daß sie Lady More war.

Sie ging in die Küche hinunter, und ihr Seidenäffchen folgte ihr. Das kleine Tier folgte ihr überall. Sie schalt mit dem zierlichen Ding, doch es war ein zärtliches Schelten, etwa so, wie sie mit ihrem Gatten schalt.

Gute Partien für alle Mädchen, dachte sie. Elizabeth oder Cecily sollte Giles Heron bekommen, der in nicht allzu ferner Zeit Titel und Güter seines Vaters erben würde. Elizabeth sollte es sein, sie eignete sich besser für diese Stellung, Cecily neigte zur Trägheit. Sie liebte es, im Sonnenschein unter den Bäumen oder im Obstgarten zu liegen, umherzuschlendern und Wiesenblumen zu pflücken oder viel Zeit mit ihren Lieblingstieren zu verbringen. Jawohl, Elizabeth mit ihrem scharfen Geist würde eine bessere Lady Heron abgeben. Überdies war Elizabeth die ältere und sollte schon deshalb vorher heiraten. Denn es war niemals gut, wenn eine jüngere Schwester vor einer älteren heiratete. Natürlich würde es keinerlei Schwierigkeiten bereiten, dachte Alice selbstgefällig, einen guten Mann für Cecily zu finden, für ein Mädchen, deren Vater so hoch in Gunst am Hof stand.

Das Schicksal hatte eine recht angenehme Wendung genommen.

„Lady More!" flüsterte sie vor sich hin, als sie durch das Haus ging.

Giles Heron hatte sich zuerst gewehrt, als sein Vater ihm sagte, er werde für eine Zeit im Haushalt von Sir Thomas More leben.

Als Giles die Barke nach Chelsea bestieg, dachte er an die Bemerkungen seines Vaters:

„Es sind zwei Töchter da. Eine Verbindung zwischen unserem Haus und dem ihren würde großen Nutzen bringen, mein Sohn. Sir Thomas More steht bei Hof in hoher Gunst – manche sagen, in ebenso hoher Gunst wie der Kardinal selbst. Eines Tages wirst du Land und Vermögen haben. Ich sähe gern, wenn dazu die Gunst eines der bevorzugten Minister des Königs käme."

Alles gut und schön, doch Giles war an Ehrgeiz ganz und gar nicht interessiert. Diese Reise auf dem Fluß wäre ihm sehr angenehm gewesen, wenn er müßig stromabwärts hätte treiben können, dabei vielleicht einmal anhalten, um sich am Ufer auszustrecken, vielleicht ein Lied singen oder sich mit fröhlichen Gefährten unterhalten und dann, wenn wer müde war, die Barke heimwärts steuern. Doch statt dessen befand er sich auf dem Weg in eine neue Umgebung und fühlte sich unbehaglich.

Wer wünschte sich die Gunst des Hofes? Er nicht. Was bedeutete sie denn? Ständige Arbeit, ständige Furcht, daß man irgendeinem hohen Beamten des Hofes mißfallen könne – vielleicht gar dem König selbst. Dann erkannte man erst, wieviel glücklicher man gelebt hatte, als man noch in der Sonne lag und die Stunden müßig hinbrachte.

Dann waren da diese Töchter von Sir Thomas More. Es hieß, daß sie fast ebenso gelehrt seien wie er selber. Sicher waren es gezierte Geschöpfe, die den Tag in der Schulstube verbrachten und lateinische Verse schrieben. Lateinische Verse! Gelehrte! Giles lachte bei dem Gedanken hysterisch auf. Verzweifelt suchte er in seinem Geist nach einer einzigen kleinen Phrase, die ihm seine Lehrer beigebracht hatten und die er dann vielleicht zitieren könnte. Doch in seinem Geist herrschte Leere.

Er hatte Ailie Allington gesehen, eine wirkliche Schönheit und anscheinend gar nicht so gelehrt außer in Fragen der Manieren und der Bezauberung. Aber sie war schließlich nur die Stieftochter – keine Blutsverwandte des gelehrten Sir Thomas More. Giles zweifelte sehr daran, daß er ein zweites Mädchen wie diese Ailie Allington in dem Haus in Chelsea finden würde.

Und eins dieser Mädchen – zum Glück hatte er die Wahl zwischen zweien – sollte er zu seiner Frau machen. Denn sein Vater hatte gesagt: „Wenn du's nicht tust, darfst du dich darauf verlassen, daß andere es tun. Diese Mädchen haben mehr als Vermögen. Du selber besitzt Reichtum, aber die Familie More kann dir geben, was dir fehlt: das Interesse des Königs. Heirate eins dieser Mädchen, und der König kann, daran zweifle ich nicht, dazu gebracht werden, dir zuzulächeln. Thomas More steht in dem Ruf, ein aufrechter Mann zu sein, der für sich selber keinen Gewinn sucht, doch ich möchte schwören, daß er nicht abgeneigt sein wird, es ein wenig für seine Töchter zu tun, da er nach allen Berichten innige Liebe für sie hegt."

Giles stellte sich die Mädchen vor. Es würden kleine magere Geschöpfe sein, denn ständig am Tisch zu sitzen und über den

Büchern zu brüten ließ den Körper nicht zu seinem Recht kommen. Sie würden blaß und häßlich sein und keinen Wert darauf legen, sich hübsch zu machen. Das Latein würde ihnen mehr bedeuten als gutes Aussehen, das Griechisch mehr als Charme.

„O Gott im Himmel", betete Giles Heron, „bewahre mich vor einer Tochter von Sir Thomas More!"

Er hatte die private Treppe erreicht, die zum Fluß führte, überließ es seinen Dienern, das Boot festzubinden und sein Gepäck ins Haus zu bringen, stieg die Treppe hinauf und ging durch die Zauntür.

Er blieb stehen und überblickte die sich freundlich senkenden Rasenflächen, die Blumengärten und die jungen Bäume und das Haus selbst.

Langsam schritt er auf das große Gebäude zu. Welcher der Räume war wohl die Schulstube? überlegte er. Er hatte von dieser Schulstube gehört, in der die klügsten Männer Europas den Sohn und die Töchter von Sir Thomas unterrichteten. Er stellte sich die graubärtigen Lehrer mit feierlichen Gesichtern vor. Ihn würden sie verachten. Und die Mädchen? Die auch. Vielleicht würden sie ihn so sehr verachten, daß sie ihren Vater baten, ihm nicht zu erlauben, eine von ihnen zu heiraten. Giles war von Natur ein Optimist.

Wie schön dieser Sommertag war! Es roch nach frisch gemähtem Gras, und in der Ferne hörte er Stimmen. Auch Lachen hörte er. Das war das Letzte, was er hier erwartet hätte.

Giles blieb stehen, als ein Junge aus einer Baumgruppe zu seiner Rechten auftauchte. Das Wams des Burschen stand am Hals offen. Sein Gesicht war erhitzt, denn er war gerannt. Als er den Besucher sah, blieb er stehen. Giles hielt ihn für etwa fünfzehn Jahre alt.

„Guten Tag", sagte Giles. „Habe ich recht, wenn ich annehme, daß dies die Gärten von Sir Thomas More sind?"

„Guten Tag", erwiderte der Junge. „Ihr habt recht. Ihr müßt Giles Heron sein."

„Der bin ich. Würdet Ihr mir bitte sagen, wer Ihr seid?"

„John More. Alle nennen mich Jack. Wir machen uns um die Kaninchen Sorgen. Sie benehmen sich so merkwürdig. Sie drängen sich zusammen und stoßen so komische Laute aus. Ich wollte Vater suchen. Der weiß bestimmt, was man da tun muß. Wollt Ihr... vielleicht mitkommen und sie Euch anschauen?"

Er machte ohne weiteres kehrt und fing an zu laufen. Giles folgte ihm zwischen den Bäumen bis zu einer steinernen Mauer, auf der ein Pfau saß, der ein prächtiges Rad schlug.

Die Mauer umschloß einen kleinen Garten, in dem ein Mädchen vor mehreren Kaninchenkäfigen kniete.

„Was fehlt dir nur, Diogenes?“ fragte sie eben. „Sag’s mir doch, mein Kleiner! Und du, Pythagoras, du hast Angst. Was siehst du denn?“

„Irgendwas zu sehen, was sie erschreckt?“ fragte Jack.

„Nein.“

„Dies ist Giles Heron. Ich sah ihn, als er vom Fluß heraufkam.“

„Guten Tag“, sagte das Mädchen. „Versteht Ihr etwas von Kaninchen? Wir haben sie noch nicht lange. Erst seit wir in Chelsea sind. Könnt Ihr Euch denken, was sie so verängstigt?“

Giles sah sie an. Ihr Gesicht war gerötet, das blonde Haar kam unter der Haube hervor, und in ihren blauen Augen spiegelte sich Besorgnis. Es war offensichtlich, daß sie mehr an die Kaninchen als an den Ankömmling dachte. Er fand sie recht anziehend, wenn er sie mit den jungen Damen verglich, denen er bei Hof begegnete.

„Es könnte ein Iltis oder ein Marder sein“, sagte Giles. „Der Schreck bringt sie dazu, sich so zu verhalten.“

„Aber wo? Ich kann nirgendwo etwas entdecken ... Ihr vielleicht?“

„Oder ein Hund?“ deutete Giles an.

„Nein, Sokrates und Plato lieben die Kaninchen.“

Diogenes, Pythagoras, Sokrates und Plato! dachte Giles. War es das nicht, was er erwartet hatte? Selbst ihre Tiere mußten griechische Namen haben. Doch das Mädchen und der Junge entwaffneten ihn.

Das Mädchen fuhr fort: „All unsere Tiere lieben sich. Vater sagt, das kommt daher, daß sie zusammen aufgewachsen sind und wissen, daß sie nichts voneinander zu fürchten haben. Er sagt, es würde keine Furcht auf der Welt geben, wenn nur jeder Mensch jeden anderen verstände. Deshalb ... glaube ich nicht, daß sie von den Hunden erschreckt worden sind.“

Giles sah sich in dem ummauerten Garten um, und sein rascher Blick ertappte ein Paar funkelnde Augen im Gebüsch, wenige Meter von den Käfigen entfernt.

„Da!“ rief er. „Seht!“

Sie folgten seinem Blick.

„Ein Wiesel“, sagte Giles. „Das erklärt alles.“

„Wir müssen es vertreiben“, erwiderte das Mädchen.

Giles griff nach ihrem Arm. „Nein, es könnte gefährlich sein. Ihr bleibt hier ...“

Gerade in diesem Augenblick kam ein großer Hund angesprungen, von einem Äffchen gefolgt. Sofort war Bewegung im Gebüsch. Der Hund stutzte, und schon raste er zu den Sträuchern hinüber, bellte laut und sprang in wilder Erregung hoch.

Der Affe folgte ihm. Giles hielt das Mädchen immer noch am Arm. In der Erregung des Augenblicks hatte er alle höfischen Manieren und alle Würde vergessen. Alle warteten gespannt, was die Tiere tun würden.

Der Affe war es, der zum Angriff überging. Plötzlich verschwand er im Gebüsch. Das Mädchen hielt den Atem an. Giles faßte ihren Arm fester. Sie hörten kleine Laute und Gebalge unter den Sträuchern. Dann kam der Affe heraus, die hellen Augen funkelten, und er schnatterte aufgeregt.

„Es ist fort!“ rief Giles. „Es ist fort! Der Affe hat es vertrieben.“

„Kleine Marmot!“ sagte das Mädchen. „Du tapferes Geschöpf!“

Das Affenweibchen kam zu ihr gelaufen und kletterte ihr auf die Schulter, während der Hund laut bellend um sie herumsprang.

„Du, Master Plato, hast weiter nichts getan als Lärm gemacht. Du bist nur der Herold gewesen. Die Heldin war Marmot. Und sie hat gesiegt. Gefällt sie Euch, Master Heron? Sie gehört meiner Mutter. Sie hat sie von einem unserer Freunde aus einem fernen Erdteil geschenkt bekommen. Die kleine Äffin ist im Sommer sehr glücklich hier, doch der Winter ist hart für sie.“

„Sie ist bestimmt ein tapferes Geschöpf“, erwiderte Giles. „Aber ... ich habe Euern Namen nicht gehört.“

„Ich bin Cecily More.“

„Oh!“ rief Giles, und seine Laune war plötzlich glänzend. „Ihr ... äh ... Ihr seid ... wirklich und wahrhaftig?“

Sie schien überrascht zu sein. „Ich verstehe nicht.“

Er lächelte. „Ich hatte gedacht, Ihr wäret vielleicht sehr mager und blaß und hättet einen krummen Rücken, weil Ihr Euch immer über den Tisch bückt."

Cecily lachte.

„Und", fuhr Giles fort und lachte nun selbst in seiner ungeheuren Erleichterung, „Ihr würdet lateinische Fragen auf mich abfeuern."

„Die Gescheite in unserer Familie ist Margaret. Auch Mercy. Von denen habt Ihr vielleicht gehört. Margaret ist eine richtige Gelehrte, aber fröhlich ist sie trotzdem. Sie hat viel Freude daran, Latein und Griechisch zu schreiben. Und bei Mercy ist es lauter Mathematik und Medizin. Elizabeth, meine nächstältere Schwester, ist auch klug. Nur der arme Jack und ich ... wir sind nicht so gescheit. Stimmt's, Jack?"

„Ich bin der Dummkopf der Familie", sagte Jack. „Ich kann gerade ein bißchen Latein schreiben und verstehen, was die anderen sagen."

„Ihr werdet Euch wie ein großer Gelehrter vorkommen, wenn Ihr Euch mit mir vergleicht", sagte Giles.

„Dann willkommen!" rief Jack. „Ich werde es genießen, ausnahmsweise einmal gelehrt zu erscheinen."

Cecily sagte: „Es ist hübsch, Jack, nicht wahr, einen Menschen in diesem Haus willkommen zu heißen, der nicht glaubt, daß es das Wichtigste von der Welt ist, wenn man Griechisch kann."

„Und was, Mistress Cecily, haltet Ihr für das Wichtigste von der Welt?"

„Im Augenblick, dafür zu sorgen, daß die Kaninchen in Sicherheit sind und daß das Wiesel nicht wiederkommt."

„Das wird es nicht tun", erwiderte Giles. „Die Äffin hat ihm große Furcht eingejagt. Das wird es sich merken. Tiere haben manchmal ein gutes Gedächtnis."

„Ist das so?" sagte Cecily. „Das freut mich sehr."

„Ihr liebt Tiere?" fragte Giles.

„Ja. Und Ihr?"

„Meine Hunde und Pferde."

„Ich liebe Hunde und Pferde auch ... aber außerdem noch die kleinen hilflosen Tiere ... wie Kaninchen und Vögel. Wir haben Geflügel und süße kleine Ferkel."

„Da habt Ihr also einen Hof?"

„Ach, wir haben ein bißchen Land und ein paar Tiere. Wir

ziehen vieles für den eigenen Bedarf. Das wollten wir immer schon gern tun, als wir noch in Bucklersbury wohnten. Auf der Wiese am Haus wird gerade das Gras gemäht. Ich müßte helfen. Jack auch. Aber als ich sah, was hier geschah ..."

„Ich hätte nie gedacht, daß Ihr die Zeit habt, so viele Tiere zu halten."

„Wir sind doch eine große Familie. Jeder hat seine eigenen Tiere. Vater sagt, wir dürfen die Tiere halten, die uns gefallen. Die einzige Regel dabei ist, daß wir für sie sorgen und darauf achten müssen, daß sie gefüttert und auf jede Weise versorgt werden. Der Pfau dort gehört Elizabeth. Er ist schön, findet Ihr nicht? Er ist nur sehr hochmütig, er nimmt von niemand anders Futter als von Elizabeth ... außer, wenn er sehr hungrig ist. Er erwartet, daß man ihn bewundert."

„Er ist eitel wie ein Kavalier am Hof."

„Sind die auch so eitel?" fragte Cecily.

„Manche noch viel eitler."

„Ihr seid doch auch einer von ihnen, nicht wahr?"

„Ja, aber hier bin ich nicht in meiner gewohnten Umgebung. Hier unter den Gelehrten bin ich bescheiden. Doch Ihr solltet mich mal bei Hof erleben! Da stelle ich meine schönsten Federn zur Schau und fordere mir Bewunderung ein."

„Das würde ich wirklich gern mal sehen", erwiderte Cecily.

„Wer weiß, vielleicht habt Ihr eines Tages mal die Gelegenheit. Doch wenn ich eine Weile hierbleibe, wie es Euer Vater mit meinem Vater vereinbart hat, dann werde ich bestimmt sehr bald begreifen, daß gar nichts da ist, worauf ich eitel sein könnte."

„Ich glaube nicht, daß Ihr eitel seid", sagte Cecily, „denn das Entscheidende bei der Eitelkeit ist ja gerade, daß diejenigen, die eitel sind, es gar nicht erkennen. Sie glauben, das aufgeblasene Bild, das sie sich von sich machen, sei das wahre."

„Ihr seid sehr klug", erwiderte Giles.

„Unsinn! Seht nur, wie Marmot Euch anschaut, Master Heron. Die Äffin liebt Euch."

„Tut sie das? Ich finde, ihre hellen Augen sehen mich recht mißtrauisch an."

„Sie sieht Euch voller Interesse an. Wenn sie Euch nicht leiden könnte, würde sie ärgerliche Laute ausstoßen."

„Es freut mich, daß sich wenigstens ein Mitglied der Familie von mir angezogen fühlt."

„Sie ist nicht das einzige Mitglied", entgegnete Cecily mit entwaffnender Offenheit. „Hier ist das zweite."

Sie machte einen fröhlichen kleinen Knicks – ganz und gar nicht das, was Giles von so einer kleinen Gelehrten erwartet hätte.

„Und hier ist noch einer", sagte Jack. „Wir wollen zur Wiese gehen. Wir müßten dort helfen."

Es war alles ganz anders, als Giles erwartet hatte. Auf der Wiese saß Sir Thomas More an einer Hecke und trank irgend etwas aus einem Krug, und seine Töchter saßen um ihn her.

War dies Sir Thomas More, der Unterschatzkanzler, der Freund des Königs und des Kardinals?

„Willkommen! Willkommen!" rief er. „Ich freue mich, daß Ihr gekommen seid, während wir alle zu Haus sind. Das Gras muß zur richtigen Zeit geschnitten werden, und da bin ich immer gern dabei. Ihr seid gewiß durstig. Kommt, trinkt mit! Hast du einen Becher für Master Heron, Meg? Und gib ihm ein Stück von dem Brot."

Giles wurde der Familie vorgestellt. Die Hausherrin hieß ihn sehr freundlich willkommen. Und nicht einmal Mistress Roper, die älteste Tochter, deren Ruhm sogar bis zu ihm gedrungen war, beunruhigte ihn.

Cecily und Jack saßen neben ihm und erzählten, wie die Äffin das Wiesel vertrieben hatte.

Es war sehr angenehm, dort im Schatten der Hecke zu liegen, eine Erfrischung zu sich zu nehmen und sich an dem Gespräch und Gelächter zu beteiligen.

Danach führte ihn Jack durch die Felder und Ställe, die Gärten, Scheunen, Wirtschaftsgebäude und schließlich durch die Molkerei.

Das Abendessen war eine fröhliche Mahlzeit, die an dem langen Tisch auf der Estrade der großen Halle eingenommen wurde. Das Essen war einfach, und da war jemand hinzugekommen, den niemand zu kennen schien. Er hatte erst unmittelbar vor der Mahlzeit vorgesprochen und gleich einen Platz an der Tafel erhalten und wurde bedient wie alle anderen.

Die Gespräche waren vielleicht ein bißchen zu gescheit, und manchmal wurde lateinisch gesprochen – es gab klassische Anspielungen, die Giles nicht verstand, doch wenn das geschah, stellte er fest, daß er sich nicht zu beteiligen brauchte und daß Lady More ständig bereit war, sich über all die Gelehrten lustig zu machen und ihm zuzulächeln, als ob sie sagen wollte: „Die Gescheiten sind schließlich wir."

Als das Mahl vorüber war, setzten sie sich auf den Rasen, denn der Tag war noch heiß. Die Mädchen holten ihre Lauten, und es wurde gesungen.

Giles Heron fühlte sich sehr glücklich an diesem Abend. Er hatte nicht den Eindruck, in einen fremden oder gar feindseligen Haushalt, sondern nach Haus gekommen zu sein.

Er saß neben Cecily und hörte ihrer süßen Singstimme zu. Er war bereits zu dem Schluß gekommen, daß er, wenn er sich in Cecily verliebte und sie heiratete, nicht nur seinem Vater eine Freude machte, sondern auch sich selber.

Als Sir John Heron, Schatzmeister der königlichen Privatschatulle, seinem Freund Sir John Dauncey, Ritter der Leibgarde des Königs, erzählte, daß sein Sohn Giles eine der Töchter von Sir Thomas More heiraten werde, wurde Sir John Dauncey nachdenklich.

Seine Gedanken wandten sich seinem Sohn William zu, und er verlor keine Zeit, ihn aufzusuchen.

Mit William konnte man offen reden, denn William war ein sehr ehrgeiziger junger Mann. Ihm brauchte man es nicht zweimal zu sagen, jeden Vorteil wahrzunehmen, der sich ihm bot.

„Ich höre, daß Giles Heron eine von Mores Töchtern heiraten wird", sagte Sir John Dauncey zu seinem Sohn. „Master Heron hat sich schnell entschlossen. Aber es ist noch eine Tochter da."

William nickte. Ihm brauchte man nicht zu erklären, was diese Worte zu bedeuten hatten. Es war nicht nötig, ihn auf die Vorteile einer Verbindung zwischen ihm und einer der Töchter eines so begünstigten Mannes hinzuweisen.

„Ich muß in dem Haus in Chelsea vorsprechen", sagte er.

Sein Vater lächelte zustimmend. Er brauchte nicht zu sagen: „Mach es nicht zu auffällig, weshalb du gekommen bist. More ist ein seltsamer Mensch, und seine Töchter werden ebenso seltsam sein. Man muß die Angelegenheit ein wenig vorsichtig in Angriff nehmen."

So etwas wußte William. Er war ehrgeizig genug, jede vorteilhafte Gelegenheit mit äußerstem Takt und höchster Vorsicht zu ergreifen.

Der Sommer neigte sich seinem Ende zu. Unter den Bäumen im Obstgarten spielte Dorothy Colly, Margarets Magd, mit Margarets kleinem Sohn Will. Plötzlich fiel ein Apfel, von dem die Wespen ein Stück gefressen hatten, in das Gras, und der Kleine krabbelte darauf zu.

„Bleib weg davon, kleiner Mann, bleib weg!" sagte Dorothy. „Faß ihn nicht an, Liebling! Pfui... baba!"

Das Kind schrie, und Dorothy hob es auf und drückte es an sich. Der Junge war seiner Mutter sehr ähnlich, und Dorothy liebte seine Mutter, von der sie eher wie eine Freundin als wie eine Magd behandelt wurde und die ihr Lesen und Schreiben beibrachte.

„Du bist ein glücklicher Junge", sagte sie. „Hier in Chelsea sind wir alle glücklich."

Sie dachte daran, wie sie in das Haus gekommen war – an ihr Leben früher und ihr Leben jetzt.

Sobald sie das Haus oder das Grundstück betrat, kam ein Gefühl des Friedens über sie. Sie wußte, daß das am Einfluß des Hausherrn lag, denn in seiner Nähe zu sein, bedeutete, von der Entschlossenheit erfüllt zu werden, nach seinen hohen Maßstäben zu leben.

In diesem Augenblick hörte sie Lady More, die mühevoll auf dem Spinett übte. Doch selbst solche Töne wirkten in diesem Haus harmonisch, denn wenn man sie hörte, mußte man daran denken, daß Lady More, die die Musik nicht sehr liebte, sich bemühte, Laute und Spinett zu spielen, damit sie ihrem Gatten, wenn er nach Haus kam, zeigen konnte, welche Fortschritte sie gemacht hatte. Selbst Lady More war sanfter geworden in der Liebenswürdigkeit ihres Ehemannes.

Gewiß, wenn sie mit dem Spielen aufhörte, pflegte sie zu erklären, daß sie nun genug Zeit für diesen Tag verschwendet habe, und dann kanzelte sie meistens, um wieder ins Gleichgewicht zu kommen, irgendeinen Pflichtsäumigen in der Küche ab, doch am nächsten Tag übte sie abermals auf der Laute oder dem Spinett.

Dorothys Herz begann rascher zu schlagen, denn da kam Sir Thomas' Sekretär John Harris auf sie zu.

John war ein ernster junger Mann und wußte genau, wie wichtig seine Arbeit war. Er bemühte sich, seinen Herrn auf jede Weise nachzuahmen, er hatte sich sogar angewöhnt, das Wams nicht richtig auf den Schultern zurechtzuziehen und die linke Schulter ein wenig höher zu heben als die rechte. Dorothy bemerkte es, und dabei wurde ihr Lächeln zärtlich.

John war tief in Gedanken versunken und sah Dorothy nicht sofort.

Sie sprach als erste: „Guten Tag, Master Harris."

Er blickte auf, und Freude verwandelte sein Gesicht. „Einen sehr schönen Tag", sagte er, ließ sich neben ihr nieder und lächelte das Kind an.

„Wie groß er schon ist!" sagte John.

Dorothy nickte zustimmend.

„Ihr seid heute nicht bei Hof, Master Harris?"

„Nein. Es ist zu Haus Arbeit zu erledigen."

„Sagt mir, denkt man bei Hof wirklich so hoch vom Herrn?"

„Sehr hoch."

Dorothy riß eine Handvoll Gras aus und runzelte die Stirn.

„Freut es Euch nicht, daß es so ist?" fragte er.

„Ich dachte gerade, wie gern ich alle Töchter so glücklich verheiratet sähe wie Mistress Roper. Sie hat geheiratet, bevor der Herr so bedeutend wurde. Master Roper wohnte dort ... sie lernten sich kennen ... und schließlich haben sie geheiratet. Ich dachte gerade, daß dies der beste Weg zu einer Heirat sei."

„Ihr denkt an William Dauncey?"

Sie nickte. „Mistress Elizabeth versteht es anscheinend nicht. Natürlich, er ist sehr ansehnlich ... und er ist sehr liebenswürdig zu ihr ... aber er hat ein Funkeln in den Augen, das, wie mir scheint, mehr von seiner Neigung spricht, durch Sir Thomas More rascher voranzukommen, als von der Neigung zu Sir Thomas' Tochter."

„Ihr seid eine kluge Frau, Dorothy."

„Ich liebe sie alle so sehr. Ich bin schon so lange bei ihnen. Mistress Elizabeth ist sehr gescheit im Unterricht, aber das heißt nicht, daß sie in weltlichen Dingen gescheit ist. Ich wünschte, es käme irgendein ruhiger junger Herr wie Master Roper ins Haus, um hier zu studieren, und Mistress Elizabeth lernte ihn allmählich kennen. Und es wäre besser, wenn sie den dann nähme – nicht Master Dauncey."

„Ihr habt Mistress Roper lange gedient, Dorothy. Sie hat Euch erzogen und Eure Gedanken geformt, und deshalb glaubt Ihr, daß alles, was sie tut, richtig ist. Das Baby ist ein vollkommenes Baby, und Master Roper ist der vollendete Ehemann. Doch es gibt Menschen, die immerhin sagen würden, daß auch Master William Dauncey keine schlechte Partie ist. Sein Vater hat einen hohen Posten am Hof. Was kann man sich sonst noch wünschen?"

„Liebe", erwiderte sie. „Uneigennützige Liebe. Ach, ich habe zuviel geredet."

„Ihr braucht nichts zu fürchten, Dorothy. Aber eins laßt mich sagen: Als Mistress Roper heiratete, wurde ihr Ehemann bald darauf wegen Ketzerei festgenommen. Ketzerei, Dorothy! Soll man sich die mehr wünschen als Ehrgeiz?"

Sie wurde nachdenklich. „Seine Ketzerei", entgegnete sie dann, „kam davon, daß er nach dem Rechten suchte, daß er entschlossen war zu tun, was er für das Beste hielt. Ehrgeiz – wie ihn Dauncey hat – dient der Selbstverherrlichung. Da liegt der Unterschied."

„Mistress Dorothy, Ihr seid wunderbar klug."

„Meine Mistress hat mir das Lesen beigebracht. Sie hat mir Bücher gegeben. Sie hat mich gelehrt, mir eigene Ansichten zu bilden – das ist alles."

Dorothy nahm den kleinen Jungen auf und drückte ihn an sich. „Manchmal wünschte ich, der Herr wäre nicht so angesehen am Hof", sagte sie. „Ich sähe ihn lieber häufiger zu Haus... gute Menschen um sich her... wie Euch, Master Harris."

Dann verließ ihn Dorothy und ging zum Haus.

Sie hörte, daß jemand Laute spielte. Das Spiel war zu gut, als daß es Lady More sein konnte. Als sie näher kam, erkannte sie die Stimmen von Cecily und Elizabeth, die eine Ballade sangen.

„Bitte, Gott, erhalte ihnen ihr Glück!" betete Dorothy. „Laß uns so weiterleben ... für alle Zeiten ... bis wir zur Ruhe gerufen werden."

Andere Stimmen erklangen, die mit den Mädchen zusammen sangen – Giles Heron und William Dauncey.

Dorothy fröstelte. Die Stimmen der jungen Männer erinnerten sie daran, daß sich das Leben ständig veränderte.

Der Herr wurde mit allzu vielen Ehren überhäuft, und Ehren

brachten Neid, sie brachten die Schmeichler, die falschen Freunde, die wie Wespen an den schönen Früchten nagten, bis sie zerstört waren und von den Zweigen fielen.

In jenem Jahr kam der Winter mit bitterer Kälte.

Das Haus war nicht warm zu halten. Die scharfen Winde drangen in jeden Raum, und auf dem Fluß lag Eis. Schneestürme fegten über das Land.

Mercy war sehr glücklich. Das Spital war ihr ganzes Leben. Wenn andere es auch bedauern mochten, daß Sir Thomas so hoch aufstieg in der Welt, Mercy konnte es nicht. Wenn er nicht im Dienst des Königs ein Vermögen gewönne, hätte er das Geld nicht beisteuern können, das sie brauchte, um ihr Spital in Gang zu halten. Aber sie war äußerst sparsam. Sie arbeitete schwer und genoß es, so schwer zu arbeiten. Sie dachte an die Kritik, die Erasmus an den englischen Häusern geübt hatte, und streute keine Binsen auf die Fußböden in ihrem Spital. Das Haus hatte Fenster, die man weit öffnen konnte, und ihre Erfolge bei den Patienten waren recht befriedigend.

Mercy genoß vor allem die Tage, an denen ihr Pflegevater erschien, um ihre Arbeit zu inspizieren. Dann ging er zwischen den Patienten hindurch, einen Scherz auf den Lippen. „Lachen ist eine der besten Arzneien“, sagte er, und sie war glücklich, ihn bei sich zu haben, ob er das, was sie tat, nun lobte oder in Frage stellte.

Vor sich selbst gab sie nicht zu, daß sie nicht vollkommen glücklich war. Sie, die in allen anderen Dingen so offen war, wußte, daß sie hier die Augen verschloß.

Sie wollte sich nicht eingestehen, daß sie Dr. Clement liebte. Es liegt einfach nur daran, sagte sie zu sich, daß überall soviel von Heirat gesprochen wird, und deshalb denke ich so oft darüber nach, ob ich auch einmal Braut werde. Ailie und Margaret sind verheiratet. Und nun wird Cecily ihren Giles Heron bekommen und Elizabeth ihren William Dauncey. Und wegen all dieser Heiraten suche auch ich nach Liebe.

War es denn nicht immer so gewesen? Die kleine Pflegeschwester hatte immer gefürchtet, daß sie kein ganz vollgültiges Mitglied der Familie sei, obwohl ihr alle immer wieder versicherten, daß sie es doch sei. Nun kamen zwei Kavaliere vom Hof, eifrig darauf aus, die Töchter von Sir Thomas More zu heiraten. Doch niemand kam, der um seine Pflegetochter freite.

Nicht, daß Mercy es erwartete. Sie lachte bei dem Gedanken, daß die schlichte Mercy Gigs so einen prächtigen Herrn wie William Dauncey zum Freier haben könnte.

Außerdem wollte Mercy gar keinen Kavalier vom Hof. Sie wünschte sich Dr. Clement.

Und er? Weshalb sollte er an Mercy Gigs denken? Doch er dachte an sie – o ja, als an eine Freundin, an ein Mädchen, das sich für Medizin interessierte, das ihre Zeit mit der Arbeit im Spital verbrachte und in gewissen Fragen gern seinen Rat erbat.

Sie durfte sich keiner Täuschung hingeben. Sie war ein Niemand. Eine Waise, mit der die Mores Mitleid gehabt hatten. Wie sehr sie sich auch bemühten, sie es vergessen zu lassen – sie selber durfte es nicht vergessen. Und John Clement? Ein junger Mann aus guter Familie, der im Dienst des Kardinals hohes Ansehen genoß und beim Leibarzt des Königs, Dr. Linacre, in Gunst stand. Als ob ein solcher Mann in Mercy Gigs etwas anderes sehen könnte als eine gute Freundin!

Ach ja, sagte sie sich, all dieses Gerede von Heiraten läßt mich das gleiche wünschen, was die anderen haben. Ich wünsche mir, von einem Ehemann geliebt zu werden, genau wie ich es mir als Kind gewünscht habe, von einem Vater geliebt zu werden.

Cecily und Elizabeth waren an diesem Tag zum Spital herübergekommen, obwohl es schwierig war, auch nur das kurze Stück durch den Schnee zu stampfen.

Sie wirkten beide recht hübsch mit diesem Strahlen, das ihre Gesichter verschönerte. Das kam von der Liebe. Cecily war vielleicht die glücklichere, sie war sich ihres Giles sicherer. Doch Elizabeth – ohnehin zurückhaltender als ihre jüngste Schwester – war vielleicht William Daunceys wegen ein wenig in Sorge. Wußte sie – wie andere es taten –, daß er ein ehrgeiziger junger Mann war, der glaubte, daß ihr Vater seinem Vorwärtskommen behilflich sein konnte? Arme Elizabeth! Wie Mercy wünschte sie sich, verheiratet zu sein. Liebte sie vielleicht das Ideal der Ehe mehr als den Mann, der es ihr ermöglichen würde? Schweigend sprach Mercy ein Gebet für Elizabeth. Cecily würde mit ihrem Giles glücklich werden. Er war ein träger Junge, gutmütig, offen. Er verhehlte nicht, daß sein Vater gewünscht hatte, er möge eine Mistress More heiraten, und daß er selber diese

Ehe ganz nach seinem eigenen Geschmack fand. Er besaß nicht William Dauncey verbissenen Ehrgeiz. Und ob sie wohl recht hatte, überlegte Mercy, wenn sie fand, daß sich sogar Dauncey geändert hatte, seit er ins Haus gekommen war? Klang sein Lachen, wenn er sich zur Familie gesellte und sich an ihren Spielen beteiligte und mit den anderen sang, etwas weniger gezwungen als früher?

Die beiden jungen Mädchen kicherten, als sie sich den Schnee aus den Kleidern schüttelten.

„Was für ein Tag, Mercy!“ rief Elizabeth. „Wenn der Schneesturm wieder anfängt, werden wir hier einschneien und überhaupt nicht wieder herauskommen ... und niemand wird zu uns gelangen können.“

Cecily sagte: „Und du mußt heute zum Essen hinüberkommen. Es wird jemand zu Besuch dasein. Der ist bestimmt enttäuscht, wenn du nicht da bist.“

Mercy wurde rot. Dem raschen Blick, den Cecily Elizabeth zuwarf, hatte sie entnommen, wer dasein würde.

„Wenn das Wetter so schlecht ist, wird euer Gast vielleicht nicht kommen.“

„Er wird ja schließlich nicht das Boot nehmen. Das Eis auf dem Fluß ist recht dick. O Mercy, wie schön ist das Feuer!“ Cecily streckte die Hände dem Kamin entgegen.

„Ich habe Glück gehabt. Ich habe im Herbst viel Ginster und Farn gesammelt. Meine Patienten, die schon aufstehen konnten, haben es mir geholt. Wir meinen, daß körperliche Bewegung gut ist, und besonders die frische Luft.“

„Wir?“ fragte Cecily schelmisch.

„Du und Dr. Clement, nehme ich an“, sagte Elizabeth.

„Er weiß sehr viel in diesen Dingen.“

„Vater sagt“, berichtete Cecily, „daß ihn der König eines Tages vielleicht in seinen persönlichen Dienst nimmt, und Dr. Linacre meint, er sei der beste junge Arzt, den er kennengelernt hat. Das bedeutet gewiß, daß der König bald davon hören wird.“

O ja, dachte Mercy, das alles trifft zu. Er wird in der Welt vorankommen, und wenn er hoch genug gestiegen ist, wird irgendein Edelmann von hohem Rang zu dem Entschluß kommen, daß er eine gute Partie für seine Tochter ist.

Und John selbst? Er war auf seine Weise ebenso ehrgeizig wie Dauncey auf die seine. Er wollte neue Wege entdecken, wie man die Krankheit besiegen konnte. Die Gunst des Königs würde ihm gewiß dabei helfen.

Cecily und Elizabeth wußten nicht, daß sie, als sie von der Klugheit John Clements und seinen Aussichten bei Hof sprachen, Mercy deutlicher als je zeigten, wie töricht sie gewesen war, zu träumen.

„Deshalb muß du unbedingt zum Essen kommen", drängte Cecily, „und auch schon etwas früher dasein. Dann kannst mit ihm über die neuesten Heilmittel für die Pocken reden. Ich bin überzeugt, daß das ein anregendes Gesprächsthema bei Tisch gibt."

„Wir sind eigens herübergekommen, um dir das zu erzählen", sagte Elizabeth. „Mutter ist schon ganz aufgeregt heute morgen. Und diese Woche ist gerade Margaret mit der Hauswirtschaft an der Reihe. Arme Margaret! Mutter stürmt durch die Küche und verspricht allen, daß sie es zu spüren bekommen werden, wenn der Rinderbraten nicht genügend mit Fett begossen worden ist. Es ist viel Gerenne... und alles, weil Dr. John Clement kommt. Man kann sich kaum vorstellen, daß er beinah noch ein Junge war, als er zum erstenmal zu uns kam, um Vater auf seiner Reise nach Flandern zu begleiten. Der bescheidene Sekretär ist ein großer Arzt geworden."

Ach, dachte Mercy, zu groß für mich.

Gerade als die Mädchen gehen wollten, erschien ein Junge. Er war kreidebleich, und Schnee lag auf seinem Haar, so daß er mit seinen hohlen Wangen wie ein alter, weißhaariger Mann aussah.

„Was ist geschehen, Ned?" fragte Mercy, die ihn als einen der Jungen von Blandels Bridge erkannte.

„Es ist mein Vater, Mistress Mercy. Er liegt wie ein Toter im Stroh. Aber er ist nicht tot. Er starrt um sich mit weit offenen Augen und kann nichts sagen. Meine Mutter hat gesagt, ich soll zu Euch laufen und Euch bitten, ihn zu untersuchen."

„Du kannst bei diesem Wetter nicht den ganzen Weg nach Blandels Bridge gehen", sagte Cecily.

„Vielleicht ist er sehr krank. Ich muß gehen."

„Aber der Schnee ist tief. Du wirst nie hinkommen."

„Es ist weniger als eine halbe Meile. Und Ned hat es auch hierher geschafft." Sie sah seine Füße an. Er trug ein Paar Schuhe, die Jack gehört hatten, denn Margarets Aufgabe war es, sich um die Bedürfnisse der Armen zu kümmern, und das tat sie mit Hilfe der Kleidungsstücke der ganzen Familie.

„Du kommst also nicht mit uns hinüber?"

Mercy schüttelte unentschieden den Kopf. Sie mußte ihre Schwäche überwinden. Zuerst war sie Ärztin. Dies war ihr Spital. Sie glaubte, es müsse die Liebe ihres Lebens werden, denn Dr. Clement – mochte er auch ihr liebenswürdiger Freund sein – konnte sie nicht heiraten.

„Dann wirst du das Mittagessen verpassen."

„Das fürchte ich. Ich weiß nicht, wie lange ich in der Hütte bleiben muß."

„Mercy", sagte Cecily, „komm mit hinüber und iß erst. Geh nachher hin, vielleicht begleitet dich John Clement."

Das war die Versuchung. Mercy malte sich das Essen in dem geliebten Heim aus, sie selbst sprach das Tischgebet wie in früheren Zeiten. Sie stellte sich die interessanten Gespräche vor, und dann ritt sie zusammen mit John Clement auf einem Pferd zur Hütte bei Blandels Bridge, hörte sich seine Diagnose der Krankheit des Patienten an und trug dann die eigene vor.

Doch die Krankheit wartete nicht auf so hübsche tröstliche Szenen. Schnelligkeit war alles, wenn man die Krankheit bekämpfen wollte. Ein Leben konnte verlorengehen, wenn man sich fünf Minuten – geschweige denn Stunden – verspätete.

„Nein", sagte sie. „Ich muß sofort gehen. Ned, warte auf mich. Ich muß ein paar Medikamente mitnehmen."

So gingen Elizabeth und Cecily zurück zu dem Haus auf der anderen Seite des Zaunes, und Mercy stapfte durch den Schnee nach Blandels Bridge.

Der Schneesturm peitschte auf sie ein. Die vertraute Landschaft war fremd geworden. Ein dickes, weißes Tuch war über alles gebreitet und verbarg die Formen von Hecken und Hütten.

Doch Ned kannte den Weg. Sie folgte ihm blind. Bald waren ihre Finger taub, die Füße eisig kalt. Der Weg – gewöhnlich knapp zehn Minuten – erforderte fast eine Stunde.

Mercy dachte: Nun werde ich ihn verpassen. Es ist so lange her, seit ich ihn gesehen habe. Er hat so viel zu tun, daß er nur noch selten zu uns kommt. Und wenn er kommt ... kann ich nicht dasein!

Sie hatten die Hütte erreicht. Die Binsen stanken. Es schien keine Luft in dem Raum zu geben, und dennoch war es bitter kalt. Die Frau, die auf einem Schemel gesessen und den Mann auf dem Fußboden betrachtet hatte, strahlte auf, als sie Mercys Stimme draußen hörte.

„Gott segne Euch für Euer Kommen!" rief sie, als Mercy die Hütte betrat.

Und als Mercy ihr in die Augen schaute, dachte sie: Das muß mein Lohn sein. Sie kniete neben dem Mann auf dem schmutzigen Stroh nieder und legte ihm eine Hand auf die glühende Stirn. Er hustete.

„So hustet er nun schon seit Stunden", sagte die Frau. „Es ist, als ob er an seinem Husten ersticken sollte."

Mercy entgegnete: „Wenn das Wetter besser wird, möchte ich ihn in mein Spital holen lassen. Es ist nicht gut für ihn hierzubleiben."

Die flehenden Augen des Mannes bohrten sich in die Mercys. Er schien sie zu bitten, ihn gesund zu machen.

Sie nahm eine der Phiolen aus der Tasche, die sie mitgebracht hatte, und gab ihm den Inhalt zu trinken. In der bedrückenden kalten Atmosphäre des Zimmers fröstelte sie, und der Geruch der Binsen erregte Übelkeit in ihr.

Sie dachte: Wenn ich ihn doch nur hier wegbringen könnte ... in eins meiner warmen Zimmer mit Decken und einem sauberen Strohsack, auf dem er liegen kann. Wenn ich ihm heiße Suppe, frische Luft geben könnte, wer weiß ... vielleicht könnte ich ihn heilen.

„Was ist mit ihm, Mistress Mercy?" fragte die Frau.

„Er ist sehr krank."

„Wird er sterben?"

Mercy schaute ihr in die angstgequälten Augen. Wie konnte sie sagen: „Ich kann hier nichts für ihn tun"? Wie konnte sie sagen: „Werft diese fauligen Binsen hinaus"? Die Leute jetzt zu stören würde die Gefahr nur verdoppeln. So hatte ihn die Krankheit noch nicht gepackt, daß sie ihn nicht retten konnte. Wenn das Wetter nicht so schlimm wäre, könnte sie zum Haus ihres Pflegevaters gehen. Dort hätte sie starke Männer gefunden und Bretter, auf die man diesen Kranken legen konnte, um ihn aus dieser muffigen Hütte wegzutragen. Aber wie ließ sich das in diesem Schneesturm machen?

Mercy schloß die Augen und betete um Führung, und wie

durch ein Wunder öffnete sich die Tür, und da stand Dr. John Clement und schien stark und allmächtig zu sein.

„John!" rief sie in höchster Freude. „Ihr... hier?"

„Ja, Mercy. Die Mädchen haben mir gesagt, wo Ihr seid, und da bin ich gekommen, um zu sehen, ob ich helfen kann."

Er kniete in den Binsen nieder und schaute dem Kranken ins Gesicht.

„Dieser Raum...", sagte Mercy, und John nickte. „Wenn ich ihn ins Spital bringen könnte", fuhr sie fort, „und dort für ihn sorgen... Ich glaube, ich könnte ihn gesund pflegen."

John schwieg eine Weile. Dann sagte er: „Ich bin hierhergeritten. Ich habe das Pferd vor der Hütte angebunden. Wir könnten ihn auf das Pferd setzen und zum Spital bringen."

„Durch den Schnee?"

Johns Antwort war, daß er sich im Zimmer umsah, die fauligen Binsen, die feuchten und ungesunden Erdwände betrachtete.

„Hier kann er nicht am Leben bleiben."

„Und wenn wir ihn in die Kälte hinausbringen?"

„In solch einem Fall müssen wir etwas wagen."

„Ihr würdet es wagen, John?"

„Ich würde es tun. Und Ihr?"

„Ja", erwiderte sie, „ich würde tun wie Ihr."

Das Glück kam zu seltsamen Zeiten an seltsamen Orten. Der Schnee peitschte Mercy ins Gesicht. Sie war naß und taub vor Kälte, doch warm vor Freude.

Sie war selten in ihrem Leben so glücklich gewesen wie in dieser Stunde, als sie mit John Clement durch den Schnee ging, den Kranken, den sie beide auf Johns Pferd festhielten, zwischen sich, während der blasse Junge das Pferd führte.

In diesem Sommer gab es eine Doppelhochzeit.

Die Trauungen von Elizabeth mit William Dauncey und Cecily mit Giles Heron sollten in der Privatkapelle eines der Herrenhäuser der Allington-Familie gefeiert werden.

Ailie – jetzt Lady Allington – war erfreut, ihre Familie bei dieser Gelegenheit bei sich zu haben.

Ailie war ein glücklicher Mensch. Ihr Gatte betete sie an. Sie hatte jetzt ein Kind, doch das hatte sie kaum verändert. Sie war immer noch die heitere und bezaubernde Ailie.

Mit großem Vergnügen zeigte sie ihrer Mutter die Küchen des

Hauses. Sie waren geräumiger als die in Chelsea und weit großartiger.

Alice rümpfte hier und da die Nase über Dinge, die nicht ihre Billigung fanden, doch insgeheim beglückwünschte sie sich, daß es ihre eigene Tochter war, die die beste Partie gemacht hatte.

„Sieh mal, Mutter! Hast du dir schon diese Decken angeschaut? Giles ist besonders stolz auf sie. Wie kunstvoll sie gemalt sind. So etwas findet man in modernen Häusern nicht. Und hier diese gemalten Behänge! Sie alle stellen Schlachtszenen dar. Aber bitte, frag mich nicht welche, das weiß ich nämlich nicht. In der großen Halle haben wir flämische Wandteppiche, die in jeder Beziehung ebenso schön sind wie die, die mein Lord Kardinal in Tittenhanger oder Hampton Court hängen hat."

„Larifari!" erwiderte Alice. „Was in der Küche vor sich geht, ist wichtiger als gemalte Behänge oder flämische Wandteppiche, das kann ich dir sagen."

Ailie küßte ihre Mutter. „Das müßte erst noch bewisen werden", sagte sie neckend... An diesem Tag neckte sie alle, ihre Halbschwestern, ihren Stiefvater, ihre Mutter und ihren Ehemann.

Margaret sprach mit ihr über William Dauncey. „Elizabeth liebt ihn, aber liebt er Elizabeth? Oder denkt er nur daran, was Vater für ihn tun kann?"

„Nun", entgegnete Ailie voller Vertrauen zu ihrem eigenen Zauber, „wenn er sie nicht liebt, dann ist es ihre Sache, ihn dazu zu bringen. Und wenn er es dennoch nicht tut..."

Ailie zuckte die Achseln, entschloß sich dann jedoch mit einem Blick auf Margaret, nicht zu beenden, was sie begonnen hatte. Statt dessen setzte sie hinzu: „Ich bin überzeugt, daß sie ganz glücklich sein werden. Master Dauncey ist ein junger Mann, der es weit bringen wird, und glaub mir, liebe Margaret, es ist keineswegs unangenehm, die Frau eines aufsteigenden Sterns zu sein."

„Ist das wirklich so?" sagte Margaret. „Ich weiß, wie es ist, die Tochter eines solchen Sterns zu sein. Aber mir wäre es lieber, Vater würde bei Hof nicht mit soviel Gunst angesehen, dann könnten wir ihn häufiger in der Familie haben."

„Vater! Ach, Vater ist kein gewöhnlicher Mensch. Vater ist ein Heiliger!"

Damit verließ Ailie ihre Schwester. Sie war eine beschäftigte

Gastgeberin, und sie hatte sich um vieles zu kümmern, denn in ihrem Herrenhaus in Willesden waren die vornehmsten Leute zu Gast.

Ihr Blick hatte sich Lord Norfolk zugewandt, seit kurzem Earl von Surrey, da er von seinem vor etwa einem Jahr verstorbenen Vater den Titel geerbt hatte.

Ailie knickste vor ihm und sagte ihm, wie geehrt sie sei, ihn in ihrem Haus zu sehen. Seltsamer Mann! Er war sich Ailies Charme kaum bewußt. Er sah grimmig aus, als ob er nie einen Gedanken auf etwas anderes als Angelegenheiten des Staates verschwendet hätte. Es war schwer zu glauben, daß seine Frau ihm wegen ihrer Wäscherin Bess Holland, für die dieser Mann eine unwiderstehliche Leidenschaft empfand, die Hölle heiß machte.

Norfolk war hochmütig und glaubte, daß er den Allingtons eine große Ehre erwies, wenn er ihr Haus aufsuchte. Er war sich bewußt, ein großer Edelmann zu sein, das Haupt einer der höchsten Familien im Land, und er mußte – wenn er darüber auch mit keinem Menschen zu sprechen wagte – immer wieder daran denken, daß die Howards von Norfolk ebenso königlich waren wie die Tudors. Der Tod seines Schwiegervaters Buckingham, vor kurzer Zeit, war eine schreckliche Warnung für ihn, eine Mahnung, daß man solche Gedanken für sich behalten mußte. Doch das hinderte ihn nicht daran, sie insgeheim zu genießen.

Nein, wenn ihm die Freundschaft mit Sir Thomas More nicht so wichtig gewesen wäre, dachte Norfolk, wäre er heute nicht hier. Im Juli dieses Jahres hatte es einen Vorfall gegeben, der alle Menschen, die dem Thron nahestanden, erschreckt und zum Nachdenken gebracht hatte.

Der König hatte eines Tages, als sie sich auf den Ländereien des üppigen und überaus luxuriösen Landhauses Hampton Court befanden, zum Kardinal gesagt: „Sollte ein Untertan so reich sein, daß er sich ein solches Haus leisten kann?“ Und der Kardinal, dieser gescheite, dieser schlaueste aller Staatsmänner, dessen rascher Geist ihn von geringer Herkunft zu einem Platz in der Sonne geführt hatte, hatte mit seiner Antwort die Reichtümer von Hampton Court weggeworfen: „Ein Untertan hat nur das Recht, ein solches Haus zu besitzen, Majestät, damit er es seinem König schenken kann.“

Nun brauchten die Leute nicht mehr zu singen: „Welcher

Hof? Des Königs Hof oder Hampton Hof?“ Denn nun war Hampton Court in Wahrheit des Königs Hof geworden.

Es ging etwas vor sich zwischen dem König und dem Kardinal. Es war etwas, was die Augen des Königs streitsüchtig auffunkeln ließ, während die des Kardinals von Furcht erfüllt waren.

Norfolk, dieser ehrgeizige Mann, dieser kalte, harte Ränkeschmied, glaubte, daß die Gunst, die der Kardinal schon so lange genoß, weniger hell war als früher. Das freute Norfolk, denn er haßte Wolsey. Sein Vater hatte ihm diesen Haß eingeflößt. Er wurde nicht nur durch den Neid auf die Gunst hervorgerufen, die Wolsey genoß. Er war nicht nur der Groll, den ein Edelmann auf einen Emporkömmling aus einer bescheidenen Schicht der Gesellschaft empfinden mochte. Er ging zurück auf die Rolle, die der Vater dieses Herzogs in dem Prozeß gegen seinen Freund Buckingham zu spielen gezwungen worden war. Buckingham, der Edelmann und Verwandte der Howards von Norfolk, war zum Tode verurteilt worden, weil er nicht genug Respekt für einen Menschen gezeigt hatte, den Norfolks Vater „einen Schlachterköter“ genannt hatte. Und einer der Richter Buckinghams war der alte Herzog von Norfolk gewesen, der ihn mit Tränen in den Augen zum Tode verurteilt hatte, weil er wußte, daß er den eigenen Kopf verlieren würde, falls er es nicht tat. Das war niemals zu verzeihen. Wie lange das Warten auch dauern mochte, Wolsey mußte leiden, nicht nur für die Hinrichtung Buckinghams, sondern auch dafür, daß er Norfolk gezwungen hatte, seinen Freund und Verwandten zu verurteilen.

Doch der Herzog von Norfolk war nicht nur ein rachsüchtiger, sondern auch ein ehrgeiziger Mann. Er verlor niemals die Tatsache aus dem Auge, daß, wenn Wolsey in Ungnade fiel, nur ein einziger klug genug war, seinen Platz einzunehmen. Und deshalb war es gut, mit diesem Mann auf freundschaftlichem Fuß zu stehen. Nicht, daß ihm das Mühe bereitet hätte. Wenn überhaupt ein Mensch – außer Bess Holland – das Herz dieses harten Mannes erweichen konnte, dann war es Thomas More. Ich mag ihn, dachte Norfolk, von seinen eigenen Gefühlen verwirrt. Ich mag ihn wirklich ... weil er so ist, wie er ist, nicht nur wegen der Größe, die er einmal erreichen kann.

Deshalb wünschte Norfolk Mores Freund zu sein. Es war eine seltsame Angelegenheit – ebenso seltsam wie die Liebe dieses stolzen Mannes zu einer bescheidenen Wäscherin.

Deshalb war der Herzog von Norfolk Gast bei der Doppelhochzeit der Töchter eines einfachen Ritters mit den Söhnen zweier weiterer einfacher Ritter.

Thomas trat nun auf ihn zu. Niemand, der ihn sah, wäre auf den Gedanken gekommen, daß er ein glänzender Gelehrter von weltweitem Ruhm war und auf dem Weg, einer der bedeutendsten Staatsmänner des Königreiches zu werden. Er war einfacher gekleidet als jeder der Anwesenden, und es war deutlich zu sehen, daß er sich nicht viel aus seiner Kleidung machte. Beim Gehen zog er eine Schulter hoch – eine alberne Gewohnheit, dachte Norfolk, er sieht aus, als ob er verkrüppelt wäre.

Doch nun stand Thomas vor ihm, und Norfolk verspürte diese seltsame Mischung aus Zuneigung und Erbitterung.

„Ich habe Euch noch nie so heiter gesehen, Sir Thomas."

„Ich bin ein glücklicher Mann, mein Lord. Meine beiden Töchter heiraten heute, und statt sie zu verlieren, gewinne ich zwei Söhne. Sie werden in meinem Haus in Chelsea leben, wenn sie nicht am Hof sind. Nun sind all meine eigenen Töchter verheiratet, und ich habe nicht eine von ihnen verloren. Meint Ihr nicht, mein Lord, daß das ein Grund zur Freude ist?"

„Viel hängt davon ab, ob Ihr in gutem Einvernehmen mit Eurer großen Familie leben könnt."

Norfolks Augen zogen sich zu schmalen Schlitzen zusammen, denn er dachte an das eigene stürmische Familienleben mit all den heftigen Vorwürfen und Auseinandersetzungen.

„Wir leben in Chelsea in gutem Einvernehmen. Ihr solltet uns einmal besuchen, mein Lord, wenn Eure Barken Euch diesen Weg führen."

„Das werde ich tun... das werde ich wirklich tun. Ich habe von Euerm Haushalt gehört. Man sagt: ‚*Vis nunquam tristis esse? Recte vive!*' Ist das der Weg, wie Ihr Euer Glück erreicht, Master More?"

„Vielleicht streben wir danach, in Chelsea recht zu leben. Vielleicht sind wir wirklich deshalb eine glückliche Familie."

Norfolks Augen wurden düster. Jäh wechselte er das Thema. „Am Hof braut sich etwas zusammen", sagte er.

„Und was, mein Lord?"

„Der König hat seinen Bastard Fitzroy zum Herzog von Richmond und Somerset gemacht."

„Er liebt den Jungen."

„Aber so große Titel ... für einen Bastard! Wäre es möglich, daß Seine Gnaden den Eindruck hat, vielleicht niemals einen legitimen Sohn erwarten zu können?"

„Die Königin ist häufig enttäuscht worden. Arme Dame, es ist bitter für sie."

Norfolk trat nahe zu ihm und flüsterte: „Und es wird noch bitterer für sie werden, daran zweifle ich nicht."

Sie gingen zusammen zu der großen Tafel, wo ein so üppiges Mahl aufgetragen war, daß man sagen konnte, es hätte der Tafel des Königs oder des Kardinals Ehre gemacht.

Es gab Rind-, Hammel- und Schweinefleisch, geröstetes Wildschwein und viele Arten von Fisch, dazu Reh und Pasteten aller Art. Es gab sogar Truthahn – diese neueste aller Delikatessen, in jenem Jahr zum erstenmal nach England importiert.

Und dazu Getränke aller Art – Wein, roten und weißen, Malvasier, Muskateller und Tokajer, dazu Met.

Und während die Gesellschaft speiste, ließen Spielleute fröhliche Weisen von der Galerie erklingen.

Nach dem Bankett und während des Balls, der ihm folgte, fand Mercy, die an der Seite stand und den Tanzenden zusah, Dr. Clement neben sich.

„Dies ist ein fröhlicher Tag, Mercy", sagte er. „Und Ihr müßt recht froh sein, daß Eure Schwestern, obwohl sie heiraten, ebenso unter dem Dach der Familie leben werden wie Margaret."

„Das ist tatsächlich ein Segen. Ich glaube, es hätte Vater das Herz gebrochen, wenn eine von ihnen das Heim hätte verlassen wollen. Es war schon schlimm genug, daß Ailie wegging."

„Wie würde er sich fühlen, wenn Ihr wegginget, Mercy?"

„Ich?" Sie wurde rot. „Oh ... ebenso wie bei Ailie, als sie ging, nehme ich an. Sie ist eine Stieftochter, ich eine Pflegetochter. Er ist so gut, daß wir alle glauben dürfen, er liebe uns wie seine eigenen Kinder."

„Ich glaube, er wäre unglücklich, wenn du gingest, Mercy. Aber ... warum solltest du gehen? Du könntest doch bleiben ... bei deinem Spital. Und ich wäre am Hof ... Und wie dein Vater würde ich jede Gelegenheit nutzen, um bei dir zu sein.

Sie wagte ihn nicht anzusehen. Sie glaubte, sie habe ihn nicht richtig verstanden. Soviel Glück konnte es doch auf der Welt nicht geben. Sie konnte doch nicht alles haben – ihren geliebten Vater, die Familie, ihr Spital *und* John Clement!

Er war ihr nahe und schob seinen Arm durch den ihren.

„Was sagst du dazu, Mercy?“

„John...“

„Du bist überrascht. Hast du denn nicht gewußt, daß ich dich liebe? Habe ich mir zuviel angemaßt, wenn ich glaubte, du liebtest mich auch?“

„O John“, sagte sie, „meint Ihr... meint Ihr wirklich... daß Ihr mich liebt?“

„Wenn du ‚Ihr‘ sagst, klingt es, als sei ich der König, und wenn du ‚mich‘ sagst, ist es, als ob du die niedrigste Dienstmagd wärest. Aber, Mercy, du bist klug, du bist gut, und ich liebe dich. Ich bitte dich, wirf deine Bescheidenheit ab, und sag, daß du mich heiraten willst.“

„Ich bin so glücklich“, erwiderte sie, „daß ich die Worte nicht finde.“

„Es muß bald wieder eine Hochzeit geben.“

Welch glücklicher Tag das war! Thomas lächelte einem Mitglied seiner Familie nach dem anderen zu. Hätte er die Feier lieber im eigenen Haus gehabt? Gewiß nicht, wenn er auf das stolze Lächeln von Alice und ihrer Tochter sah. Und was Cecily und Elizabeth betraf, so wären sie überall, wo die Feier auch stattfinden mochte, glücklich gewesen.

Es war nicht das Mahl mit den Truthähnen, nicht die kostbar eingerichteten Zimmer mit den gemalten Behängen und ebensowenig die vornehmen Gäste, die wichtig waren. Es war das tiefe Glück eines jeden in seiner Familie. Und da kam Mercy, glücklich wie nur eine von ihnen, und John Clement neben ihr – und das konnte nur eins bedeuten.

Die Lustbarkeiten gingen weiter. Es kamen Moriskentänzer mit Glöckchen an den Beinen, danach Reiter auf Steckenpferden, und schließlich tanzten die Gäste wieder die würdevollen Tänze. Ailie bemühte sich eifrig, zu zeigen, daß ihre Anwesenheit bei Hof nicht umsonst gewesen war, und die Unterhaltung, die sie ihren Freunden bot, war vielleicht weniger luxuriös als am Hof des Königs, doch von einer Art, daß der König selber hätte erscheinen und sein Vergnügen daran finden können.

Und später erlaubte Ailie den Schwestern, die sie in ihr Zimmer begleitet hatten, um ein wenig zu ruhen, ihr Kleid zu mustern, das aus blauem Samt nach der letzten Mode gearbeitet war. Der Rock des samtenen Obergewandes war ausgeschnitten und zeigte ein Untergewand aus blaßrosa Seide. Das Mieder war mit goldfarbenen Bändern geschnürt.

Ailie drehte und wendete sich vor den Schwestern.

„Gefällt es euch? Es ist auch die neueste Mode, das dürft ihr mir glauben. In französischem Stil. Und wie findet ihr die Schuhe?" Sie streckte ihnen den hübschen Fuß entgegen. „Dieser silberne Stern darauf, der ist besonders modisch. Ihr solltet übrigens auch ein Band aus Samt oder Gold um den Hals tragen. Das ist jetzt das Allermodernste. Und seht euch die Ärmel an! Sie fallen über die Hände. Sehr anmutig, nicht wahr?"

„Anmutig?" entgegnete Elizabeth. „Aber ist das denn bequem? Mir wären solche Ärmel ständig im Wege."

„Aber Mistress Dauncey!" Ailie sah ihre Stiefschwester entrüstet an. „Tragen wir unsere Kleider etwa, damit sie bequem sind? Was macht es denn aus, wenn einem die Ärmel im Wege sind? Sie fallen anmutig, und das ist das einzige, was zählt."

„Mir ist es gleich", sagte Elizabeth, „ob es das Neueste aus Frankreich ist oder nicht. Ich finde es schrecklich unbequem."

Ailie senkte vertraulich die Stimme. „Wißt ihr, wer diese Mode eingeführt hat? Aber natürlich wißt ihr es nicht. Wie könntet ihr auch! Es war eine der Hofdamen. Sie allein bestimmt, was wir zu tragen und was wir nicht zu tragen haben."

„Das ist ja noch närrischer!" sagte Cecily. „Eine Frau bestimmen zu lassen, was man tragen darf und was nicht!"

„Laßt sie bestimmen! Wir können es doch nicht ändern. Sie trägt diese Ärmel wegen eines verkrüppelten Fingers. Deshalb muß der Anschein erweckt werden, als ob alle anderen Ärmel häßlich wären. Sie hat eine Warze am Hals ... ein Muttermal, sagen manche. Deshalb trägt sie ein Band um den Hals. Und alle sehen, wie kleidsam so ein Band ist und daß jede Dame ohne dieses Band unmodern wirkt. Sie ist erst kürzlich aus Frankreich gekommen – Anne, die Tochter von Sir Thomas Boleyn. Sie ist Marys Schwester. Alle Männer bewundern sie, und alle Frauen sind neidisch auf sie, denn wenn sie da ist – mag sie auch einen garstigen Finger und eine Warze am Hals haben –, wirken alle anderen häßlich und unbedeutend."

Margaret unterbrach sie mit einem Lachen. „Ach, hör auf, Ailie! Hör auf mit deiner frivolen Hofdame, mit dieser verwelschten Anne Boleyn! Laß uns lieber über etwas sprechen, was wichtig ist!"

V

Jetzt waren schon mehrere Kinder im Haus. Margaret hatte ein kleines Mädchen, und Cecily und Elizabeth hatten beide Babies. Wenn Elizabeth nicht das vollkommene Glück in der Ehe gefunden hatte, dann durfte sie doch hoffen, es in ihren Kindern zu finden.

Auf den Straßen sangen die Leute:

„Puten, Karpfen, Hopfen, Malz und Bier,
das alles gibt's seit einem Jahr erst hier."

Und dieses Jahr war das Jahr der großen Kälte und der Hochzeit von Elizabeth und Cecily gewesen.

Margaret nannte dieses Jahr und das folgende bei sich die glücklichen Jahre. Im Kreis der Familie geschah so viel, daß alle blind für das waren, was draußen vor sich ging... alle außer Thomas.

Es gab Zeiten, wo er, wie Margaret bemerkte, bei ihnen saß und mit einem seltsam abwesenden Blick durch sie hindurchstarrte. Es konnte sein, daß sie draußen auf den Wiesen beim Heumachen waren oder im Garten Obst pflückten oder daß sie bei Tisch saßen und eben noch miteinander gesprochen und gelacht hatten.

Einmal schob sie die Hand durch seinen Arm und flüsterte: „Vater, woran denkst du?"

Seine Antwort lautete: „An all dies, Meg, an meine Familie... diese vollkommene Zufriedenheit. An dem Tag, an dem ich sterbe – ganz gleich, wie ich sterbe –, werde ich an diesen Augenblick denken und sagen, daß mir mein Leben viel Freude gebracht hat."

Dann hatten sich ihre Augen gefunden, und einen Moment lang herrschte zwischen ihnen ein Verständnis, wie es das noch nie zwischen ihm und einem anderen Menschen gegeben hatte.

„Vater", hatte sie verängstigt ausgerufen, „ich kann es nicht ertragen, wenn du vom Tod sprichst. Du jagst mir Furcht ein."

„Fürchte dich nicht, Meg", hatte er erwidert, „denn wer weiß, wann der Tod kommen wird? Genieße diese Ungewißheit, Meg. Du würdest weinen, wenn du wüßtest, ich hätte noch einen Monat zu leben. Du hast vor einem Augenblick gelacht, obwohl ich vielleicht nicht mehr einen einzigen Tag zu leben habe."

„Vater, ich sehne mich nach der Zeit, wenn du den Hof verlassen wirst."

Da hatte er liebenswürdig gelächelt und gesagt: „Laß uns in diesem Augenblick glücklich sein, Meg. Ist es nicht ein so glücklicher Augenblick, wie man ihn nur erwarten darf?"

Es gab in diesen zwei Jahren so vieles, worüber man nachdenken, worüber man sprechen mußte. Ein Kind hatte Schwierigkeiten mit den Zähnen, ein anderes schrie zuviel, ein drittes war zu oft erkältet. Das waren so wichtige Dinge. Wie konnten sie auch nur einen Augenblick Zeit finden, um darüber nachzudenken, was an den Höfen Europas geschah? Der König von Frankreich war in Pavia gefangengenommen und nach Madrid geschleppt worden. Kardinal Wolseys Außenpolitik war weniger erfolgreich als früher. Es gab ein bestimmtes Thema, über das in Hofkreisen viel geflüstert wurde, und es wurde als die geheime Angelegenheit des Königs bezeichnet.

Doch für die Familie, die in dem neuen Haus am Ufer der Themse wohnte, war das Leben schön. Die kleinen Kinder waren eine Quelle der Belustigung und des Entzückens. Die lateinischen Verse ihrer Mütter boten beim Vorlesen viel Unterhaltung. Es war erfreulich, an einem Sommerabend durch die Gärten zu schlendern und mit Master Kratzer die Sterne zu beobachten. Es machte Spaß, wenn man versuchte, bei Alice Interesse für die Astronomie zu wecken und sie über dieses Ansinnen entrüstet schnauben zu hören.

Es machte Spaß, die Tiere zu füttern, zu erleben, wie sie heranwuchsen, und ihnen Kunststücke beizubringen. Die Blumengärten mußten gepflegt werden. Da gab es die freundliche Rivalität zwischen Elizabeth mit ihren Levkojen und Cecily mit ihren gelben Narzissen. Da gab es den Spaß, neue Gerichte auszuprobieren. Ailie kam mit den allerneuesten Rezepten und zeigte ihnen, wie Pfauen bei einem Hofbankett aufgetragen wurden und wie man auf königliche Weise Zuckerbrot und Marzipan bereitete. In müßigen Stunden arbeitete man an großen Wandteppichen. Auf den umliegenden Wiesen waren Kräuter zu suchen, damit Mercy Arzneien daraus bereiten und Alice sie zum Würzen oder Dekorieren eines Gerichts benutzen konnte.

Die Mitglieder der Familie waren sehr glücklich in diesen zwei Jahren.

Mercy war mit ihrem Dr. Clement verheiratet, lebte aber immer noch bei ihnen und teilte ihre Zeit zwischen dem Haus und dem Spital. Thomas hatte ihnen das alte Haus in Bucklersbury zur Hochzeit geschenkt, und die Töchter waren eifrig damit beschäftigt, Wandteppiche für Mercys neues Heim zu sticken. Doch während der beiden glücklichen Jahre wohnte sie weiter in Chelsea. Wenn sie nach Bucklersbury ziehen würde, wollte Margaret mehr Zeit in dem Spital verbringen, doch soweit war es noch nicht.

Jeden Abend versammelte sich die Familie zur Andacht in der Privatkapelle. Bei den Mahlzeiten war es immer Mercy, die aus der Heiligen Schrift las. Dann besprachen sie, was vorgelesen worden war, und es kam zu interessanten Diskussionen.

Drei Menschen kamen in diesen Jahren neu in die Familie.

Der eine war ein armer Mann, Henry Patenson, der der Hilfe bedurfte. Er besaß einen scharfen Geist, und da man nicht wußte, welche Aufgabe man ihm im Haushalt zuweisen konnte, schlug er selber vor, daß er, Henry Patenson, der Narr von Sir Thomas More werden wolle, da doch alle großen Männer, deren Arbeit sie in die Gesellschaft der Weisen führte, eines Narren bedurften, der sie in ihren Mußestunden belustigte.

So fügte sich Henry Patenson in den Haushalt.

Dann war da das Mädchen Anne Cresacre, die als Verlobte Jacks nach Chelsea kam. Das arme kleine Ding fühlte sich sehr verängstigt. Die Vorstellung, daß sie unter lauter Gelehrten leben sollte, schreckte sie. Doch dann war sie so entzückt, als sich ihr künftiger Ehemann als den Dummkopf der Familie bezeichnete, daß sie in ihm ihren natürlichen Beschützer sah.

Außerdem faßte Lady More herzliche Zuneigung zu ihr – denn sie war ein sehr reiches kleines Mädchen –, doch reich oder nicht, sie mußte lernen, wie man einen Haushalt führt und deshalb abwechselnd mit den anderen Töchtern die Haushaltsangelegenheiten übernehmen.

Der dritte Besucher war ein Maler aus Augsburg, ein junger Mann voller Begeisterung und Ideale, der nach England gekommen war, um hier sein Glück zu machen.

Erasmus, den Thomas auf seinen Reisen zum Kontinent besucht hatte und mit dem er in ständigem Briefwechsel stand, hatte diesen Mann entdeckt und Thomas gebeten, ihn in seinem Haus aufzunehmen. „Sein Name", schrieb er, „ist Hans Holbein, und ich halte ihn für einen tüchtigen Mann in seinem Handwerk. Ich bitte Euch, tut alles, was Ihr könnt, um ihm zu helfen." Eine solche Bitte blieb bei Thomas niemals unerfüllt.

Er hieß den jungen Mann in seinem Haus willkommen, und so schloß sich ein weiterer Mensch der glücklichen Familiengruppe an. Solange es das Licht erlaubte, saß er da, skizzierte, lauschte ihren Gesprächen, lernte, ihre Sprache zu sprechen, und war entzückt, weil es ihm gelang, den Ausdruck der zahlreichen Familienmitglieder einzufangen und mit liebevoller Sorgfalt nachzuzeichnen.

„Dieser Mann besitzt Genie", sagte Thomas zu Alice.

Darüber lachte Alice. „Genie! Gestern saß er draußen im Ostwind und zeichnete. Er wird sich den Tod holen, das möchte ich schwören. Und ich werde ihn dann pflegen müssen. Ich werde meine Zeit an ihn verschwenden müssen, was ich mir wirklich nicht leisten kann, ständig heißen Molkentrank für ihn zu bereiten. Und das nennt Ihr Genie!"

Ailie kam eines Tages vom Hof mit brennend neuen Nachrichten.

„So eine Aufregung! Um Mistress Anne Boleyn. Was glaubt ihr? Sie hat sich mit Henry Lord Percy verlobt. Bitte schön, mit dem ältesten Sohn vom Earl von Nordhumberland! Man stelle sich vor, da angelt sich diese Mistress Anne einen der vornehmsten Peers im Lande."

„Das Mädchen ist vernünftig", sagte Alice. „Warum sollte sie nicht nach der besten Pflaume auf dem Baum greifen?"

„Und er fiel wirklich bei der leisesten Berührung", rief Ailie, „wie eine überreife Pflaume. Die unbedeutende Anne Boleyn und ein Percy! Aber dann kam mein Lord Northumberland in die Stadt, und der arme kleine Percy wurde tüchtig ausgescholten. Mein Lord Kardinal, in dessen Dienst er steht, hat die Schelte höchstpersönlich verabreicht. Und was für eine Schelte! Es heißt, daß der arme Percy bis jetzt noch nicht aufgehört hat zu weinen. Und Mistress Anne? Das ist eine ganz andere Sache. Die ist bei Hof umhergegangen, hat mit den Augen gefunkelt und geschworen, daß sie sich von keinem sagen lassen wird, wen sie heiratet und wen nicht. Doch dann ist sie nach Hever Castle zurückgereist, wo sie eine Weile bleiben wird, wie es heißt."

„Und was wird nun mit deiner Mode?" fragte Margaret und schnitt eine Grimasse.

„Einiges hat sie uns ja zurückgelassen. Mir scheint, wir müssen warten, bis sie an den Hof zurückkehrt, was, wie manche sagen, nicht lange dauern kann."

„Komm, hilf mir die Pfauen füttern!" sagte Elizabeth. „Solch einen Unsinn habe ich noch nicht gehört, und das alles wegen eines einzigen dummen Mädchens!"

Zu Anfang des nächsten Jahres ließ der König Sir Thomas More zu sich kommen. Er befand sich in seinem neuen Palast Hampton Court und schlug vor, daß Thomas einen Spaziergang mit ihm machen solle, weil er gehört hatte, daß Thomas hübsche Gärten rund um sein Haus in Chelsea angelegt hatte. Er wollte gern seine eigenen Pläne für eine Änderung der Gartenanlagen in Hampton Court mit ihm besprechen.

So gingen sie nebeneinander dahin, der Mann in den dunklen Gewändern, die linke Schulter ein wenig höher als die rechte, ohne jeden Edelstein, und die riesige Gestalt im Wams aus purpurnem Samt, mit Hermelin abgesetzt, blitzend von Rubinen und Smaragden, die ein Vermögen wert waren.

Jetzt sprach der König von dem Teichgarten, den er anlegen wollte. Er sprach von den Rosenbeeten – rote und weiße Rosen, die nebeneinander wachsen sollten –, Symbole der rivalisierenden Häuser Lancaster und York. Und diese sollten von einer Mauer eingefriedigt sein, deren Pfeiler aus Stein gemauert und von Steinmetzen mit Tudorrosen geschmückt werden sollten. Alle, die es betrachteten, sollten sehen, wie die Rosen von York und Lancaster blühten und verwelkten, während sich die Tudorrose nicht veränderte, da sie in steinerne Pfeiler gemeißelt war. Der König genoß es, seine Liebe zur Allegorie zu beweisen.

„Nun, Freund Thomas, was haltet Ihr von meinem Teichgarten? Habt Ihr in Chelsea etwas, was sich damit vergleichen läßt?“

„Nein, Majestät. Unsere Gärten sind einfach, meist von meiner Familie gepflegt.“

„Ach, Eure glückliche Familie!“ Die Hand des Königs lag schwer auf seiner Schulter. Das gerötete Gesicht des Königs war dicht an dem seinen und der kleine Mund nah an seinem Ohr. „Ich will Euch ein Geheimnis verraten, Thomas, das ich Euch, wie ich glaube, schon früher verraten habe: Ich beneide Euch, Mann. Euer König beneidet Euch. Eine glückliche Familie! Wie viele Enkel sind da jetzt? Sechs! Und Großsöhne dabei ... Und Euer Sohn wird auch bald heiraten und Euch mehr verschaffen, daran zweifle ich nicht. Ihr seid ein guter Mensch, Thomas More, und Gott hat Euch mit seinem Segen überschüttet. Aber würdet Ihr sagen, Thomas, daß Euer König ein Missetäter sei?“

Vor Thomas’ geistigem Auge zog eine Prozession von Ermordeten vorbei – Dudley, Empson und Buckingham an der Spitze. Er dachte an Elizabeth Blount, die unter ihren Freunden mit dem natürlichen Sohn des Königs prahlte. Er dachte an die dreiste Mary Boleyn und die stille, seit langem duldende Königin Katharina. War dieser König ein Missetäter?

Welch großes Glück, daß der König keine Antwort auf diese Frage erwartete, die er für so absurd hielt, daß niemand sie ernst nehmen konnte.

„Nein, Thomas“, fuhr er fort. „Ich höre mehrmals am Tag die Messe. Ich bin ein frommer Mann. Ich habe mein Leben meinem Land geweiht. Ihr, mein Staatsmann, mein Berater, der mir nahe lebt, wißt das. Es ist deshalb eine wunderliche Sache, daß Gott mir das versagt, wonach es mich am meisten verlangt! Nicht für mich selber ersehne ich es. Nein. Für dieses Reich. Thomas, ich muß einen Sohn haben. Ich brauche einen Sohn für England.“

„Euer Gnaden sind noch jung.“

„Ich bin jung. Ich bin in der vollen Kraft meiner Jugend und Männlichkeit. Ich könnte Söhne haben. Ich habe es bewiesen ... Daran zweifle ich nicht. Und wenn es einem Mann und einer Frau nicht gelingt, Erben zu zeugen, wenn sie sich mehr als alles andere einen Sohn wünschen, dann gibt es dafür nur eine einzige Erklärung, Master More. Sie haben dem allmächtigen Gott mißfallen.“

„Euer Gnaden, habt eine Weile Geduld. Die Königin hat Euch eine gesunde Tochter geschenkt."

„Eine gesunde Tochter! Das ist auch was Gutes! Aber ich will Söhne... Söhne... Ich bin König von England, Thomas More, und ein König muß seinem Land einen Erben geben."

Thomas schwieg, und der König runzelte die Stirn, als er fortfuhr: „Eins lastet schwer auf meinem Gewissen. Die Königin war, wie Ihr wißt, die Frau meines Bruders, ehe sie die meine wurde. Ihr seid ein gelehrter Mann, Master More, ein frommer Mensch. Ihr lest die Bibel. Gott erlegt denen eine Strafe auf, die die Sünde der Blutschande begehen. Das fürchte ich getan zu haben, als ich meines Bruders Weib heiratete. Jeder Sohn ist gestorben... jeder Sohn, den die Königin geboren hat, ist gestorben. Ist das nicht bedeutsam? Ist das nicht ein Zeichen des Himmels dafür, daß ich ein Opfer des göttlichen Gerichts bin? Je mehr ich diese Angelegenheit studiere, desto gewisser wird mir, daß ich mit meiner Ehe Gottes heilige Gesetze verletzt habe."

Thomas war tief erschüttert. Er hatte Gerüchte über die geheime Angelegenheit des Königs gehört und hatte gefürchtet, um ein Urteil gefragt zu werden. Er dachte an die Königin, diese ernste und anmutige Dame, die keinen Menschen außer dem König verletzt hatte, und auch ihn nur dadurch, daß sie alt und reizlos wurde und daß es ihr nicht gelungen war, ihm einen männlichen Erben zu schenken.

Der König war stehengeblieben und wandte Thomas nun das Gesicht zu. Er schaukelte auf den Fersen. Sein Gesicht war von heftigen Gefühlen verzerrt – Sentimentalität, Grausamkeit, List und Einfalt, doch vor allem von der Entschlossenheit, Thomas dazu zu bringen, daß er ihn sah, wie er selbst sich sah.

„Ich bin gegen diese Ehe gewesen, ehe ich sie geschlossen habe. Ihr erinnert Euch meines Protests?"

Thomas blickte den König überrascht an. „Ich erinnere mich, Majestät."

„Ihr seht also, daß ich nicht den Wunsch hatte, damals in die Ehe zu treten. Sie war schließlich die Witwe meines Bruders."

Thomas wagte nicht zu sagen: Ihr habt auf Befehl Eures Vaters protestiert. Und als Ihr den Protest einlegtet, habt Ihr gleichzeitig beschlossen, Königin Katharina zu heiraten.

Thomas erkannte die selbstsüchtige Grausamkeit, diesen alles beherrschenden Wunsch des Königs, sich selbst als einen rechtschaffenen Mann zu sehen. Es hätte deshalb keinen Sinn gehabt, sein Mißfallen zu riskieren, indem er eine solche Bemerkung machte. Es wäre Torheit gewesen, ihn in diesem Zustand zu erzürnen. In diesem Augenblick hegte Heinrich sein Gewissen so sorgsam, daß jeder Mensch, der gewagt hätte, darauf hinzuweisen, daß Heinrichs Gewissen in Wirklichkeit seine Begierde war, bestimmt den Kopf verspielt hätte.

„Aber ... ich habe sie geheiratet", fuhr der König fort. „Ich habe sie geheiratet, denn sie war eine Fremde in einem fremden Land und war zu uns gebracht worden, um den Erben Englands zu heiraten. Und weil sie meine Ehefrau war, habe ich sie gehegt und geliebt, wie ich es noch tue. Mich von ihr zu trennen ... das wäre ein bitterer Schlag für mich. Ihr, die Ihr zwei Frauen geheiratet und mit ihnen in gutem Einvernehmen gelebt habt, wißt das. Es sind fast zwanzig Jahre, die ich mit der Königin verheiratet bin. Ein Mann kann eine Frau, mit der er zwanzig Jahre lang verheiratet ist, nicht ohne Schmerz abschütteln. Und doch, wenn ich auch ein Mann bin – jawohl, und ein liebender Gatte –, denke ich doch immer daran, daß ich zuerst der König bin. Und, Master More, wenn es von mir gefordert würde, mich von dieser meiner Gattin zu trennen und eine andere zu nehmen ... so verhaßt es mir auch wäre, ich würde es tun."

„Euer Gnaden sollten Euer Glück nicht so leichtfertig opfern", sagte Thomas und ergriff damit die Gelegenheit, die der König ihm gegeben hatte. „Wenn ein König seine Pflicht dem Land gegenüber hat, so hat ein Gatte seine Pflicht gegenüber der Gattin. Und wenn die Krönung eines Königs in den Augen Gottes ein Sakrament ist, so ist es die Ehe ebenso. Ihr habt eine Tochter, Majestät, Prinzessin Maria ..."

Der König winkte ungeduldig ab.

„Auch das weckt viele besorgte Gedanken in Uns. Dieses Land ist niemals glückvoll von einer Frau regiert worden. Ihr wißt das, Master More. Und Ihr, der Ihr Euch selbst einen frommen Mann nennt, solltet eins bedenken: Ist eine blutschänderische Ehe eine heilige? Kann sie Gnade im Angesicht Gottes finden? Und wie steht es mit einem Mann und einer Frau, die, von ihrem Gewissen gefoltert, *weiter* in einer solchen Ehe leben? Nein, dieser Zustand kann nicht bestehen bleiben." Der König lächelte listig. „Meine Geistlichen werden es auch nicht erlauben. Warham, der Erzbischof, und Wolsey, der päpstliche Legat, erheben eine geheime Anklage gegen mich."

„Eine geheime Klage gegen Euer Gnaden!"

Der König nickte düster. „Ein schöner Schlag, wenn die Untertanen des Königs so gegen ihn vorgehen. Merkt Euch, ich habe mich bemüht, in dieser Angelegenheit ehrlich zu handeln, und sosehr ich das Vorgehen von Warham und Wolsey auch bedaure, gebe ich doch zu, daß sie vernünftig und im Rahmen ihrer Rechte handeln."

Dazu ist es also gekommen! dachte Thomas. Der König ist also tatsächlich entschlossen, sich von seiner Gattin zu trennen, da er Warham und Wolsey veranlaßt hat, ihn wegen Blutschande anzuklagen.

„Ihr seht es", sagte der König, „ich bin ein König, der von allen Seiten bedrängt wird – von der Liebe zu seiner Gattin, von den Forderungen seiner Geistlichkeit, von den Argumenten seines eigenen Gewissens. Ihr seid ein wichtiges Mitglied des Staatsrats, und es gibt viele, die großen Wert auf Euer Urteil legen. Ihr habt viele Freunde – Bischof Fisher unter ihnen. Wenn Ihr miteinander über diese Angelegenheit sprecht, wünsche ich, daß Ihr *Euerm* Gewissen gehorcht wie ich dem meinen. Ich möchte, daß Ihr Eure Stimme nicht für Heinrich den Mann und Katharina die Frau abgebt, sondern für das Wohl dieses Landes und seiner künftigen Erben."

„Mein Herr König, Ihr erweist mir zuviel Ehre. Mir steht es nicht zu, über solche Dinge zu urteilen."

„Nein, nein", sagte der König, „Ihr unterschätzt Eure Fähigkeiten." Seine Stimme war noch freundlich, doch seine Augen funkelten warnend. Diese Angelegenheit lag ihm am Herzen, und er würde keine Störung dulden. Dies war eine Gewissensangelegenheit – eine Angelegenheit des königlichen Gewissens und keines anderen, denn das Gewissen des Königs war ein so gewaltiges Ungeheuer, daß es keinem anderen Gewissen erlauben würde, dazwischenzutreten. „Kommt! Ihr stimmt mit diesen Männern überein, die eine Klage gegen mich einbringen wollen, nicht wahr? Ihr wißt genau wie sie, daß Euer König und die Königin in sündiger Blutschande zusammenleben. Kommt! Kommt! Fürchtet Euch nicht! Wir fordern die Wahrheit."

„Da Euer Gnaden die Wahrheit fordern, darf ich dann um

Zeit bitten – um Zeit, damit ich diese Angelegenheit durchdenken kann?“

Die Augen des Königs wurden schmal, und der Mund zog sich verdrossen zusammen.

„Also gut. Sehr gut. Laßt Euch Zeit.“

Er wandte sich jäh ab, und mehrere Höflinge, die aus sicherer Entfernung zugesehen hatten, fragten sich, womit Sir Thomas More den König verletzt hatte.

Eine der Sehenswürdigkeiten in der City, nur zu vergleichen mit der marschierenden Wache am Mittsommerabend und am St.-Peter-Abend, war die zeremonielle Prozession, die den großen Kardinal bei allen seinen Reisen begleitete. Vor ihm, um ihn her und hinter ihm ging sein Gefolge von Dienern, luxuriös in schwarzen Samt gekleidet, mit goldenen Ketten um den Hals. Die niederen Dienstboten fielen auf in ihren lohfarbenen Livreen. Und in der Mitte all dieses Prunks, hinter den Trägern seiner silbernen Kreuze, seiner beiden silbernen Hellebarden, des Großen Siegels von England und seines Kardinalshutes, ritt der Kardinal selbst, in der Hand eine ausgehöhlte Apfelsine, die mit einem essiggetränkten Schwamm und anderen Substanzen gefüllt war, um der pestilenzialischen Luft entgegenzuwirken. Das Staatsgeschirr seines Maultiers war aus scharlachrotem Samt und die Steigbügel aus Kupfer und Gold.

Der Kardinal bewegte sich durch die Stadt mit ebensoviel Zeremonien, als wäre er der König selber.

Er zog über die London-Brücke, und die Leute schauten ihm mit mürrischem Schweigen nach. Sie machten Wolsey für all ihre Schwierigkeiten verantwortlich. Wer war Wolsey? fragten sie sich. Ein Mann von niedriger Geburt, der durch viel Glück im Prunk eines Königs lebte. Wenn die Steuern und Abgaben zu hoch waren – und das waren sie immer –, dann schrieben sie es Wolsey zu. Und jetzt, wo der König die Königin durch eine andere ersetzen wollte, gaben sie Wolsey die Schuld daran. Die Menschen wünschten sich einen Thronerben, gewiß. Aber die Ernsthafteren unter ihnen erinnerten sich daran, daß die Königin die Tante von Kaiser Karl dem Fünften war. Die Demütigung des Kaisers, die es ja bedeutete, wenn seine Tante verstoßen wurde, machte ihnen vielleicht nichts aus, aber sie fürchteten seine Armeen. Also tadelten sie Wolsey.

Er war gerade auf dem Weg nach Frankreich, und in seinem Gefolge ritt Sir Thomas More.

Der große Kardinal war tiefer beunruhigt denn je zuvor.

Das Schicksal wandte sich gegen ihn. Hatte er zu hoch gezielt, als er den Blick zum päpstlichen Thron erhoben hatte? Ach, wenn er nur an Stelle von Klemens zum Papst gewählt worden wäre! Dann brauchte er keinen Menschen mehr zu fürchten. Er war zu großen Höhen aufgestiegen, und nun stand er auf einem schmalen Grat, seine Stellung war gefährdet. Er mußte sehr sorgsam auf das Gleichgewicht achten, wenn er seinen Aufstieg fortsetzen wollte. Die zornigen, neidischen Wölfe schnappten nach ihm – Suffolk, Norfolk und deren Anhänger. Es gab nur einen einzigen Mann, der ihn vor diesen rasenden Raubtieren retten konnte, und das war der allergefährlichste – der König.

Der geheime Gerichtshof, den er und Warham einberufen hatten, damit die Ehe des Königs als blutschänderisch erwiesen wurde, war wegen der Hartnäckigkeit der Königin, die behauptete, ihre Ehe mit Arthur sei nicht vollzogen worden, ohne Erfolg geblieben. Deshalb gab es keine Gründe, die Rechtmäßigkeit der Ehe zu leugnen. Wolseys Außenpolitik hatte dazu geführt, daß England jetzt sowohl Frankreich als auch Spanien zu Feinden hatte. Und nun war außerdem der Papst, auf dessen Hilfe sich Wolsey in Angelegenheit der königlichen Scheidung verlassen hatte, während der Plünderung Roms gefangengenommen worden und befand sich in den Händen des Kaisers.

Die Mission, die Wolsey nach Frankreich führte, war unangenehm. Er sollte mit Franz sprechen. Er sollte ihm über die Zweifel des Königs hinsichtlich der Rechtmäßigkeit seiner Ehe berichten. Er sollte versuchen, eine Verbindung zwischen Prinzessin Maria und Franzens Sohn vorzubereiten. Er sollte schließlich vorsichtig darauf hinweisen, daß er in Frankreich nach einer künftigen Königin für England suche. Vielleicht Prinzessin Renée, die Schwester der Königin von Frankreich? Vielleicht Franzens Schwester, die begabte Marguerite von Valois?

Alles hing von der erfolgreichen Beendigung der Geheimsache des Königs ab, und das war selbst für einen großen Staatsmann eine heikle Angelegenheit. Mit der Politik in Europa zu jonglieren war eine Sache, die Begierden des Königs zu befriedigen war etwas völlig anderes.

Doch er, Kardinal Wolsey, der schon soviel erreicht hatte,

würde auch das erreichen. Was ihn beunruhigte, war die zunehmende Brutalität Norfolks – vielleicht mehr noch Suffolks, denn Suffolk, der Schwager des Königs und sein engster Freund, hatte das Ohr des Königs. Und manchmal hatte Wolsey das Gefühl, daß Suffolk es nicht gewagt hätte, ihn so gemein zu behandeln, wenn er nicht der Billigung des Königs sicher gewesen wäre.

Und all dieser Unbehaglichkeit lag ein Faktor zugrunde: der König war nicht mehr der sorglose Knabe, den man mit den Zuckerpflaumen von Maskentänzen, Tournieren und schönen Frauen füttern konnte, während die tüchtigen Hände des klügsten Staatsmanns das Schiff England auf seiner gefährlichen Reise steuerten. Er hatte inzwischen begriffen, daß die Faszination der Machtpolitik ebensogroß war wie die eines neuen Gelages oder einer neuen Frau. Er erprobte seine Kraft. Er brüllte vor Stolz auf seine eigene Herrlichkeit. Und er sagte: „Ich will alles haben ... alles. Ich will in Wahrheit der König sein. Ich will meine luxuriösen Lustbarkeiten haben, und ich will selber auf der Brücke meines Schiffes stehen. Und wenn irgend jemand versucht, zwischen mich und meine Wünsche zu treten, der soll nicht lange am Leben bleiben."

Thomas, der in diesem prächtigen Zug unbemerkt dahinritt, war ebenfalls nachdenklich. Seine Sympathie galt der Königin. Womit hatte sie diese Demütigung verdient? Hatte sie denn die Ehe mit König Heinrich gewünscht? Das bezweifelte Thomas. Er erinnerte sich ihres heiteren und würdevollen Verhaltens bei der Krönung. Sie hatte ihr Schicksal in Sanftmut auf sich genommen. Sie hatte sich bemüht, den König zu lieben, und war ihm eine treue Gattin gewesen. Doch ihre Liebe zum König mußte während der letzten Jahre bitteren Prüfungen unterzogen worden sein.

Für ihn selbst wurde dies zu einer Gelegenheit, seinen Posten zu verlassen, dem König zu erklären, was er dachte, und kühn zu sagen: „Majestät, ich trete von meinem Posten zurück, denn Ihr werdet wünschen, solche Minister um Euch zu haben, die Euch dabei behilflich sein können, daß die Scheidung ausgesprochen wird."

Wie gut, daß sie auf dieser Reise nach Frankreich in Rochester Rast machen würden, wo Thomas in der Gesellschaft seines alten Freundes Bischof Fisher verweilen konnte.

Noch besser würde es sein, ein Gespräch unter vier Augen mit Fisher zu haben, nachdem Wolsey bei dem Bischof auf den Busch geklopft hatte.

Später saßen die beiden Freunde in dem kleinen holzgetäfelten Zimmer ernst beisammen. Sie sprachen über das schreckliche Unheil, das über den Papst gekommen war. Und darauf wandte sich das Gespräch der geheimen Sache des Königs zu.

Wie konnte die Scheidung ohne Zustimmung des Papstes rechtsgültig werden? Und wie konnte der Papst, selbst wenn er die Scheidung gebilligt hätte, seine Zustimmung geben, wenn die Königin eine nahe Verwandte des Mannes war, der ihn gefangenhielt?

„Das sind ernste Angelegenheiten, mein Freund", sagte Bischof Fisher.

„Wahrlich ernst", erwiderte Thomas, „denn wohin sie führen werden, das weiß ich nicht."

Am nächsten Tag ritt der Kardinal, Sir Thomas More in seinem Gefolge, nach Canterbury weiter, von wo es nach Frankreich gehen sollte.

Das Schweißfieber wütete wieder in England. Es strich durch die Straßen der City wie ein hungriges Tier, das sich von dem Schmutz nährte, der die stinkenden Gossen füllte. Männer, Frauen und Kinder bekamen das Fieber. Sie sanken nieder, wo sie gerade standen, und starben, wenn man sie nicht aus der Bewußtlosigkeit, in die sie gefallen waren, wecken konnte. Diese entsetzliche Pestilenz machte keine Unterschiede, sie schlug Bettler ebenso wie die Mächtigsten im Land.

Die Leute auf der Straße murrten. Ihnen war klar, weshalb Gott diese Plage gesandt hatte. Er war erzürnt. Und weshalb sollte er erzürnt sein? Die geheime Sache des Königs war nicht mehr geheim. Die Leute wußten, daß der König die Königin verstoßen wollte. Und die Gerüchte kamen nicht zum Schweigen, daß die Frau, die er zu seiner Königin machen wollte, Nan Bullen – so nannte man sie im Volk – war, seine Mätresse. Wer war diese Frau? Die Tochter eines Ritters. Sie war keine ebenbürtige Königin.

All der Haß, den die Leute für den Emporkömmling Wolsey empfanden, richtete sich nun auch gegen Anne Boleyn.

Gott war zornig auf England, und so zeigte er seinen Zorn.

Das war der Grund, daß das Land abermals von dieser schrecklichen Pest heimgesucht wurde.

Auch der König war zornig. Er war der geliebten Mätresse beraubt worden, die er mehr als alles andere auf der Welt begehrte und zu seiner Gattin machen wollte. Was hatte sie zu ihm gesagt? „Eure Mätresse will ich nicht sein; Eure Gattin kann ich nicht sein." Aber er mußte ihr Liebhaber werden, selbst wenn, wie sie sagte, der einzige Weg dazu der war, sie zu seiner Gattin zu machen.

Und nun hatte sie den Hof verlassen.

Das hatte Wolsey getan. Was war mit Wolsey geschehen? Er hatte ein wenig von seiner Arroganz verloren. Er wußte jetzt, daß der König ihn nicht ins Vertrauen gezogen hatte und daß Heinrich, wenn Wolsey jetzt versuchte, eine Ehe mit einer französischen Prinzessin auszuhandeln, bereits fest entschlossen war, keine andere als Anne Boleyn zu nehmen. Und Wolsey wußte auch, daß es vor allem Anne Boleyn gewesen war, die den König dazu gebracht hatte, sein Gewissen zu erforschen. Aber Wolsey hatte all diese wichtigen Tatsachen zu spät erfahren.

Darauf hatte der bekümmerte und verängstigte Kardinal seinem königlichen Herrn geraten, Lady Anne vorübergehend nach Hever zurückzuschicken, da das Volk ärgerlich auf sie war.

So war Heinrich nun allein und fühlte sich jämmerlich. Er sehnte sich nach ihr und fragte sich, wie es kam, daß es, obwohl er von den klügsten Männern der Erde umgeben war, keinen einzigen gab, der diese Angelegenheit zu seiner Befriedigung regeln konnte.

Da kam eine Nachricht aus Hever.

Das Schweißfieber kümmerte sich nicht um den Groll und die Angst des Königs. Anne Boleyn, die dem König teurer war als sein Reich, war ein Opfer der Plage geworden.

Nun wurde der König von Entsetzen gepackt. Er weinte, tobte, und er betete. Wie konnte Gott die Geliebte des Königs in Gefahr bringen! War er nicht ein guter König... ein guter Mensch? Hatte er nicht immer danach gestrebt, Gottes Willen zu tun? Und war es nicht ausschließlich zum Wohl Englands, daß er Anne zum Weibe nehmen wollte?

Er rief nach seinem Leibarzt. Doch der einzige, der sich am

Hof befand, war sein Vertreter, Dr. Butts. Der König drohte diesem Mann, während er ihn gleichzeitig anflehte, Lady Anne zu retten, ehe er ihn in aller Eile nach Hever schickte.

Dann setzte er sich hin und schrieb ihr weinend: „Die schrecklichste Nachricht, die mich erreichen konnte, kam plötzlich bei Nacht ..." Er weinte und schrieb von seinem Kummer – was es für ihn bedeute, zu hören, daß seine Geliebte, die er mehr schätze als die ganze Welt und deren Gesundheit er sich mehr wünsche als die eigene, krank sei. Er schrieb, wie es ihn danach verlange, sie zu sehen, und daß ihr Anblick ihm größeren Trost geben würde als alle kostbaren Juwelen der Erde.

Und als er diesen Brief geschrieben und abgesandt hatte, ging er im Zimmer auf und ab, weinte und betete. Und während der ganzen Zeit sehnte er sich nach Anne, verfluchte das Schicksal, das sie voneinander trennte, gelobte, daß er die belohnen würde, die ihm halfen, Anne zu heiraten, verhieß seine Rache all denen, die sie weiter getrennt voneinander hielten.

Am Hof verbreitete sich die Nachricht: Die Lady hat das Schweißfieber. Das wird ihre Schönheit bestimmt vermindern, selbst wenn sie es überstehen sollte. War sie dann noch so reizvoll, falls und wenn sie an den Hof zurückkehrte?

Wichtige Dinge wurden im Schlafzimmer einer Dame in Hever Castle entschieden.

Großer Kummer kam über das Haus in Chelsea.

Margaret war im Dorf gewesen und hatte einige Kleidungsstücke zu einer der Familien gebracht, und als sie nach Haus zurückgekehrt war, schien sie noch ganz wohl zu sein. Sie hatte mit den anderen beim Abendbrot gesessen und sich an den Gesprächen beteiligt. Doch als sie dann aufstand, war sie plötzlich getaumelt und hatte sich am Tisch festhalten müssen.

„Margaret!" rief Mercy in entsetzlicher Angst.

„Was ist denn?" fragte Alice.

„Wir müssen Margaret sofort ins Bett bringen", sagte Mercy. „Ich fürchte, sie ist krank."

„Margaret krank!" rief Alice. „Sie hat doch eben gerade eine kräftige Mahlzeit verzehrt."

„Ja, Mutter, ich weiß. Aber halt mich jetzt nicht auf! Will! Jack! Vater! Helft mir!"

Will trug sie in ihr Zimmer. Jetzt waren ihre Augen fest geschlossen, und Schweißtropfen bildeten sich auf ihrem Gesicht. Sie fröstelte und war doch glühend heiß.

Thomas folgte. Er ergriff die schlaffe Hand seiner Tochter.

„O Gott“, betete er schweigend. „Nicht Margaret... Das könnte ich nicht ertragen.“

Will war außer sich vor Angst. „Was sollen wir tun, Mercy? Mercy, um Gottes willen, was können wir tun?“

„Deckt sie zu! Haltet sie warm. Nein, versucht nicht, sie auszuziehen! Ich will das Ei der Weisen versuchen. Ich habe es, Gott sei's gedankt, bereit.“

Sie lag auf dem Bett und sah nicht mehr aus wie Margaret. Ihr Gesicht war gelb, und der Schweiß lief ihr über die Wangen.

„Bitte“, flehte Mercy, „geht alle hinaus! Ihr könnt nichts tun. Nein, Will, du kannst nichts helfen. Sorg dafür, daß die Kinder nicht in dieses Zimmer kommen. Vater... bitte...“

Mercy schnürte es die Kehle zusammen, als sie in sein Gesicht sah.

Wie wird er es tragen? fragte sie sich. Er liebt sie am meisten von allen auf der Welt. Sie ist das Liebste, was er hat. Wie könnte einer von beiden das Leben ohne den anderen ertragen?

„Vater... liebster Vater... bitte geh! Es ist nichts... nichts zu tun.“

Doch er stand erstarrt an der Tür, als hätte er nichts gehört.

Margaret am Schweißfieber erkrankt! Margaret... im Sterben!

Elizabeth und Cecily hatten sich in ihren Zimmern eingeschlossen. Es war nichts zu tun. Das war das Entsetzliche. Sie sagten zueinander, wenn sie nur etwas tun könnten, dann wäre es leichter zu ertragen. Aber dazusitzen... zu warten... in so wahnsinnig machender Untätigkeit... Es war unerträglich.

Alice schalt sich ihre Sorge von der Seele. „Das närrische Mädchen... zu so einer Zeit in die Hütten zu gehen! Das hätte sie doch wissen müssen! Und dann sagt man uns, sie sei so klug... Und was macht Mercy? Heißt es nicht, sie ist Arzt? Warum kuriert sie unsere Margaret nicht?“

Will lief hin und her. Er fand keine Worte. Margaret, seine geliebte Frau, die so ruhig, so heiter war. Was sollte er tun, wenn er sie verlor? Was war sein Leben ohne Margaret?

Giles Heron wollte sofort zum Hof reiten. Er würde Dr. Linacre holen, erklärte er. Was spielte es denn für eine Rolle, daß

Dr. Linacre der erste Leibarzt des Königs war? Margaret war ein Mitglied der Familie, die jetzt seine Familie war, und sie war in Gefahr. Er mußte die besten Ärzte für sie holen. Er konnte Dr. Butts mitbringen ... und Dr. Clement. Er wollte die größten Ärzte des ganzen Landes holen.

Dauncey sagte: „Du würdest in große Schwierigkeiten kommen, Bruder. Du ... aus einem befallenen Haus ... an den Hof zu reiten!"

Dauncey war selbst erstaunt, daß es ihn so getroffen hatte. Was bedeutete Margaret für ihn? Was konnte Margaret tun, um sein Glück zu begünstigen? Nichts. Gewiß, er zitterte, daß ihr Vater die Krankheit ebenfalls bekommen und sterben könnte, und damit wäre seine größte Hoffnung dahin. Und dennoch war er bewegt, und es überraschte ihn, daß er die Angst der Familie teilte. Er hatte sie liebgewonnen. Er hatte ihre fröhlichen Spiele genossen. Und er wußte, so seltsam es auch sein mochte, wenn ein Unheil die Familie More treffen sollte, würde es auch ihn berühren. Es war also doch etwas von Gefühl in diesem ehrgeizigen jungen Mann.

Thomas zog sich in die Privatkapelle zurück.

Was konnte er tun, um Margaret zu retten? Was konnte er anders tun als beten? Nun dachte er über sie nach – Margaret, der Säugling, das Kind, das alle mit ihrer Begabung in Erstaunen versetzt hatte. Er konnte an hundert Margarets denken, die er liebte, doch die eine, die ihm am meisten bedeutete, war die liebevolle Tochter, seine liebste Freundin und beste Gefährtin, die ihm näher stand als jeder andere Mensch auf der Welt.

„O Gott", betete er, „nimm meine Tochter nicht von mir. Alles ... alles, nur das nicht!"

Er verließ die Kapelle nicht. Er blieb dort auf den Knien liegen. Das härene Hemd verletzte seine Haut, und er wünschte, der Schmerz wäre verdoppelt.

Will kam zu ihm, und sie beteten gemeinsam.

„Ach, Sohn Roper", sagte Thomas, „welche religiösen Unterschiede gibt es jetzt zwischen uns? Wir bitten um etwas, was wir uns heißer wünschen als alles auf der Welt. Sie darf nicht sterben."

„Es heißt, wenn sie sich nicht am ersten Tag erholt, besteht keine Hoffnung."

„Der Tag ist noch nicht vorüber. Wie ging es ihr, als du sie verlassen hast?“

„Sie war bewußtlos. Sie liegt mit fest geschlossenen Augen und weiß nichts von der Welt. Ich habe sie bei ihrem Namen gerufen. ‚Margaret‘, habe ich gesagt. ‚Margaret, komm zurück zu mir und unseren Kindern …‘“

„Will, ich bitte dich. Sprich nicht weiter! Ich ertrage es nicht.“

Er dachte: Ich habe sie zu sehr geliebt. Ich habe sie mehr als die ganze Welt geliebt. Als sie geboren wurde, schenkte sie mir Zufriedenheit, sie war der Sinn des Lebens für mich. Sie ist der Sinn des Lebens. Habe ich sie zu sehr geliebt? Oh, wie leicht ist es, den Leib zu martern, das härene Hemd zu tragen, das Fleisch zu geißeln, dem Körper seine Begierden zu nehmen. Diese Schmerzen sind leicht zu tragen. Aber wie erträgt man den Verlust eines geliebten Menschen … wie erträgt man das Leben, wenn die eine, die man mehr als das eigene Leben, mehr als die ganze Welt liebt, einem genommen wird?

„Falls … falls ihr etwas geschehen sollte …“, begann er.

Nun bat Will ihn, nicht fortzufahren. Will konnte nur den Kopf schütteln, während ihm die Tränen über die Wangen liefen.

Doch Thomas fuhr fort: „Ich würde mich von der Welt zurückziehen. Nichts könnte mich bewegen, mein jetziges Leben weiterzuführen. Wenn mir Margaret genommen würde, könnte ich mich nie wieder mit irdischen Dingen beschäftigen.“

„Vater, ich flehe dich an … ich bitte dich, sprich nicht davon. Denk nicht einmal daran! Sie wird gesund werden. Sie muß gesund werden. Laß uns beten. Wir wollen zusammen beten …“

So knieten sie nebeneinander und beteten, und wenn auch Will Gott so sah, wie Martin Luther ihn sah, und Thomas so wie der Papst, wußten sie doch beide, daß ihre Gebete an den gleichen Gott gerichtet waren.

Thomas erhob sich plötzlich. Sein Mut war zurückgekehrt. Er sagte: „Will, als Margaret ein kleines Mädchen war – kaum zwei Jahre alt – und wir das alte Heim ihrer Mutter, New Hall in Kent, besuchten, verirrte sich Margaret beim Spielen auf dem Feld und fand das Tor nicht wieder, durch das sie aufs Feld hinausgelaufen war und das auf den Weg ging, der zum Haus führte. Sie fürchtete sich, denn es wurde dämmerig. Verängstigt lief sie auf dem Feld umher und konnte das Tor nicht finden. Plötzlich erinnerte sie sich, daß ich ihr einmal gesagt hatte, wenn sie in Schwierigkeiten sei, müsse sie ihren Vater auf Erden oder den Vater im Himmel um Hilfe bitten. ‚Und, Vater', sagte sie, als sie mir diese Geschichte später erzählte, ‚ich hatte dich verloren, deshalb kniete ich nieder und fragte Gott nach dem Rückweg. Und als ich wieder aufstand, hatte ich keine Furcht mehr. Ich ging ruhig um das ganze Feld, bis ich an das Tor kam.' Ich hatte sie übrigens vermißt und mich auf die Suche nach ihr gemacht. Und als sie durch das Tor auf mich zugerannt kam, sagte sie: ‚Vater, Gott hat mir den Heimweg gezeigt.' Was für ein schöner Gedanke das ist, Will. Welch ein Trost. Ich habe jetzt auch auf den Knien gelegen ... furchtsam ... genau wie Margaret damals. Ich hatte mich verirrt und konnte das Tor nicht finden, das zu dem Heim führt, das ich kannte ... zu dem Glück, das ich kannte. ‚Gott', habe ich gesagt, ‚zeig mir den Weg.'"

„Vater, du siehst verändert aus. Du scheinst ... heiter ... als ob du wüßtest, daß sie gesund wird."

„Ich wirke ruhiger, mein Sohn, nicht wahr? Ich bin ruhiger. Ich fühle mich, wie sie sich fühlte, als sie sich damals von den Knien erhob. Meine Angst ist vergangen. Ich weiß es, Sohn Roper, Gott wird mir den Weg zeigen, wie er ihn Margaret gezeigt hat. Mein Geist ist gelassen. Die Gedanken haben aufgehört, sich in meinem Kopf zu jagen. Ich gehe ins Haus, um nachzusehen, wie es ihr geht. Komm mit mir, Will!"

Mercy sprach vor der Tür des Krankenzimmers mit ihnen.

„Keine Veränderung", sagte sie. „Ich habe versucht, sie zu wecken. Wenn wir sie nicht wecken können, wird sie sterben."

„Mercy, ich möchte, daß du ihr ein Klistier gibst."

„Sie ist zu krank, Vater."

„Sie ist so krank, Mercy, daß es nicht viel schlimmer werden kann ... außer dem Tod. Tu es, ich bitte dich. Gib ihr das Klistier. Wir müssen sie wecken, nicht wahr? Damit werden wir sie wekken."

„Vater, ich fürchte mich. Das ist zu gewaltsam, und sie ist wirklich sehr krank."

„Mercy, du bist in deiner Angst gefangen. Ja, meine Liebe, du fürchtest um sie, weil du sie ebenso liebst wie ich. Sie ist nicht deine Patientin, sie ist deine Schwester. Du deckst sie zu, du wachst über sie, aber du willst kein Risiko auf dich nehmen, weil du Furcht hast. Ich habe gebetet. Ich habe das Gefühl, in enger Gemeinschaft mit Gott gewesen zu sein, und, Mercy, ich fürchte mich nicht. Ich möchte, daß du ruhig bist ... daß du vergißt, daß es sich um unsere geliebte Margaret handelt. Wenn sie nicht aufwacht, wird sie sterben. Wir müssen sie wecken, Mercy. Du stimmst darin mit mir überein. Gib ihr das Klistier."

Mercy sagte ruhig: „Ich werde tun, was du wünschst, Vater. Laß mich allein mit ihr."

Eine halbe Stunde später kam Mercy aus dem Krankenzimmer.

Ihre Augen leuchteten.

„Sie ist aus dem Schlaf aufgewacht", sagte sie. „Vater ... Will ... sie hat nach euch beiden gefragt."

Sie gingen zu ihr und knieten zu beiden Seiten des Bettes nieder.

Margaret war schwach und kaum fähig, sie zu erkennen, doch ihre Augen gingen von einem zum anderen.

Drei Männer waren nach den nächsten paar Tagen glücklich. Jeder hat gefürchtet, ein Wesen zu verlieren, das er am meisten auf der Welt liebte, und jeder erfuhr die große Freude, zu sehen, wie das geliebte Wesen wieder gesund wurde.

Diese Männer waren Will Roper, Sir Thomas More und der König von England.

Margaret ging wieder durch das Haus, wenn sie auch noch mager und blaß war. Ihr Vater schien es nicht fertigzubringen, sie aus dem Auge zu lassen.

Sie schlenderten gemeinsam durch die Obst- und die Blumengärten, und manchmal erinnerte er sie an die Freuden, die sie früher, in Margarets Kindheit, miteinander geteilt hatten. Sie lachten zusammen, und manchmal weinten sie auch bei diesen Erinnerungen.

Er sprach mit ihr offener als mit den anderen über Angelegenheiten des Hofes, und bisweilen lasen sie gemeinsam in dem von Erasmus herausgegebenen Neuen Testament.

Margarets Rekonvaleszenz bestand aus vielen glücklichen Stunden.

Ihr Vater sorgte auf hunderterlei Weise für sie: Er holte ihr einen Schal aus dem Haus, weil er fürchtete, der Wind könne zu kühl sein. Er erlaubte nicht, daß sie nach dem Regen durchs Gras ging, damit ihre Füße nicht feucht wurden. Er genoß es, wie sie allmählich gesund wurde, und häufig mußte sie weinen, wenn sie überlegte, welchen Kummer ihre Krankheit über die Familie gebracht hatte, und besonders weinte sie um Will und ihren Vater.

Das Band zwischen Sir Thomas und seiner Tochter war stärker denn je.

Als sie an einem heißen Sommertag im Garten saßen, öffnete er, weil es ihm zu warm geworden war, den Kragen seines Gewandes, und die kleine Anne Cresacre, die neben ihm saß, erhaschte einen Blick auf das sonderbare Kleidungsstück, das er unmittelbar auf der Haut trug. Annes große Augen wurden rund vor Verwunderung, und ihre Lippen fingen an zu zucken. Konnte das ein härenes Hemd sein! So etwas trugen doch nur Mönche... Die kleine Anne, die sich häufig unsicher fühlte in diesem Haushalt kluger Leute, wurde von unüberwindlichem Lachen gepackt.

Margaret war ihrem Blick gefolgt. Sie stand nun auf und sagte: „Vater, die Luft wird kühl." Sie knöpfte ihm das Gewand zu und war ärgerlich auf Anne wegen ihrer Jugend und Dummheit und deshalb, weil sie es gewagt hatte, über einen großen und heiligmäßigen Mann zu kichern.

Er, der begriff, was geschehen war, lächelte Anne zu, die sich sofort schämte, da sie sich seiner Güte bewußt wurde. Sie erhob sich, murmelte, sie werde in der Küche gebraucht, und eilte davon.

Thomas lächelte nun seiner Tochter zu, und das Lächeln wurde sehr zärtlich. Er erinnerte sich, daß sie, als Alice wissen wollte, was mit seinen Hemden geschah und weshalb sie nicht mit dem anderen Leinenzeug in die Wäsche gegeben würden, der Mutter geantwortet hatte, damit er nicht die Wahrheit zu sagen brauchte. Denn Margaret hätte es nicht ertragen können, wenn Alice den Vater verspottet hätte. „Ich wasche Vaters Hemden, Mutter, zusammen mit meinen eigenen Sachen. Das habe ich immer getan, und ich werde es auch stets weitertun." „Welcher Unsinn!" hatte Alice gesagt. „Weshalb willst du das tun, wo wir doch Mägde haben, die es tun können?" Doch Margaret hatte ruhig erwidert, das sei ihre Sache, und sie hatte es mit solcher Entschlossenheit gesagt, daß selbst Alice das Thema fallenließ.

Thomas schlug nun einen Spaziergang am Fluß vor, und als

sie sich aufmachten, sagte er: „Du möchtest mich vor dem Spott der Jungen und Fröhlichen beschützen?“

„Das dumme Ding!“ entgegnete Margaret. „Ich hätte sie ohrfeigen können.“

„Du bist zu hart mir ihr, Meg. Sie ist doch noch ein Kind. Du darfst nicht von allen erwarten, daß sie so ernst sind wie du in ihrem Alter. Hab Geduld mit ihr. Sie ist ein gutes Kind, und ich glaube, sie liebt unseren Jack und er sie. Wir wollen nicht mehr von ihr fordern, als daß sie ihn liebt und glücklich macht.“

„Du hast recht, Vater, es ist nicht wichtig. Viel wichtiger ist: Wie stehen die Dinge am Hof?“

„Die Ereignisse entwickeln sich rasch, Meg.“

„Ist der König immer noch entschlossen, die Königin zu verstoßen?“

„Ich fürchte es.“

„Und wenn es ihm gelingt, die Scheidung zu bewerkstelligen, wird er Anne Boleyn heiraten?“

„Ich glaube, daß das seine Absicht ist, und ich glaube außerdem, daß dein Vater bald seine Ämter verlieren und wieder ein bescheidener Mann sein wird. Du lächelst, Meg. Man könnte denken, ich hätte dir gesagt, daß mein Glück gemacht sei.“

„So wird es auch sein, wenn du wieder bei uns allen zu Haus bist, so wie es früher war. Wenn du deine Pflichten in der City wieder aufnimmst...“

„Ich glaube nicht, daß es so einfach sein wird, dort wieder anzufangen, Meg.“

„Das macht auch nichts. Ich werde glücklich sein, wenn du den Hof für immer verläßt.“

„Wir wären dann sehr arm.“

„Wir wären reich an Glück. Du wirst England nie mehr verlassen oder abwesend sein müssen, weil du zum Hof gehst. Wir hätten dich immer bei uns.“

„Welch glücklicher Tag wird es sein, wenn ich nach Haus komme und euch berichte, daß ich meine ehrenvollen Ämter aufgegeben habe!“

„Der glücklichste Tag, den wir je erlebt haben. Und wird das bald geschehen?“

„Wie ich sagte, die Ereignisse entwickeln sich rasch. Der König wird mich gehen lassen. Er kennt meine Ansichten. Er hat mich nicht gedrängt, sie zu ändern. Er deutet an, daß er sie respektiert. Und ich meine, das heißt, daß er mir den Abschied vom Hof, wenn ich ihn erbitte, bereitwillig gewähren wird."

„Ich sehne mich nach diesem Tag."

„Es ist eine traurige Geschichte, Meg, den raschen Sturz jener zu beobachten, die zu großen Höhen aufgestiegen sind. Ich denke an den Kardinal."

„Wie steht es mit ihm, Vater?"

„Schlecht. Es ist betrüblich, an ihn zu denken."

„Der König braucht ihn nicht mehr?"

„Der Kardinal hat auf die falschen Idole gesetzt, Margaret. Er hat den Prunk angebetet statt die Ehrlichkeit. Er hat irrigerweise den Reichtum für den Ruhm gehalten, der mit rechtschaffener Arbeit kommt. Armer Wolsey! Er hat zu viele Feinde. Der König ist sein einziger Freund ... ein wankelmütiger Freund. Der Kardinal hat Lady Anne gekränkt. Er hat die Ehe verhindert, die sie mit Percy schließen wollte. Er hat eine Verwandte von ihr beleidigt, als er versuchte, Eleanor Carey die Stellung als Äbtissin von Wilton zu nehmen. Doch am allerschlimmsten, sie weiß, daß er den König gedrängt hat, eine der französischen Prinzessinnen zu heiraten. Das sind falsche Schritte in seiner gefährlichen Laufbahn. Er war sich seiner Macht so sicher. Wer ist schon diese Anne Boleyn? fragte er sich. Nichts anderes als ihre Schwester Mary! Und hier liegt sein Fehler – die Mätresse des Königs ist seine Feindin geworden. Er könnte keinen größeren Feind haben, denn sie ist es, die über den König gebietet. Außerdem warten Norfolk und Suffolk nur darauf, daß der König dem Mann, dem er einst sein Vertrauen geschenkt hat, den Rücken kehrt. Dann werden sie über ihn herfallen. Er ist ein bekümmerter, kranker Mann, Meg. Der arme Wolsey!"

„Er ist dir kein aufrechter Freund gewesen, Vater."

„Er ist keinem ein wahrer Freund, weil er an nichts denkt als an seinen Ehrgeiz. Und nun sieht die arme Seele ein, daß der Ehrgeiz ein falscher Freund ist. Ruhm? Was ist denn Ruhm? Die Menschen beglückwünschen sich, wenn sie zu Ruhm gelangen. Leichtsinnig lassen sie sich vom Wankelmut der öffentlichen Meinung zu den Sternen emporheben. Doch was hilft der Ruhm einem Menschen? Mag ihn auch jedermann rühmen, wenn ihn ein Gelenk schmerzt, nützt aller Ruhm nichts mehr. Und Wolsey hat viele schmerzende Gelenke, Meg ... und ein schmerzendes

Herz. Seine Außenpolitik, die einst so erfolgreich war, ist zu Wasser geworden. Er hat den Haß des Kaisers geweckt, ohne die Liebe des Königs von Frankreich zu gewinnen. Unser König interessiert sich nur für eine einzige Sache, denn er ist ein zielstrebiger Mann. Deshalb denkt er Tag und Nacht kaum an etwas anderes als daran, wie er sich von Königin Katharina befreien und Anne Boleyn heiraten kann. Wolsey hat jetzt noch eine einzige Hoffnung – den für den König günstigen Ausgang des Prozesses, den er und Campeggio hier in London führen wollen. Wenn Wolsey die Scheidung arrangieren kann, wird er gewiß die Gunst des Königs bald wiedergewinnen. Wenn nicht ... dann wird der König ihm den Rücken kehren. Und wenn sich Seine Gnaden endgültig von ihm abwendet, dann werden die Wölfe über ihn herfallen, und sie werden keine Gnade walten lassen, Meg. Es sind zu viele Kränkungen zu rächen. Der schwärende Groll ist zu stark."

„Und dann, Vater?"

„Dann, Meg, heißt es, leb wohl, Ruhm, leb wohl, Prunk und Reichtum! Dann werden wir unseren Kardinal nicht mehr prächtig durch die Straßen reiten sehen. Bitten wir Gott, daß wir ihn nicht zum Tower reiten sehen müssen."

„Und du?"

„Hier ist der Ausweg für mich, Meg. Verlaß dich darauf, der König hat wenig Verwendung für mich. Er kennt meine Einstellung. Er wird meinen Rücktritt annehmen. Er wird ihm die unangenehme Aufgabe ersparen, mich zu entlassen, Meg. Alle werden entlassen werden, die seinen Wünschen nicht Vorschub leisten."

„Vater, ich sehne mich nach dem Tag deines Rücktritts."

„Es wird jetzt nicht mehr lange dauern, Meg. Das versichere ich dir."

Der Ruhm des Kardinals wurde matt. Niemand wußte das besser als er selber. Sein Schicksal war klar, als sich Campeggio, von dem alle erwarteten, er werde ein Urteil zugunsten der Scheidung fällen, mit seiner charakteristischen Unschlüssigkeit erhob und den Prozeß vertagte. Dabei erklärte er, das Gericht solle in Rom einberufen werden und dort sein Urteil fällen.

Da erhob sich der Herzog von Suffolk, der, wie alle wußten, mit Vollmacht des Königs sprach, in heißem Zorn und rief: „Es ist niemals fröhlich in England zugegangen, seit wir Kardinäle unter uns haben." Dabei starrte er nicht Campeggio, sondern Wolsey an. Das war das von allen erkannte Signal. Der König hatte Wolsey seinen Feinden vorgeworfen.

Die Ereignisse folgten rasch aufeinander.

Der Kardinal kehrte, von seinen Dienstleuten umgeben, in sein Haus in Westminster zurück. Die Leute zitterten mit ihm, denn ihnen war er ein gütiger, gnädiger Herr gewesen. Und dort warteten sie auf das Kommen Norfolks und Suffolks.

Sie brauchten nicht lange zu warten.

Sie kamen im Namen des Königs und forderten, daß Wolsey das Großsiegel von England in ihre Hände lege.

Der König ließ Sir Thomas More rufen.

Margaret begleitete den Vater zur Barke hinunter.

„Verlaß dich darauf, Meg, dies bedeutet eins: Wenn dein Vater zurückkehrt, ist er aller Ehren entkleidet. Ich werde meine Entlassung zugleich mit dem bedauernswerten Kardinal erhalten."

Und wie sehr werden sich deine Gefühle von denen Wolseys unterscheiden, liebster Vater. Du wirst froh sein. Du wirst als glücklicherer Mensch zu deiner Familie zurückkehren."

Und sie stand oben an der Treppe zum Anlegesteg und winkte ihm lächelnd nach.

Noch nie hatte sie ihn so glücklich abfahren sehen.

Der König empfing Thomas ernst.

„Wir haben eine Sache von großer Wichtigkeit mit Euch zu besprechen", sagte er. „Ihr habt eng mit Thomas Wolsey zusammengearbeitet, nicht wahr?"

„Das habe ich getan, Euer Gnaden."

Der König knurrte. Er starrte seinen Minister an. Selbst in diesem Augenblick konnte er der Versuchung, ein wenig Theater zu spielen, nicht widerstehen. Er wollte Thomas More beunruhigen und ihm dann sagen, was er auf dem Herzen hatte.

Anscheinend gab es nur einen einzigen Mann, der des eben von Wolsey frei gemachten Amtes würdig war. Das Amt des Kanzlers war das höchste im Land und konnte nur einem Mann anvertraut werden, der fähig war, es auszufüllen. Die Mitglieder seines Kronrats hatten darüber mit dem König gesprochen. Die

Kenntnis der komplizierten Gesetze war notwendig, hatte Norfolk gesagt. Der neue Kanzler müsse ein rechtschaffener aufrechter Mann sein, auf den das Land mit Vertrauen und Zuversicht blicken könne. Der Kronrat war der Ansicht, daß es nur einen einzigen Mann im Land gebe, der dieses Amt zufriedenstellend ausfüllen könne. Diese Entscheidung der Mitglieder seines Kronrats hatte den König nachdenklich gemacht. Die Kirche war in der Angelegenheit seiner unrechtmäßigen Ehe mit Katharina vernünftig gewesen – alle bis auf einen Bischof, diesen Narren Fisher. Der hatte gestottert und gestammelt und den König bis aufs äußerste gereizt. Aber weshalb sollte sich ein König über die Unnachgiebigkeit eines Bischofs aufregen? Mit dem Mann würde man schon entsprechend verfahren, wenn die Zeit kam.

Heinrich vergaß nicht, daß Sir Thomas More nicht für die Scheidung war, daß er die Königin unterstützt hatte, doch Heinrich wußte ebensogut wie seine Ratsmitglieder, daß Thomas More am geeignetsten war, die Nachfolge Wolseys anzutreten. Es mußte sein, davon war Heinrich überzeugt. Und ebenso ging es Norfolk, Suffolk und jedem anderen Mitglied des Kronrats. Wolsey selbst hatte, als sein Sturz unmittelbar bevorstand, gesagt, nur ein einziger sei fähig, sein Nachfolger zu werden, und das sei Sir Thomas More.

Dieser Mann More übte anscheinend auf alle Menschen eine starke Wirkung aus. Selbst wenn seine Ansichten von den ihren abwichen, respektierten sie ihn noch so sehr, daß sie ihn weiter liebten.

Der König blickte nicht mehr finster. Er lächelte Thomas an.

„Wir haben eine gute Nachricht für Euch. Wir haben Euch immer gern gehabt. Haben Wir Euch das nicht schon gesagt, als Ihr das erstemal zu Uns kamt? Ihr erinnert Euch des Prozesses um das päpstliche Schiff?“ Das Lächeln des Königs war eitel Wohlwollen. „Nun haben wir eine Aufgabe für Euch. Wir haben gesagt, Wir würden Euer Glück machen, nicht wahr? Es ist gemacht, Thomas More. Wir schätzen Eure Güte, Eure Ehrlichkeit, die Achtung, die Euch die ganze Welt erweist. Wir suchen nach einem Mann, dem wir das Großsiegel anvertrauen wollen, und Wir sagen Uns: Thomas More! Er ist Unser Mann. Er soll Unser Lordkanzler sein.“

„Lordkanzler, Euer Gnaden!“

„Ihr seid überwältigt, Thomas. Ich weiß. Ich weiß. Es ist eine gewaltige Ehre. Doch Wir haben lange über diese Angelegenheit nachgedacht und sind überzeugt, daß kein Mann im Königreich diese Ehre mehr verdient als Ihr. Euer Land braucht Euch, Thomas. Euer König befiehlt Euch, Euerm Land zu dienen. Eure Arbeit bei Wolsey, Eure Kenntnis der Politik, Eure Liebe für die Gelehrsamkeit, Eure Bildung, Eure Rechtskenntnis... Ihr seht es ein, nicht wahr? Ihr seht, daß ich Euch, selbst wenn ich Euch nicht liebte, wie ich es tue, und selbst wenn ich Euch nicht als einen gelehrten und rechtschaffenen Menschen achtete, trotzdem zu meinem Kanzler machen müßte."

Thomas betrachtete voller Besorgnis die blendende Gestalt vor sich. „Euer Gnaden", sagte er, „ich muß offen zu Euch sprechen. Ich bin ungeeignet für die Aufgabe."

„Unsinn! Es gibt in unserem Reich nicht einen einzigen Mann, dem die Aufgabe besser anstände. Wir befehlen Euch, sie zu übernehmen, Thomas. Wir wollen keinen anderen haben. Es ist Eure Pflicht, Eurem König und Eurem Land gegenüber, anzunehmen. Wir dulden keine Weigerung."

„Mein Herr, Euer Hoheit, Euer allergnädigste Majestät, ich muß reden, wie es mir mein Gewissen befiehlt. Ich kann die Scheidung nicht unterstützen."

Die Augen des Königs schienen in dem fleischigen Gesicht zu verschwinden. Er wurde rot und trat zurück. Er schwieg ein paar Augenblicke, als ob er überlegte, welche seiner Rollen er nun spielen solle. Er könnte brüllen: „Schleppt diesen Verräter in den Tower!" Anderseits konnte er weiter die Rolle des wohlwollenden Monarchen spielen, der die Überzeugung eines ehrlichen Mannes achtet.

Er brauchte diesen Mann. Es war der einzige Mann im Reich, der für die Aufgabe geeignet war. Darin stimmten alle überein. Die Gelehrsamkeit und Integrität von Sir Thomas More, die Achtung, die er auf dem europäischen Kontinent genoß, waren für England notwendig.

Der König kam zu einem Entschluß.

„Thomas", sagte er. „Ihr habt Euer Gewissen, und ich habe meins. Beim Leib Christi, ich bin in meinen Gedanken genug gequält worden von meiner überaus sündigen und blutschänderischen Ehe. Ich kenne die Qualen der Gewissensbisse. Und in dieser Angelegenheit, Thomas More, seid ihr und ich nicht der gleichen Ansicht. Ich bedaure es, Thomas. Ich bedaure es mächtig. Doch als Mann von Gewissen achte ich jeden Mann von Gewissen ... selbst wenn ich weiß, daß sein Gewissen irrt. Denn Ihr seid ein gelehrter Mann, Thomas. Daran zweifle ich nicht. Ihr seid ein guter Mensch, und Wir sind stolz darauf, Euch als Untertan zu haben. Ihr seid von Gott begünstigt worden. Ich weiß von Eurer Familie in Chelsea, und eines Tages werde ich Chelsea besuchen, Thomas. Ich will diese Familie selbst sehen. Ich werde Euren fröhlichen Töchtern und der großartigen Ehefrau den Kuß der Freundschaft geben. Ja, das werde ich tun. Ihr seid in Eurer Familie gesegnet ..." Seine Stimme sank fast zu einem Flüstern ab. „Ihr könnt nicht verstehen, wie einsam ein Mann sein kann, mag er auch der König sein – wenn ihm das fehlt, was Gott Euch mit vollen Händen geschenkt hat. Thomas More, es gibt ein paar Dinge, die Ihr nicht so versteht, wie weltliche Männer sie verstehen. Und dies ist eins davon. Aber ich bin ein Mann von weiten Ansichten. Ich verstehe Euch ... obwohl ihr mich nicht versteht. Und ich will Euch als Kanzler haben, Thomas, und keinen anderen. Diese Angelegenheit, die mich Tag und Nacht plagt, soll keine Schranken zwischen uns aufrichten. Nun kommt, Kanzler More! Nehmt das Großsiegel von England, und Euer König wird Euch das Siegel der Freundschaft auf die Stirn drücken."

Heinrich beugte sich und küßte Thomas auf die Stirn.

Es war nicht Sache des Lordkanzlers, dachte der König, sich mit dieser Scheidungssache abzugeben. Das war Aufgabe der Geistlichkeit. Er hatte da zwei neue Freunde in Sinn, von denen er sich viel erhoffte: Thomas Cranmer und Thomas Cromwell.

Anscheinend habe ich tatsächlich eine Schwäche für diese Thomasse, dachte Heinrich. Und er lächelte liebenswürdig, als er seinem neuen Lordkanzler ins Gesicht schaute.

VI

Margaret würde es nie vergessen, wie sie an jenem Tag zur Barke hinuntergerannt war, um ihn zu begrüßen. Niemals würde sie das scheinbar unbekümmerte Lächeln auf seinem Gesicht vergessen. Mochte er andere täuschen können, bei ihr gelang es ihm niemals.

„Vater?"

„Nun, Meg, siehst du die Veränderung nicht? Der Unterschatzmeister hat dich heut morgen verlassen. Der Kanzler ist eben angekommen."

„Kanzler, Vater... du?"

„Ein würdiger Kanzler, wenn auch ein bescheidener, wie mein Lord Norfolk sagt."

„Aber... die Scheidung des Königs?"

„Ich habe ihm gesagt, daß ich dazu die Hand nicht reichen kann. Anscheinend hat er meine Weigerung angenommen – genau wie Norfolk meine niedrige Geburt annimmt. Und, Meg, wo so viele bereit waren, soviel anzunehmen, was ihnen eigentlich unzumutbar erscheint, war ich gezwungen, das anzunehmen, was ich allzugern abgelehnt hätte."

„Das ist nicht gut, Vater. Es ist keine Angelegenheit, über die man scherzen darf."

„Es ist wirklich nicht gut, Meg, und deshalb sollten wir scherzen, denn nur so können wir die Bürde, die wir nicht ablehnen durften, etwas leichter machen."

„Hättest du dich nicht weigern können?"

„Ich habe es versucht, Meg."

„Aber... du hattest doch gewiß die Wahl..."

„Ich bin Untertan des Königs, und als solcher habe ich den Befehlen des Königs zu gehorchen. Komm, wir wollen ins Haus gehen. Ich möchte schwören, daß du lächeln wirst, wenn du siehst, wie die Familie diese Nachricht aufnimmt."

Langsam gingen sie auf das Haus zu, und Margarets Herz war voller Sorge.

Lordkanzler!

Die Familie nahm die Nachricht mit Erstaunen auf.

Alice neckte ihn voller Stolz. „Nun, Master More, da habt Ihr also trotz allem einen großen Mann aus Euch gemacht!"

„Besser gesagt, man hat trotz allem einen großen Mann aus mir gemacht, Frau."

Alice sah ihn strahlend an. „Wer hätte das gedacht, daß mein Ehemann einmal Lordkanzler werden würde!"

„Ich möchte schwören, Alice, daß du zwei Zoll größer geworden bist."

Doch Alice war schon nicht mehr in der Stimmung für gutmütige Plänkelei. „Das bedeutet, daß wir mehr Dienstboten brauchen. Wer weiß, wer uns jetzt besuchen wird. Vielleicht sogar der König selber!" Alice wurde einen Ton blasser bei diesem Gedanken. „Wenn Seine Gnaden uns beehren sollte, muß ich es aber mindestens einen Tag vorher wissen, Thomas."

„Dann wird es meine erste Pflicht als Kanzler sein, dem König mitzuteilen, daß er Lady More rechtzeitig verständigen muß, falls er sie einmal besuchen will."

„Hört auf mit dem Unsinn! Es wäre nicht unerhört, daß der König seinen Kanzler besucht. In den Häusern des letzten Kanzlers ist er aus- und eingegangen, daß die Leute schon gar nicht mehr wußten, ob sie am Hof des Königs oder des Kardinals waren."

„Und jetzt sind die Höfe des Kardinals die Höfe des Königs. Ist es Euch schon aufgegangen, daß aller Besitz des letzten Kanzlers jetzt dem König gehört? Zittert Ihr nicht für Euer Eigentum, Alice? Denn vergeßt nicht, es ist der Besitz des neuen Lordkanzlers, und weshalb sollte es dem neuen besser ergehen als dem alten?"

„Hört auf mit solch törichtem Geschwätz!"

„Nun, Alice, dann etwas, was Euch besser gefallen wird. Heute abend wird ein Besucher zu Tisch kommen."

„Ein Besucher? Wer ist es?"

„Seine Gnaden von Norfolk."

„Du meine Güte! Und es ist schon drei Uhr! Wie soll ich das nur schaffen? Ich hätte Bescheid bekommen müssen!"

„Aber, Alice, wenn Ihr vierundzwanzig Stunden Zeit für den Besuch des Königs braucht, werden dann drei Stunden nicht für den Herzog genügen? Gewöhnliche Leute sprechen fünf Minuten vor der Mahlzeit vor und erhalten einen Platz an unserem Tisch."

„Mein Lord Norfolk!" rief Alice und wurde rot und weiß bei dem Gedanken.

„Seine Gnaden werden uns die Ehre machen. Er hielt eine großartige Rede, als ich das Siegel übernahm. Er hob meine Tugenden hervor, die, wie er sagte, so groß seien, daß sie ihn gleichgültig meiner bescheidenen Geburt gegenüber machten."

Alice war aufgebracht, doch trotzdem dachte sie: Seine Gnaden von Norfolk! Der erste Edelmann im Land... und kommt hierher zum Abendessen. Der nächste wird Seine Gnaden der König sein. Ich weiß es.

„Also, Alice, meine Liebe, reg dich nicht auf", sagte Thomas, „denn so ein zweitrangiges Kompliment verdient nur ein zweitrangiges Abendessen. Wir wollen uns vor diesem edlen Herzog so geben, wie wir sind. Wir wollen ihn behandeln wie jeden Vorüberkommenden, der hereinschaut, um uns bei Tisch Gesellschaft zu leisten. Schließlich erwartet er gar nicht mehr von uns – weil wir so niedrige Leute sind."

Doch Alice hörte nicht mehr zu. Sie mußte sofort in die Küche. Sie mußte darauf achten, daß der Rinderbraten richtig mit Fett begossen wurde. Hätte sie gewußt, daß sie so geehrt werden sollten, hätte sie eine der neuen Puten besorgt. Aber sie wollte wenigstens diese neue Soße machen und gehackte Wurzeln der wilden Zichorie und Brucheicheln des Pfeilkrauts hinzufügen. Sie wollte die Köchin anweisen, noch ein paar Pasteten und gefüllte Kuchen zu bereiten. Und das frisches Essiggemüse mußte auf den Tisch. Sie wollte es Lord Norfolk schon zeigen!

„Nun haltet mich nicht länger auf, Master More! Wenn Ihr schon große Edelleute zum Abendessen einladet, dann müßt Ihr mir wenigstens Zeit geben, mich um alles zu kümmern."

Und weg war sie, eilte hinunter in die Küche und schnupperte, aufgeregt und ein wenig ängstlich, die würzigen Gerüche.

„Los, los, ihr Mädchen! Es gibt zu tun. Mein Lordkanzler

hat heute abend einen Gast zu Tisch. Ich glaube nicht, daß eine von euch schon einmal einen edlen Herzog bedient hat, eh? Eh?"

„Nein, meine Lady."

„Dann werdet ihr es lernen. Denn es würde mich nicht wundern, wenn wir eines Tages einen Gast zu Tisch hätten, der weit höher steht als Seine Gnaden von Norfolk. Wißt ihr, wen ich meine? Weißt du das, Mädchen?"

Und Alice versetzte einer der Mägde einen freundlichen Klaps mit dem großen Holzlöffel.

Dann gestattete sie sich eine Minute lang den Traum, daß an ihrem Tisch ein großer prächtiger Mann saß, der ihr zurief, daß er nie ein besseres Mahl gekostet habe als das, das er am Tisch seines Lordkanzlers verzehrte.

„Larifari!" ermahnte sie sich selber. „So bereitet man nicht das Abendessen für Seine Gnaden von Norfolk vor!"

Mit zitternden Händen und Tränen in den Augen stand der alte Richter vor seinem Sohn.

„Thomas, mein lieber Sohn... Thomas, Lordkanzler von England. Du hast das Großsiegel erhalten, mein Sohn. Du... mein Sohn Thomas!"

Thomas umarmte seinen Vater. „Zuerst Euer Sohn, Vater. Kanzler danach."

„Und wenn ich mir vorstelle, daß ich dich gescholten habe, weil du nicht genug für die Juristerei gearbeitet hast!"

„Ach, Vater, es gibt viele Wege zum Ruhm."

„Und du hast einen raschen Weg gefunden, mein Sohn."

„Ich habe einen Seitenweg benutzt. Und ich gestehe, ich bin immer noch ein wenig überrascht, wohin er mich geführt hat."

„Thomas, wie ich es mir wünschte, daß deine Mutter diesen Tag noch hätte erleben können. Und mein Vater... und mein Großvater. Sie wären stolz gewesen... wirklich stolz. Dein Großvater war nur Diener an der Rechtshochschule. Allerdings stand er an der Spitze aller Diener und verwaltete die finanziellen Dinge. Ich wünschte, er hätte diesen Tag erleben und seinen Enkel als Lordkanzler von England sehen können. Thomas, mein Sohn! Welch stolzer und glücklicher Tag!"

Später sagte Thomas zu Margaret: „Da siehst du, Meg, daß in allen Dingen viel Gutes ist. Ich freue mich, deinem Großvater eine Freude gemacht zu haben. Er ist schon schwach, und ich fürchte, daß er nicht mehr lange bei uns weilen wird. Ich glaube, in diesem Augenblick ist seine Freude an mir fast ebensogroß wie meine immer an dir. Und, Margaret, glücklich das Kind, das einen zärtlichen Vater stolz macht, meinst du nicht?"

„Wenn ich dich weniger zärtlich liebte", erwiderte sie, „würde ich meinen Stolz auf dich wohl mehr genießen."

Er küßte sie. „Erwarte nicht zuviel vom Leben, meine kluge Tochter. Erwarte wenig, dann wirst du, wenn es kommt, glücklich sein."

Margaret schien es, daß der, der am wenigsten von seiner neuen Würde verändert wurde, ihr Vater war.

Er freute sich nur dann seiner Bedeutung, wenn er sie benutzen konnte, um für andere Gutes zu tun. Er hatte dem König die Zeichnung vorgelegt, die Hans Holbein von seiner Familie gemacht hatte, und der König war sehr beeindruckt gewesen. So hatte Master Holbein mit Bedauern das Haus in Chelsea verlassen, um sein Quartier am Hof als Maler des Königs mit einem Gehalt von dreißig Pfund Sterling im Jahr zu beziehen.

„Es ist eine große Summe", sagte Hans Holbein, „und ich bin ein armer Mann. Vielleicht werde ich in Hampton Court und Westminster berühmt, aber ob mir der Ruhm soviel Freude gibt wie das Glück, das ich in Chelsea genossen habe?"

„Wer so malt wie Ihr, mein Freund", erwiderte Thomas, „hat keine andere Wahl. Geht an den Hof! Dient dem König, und ich zweifle nicht daran, daß Eure Zukunft gesichert ist."

„Am liebsten würde ich bleiben. Ich möchte noch mehr Bilder von Eurer Familie machen ... auch von Euren Dienstboten."

„Geht und malt Bilder vom König und seinen Dienern. Geht, Hans Holbein. Macht aus beiden Welten das Beste. Bezieht Euer Quartier am Hof und kommt nach Chelsea, um das bescheidene Mahl mit uns einzunehmen, wenn Ihr das Bedürfnis danach verspürt."

Dann umarmte Hans Holbein seinen Freund und Wohltäter und sagte, Tränen in den Augen: „Wenn man sich vorstellt, daß ich ein solches Angebot, wie es mir der König macht, ablehnen möchte! Ihr habt einen Zauber in Euerm Haus, lieber Freund, und ich bin in seinem Bann gefangen."

Ja, solche Dinge tat Thomas mit großer Freude. Bei solchen Gelegenheiten genoß er es, ein hohes Amt innezuhaben.

Doch er fühlte sich unbehaglich – weit unbehaglicher, als er seine Familie merken ließ.

Der König verbrachte immer mehr Zeit mit Cromwell und Cranmer. Von den beiden erwartete er Hilfe in seiner Scheidungssache, und nichts erschien ihm von größerer Bedeutung. Der Kardinal war in Ungnade gefallen, und der Sturz war schneller gegangen als der Aufstieg zu Gunst und Gnade. Er wurde zunächst nach dem Statut des Praemunire angeklagt, doch Thomas Cromwell hatte ihn verteidigt, und so wurde der Kardinal von der Beschuldigung des Hochverrats freigesprochen. Wolsey erhielt den Befehl, sich nach York zurückzuziehen. Doch ehe er dort lange gelebt hatte, wurde er abermals des Hochverrats angeklagt. Auf dem Weg nach London starb er in Leicester an gebrochenem Herzen.

Als Thomas Wolsey zur Kanzlerschaft gekommen war, hatte alles zu seinen Gunsten gesprochen. Bei Thomas More hatte alles dagegen gestanden. Wolsey hatte die Gefahr erst etwa ein Jahr vor seinem Sturz und Tod erkannt. More war sich ihrer von dem Augenblick an bewußt, als er das Großsiegel empfing.

William Dauncey erschien bei seinem Schwiegervater in einer der seltenen Stunden, in denen sich Thomas bei seiner Familie aufhielt.

In Dainceys Augen stand ein Licht der Entschlossenheit.

„Nun, Sohn Dauncey, du möchtest mit mir reden?"

„Ich habe in letzter Zeit viel nachgedacht, Vater", sagte Dauncey. „Die Dinge haben sich verändert, seit Ihr statt des Kardinals Kanzler von England geworden seid."

„In welcher Weise?"

„Als mein Lord Kardinal Kanzler war, wurden die in seiner Umgebung reich, denn er schloß sich von allen Menschen ab, und es kostete einiges, wenn man ihm seine Wünsche vortragen wollte. Doch seit Ihr Kanzler seid, kann jedermann vor Euch erscheinen. Er kann seinen Fall vortragen und seinen Urteilsspruch erhalten."

„Ist das nicht gut so, mein Sohn? Als mein Lord Kardinal das Großsiegel in Händen hatte, wurden viele Prozesse nicht verhandelt, weil keine Zeit war, sie ihm vorzutragen. Für mich ist das leichter. Meine Interessen sind nicht so vielfältig, und außerdem bin ich selbst Jurist. Als ich das Amt übernahm, gab es Fälle, auf deren Verhandlung die Leute seit zehn, zwölf Jahren warten mußten! Und nun, mein Sohn – ich fange an zu prahlen, doch diese Sache macht mir viel Freude, deshalb vergib mir meinen Stolz –, habe ich gestern den nächsten Fall aufgerufen, und man sagte mir, es seien keine Fälle mehr zu verhandeln. Ich war so stolz darauf, daß ich, während ich da saß, einen kleinen Reim erfunden habe. Dies ist er:

Als More eine Weile Kanzler war,
gab's keine Prozesse mehr.
Dergleichen wird man nie mehr gewahr,
eh' More kommt wieder her."

„Ja, Vater", entgegnete Dauncey ungeduldig, nachdem er höflich aufgelacht hatte. „Das ist gut für diejenigen, die gern möchten, daß ihre Prozesse verhandelt werden. Aber für die Freunde des Kanzlers ist es nicht so gut."

„Wieso, mein Sohn?"

„Als Thomas Wolsey Kanzler war, konnten nicht nur die Mitglieder seines Rates, sondern sogar seine Türhüter große Gewinne für sich selber einstecken."

„Ach so", sagte Thomas. „Jetzt verstehe ich. Du meinst, daß eine Tochter des jetzigen Kanzlers mindestens so gewinnbringend sein sollte wie eine Tür im Haus des vorigen."

„Gewinnbringend?" erwiderte Dauncey. „Aber das ist es ja gerade. Es gibt keinen Gewinn. Wie könnte ich von denen, die ich zu Euch bringe, Geschenke nehmen, wenn ich dabei nicht mehr für sie tue als das, was sie jederzeit selber für sich tun können?"

„Du meinst also, ich begehe einen Fehler, wenn ich alle empfange, die mich sprechen wollen?"

„Es mag ja eine gute Sache sein", sagte Dauncey hartnäckig, „aber für einen Schwiegersohn ist es nicht gewinnbringend. Wie könnte ich von einem Mann einen Lohn für etwas nehmen, was er auch ohne meine Hilfe bekommen kann?"

„Ich bewundere dein genaues Gewissen, mein Sohn." Er lächelte Dauncey an. Dauncey wollte vorankommen. Er war kein schlechter Junge. In seiner Entschlossenheit aufzusteigen, gehochte er nur seinem Vater Sir John Dauncey. Nun wirkte Dauncey niedergeschlagen. Er verstand seinen Schwiegervater nicht immer. Thomas legte ihm die Hand auf die Schulter. „Falls du mir irgendeine Sache vorlegen möchtest, mein Sohn, oder falls du einen Freund hast, dem du zu helfen wünschst, nun, dann kannst du mir diese Sache jederzeit vortragen. Vielleicht verhandle ich dann diesen Proezß vor dem anderer, falls sich das machen läßt. Aber eins merk dir, Sohn Dauncey – und ich versichere es dir bei meinem Glauben –, wenn mein Vater selber auf der einen Seite von mir stände und der Teufel auf der anderen und wenn der Teufel in diesem Fall recht hätte, dann müßte ich zugunsten des Teufels entscheiden. Komm, geh mit mir durch die Gärten. Du auch, Sohn Roper. Ich habe euch gern bei mir."

Und er schob den Arm durch den Daunceys, weil Dauncey beschämt wirkte. Und er sprach mit äußerster Freundlichkeit zu ihm.

Es war nicht Daunceys Schuld, daß er zum Ehrgeiz erzogen worden war. Überdies war er schon ein wenig weicher geworden, seit er nach Chelsea gekommen war.

Alice war in ständiger Aufregung, da sie die Hochzeit Jacks mit Anne Cresacre vorbereitete. Dies sollte einstweilen der Gipfel aller Feste für sie sein. Es hatte schon andere Hochzeiten in der Familie gegeben. Aber das waren Hochzeiten der Kinder von Thomas More und später von Sir Thomas gewesen. Doch nun ging es um den Sohn des Lordkanzlers, der heiraten sollte.

Alice war ein wenig enttäuscht, daß der König nicht unter den Gästen sein würde. Sie hörte die Gespräche, auch wenn man nicht immer daran dachte, daß sie zuhörte. Sie hörte einige der Bemerkungen, die Margaret und ihr Vater wechselten, und auch einige Andeutungen des Herzogs von Norfolk, der zu Alices Entzücken recht häufig im Haus erschien. Und sie entnahm daraus, daß Thomas, wie kaum anders zu erwarten, seine Chancen nicht zu seinem Besten nutzte. Er widersprach dem König, und das alles nur, weil dieser eine Scheidung verlangte und Thomas meinte, sie dürfe ihm nicht gewährt werden.

Du meine Güte! sagte Alice zu sich selbst. Dieser Mann, den ich da habe, ist weiß Gott ein tollkühner Mensch. Er ist so wenig an seiner Stellung interessiert, daß sie ihn vollkommen gleichgültig läßt. Wenn es dagegen um Angelegenheiten des Königs geht, ist er überaus fest und entschlossen. Das ist nichts als störrische Narrheit, und ich bin froh, daß mein Lord Norfolk mit mir einer Meinung ist.

Der König würde also nicht auf der Hochzeit sein, trotzdem sollte es ein großartiges Fest werden. Alice hatte dem jungen Paar eine dieser neuen tragbaren Uhren gekauft, die man vor einem Jahr noch nicht gekannt hatte. Das würde ein Fest werden, das sie da vorbereitete! Alle sollten staunen über die gute Küche, die man in Chelsea hielt.

Alice schnaufte durch die Küche und warf einen Blick auf das Wildschwein, das in Essig und Wacholderbeeren lag. Sie ging hinaus in die Ställe, um sich vom Gewicht der Ferkel zu überzeugen, die geschlachtet werden sollten. Sie stieg in den Keller, um zu sehen, ob Met und Honigwein reif waren. Sie inspizierte ihr Essiggemüse, das das beste werden sollte, das sie je eingelegt hatte.

Stündlich ermahnte sie die Dienstboten. „Vergeßt es nicht! Dies ist keine Hochzeit gewöhnlicher Leute. Es ist die Hochzeit des Sohnes des Lordkanzlers von England."

„Ja, meine Lady. Ja, meine Lady."

Meine Lady! dachte sie in seligem Glück. Meine Lady!

Ach, dies endlich war das gute, angenehme Leben. Ihre einzige Furcht war, Thomas könnte etwas tun, was dieses Leben verderben mußte, denn Thomas schien wahrhaftig kein Verständnis für die Würde zu haben, mit der er bekleidet worden war. Es war gut und schön, sich über sie lustig zu machen und über ihre Würde zu lachen. Aber jemand mußte doch Würde zeigen. Sie jedenfalls vergaß nie, daß sie die Gattin des Lordkanzlers war, wenn er selber auch töricht genug war, zu vergessen, was er seinem Amt schuldete.

Sie verlangte Förmlichkeit in ihrem Haushalt. Es war nicht recht von ihm, daß er jeden bescheidenen Reisenden im Haus aufnahm, der gehört hatte, daß man am Tisch von Sir Thomas More immer mit einer guten Mahlzeit rechnen konnte. Es war auch nicht recht, immer die gleiche düstere Kleidung zu tragen. Nicht ein einziges Schmuckstück! Wenn sie daran dachte, wie prunkvoll der Kardinal immer einhergegangen war und wie sich die Leute auf den Straßen gedrängt hatten, um ihn vorüberziehen zu sehen ... Alice schnaubte. Dies alles reichte wohl, daß sie sich fragen mußte, was das für ein Mann war, den sie da geheiratet hatte. Er hatte einfach kein Gefühl für seine Macht und seine Würde.

Kürzlich hatte Giles Heron Gelegenheit gehabt, einen Prozeß gegen einen gewissen Nicholas Millisante anzustrengen. Aber hatte Master More etwa seinen eigenen Schwiegersohn begünstigt? Nein, das tat er nicht. Master Giles war zuversichtlich zu Gericht gegangen. Natürlich hatte der ein wenig bequeme Giles erwartet, daß sein Schwiegervater zu seinen Gunsten entscheiden würde, und... Thomas hatte gegen ihn entschieden!

„Eine schöne Geschichte!" hatte Alice entrüstet gescholten. „Die Angelegenheiten der Familie bedeuten Euch also nichts, Master More? Die Leute werden sagen, der Lordkanzler hat keine Macht, da er sich fürchtet, einen Prozeß zugunsten seines Schwiegersohns zu entscheiden."

„Was spielt das für eine Rolle, Alice, solange die Leute wissen, daß die Gerichte in England unparteiisch Recht sprechen?"

„Na, na", sagte Alice zu sich. „Na, na", das war der Lieblingsausdruck von Lord Norfolk, und Alice war gern bereit, die Manieren der Großen nachzuäffen, obwohl Thomas es niemals tat.

Thomas verachtete Prunk und Pracht. Als Norfolk vor einer Woche unerwartet vorsprach, um mit Thomas über eine dienstliche Angelegenheit zu reden, sang Thomas gerade im Chor der Kirche von Chelsea. Dort hatte er im Chorhemd gesessen wie jeder gewöhnliche Mensch, und Alice war keineswegs überrascht, daß sein Anblick – so würdelos – den Herzog erschüttert hatte.

„Bei Christi Leib! Christi Leib!" hatte Norfolk gerufen. „Mein Lordkanzler spielt den Gemeindegeistlichen! Na, na, na, damit macht Ihr dem König und seinem Amt aber wenig Ehre, Master More."

War Thomas nun wenigstens reuig gewesen? Nicht im geringsten. Er hatte nur gelächelt: dieses leichte, rasend machende Lächeln, und erwidert: „Nein, Euer Gnaden, ich kann mir nicht denken, daß der König den Gottesdienst als eine Unehre für sein Amt betrachten würde."

Und da war Seine Gnaden von Norfolk sprachlos gewesen, während Thomas lächelte und seiner Sache so sicher war. Doch der Herzog war über die scharfsinnige Antwort nicht ärgerlich geworden. Er schien weiter sehr freundlich mit Thomas gewesen zu sein, sowohl bei Tisch als auch nachher im Garten.

Doch Alice erinnerte sich stets ihrer Würde, die sie seinem Amt schuldig war, und sorgte dafür, daß die Dienstboten es ebenso hielten. Sie hatte verlangt, daß einer von Thomas' Herren jeden Morgen nach der Andacht in der Kirche von Chelsea zu ihrem Kirchenstuhl kam und ihr meldete, daß ihr Gatte gegangen sei, obwohl sie es genau wußte, wann er die Kirche verließ. Dieser Herr ihres Gatten mußte sich vor Alice verneigen und sagen: „Madame, mein Lord ist gegangen."

Dann senkte sie den Kopf und dankte ihm feierlich. Es war ein Ritual, über das die anderen lächelten. Laß sie nur lächeln, sagte sich Alice. Jemand mußte schließlich die Würde des Hauses im Auge behalten.

Jetzt kam eine der Mägde zu ihr und sagte, an der Tür sei eine arme Frau, die sie zu sprechen wünsche.

„Ständig sind arme Frauen an der Tür!" rief sie. „Sie kommen hier zum Haus und betteln, weil sie von dem Befehl des Herrn wissen, daß niemand abgewiesen werden soll, ohne daß man ihn erst anhört. Mir scheint, die Bettler werden hier mehr geehrt als vornehme Herzöge."

Doch diese arme Frau war nicht gekommen, um zu betteln, so versicherte sie Lady More. Sie hatte einen hübschen Hund und hatte gehört, daß Lady More solche Tiere gern habe. Deshalb hatte sie ihn gebracht, weil sie hoffte, ihn der Lady verkaufen zu können.

Alice war sofort von dem reizenden kleinen Geschöpf begeistert. Sie gab der Frau eine Münze und hieß ein weiteres Tier im Haus willkommen.

Kaum eine Woche nach der Hochzeit kam es zu der albernen Auseinandersetzung wegen des Hundes.

Alice war verärgert. Eine Bettlerin, die in der Nähe des Hauses umherstreifte, sah den Hund, der von einer der Mägde getragen wurde, und erklärte sofort, dieser Hund sei ihr gestohlen worden.

Die Magd erwiderte, das sei Unsinn. Die Lady habe den Hund gekauft. Wenn die alte Bettlerin nicht sofort verschwinde, werde man sie an einen Baum binden und auspeitschen.

Alice war empört. Da wagt so ein Weib zu sagen, ich hätte

den Hund gestohlen! Ich! Weiß sie denn nicht, wer ich bin? Die Gattin von keinem anderen als dem Lordkanzler!

Doch die Bettlerin wollte nicht weggehen. Sie lungerte am Flußufer herum, und als sie kurz darauf den Lordkanzler aus seiner Barke steigen sah, redete sie ihn an.

„Mein Lord! Gerechtigkeit!“ rief sie. „Gerechtigkeit für eine arme Frau, die bestohlen worden ist.“

Thomas blieb stehen.

„Mistress“, sagte er mit der ernsten Höflichkeit, die sich gleich blieb, ob er nun mit einer Herzogin oder einer Bettlerin sprach, „was für ein Diebstahl ist es, den Ihr melden wollt?“

„Den Diebstahl eines kleinen Hundes, Euer Gnaden. Ich möchte wiederhaben, was mir genommen worden ist.“

„Wenn Ihr die Wahrheit sagt und Euch das Tier gestohlen worden ist, dann muß es Euch zurückgegeben werden. Und wer besitzt jetzt Euer Eigentum?“

„Lady More, Euer Gnaden.“

„Ist das wirklich so? Nun, dann kommt morgen früh in meinen Gerichtssaal, wenn ich die Prozesse verhandele. Dann hören wir Euern Prozeß gegen Lady More.“

Er trat lächelnd ins Haus und sprach mit Alice.

„Alice, Ihr seid für morgen früh vor Gericht geladen.“

„Was ist das nun wieder für ein närrischer Scherz?“

„Kein Scherz. Ihr seid des Diebstahls beschuldigt, Frau, und müßt Euch gegen diese Beschuldigung verteidigen.“

„Ich ... des Diebstahls beschuldigt?“

„Eines Hundes.“

„Es ist also diese Bettlerin!“

„Sie sagt, Ihr habt ihren Hund.“

„Und ich sage, ich habe meinen Hund.“

„Vor Gericht, Alice, genügt es nicht, zu sagen, ein Gegenstand gehöre Euch, den ein anderer beansprucht. Es muß bewiesen werden.“

„Es ist doch nicht Euer Ernst, daß Ihr von mir verlangt, daß ich wegen einer solchen Sache vor Gericht erscheine?“

„Es ist mein Ernst.“

Sie lachte ihm ins Gesicht. Doch zu ihrem Erstaunen mußte sie feststellen, daß es ihm wirklich ernst war. Sie hielt es für eine überaus ungehörige Sache, daß der Lordkanzler die eigene Ehefrau aufforderte, vor ihm zu erscheinen, noch dazu auf das Wort einer Bettlerin hin. Sie würde zur Zielscheibe des Spottes werden, daran zweifelte sie nicht.

Sie kleidete sich mit großer Sorgfalt an und machte sich mit dem Hund auf den Weg. Sie wollte ihre Würde zeigen, wenn es Thomas schon nicht tat. Sie wollte der ganzen Welt klarmachen, daß sie, wenn Thomas schon für das Amt des Kanzlers ungeeignet war, nicht ungeeignet für die Stellung der Gattin des Kanzlers sei.

Und im Gerichtssaal saß mein Lordkanzler, von seinen Beamten umgeben.

„Der nächste Fall, den wir heute untersuchen müssen", sagte er, „betrifft das Eigentum an diesem kleinen Tier. Die Klägerin erklärt, der Hund sei ihr gestohlen worden und gehöre ihr deshalb. Die Beklagte wendet ein, sie habe den Hund gekauft, er gehöre deshalb ihr. Wir wollen den kleinen Hund nun hier auf diesen Tisch setzen. Lady More, tretet Ihr zurück an jenes Ende des Saales; und Ihr, gute Frau, stellt Euch an das andere. Ihr werdet beide den Hund rufen, und wir werden sehen, wen der Hund als seine Herrin betrachtet. Denn ich glaube wirklich, daß dies eine Angelegenheit ist, die der Hund entscheiden muß."

Gebieterisch rief Alice den Hund zu sich, und liebevoll rief ihn die Bettlerin. Und er, der kleine Schurke, zögerte nicht. Er tat, was er schon die ganze Zeit gewollt hatte, seit er ihrer ansichtig geworden war: er lief aufgeregt bellend zu der Bettlerin.

„Es kann kein Zweifel bestehen", sagte Thomas, „daß der Hund einmal dieser Frau gehört hat. Gewiß ist ihre Geschichte, daß ihr der Hund gestohlen worden ist, wahr."

Die Bettlerin drückte den Hund fest an sich, und als Alice das sah, wußte sie, daß sie den Prozeß verloren hatte. Sie wußte auch, daß Thomas in dieser Sache recht gehabt hatte, obwohl sie sein würdeloses Verhalten bedauerte.

Die Bettlerin sagte zu ihr: „Lady, er ist dicker geworden, seit er in Eurer Pflege ist. Ihr könnt ihm ein besseres Heim bieten als ich. Nehmt ihn ... Sorgt für ihn, wie Ihr es bisher getan habt. Ich sehe, daß es für ihn das Beste ist, wenn er Euch gehört."

Alice war gerührt – wie immer bei Tieren und Menschen, die Tiere liebten.

Sie sah, daß die alte Frau ihren Hund wirklich liebte und daß es kein kleines Opfer für sie war, ihn wegzugeben.

Alice zögerte. Sie sagte: „Das Urteil dieses Gerichtshofes ist gegen mich ergangen. Der Hund gehört Euch. Aber wenn Ihr ihn verkaufen würdet, möchte ich ihn Euch abkaufen."

Und so wurde die Angelegenheit in gutem Einvernehmen und zur Befriedigung aller Beteiligten geregelt. Doch Alice konnte nicht anders, als über das seltsame Verhalten ihres Mannes nachzugrübeln.

Der große Tag kam, wie ihn Alice vorausgesehen hatte.

Der König sollte in Chelsea speisen.

Die Vorbereitungen, die sie in Gang gesetzt hatte, um einen vornehmen Herzog zu bewirten, wurden verstärkt.

Alice konnte nachts kaum schlafen. Und wenn sie dennoch einschlief, träumte sie davon, daß sie Rinderbraten servierte, der fast zu Asche verbrannt war. Sie träumte davon, schwarze Kuchenrinden auf ihrem Tisch zu sehen. In der Qual ihres Alptraums schrie sie auf.

Sie mußte ständig von dem großen Ereignis reden. „Denkt ihr Mägde überhaupt daran, daß es schon morgen ist, wenn der König kommt? Eilt euch, eilt euch, sage ich! Wir werden niemals rechtzeitig fertig." Dann lächelte sie und dachte daran, daß Seine Gnaden an ihrem Tisch sitzen und ihr zulächeln würde. „Seine Gnaden der König liebt es, so habe ich sagen hören, wenn das Blut üppig und rot aus dem Braten fließt. Wir müssen dafür sorgen, daß der Spieß auch nicht ein einziges Mal zuviel gedreht wird. Ferner höre ich, daß er es gern hat, wenn die Pasteten gut durchgebacken sind..."

Niemals hatten die Dienstboten so etwas durchgemacht. Die Vorbereitungen dauerten vier Tage lang, und während dieser Zeit sprach Alice von nichts anderem. Alle Töchter wurden in den Dienst gepreßt. Ailie mußte nach Chelsea kommen und während der ganzen Zeit genau auseinandersetzen, was sie von höfischen Manieren und höfischer Etikette wußte. „Dein Vater ist nämlich ein Dummkopf in solchen Dingen", sagte Alice. „Es geht über mein Verständnis, wie man ihn einen klugen Mann nennen konnte."

So berichtete Ailie immer wieder von den Gewohnheiten des Königs und davon, wie die Speisen auf einem Hofbankett aufgetragen wurden. Und Alice jammerte, daß sie keine goldenen Schüsseln hätten, um sie dem König vorzusetzen.

Und endlich kam der große Tag.

Sie stand am Fenster, als die königliche Barke über den Fluß segelte.

„Der König!" flüsterte sie und faßte aufgeregt nach der Haube, um sich zu überzeugen daß sie auch genauso saß, wie sie sitzen sollte. „Der König kommt, um an meinem Tisch zu speisen!"

Sie sah ihn aussteigen. Wer hätte ihn verkennen können, obwohl er von blendenden Höflingen umringt war?

Die Edelsteine an seinem Gewand reflektierten die Strahlen der Sonne. Welch ein Fürst! Welche Pracht!

Alice rief die Familie zusammen. Die Mitglieder standen, wie Ailie es angeordnet hatte, in der Halle und warteten darauf, ihn zu empfangen. Thomas beobachtete sie alle, und er lächelte, als ob er diese krampfhafte Aufstellung ein wenig komisch fände. Komisch! Alice war außer sich vor Angst. Würde der Rinderbraten auch genau richtig sein? Wie ging es in der Küche? Sie hätte dort sein müssen ... doch sie mußte hier sein.

Und nun hörte sie die mächtig dröhnende Stimme: „Ihr habt da ein recht hübsches Grundstück in Chelsea, Master More. Wir haben viel darüber gehört. Norfolk hat seinen Ruhm gesungen, wenn er den Euren sang."

Und nun trat der König in die Halle.

Alice trat vor und sank ins Knie. Alle Farbe war aus ihrem Gesicht gewichen. Sie zitterte.

„Nun, Lady More", sagte der König. „Steht auf ... steht doch auf, gute Lady. Wir haben viel von Eurer Vortrefflichkeit gehört. Wir sind gekommen, um Uns selbst zu überzeugen, was Unseren Kanzler so häufig vom Hof weglockt."

Alice hatte sich unsicher erhoben. „Euer Gnaden", stammelte sie. „Euer ... allergnädigste ... Gnaden ..."

Der König lachte. Sie gefiel ihm. Solche Verehrung gefiel ihm. Er hatte es gern, wenn er sah, daß seine Untertanen voller Ehrfurcht vor ihm standen. Er legte Alice die großen Hände auf die Schultern und küßte sie herzhaft.

„Nun, nun ... Wir freuen Uns ebensosehr, gekommen zu sein, wie Ihr, Uns bei Euch zu haben. Und nun möchten Wir Uns Eure Familie ansehen."

Einer nach dem anderen trat vor. Die Augen des Königs glimmten, als sie auf Jack ruhten. Ein prächtiger, gesunder

Junge! Er fühlte sich jedesmal zornig, wenn er die prächtigen gesunden Söhne anderer Männer sah. Nun die Mädchen. Er wurde weicher. Junge Frauen hatte er gern. Lady Allington war ein schönes Geschöpf, doch neben Anne erschienen ihm jetzt alle unbedeutend und konnten ihn nur wenig interessieren. Er gab Lady Allington einen Kuß für ihre Schönheit und küßte dann auch die anderen. Thomas' Töchter waren kaum Schönheiten ... aber angenehme Geschöpfe.

Danach saß er, die Familie um sich her, bei Tisch, und die Höflinge, die ihn begleitet hatten, mischten sich unter die anderen.

Es war ein appetitanregendes Mahl. Die Speisen waren einfach, aber gut zubereitet. Er machte der Dame des Hauses Komplimente, und es tat ihm gut, die Freude zu sehen, die er ihr damit bereitete.

Das Gespräch war interessant – er konnte sich darauf verlassen, daß More dafür sorgte. Und natürlich wurde die Angelegenheit, die immer häufiger Meinungsverschiedenheiten zwischen ihnen hervorrief, in dieser Gesellschaft nicht erwähnt.

More zeichnete sich im eigenen Haus besonders aus – er war fröhlich und geistvoll und eifrig darauf bedacht, die Klugheit seiner Kinder, besonders die der ältesten Tochter, im besten Licht zu zeigen. Der König liebte Geist und Lachen, und so töricht der Mann bisweilen auch war, er mochte Thomas More.

Es gefiel Heinrich, sich als den mächtigen König zu sehen, der es gewöhnt war, als Gast von Königen und Fürsten in Banketthallen zu speisen, und sich dennoch nicht zu gut dünkte, eine einfache Mahlzeit an der bescheidenen Tafel eines guten Untertanen einzunehmen.

Nach Tisch bat er Thomas, ihm die Gärten zu zeigen. Die Höflinge meinten, er wolle allein mit dem Kanzler reden, und blieben deshalb im Haus und unterhielten sich mit der Familie.

Alice war außer sich vor Stolz.

Es war der glücklichste Tag ihres Lebens. Davon würde sie bis zum Ende ihrer Tage sprechen.

Nun mußte sie sich davonstehlen – sie durfte die Unterhaltung ihrer Gäste unbesorgt für eine Weile den Töchtern überlassen – und auf den Dachboden hinaufsteigen, wo sie den Garten überblicken konnte. Und da gingen sie nebeneinander, der König und sein Kanzler. Alice hätte weinen mögen vor Freude. Der König hatte dem Kanzler auf überaus herzliche Weise den Arm um die Schulter gelegt.

Der wunderbare Besuch näherte sich seinem Ende. Mit welchem Stolz wanderte Alice mit hinunter zur königlichen Barke, nahm die anerkennenden Worte des Königs entgegen und machte ihren tiefen, respektvollen Knicks!

„Ich werde mich des Lobes Eurer Majestät bis zu meinem Sterbetag erinnern", sagte sie.

Der König ließ sich nicht übertreffen. „Ah, Lady More, ich werde mich des Besuches in Euerm Haus bis ans Ende meines Lebens erinnern."

Alice wurde nahezu ohnmächtig vor Entzücken. Und seltsamerweise waren die anderen fast ebenso entzückt. Respektvoll standen sie da, während die Barke den Fluß entlangglitt.

Alice rief: „Daß ich diesen Tag erleben durfte! Wenn ich jetzt sterben müßte... ich stürbe glücklich."

„Ich freue mich über deine Zufriedenheit, Alice", sagte Thomas.

Sie wandte sich an ihre Familie. „Habt ihr sie gesehen... zusammen im Garten? Der König hatte seinen Arm... seinen Arm ... um den Nacken eures Vaters gelegt."

„Dann liebt er Vater wirklich", sagte Will. „Denn ich glaube, das ist ein Zeichen seiner höchsten Gunst. Ich habe nie gehört, daß er das bei einem anderen als beim Lord Kardinal getan hat."

Thomas lächelte über ihre Aufregung. Doch plötzlich wurde sein Gesicht ernst.

Er sagte langsam: „Ich danke meinem Herrgott, Sohn Roper, daß der König mir wirklich ein sehr guter Herr ist. Und du hast recht, wenn du sagst, daß er mir seine Gunst schenkt wie nur sonst einem Untertanen in diesem Reich. Doch ich muß euch eins sagen: Ich habe wenig Ursache, stolz darauf zu sein, denn wenn mein Kopf ihm ein Schloß in Frankreich einbringen könnte, würde er ihn mir nehmen. Das ist ein ernüchternder Gedanke, meine Lieben."

Und die Familie war sofort ernüchtert – außer Alice, die nicht zulassen wollte, daß ihr glücklichster Tag von solch närrischem Geschwätz verdorben wurde.

In den ersten Monaten des Jahres 1532 hielt der Tod Einkehr in dem Haus in Chelsea.

Der Winter war hart gewesen, und Richter More hatte darunter gelitten. Er hatte sich erkältet, und alle Mühe Mercys konnte ihn nicht retten. Er wurde schwächer, und eines Tages erkannte er die nicht mehr, die an seinem Bett standen.

In den frühen Morgenstunden verschied er friedlich.

Sein Tod rief große Trauer hervor, denn es schien, daß niemand im Haus entbehrt werden konnte.

Thomas erklärte, es tue ihm leid, daß er das Haus in Bucklersbury seinem Sohn und seiner Tochter Clement geschenkt hatte, denn das bedeutete, daß er sie jetzt viel seltener sah, als wenn sie weiter in Chelsea gewohnt hätten. Es hatte Bedauern hervorgerufen, als Hans Holbein das Haus verließ und Master Gunnel Priester wurde. Es war ein großer Haushalt, wie Thomas sagte, doch keiner konnte darin entbehrt werden.

Sie betrauerten den alten Mann viele Wochen lang, und eines Tages, im April des gleichen Jahres, als Margaret und ihr Vater zusammen durch die Gärten gingen, sagte er zu ihr: „Meg, wir sollten aufhören, betrübt zu sein, denn ich glaube, dein Großvater ist als glücklicher Mann gestorben. Hätte er einige Monate länger gelebt, wäre er vielleicht weniger glücklich gewesen."

„Was meinst du damit, Vater?"

„Wie Mutter war er sehr stolz über meine Stellung. Und es ist eine Stellung, die ich vielleicht nicht immer innehaben werde."

„Du meinst, daß du in Kürze entlassen wirst?"

„Nein, Meg. Das glaube ich nicht. Aber ich denke, daß ich vielleicht zurücktrete. Ach, Meg, ich bin über diese Sache glücklicher als irgendwann seit jenem Tag vor fast drei Jahren, als mir das Großsiegel anvertraut wurde. Damals sah ich keine Möglichkeit, mich zu weigern. Jetzt glaube ich, ich kann zurücktreten."

„Würde dich der König gehen lassen?"

„Die Dinge haben sich verändert, Meg, wenn vielleicht auch langsamer als die außerhalb des Hofes. Es ist jetzt vier Jahre her, seit uns der König seine Wünsche im Hinblick auf die Scheidung bekanntmachte, und es hat immer noch keine Scheidung gegeben. Das ist eine lange Zeit, die dieser König auf das gewartet hat, was er sich wünscht. Er wird ungeduldig, und das gleiche gilt für Lady Anne. Als man mir das Großsiegel anvertraute, war der Kardinal, der die Angelegenheiten dieses Landes so lange geleitet hatte, wie du dich erinnern wirst, in Ungnade gefallen, und damals schien kein anderer fähig, seinen Platz einzunehmen. Deshalb wurde ich gezwungen, das Amt zu übernehmen. Doch nun haben sich die Dinge geändert. Der König hat zwei kluge Männer neben sich, von denen er sich viel erhofft. Er liebt sie sehr, weil sie für ihn arbeiten ... ausschließlich für ihn. Sie haben keinen anderen Gedanken als des Königs Gedanken, kein anderes Gewissen als des Königs Gewissen, keinen anderen Willen als den seinen. Sie haben dem König zwei glänzende Vorschläge gemacht, und diese gefallen dem König so sehr, daß ich glaube, er wird beide befolgen. Cromwell schlägt vor, daß sich der König von Rom lossagt und sich selbst zum Haupt der Kirche von England erklärt. In diesem Fall hätte er keine Schwierigkeit, die Scheidung zu erhalten, die er sich wünscht. Das ist Master Cromwells Vorschlag. Cranmers Vorschlag ist ebenso klug. Er erklärt, daß die Ehe des Königs mit der Königin, da sie keine wahre Ehe war, nicht geschieden zu werden braucht. Die Ehe könnte von den Gerichten Englands für null und nichtig erklärt werden. Du siehst also, Margaret, daß diese beiden Männer ‚die rechte Sau am Ohr haben', wie der König sagt. Ich dagegen habe, wie Seine Gnaden dir bestätigen würde, die falsche Sau im Griff."

„Als Kanzler müßtest du dich mit den Vorschlägen dieser beiden Männer einverstanden erklären, Vater?"

„Ja, und deshalb glaube ich, daß man mir nichts in den Weg legen wird, wenn ich von diesem Amt zurücktrete. Da ist ein sehr tüchtiger Mann, ein guter Freund des Königs, von dem er weiß, daß er bereitwillig für ihn arbeiten würde. Lord Audley. Ich zweifle nicht, daß der König es nur allzugern sähe, wenn ich ihm das Großsiegel aushändige."

„Vater, das bedeutet ja, daß du dann wieder bei uns zu Haus wärest ... du würdest wieder als Anwalt arbeiten ... und wir würden leben wie in Bucklersbury."

„Nein, Meg. Ich würde immer noch Mitglied des Geheimen Rats bleiben. Und außerdem kann ein Anwalt seine Praxis nicht jahrelang im Stich lassen und dann die Fäden dort wieder aufnehmen, wo er sie aufgegeben hatte. Und überdies bin ich nicht mehr so jung wie in jenen Tagen."

„Ich weiß, Vater. Ich habe dich mit großer Sorge beobachtet. Wir werden dich pflegen, Mercy und ich. Ich bitte dich, Vater, gib das Großsiegel zurück! Komm zu uns nach Haus, sobald du irgend kannst!"

„Du mußt dir keine Sorgen um mich machen, Meg, denn meine schlechte Gesundheit gibt mir den Grund, den ich brauche und der dem König zusagen wird, um das Kanzleramt aufzugeben."

„Ich sehne mich nach diesem Tag."

„Und die Armut, Meg? Sehnst du dich nach der auch? Wir werden arm sein, weißt du."

„Ich würde es begrüßen. Aber die Armut wird gewiß nicht unser Los sein. Will hat es in seinem Beruf zu etwas gebracht."

„Dies ist ein großes Haus, und der Haushalt ist ebenfalls groß. Meg, trotz unserer großen Familie und der Stellungen, die sich die Mitglieder gesichert haben, werden wir arm sein."

„Aber wir haben dich zu Haus, Vater, und außer Gefahr... in Sicherheit. Mehr verlange ich nicht."

„Nun, dann will ich meine kleine Predigt fortsetzen, Meg. Mach dir keinen Kummer, weil meine Gesundheit nicht mehr so gut ist, wie sie war, weil ich ihretwegen zu euch nach Haus kommen werde. Und traure nicht um deinen Großvater. Er ist als Vater des Lordkanzlers gestorben. Und wäre er am Leben geblieben, wäre er vielleicht als Vater eines sehr viel bescheideneren Mannes gestorben."

Margaret griff nach seiner Hand und küßte sie.

„Ich werde mich erinnern, wie das Leben so etwas ausgleicht, Vater. Mach dir deshalb keine Sorgen. Und auch darum nicht, wie herzlich ich mich freuen werde, wenn du den Hof verläßt, denn das ist mein innigster Wunsch seit langen Jahren."

„Liebe Meg, vielleicht bin ich nicht mit guter Gesundheit und der Gnade des Königs gesegnet – aber all das will ich wegwerfen für den Segen, die liebste Tochter auf der Welt zu besitzen."

Margaret wartete. Sie wußte, daß es bald geschehen mußte. Der König hatte sich inzwischen zum Haupt der Kirche von England erklärt. Ihr Vater war am Hof aufgehalten worden, und Margaret hörte, daß Bischof Fisher vor Sorgen krank geworden sei.

Eines Morgens waren sie in der Kirche – es war ein lieblicher Maimorgen, an dem die Vögel aufgeregt sangen und der Duft der Weißdornblüten die Luft erfüllte.

Die Morgenandacht war vorüber, und plötzlich sah Margaret ihren Vater. Er stand an der Tür des Kirchenstuhls, in dem die Damen seiner Familie saßen. Margaret warf ihm einen Blick zu und wußte es.

Er lächelte Alice zu, die aufgestanden war und sich in leichter Verwirrung fragte, was er zu dieser Stunde hier mache. Er verneigte sich tief vor ihr, wie es sein Begleiter bisher vor ihr getan hatte, und sagte: „Madame, mein Lord ist gegangen."

Alice verstand ihn nicht.

„Was ist das nun wieder für ein Scherz?" fragte sie.

Er antwortete ihr zunächst nicht, und sie traten aus der Kirche in die duftende Frühlingsluft.

Margaret ging neben ihm, und sie schob ihren Arm durch den seinen.

„Was ist das für ein Unsinn?" fragte Alice, kaum daß sie ins Freie getreten waren. „Was meinst du damit: ‚Mein Lord ist gegangen'?"

„Genau das, Alice. Mein Lordkanzler ist gegangen. Und alles, was dir geblieben ist, ist Sir Thomas More."

„Ich ... ich verstehe nicht."

„Es ist einfach. Ich habe das Großsiegel zurückgegeben und bin nicht mehr Kanzler."

„Du hast ... was hast du?"

„Ich konnte nichts anderes tun. Der König braucht einen Kanzler, der ihm besser dient, als ich es vermag."

„Meinst du damit, daß du zurückgetreten bist? Willst du im Ernst damit sagen, daß du ... dein Amt ... aufgegeben hast?"

Alice brachte nichts mehr hervor. Sie konnte diesen sonnigen Maimorgen nicht ertragen. Alle Herrlichkeit war vergangen.

Ihr Lord war in Wahrheit gegangen.

VII

An diesem Abend versammelten sie sich um ihn – alle, die er seine lieben Kinder nannte. Mercy und John Clement kamen aus Bucklersbury herüber, denn die Nachricht hatte sie erreicht. Auch Ailie hatte es gehört und kam in das Haus in Chelsea, um bei seinem Rücktritt bei ihm zu sein.

„Meine Kinder", sagte er, als alle versammelt waren, „da ist etwas, was ich euch mitteilen muß. Wir haben uns hier in Chelsea ein schönes Haus gebaut. Wir haben viele Dienstboten, die uns aufwarten. Wir sind nie reich gewesen – wie manche edlen Herzöge aus unserer Bekanntschaft..." Er lächelte Alice zu. „Aber... wir haben behaglich leben können. Nun habe ich mein Amt verloren und alles, was dazugehört. Und ihr wißt, daß ich schon im Amt nicht so reich war wie mein Vorgänger."

Nun lächelte er Dauncey zu, der einmal angedeutet hatte, daß er nicht alle Vorteile nutze, die ihm zuständen. Doch Dauncey hatte den Blick gesenkt. Sein Schwiegervater war nicht mehr Kanzler, und die Hoffnung vorwärtszukommen hatte Dauncey nicht sehr weit gebracht. Er hatte einen Sitz im Parlament, wo er zusammen mit Giles Heron Thetford in Norfolk repräsentierte. Giles Allington war Vertreter der Grafschaft Cambridge und William Roper der von Bramber in Sussex. Das hatten sie durch ihre Beziehung zum Kanzler erreicht. Doch das alles schien sehr wenig, wenn man es mit den Vergünstigungen verglich, die Wolseys Verwandte erhalten hatten. Und Dauncey überlegte, ob sich diese Leute wohl klarmachten, daß kein Mann aus so hoher Gunst einfach in die Unbekanntheit zurücktreten konnte, daß er sehr wahrscheinlich von der Gnade in Ungnade fallen würde.

Dauncey und Alice waren von allen Mitgliedern der Familie

am meisten enttäuscht. Und wie bei Alice war Daunceys Enttäuschung von Furcht überschattet.

Thomas fuhr fort: „Wir sind nicht mehr reich, meine Lieben. Wir sind sogar sehr arm."

Margaret entgegnete rasch: „Dafür haben wir den Trost deiner Anwesenheit, Vater, der uns mehr bedeutet als jeder andere Trost, von dem du eben sprichst."

Ailie sagte: „Giles und ich werden für Euch sorgen, Vater."

„Gesegnet sollst du sein, meine liebe Tochter. Aber könntest du deinen Ehemann wirklich bitten, meinen großen Haushalt unter seine Fittiche zu nehmen? Nein, hier müssen Veränderungen vorgenommen werden."

„Wir haben stets gehört, Ihr seid so ein gescheiter Mann", warf Alice ein. „Seid Ihr nicht Rechtsanwalt, und haben Rechtsanwälte nicht eine Praxis, oder wie man es nennt?"

„Ja, Alice, das haben sie. Aber ein Anwalt, der seine Praxis elf Jahre lang vernachlässigt hat, kann sie nicht dort wiederaufnehmen, wo er sie hat liegenlassen. Und wenn er außerdem elf Jahre älter und kein vielversprechender junger Mann mehr ist, sondern ein alter, der es für notwendig gehalten hat, von seinem Amt zurückzutreten, dann wird er nicht so leicht Klienten finden."

„Was für ein Unsinn!" sagte Alice. „Ihr habt einen großen Namen, das habe ich immer gehört. Ihr ... Sir Thomas More ... gestern noch Lordkanzler!"

„Habt nur keine Furcht, Alice. Wir werden diese Schwierigkeiten gewiß überstehen. Ich bin in Oxford ausgebildet worden, danach an einem Gerichtshof des Kanzlers, an einem weiteren hohen Gericht und schließlich am Gericht des Königs. So bin ich vom niedrigsten Grad bis zum höchsten gekommen. Dennoch habe ich gegenwärtig an Einkünften nur wenig über hundert Pfund Sterling im Jahr gehabt. Wir müssen also von nun an, wenn wir weiter zusammen leben wollen, gemeinsam zum Unterhalt unseres Lebens beitragen. Aber ich würde raten, daß wir die Kost nicht gleich von Anfang an so tief senken, wie sie die Studenten in Oxford erhalten – oder die jungen Anwälte an einem der unteren Gerichte, sondern wir wollen beginnen, wie die jungen Anwälte an einem der höheren Gerichte speisen. Das können wir wohl im nächsten Jahr durchhalten. Im übernächsten Jahr werden wir eine Stufe tiefer steigen – wie an einem unteren Gericht, womit so mancher rechtschaffene Mann zufrieden ist. Wenn auch das unsere Möglichkeiten übersteigt, werden wir uns – abermals ein Jahr später – mit der Kost der Oxforder Studenten begnügen. Und wenn wir auch das nicht mehr schaffen, können wir immer noch gemeinsam mit Säcken und Taschen betteln gehen und hoffen, daß sich uns manche guten Leute aus Mitleid wohltätig erweisen."

„Genug von diesen Scherzen!" rief Alice. „Ihr habt Euern hohen Posten weggeworfen, und wir sind nicht mehr so reich, wie wir waren. Das meint Ihr doch, nicht wahr, Master More?"

„Ja, Alice. Das meine ich."

„Um so schändlicher. Nein, nun hört auf, noch Scherze darüber zu machen. Ich habe kein Mitleid mit Euch. Ihr seid ein Narr, Master More, und es war großes Glück – und nicht mehr –, daß Ihr des Königs Gunst erlangt habt."

„Oder großes Unglück, Alice."

„Großes, großes Glück", wiederholte sie fest. „Und Seine Gnaden ist ein gütiger Mann. Habe ich ihn nicht mit meinen eigenen Augen gesehen? Es könnte sein, daß er Euern Rücktritt nicht annimmt. Ich bin überzeugt, daß er Euch gern hat. Ist er nicht durch den Garten gegangen, den Arm um Euern Nacken gelegt? Ach ... er wird wieder herkommen und bei uns zu Abend essen, daran zweifle ich nicht."

Sie ließen sie träumen. Was konnten diese Träume schaden? Doch die anderen wußten, daß der König keine Verwendung mehr für ihren Vater hatte. Und die, die die Methoden des Königs genauer kannten, beteten, daß der König nichts anderes als Gleichgültigkeit für seinen früheren Ersten Minister fühlen möge.

Sie holten ihre Lauten, und Cecily spielte auf dem Spinett. Sie waren der glückliche Familienkreis. Nicht einer von ihnen – nicht einmal Alice oder Dauncey –, der an diesem Abend nicht das Gefühl hatte, er könne zufrieden sein, wenn alles bis zum Ende ihrer Tage so blieb, wie es an diesem Abend war.

Doch sie wußten, daß dies nicht sein konnte.

Selbst die Dienstboten wußten es, denn die Nachricht hatte auch sie erreicht.

Wie konnte der Haushalt auf die gleiche behagliche Weise weitergeführt werden? Manche von ihnen würden gehen müssen. Und wenn sie auch wußten, daß Sir Thomas More sie niemals wegschicken würde, ohne ihnen neue Stellen zu suchen – vielleicht in den reichen Häusern derer, die er in seinen wohlhabenden Tagen kennengelernt hatte –, so brachte es ihnen doch wenig Trost. Nicht ein einziger von denen, die in dem Haushalt in Chelsea gelebt hatten, würde in einem anderen Haus vollkommen glücklich sein.

Ein Jahr verstrich.

Sie waren arm während dieses Jahres. Das Haus in Chelsea war tatsächlich groß, und viele lebten darin, die ernährt werden mußten. Doch sie waren glücklich. Das Spital brachte den Kranken weiter Hilfe. Es war wenig im Haus übrig, doch das Wenige wurde immer mit denen geteilt, die in Not waren. Stets war ein Platz am Tisch für einen hungrigen Wanderer, und wenn die Speisen einfacher waren als früher, so stillten sie doch den Hunger. Alice wurde noch stolzer auf ihre Kochkünste. Sie entdeckte neue Möglichkeiten, die Kräuter zu verwenden, die wild auf den Wiesen wuchsen. Sie sammelten Farn, Ginster, Äste und Zweige, die sie in den großen Kaminen brannten. Und sie versammelten sich vor einem einzigen Feuer, um sich zu wärmen, ehe sie sich in die kalten Schlafzimmer zurückzogen.

Und doch war es ein glückliches Jahr. Sie hätten sich nicht beklagt, wenn es so, wie es ging, hätte weitergehen können.

Alice wurde zornig, als die Äbte und Bischöfe eine große Geldsumme sammelten, die sie Thomas schenken wollten. Er habe viel geschrieben, sagten sie. Die Kirche sei ihm dankbar dafür. Und sie meinten, der beste Weg, ihre Dankbarkeit zu zeigen, sei der, ihm das Geld zu schenken. Thomas wollte das Geld jedoch nicht annehmen. „Was ich getan habe“, sagte er, „habe ich nicht um des Gewinns willen getan.“

So schalt ihn Alice wegen seines unangebrachten Stolzes, wie sie es nannte, und sie lebten weiter in aller Einfachheit.

Patenson der Narr hatte sie weinend verlassen, um beim Lord Mayor von London zu arbeiten. Und Thomas, der wußte, daß Patenson tatsächlich ein sehr armer Narr war, dessen Vorstellung von Witz sich darauf beschränkte, über das körperliche Aussehen anderer zu lachen, traf Vorkehrungen, daß Patenson von einem Lord Mayor zum nächsten weitergegeben werden solle, damit er nicht durch die etwaige Verarmung eines seiner Herren leiden mußte.

Einige Mitglieder des Haushalts beruhigten sich bereits und glaubten, das Leben würde einfach und gleichmäßig in den kommenden Jahren weitergehen. Sie bedachten nicht, daß Thomas More eine zu große Rolle in der Politik des Landes gespielt hatte, als daß man ihn unbeachtet lassen konnte.

Die Angelegenheiten am Hof hatten sich so allmählich verändert, daß die Außenstehenden es kaum bemerkten. Der König hatte sich zum Oberhaupt der Kirche von England gemacht. Seine Ehe mit Königin Katharina war für null und nichtig erklärt worden. Die Schwangerschaft Anne Boleyns hatte Heinrich zu diesem Vorgehen gezwungen. Er wollte nicht, daß sein Sohn, falls sie ihm einen solchen schenken sollte, unehelich geboren wurde, und er wollte nicht länger warten.

Margaret wußte, daß die Schatten näher rückten.

Eines Tages legte eine Barke an der Treppe an, und ein Bote stieg aus.

Margaret sah ihn, als sie mit ihren Kindern Will und Mary auf dem Rasen spielte. Ihr Herz setzte aus, dann spürte sie das Blut im Kopf hämmern. Die Kinder schauten sie verwundert an. Sie nahm die beiden an der Hand und zwang sich, dem näher kommenden Boten gelassen entgegenzugehen.

Zu ihrer großen Erleichterung sah sie, daß er nicht die Livree des Königs trug.

Er verneigte sich tief vor Margaret.

„Madame, ist dies das Haus von Sir Thomas More?"

„Das ist es. Was wünscht Ihr von ihm?"

„Ich habe hier einen Brief. Doch ich bin angewiesen worden, ihn keinem anderen auszuhändigen."

„Woher kommt Ihr?"

„Von den Herren Bischöfen von Durham, Bath und Winchester."

Sie war erleichtert.

„Bitte, kommt hier entlang", sagte sie, „ich führe Euch zu Sir Thomas."

Ihr Vater war in der Bibliothek, wo er nun immer den größeren Teil des Tages verbrachte. Er kann vielleicht glücklich sein, dachte sie, er kann vielleicht in völliger Zufriedenheit leben so wie jetzt. Unsere Armut spielt überhaupt keine Rolle. Er kann schreiben, beten und mit seiner Familie lachen. Mehr verlangt er gar nicht. O Gott, betete sie schweigend, während sie den Boten zu ihrem Vater führte, laß es bleiben, wie es ist... Laß es immer so bleiben, wie es jetzt ist.

„Meg!" rief er, als er sie sah.

Die Kleinen liefen zu ihm. Sie liebten ihn, wollten sich auf seine Knie setzen und ihn bitten, etwas vorzulesen. Er las ihnen häufig Latein oder Griechisch vor, und wenn sie es auch nicht verstanden, so hatten sie doch viel Vergnügen daran, die Bewegungen seiner Lippen zu betrachten und dem Klang seiner Stimme zuzuhören.

Nun packten sie ihn an den Rockschößen und lachten zu ihm auf.

„Großvater... da ist ein Mann für dich."

„Vater", erklärte Margaret, „eine Nachricht von den Bischöfen."

„Ah", sagte Thomas. „Willkommen, mein Freund. Ihr habt einen Brief für mich. Der kleine Will kann unseren Freund in die Küche führen und darum bitten, daß man ihm etwas gibt, was sie gerade da haben, damit er sich erfrischen kann. Könntest du das wohl tun, kleiner Mann?"

„Ja, Großvater", rief Will, „natürlich kann ich das."

„Dann ab mit dir!"

„Nimm Mary mit", sagte Margaret.

Die beiden Kinder gingen mit dem Boten davon, und als sie allein waren, fragte Margaret: „Was ist es, Vater?"

„Meg, du zitterst."

„Sag's mir, Vater! Mach den Brief auf! Laß uns das Schlimmste erfahren."

„Oder das Beste. Meg, du bist neuerdings immer so aufgeregt. Was ist denn, Tochter, was könntest du zu fürchten haben?"

„Vater, ich kann mich nicht so leicht wie die anderen von den Sorgen befreien. Ich weiß... wie du selbst..."

Er legte den Arm um sie. „Wir wissen, Meg, nicht wahr? Und weil wir wissen, machen wir uns keinen Kummer. Wir sind alle Geschöpfe des Todes. Ich... du... selbst die Kinder, Will und Mary. Nur die Ungewißheit, ein wenig Luft zum Atmen, hält uns am Leben. Meg, fürchte dich nicht."

„Vater, ich bitte dich, öffne den Brief!"

Er öffnete und las ihn. „Es ist ein Brief von den Bischöfen, Margaret. Die wünschen, daß ich ihnen vom Tower bis zur Krönungszeremonie Gesellschaft leiste. Sie schicken mir zwanzig Pfund Sterling, damit ich mir ein neues Gewand kaufen kann."

„Vater, dies ist der Anfang."

Er versuchte, sie zu trösten. „Wer weiß, Meg? Wie kann einer von uns das wissen? Wer wird bei dieser prächtigen Krönung das Fehlen eines einzigen armen und bescheidenen Mannes bemerken?"

Da wußte sie, daß er sich weigern würde, zur Krönung zu gehen. Und wenn sie auch sehnlich wünschte, daß er die Einladung der Bischöfe annehmen und sich dem Willen des Königs beugen möge, wußte sie doch, daß er auf dem Weg, den er erwählt hatte, niemals stocken würde.

Einen solch prunkvollen Umzug hatte es noch nie gegeben wie den, mit dem die Krönung von Königin Anne Boleyn gefeiert werden sollte.

In den Gärten von Chelsea konnte man die Klänge ferner Festmusik hören, denn der Fluß war als Szenerie für die große Feier gewählt worden, mit der der König die Frau ehren wollte, auf die er so ungeduldig gewartet hatte und um derentwillen er seine Kirche von der seiner Väter getrennt hatte.

Viele aus der Dienerschaft in Chelsea waren gegangen, um sich in die Menge zu mischen und die Festlichkeiten des Tages zu genießen, den Wein zu trinken, der aus den Brunnen floß, und die neue Königin in all ihrer Schönheit und Pracht anzuschauen.

Margaret hatte nicht den Wunsch gehabt mitzugehen.

Sie saß an diesem lieblichen Maitag zu Haus im Garten. Ihr Vater befand sich in der Privatkapelle und betete, wie sie vermutete, um Kraft, damit er die Prüfungen, die sie erwarteten, aufrecht durchstehen konnte.

Der Mai war eine so schöne Jahreszeit. Und Margaret war es, als hätten die Gärten in Chelsea noch nie einen so friedlichen Reiz ausgestrahlt. Die Blumenbeete waren voller Farben, die Obstbäume blühten, und der Fluß funkelte im Sonnenschein. Aus der Ferne hörte man die Klänge des Festes. Margaret wollte nicht zuhören. Sie waren fern, und sie durfte sie nicht als das Murren eines aufziehenden Gewitters auffassen. Das Summen der Bienen in den Bäumen war nahe, der Duft der Blumen, der Geruch der frischen Erde – dies waren die vertrauten Gerüche.

Als sie da in der warmen Sonne saß, erinnerte sie sich daran, daß sie hier zu Haus war, fern von jenem Lärm, friedlich und abgeschirmt.

Was konnte es den König kümmern, was ihr Vater tat? Sie versuchte sich selbst zu beschwichtigen. Er war jetzt ohne Bedeutung. Wer würde bemerken, daß Sir Thomas More nicht zur Krönung gekommen war?

Margaret erinnerte sich seiner Begegnung mit den Bischöfen, mit denen er nach dem Empfang ihres Briefes gesprochen hatte.

„Meine Herren", hatte er in seiner heiteren Art gesagt, „in den Briefen, die Ihr mir kürzlich geschrieben habt, fordert Ihr von mir zwei Dinge." Er meinte damit einmal das Geld, das anzunehmen sie ihn gebeten hatten, und die Einladung zur Krönung, die anzunehmen sie ihn ebenfalls gebeten hatten. „Da ich die eine Forderung erfreut angenommen habe, bin ich kühn genug, Euch die andere abzuschlagen."

Die Bischöfe hatten erklärt, es sei unklug von ihm, der Krönung fernzubleiben. Sie wiesen darauf hin, daß das, was geschehen sei, nicht mehr geändert werden könne. Wenn sie der Zeremonie jetzt fernblieben, könnten sie die Heirat des Königs mit Anne Boleyn auch nicht ungeschehen machen und Königin Katharina nicht wieder auf den Thron setzen.

Darauf hatte ihr Vater in einem Gleichnis gesprochen. Er hatte ihnen die Geschichte eines Kaisers erzählt, der angeordnet hatte, daß für ein gewisses Verbrechen der Tod die Strafe sein solle – außer im Fall von Jungfrauen, denn dieser Kaiser achtete die Jungfräulichkeit sehr hoch. Nun geschah es jedoch, daß der erste Mensch, der dieses Verbrechen beging, eine Jungfrau war, und der König war in Verlegenheit, wie er die Strafe anwenden sollte, da er geschworen hatte, nie eine Jungfrau mit dem Tode zu bestrafen. Einer seiner Berater erhob sich und sagte: „Warum soll man soviel Aufhebens von einer so geringen Sache machen? Laßt das Mädchen erst deflorieren, dann kann sie getötet werden."

„Und deshalb", setzte Thomas hinzu, „nehmt euch wohl in acht, ihr Herren: In der Frage der Ehe habt ihr euch bisher eure Jungfräulichkeit bewahrt, doch sorgt dafür, daß ihr sie bei anderer Gelegenheit nicht verliert. Es könnte nämlich manche geben, die euch Herren erst dazu veranlassen, bei der Krönung anwesend zu sein, danach dazu, lobend über sie zu predigen, und schließlich dazu, Bücher für die ganze Welt zu ihrer Verteidigung zu schreiben – und das alles in dem begierigen Wunsch, euch zu deflorieren. Und wenn sie euch defloriert haben, werden sie nicht verfehlen, euch bald danach zu töten. Nun, meine Herren, es liegt außerhalb meiner Macht, ob sie mich töten, doch da Gott mein guter Herr ist, will ich es so einrichten, daß sie mich niemals deflorieren werden."

Diese Worte würden sich die, die sie gehört hatten, merken. Und was würde der König dazu sagen? Und was würde er tun?

Das waren die Fragen, die sich Margaret stellte, als sie im Sonnenschein saß.

Wir können hier so glücklich sein, dachte sie. Und er ist nicht mehr Lordkanzler. Er ist nicht mehr von großer Bedeutung.

Doch nein, er würde immer seine Bedeutung behalten, solange Menschen auf seine Worte hörten und er die Macht besaß, ihre Ansichten zu verändern.

Vom Fluß kamen Freudenklänge, und Margaret bemühte sich vergebens, sie zu überhören.

War sich wirklich überrascht, als die Verfolgungen begannen?

Die ersten kamen am Ende des Jahres, in dem der Geheime Rat des Königs die neun Artikel veröffentliche, die alles rechtfertigten, was der König getan hatte, um sich von der einen Königin zu trennen und sich eine neue zu beschaffen.

Thomas wurde beschuldigt, eine Erwiderung auf die neun Artikel geschrieben und ins Ausland geschickt zu haben, damit sie dort gedruckt würde. Thomas hatte keine solche Erwiderung geschrieben. Er war noch Mitglied des Geheimen Rats des Königs, und als solcher fühlte er sich verpflichtet, Angelegenheiten des Königs nur in diesem Rat zu erörtern.

Es war ihm nichts zu beweisen, und man ließ die Angelegenheit fallen. Doch für seine Familie war dies ein Hinweis dafür, woher der Wind jetzt blies.

Der König war zornig auf Thomas wie auf alle die, die nicht seiner Ansicht waren oder ihn zwangen, die Richtigkeit seiner Handlungen selbst in Frage zu stellen.

Ein paar Monate gingen friedlich dahin, doch jedesmal, wenn Margaret fremde Stimmen in der Nähe des Hauses hörte, fühlte sie Schweißperlen auf der Stirn, und sie legte die Hand aufs Herz in dem vergeblichen Bemühen, sein wildes Hämmern zu beruhigen.

Eine andere Beschuldigung wurde gegen ihren Vater erhoben. Diesmal wurde er angeklagt, Bestechungsgeschenke angenommen zu haben.

Dies war, wie diejenigen meinten, die seinen Sturz zuwege bringen wollten, eine Anklage, die man unbesorgt gegen ihn erheben konnte, denn ein Mann in seiner Stellung mußte unbedingt zu irgendeiner Zeit einmal ein Geschenk angenommen haben, das man Bestechung nennen konnte. Es gelang, Leute zu finden, die ihm während seiner Amtszeit Geschenke gemacht hatten, doch es ließ sich nie beweisen, daß auch nur eins dieser Geschenke eine Bestechung gewesen war oder daß die Schenkenden irgend etwas durch ihr Geschenk gewonnen hatten. Statt dessen zeigte sich, daß sein Schwiegersohn Heron einen Prozeß verloren hatte, der von Thomas More verhandelt worden war, und daß selbst der einigermaßen komische Fall, an dem seine Ehefrau beteiligt gewesen war, zu ihren Ungunsten ausging. Nein, es gab keine Möglichkeit, ihn wegen Bestechung zu verurteilen.

Der König ärgerte sich über die Halsstarrigkeit dieses Mannes. Er wußte genau, daß es in seinem Königreich viele Menschen gab, die eine hohe Meinung von Sir Thomas More hatten und die ihre Ansicht über die jüngsten Taten des Königs vielleicht ändern würden, wenn man einen so hochgeachteten Mann wie Thomas More gefügig machen konnte.

Bruder Peto von den Observanten in Greenwich hatte es tatsächlich gewagt, eine Predigt gegen den König zu halten und von der Kanzel zu erklären, daß ihn, wenn er sich benahm wie Ahab, auch das gleiche Schicksal ereilen werde. Das war eine Prophezeihung, und Heinrich fürchtete sich vor Propheten, solange er nicht beweisen konnte, daß sie unrecht hatten – und nur der Tod des Königs konnte beweisen, daß Peto unrecht hatte.

Die Kartäuser, denen More besonders verbunden war, predigten gegen die Ehe des Königs.

Fisher, Bischof von Rochester, war ein weiterer Mann, der sich gegen den König zu stellen wagte.

„Bei Christi Leib“, sagte Heinrich, „ich glaube wahrhaftig, wenn dieser Mann More auf seine geschickte Weise erklären würde, daß er in allem, was ich tue, zu mir steht, könnte er es erreichen, daß diese anderen ihm folgen.“

Doch so etwas würde More nicht tun, er war ein halsstarriger Narr.

Wenn man ihm nur ein Unrecht nachweisen könnte... ach, wenn man ihm nur ein Unrecht nachweisen könnte!

Der König selbst wollte nichts mit Mores Sturz zu schaffen haben. Er wünschte, der Sache den Rücken zu kehren, wie er es auch bei Wolsey getan hatte. Er wollte More seinen Feinden überlassen. Doch das war nicht so leicht wie in Wolseys Fall, denn More hatte wenig Feinde. Er war kein Kardinal Wolsey. Die Menschen liebten More. Sie wollten ihm nicht schaden. Audley, Cranmer – sogar Cromwell – fühlten sich unbehaglich, wenn es um Mores Sturz ging.

Das war der Grund, weshalb More, als man ihn beschuldigte, er habe sich bestechen lassen, mit seinen klugen Juristenworten und seinen Gesetzeskenntnissen die Beschuldigungen zurückweisen konnte.

Ebenso war es im Hinblick auf die verruchte Nonne von Canterbury.

Elizabeth Barton, eine Dienstmagd, die durch ein Wunder, wie manche sagten, von einer schrecklichen Krankheit geheilt worden war, wurde in der Stadt Canterbury Nonne. Sie hatte in Trance gewisse Prophezeiungen gemacht, und der König hatte Thomas, als er Kanzler war, hingeschickt, um die Frau zu prüfen. Thomas war von ihrer Heiligmäßigkeit beeindruckt gewesen und neigte, gemeinsam mit Fisher, zu der Ansicht, daß sie nicht ohne die Gabe der Prophetie sei. Elizabeth Barton hatte erklärt, daß der König, falls er Anne Boleyn heirate, innerhalb von sechs Monaten nicht mehr König sein werde. Seit der Hochzeit waren sechs Monate verstrichen, und Heinrich war immer noch im festen Besitz des Throns.

Elizabeth Barton war eine Betrügerin. Sie war eine Verräterin und sollte deshalb mit dem Tod bestraft werden.

Der König war erfreut, denn diejenigen, die den bösen Äußerungen der Nonne geglaubt hatten, waren der Nichtanzeige des Hochverrats schuldig.

Wie steht es nun mit dem Herrn Bischof von Rochester? fragte der König den ergebenen Cromwell. Und wie ist es mit unserem gescheiten Sir Thomas More?

Hier erlitt er wiederum eine Niederlage, denn Thomas, der Anwalt, ließ sich nicht so einfach in einer Falle fangen. Er konnte beweisen, daß er sich als Mitglied des Geheimen Rats des Königs stets geweigert hatte, auf irgendwelche Prophezeiungen über die Angelegenheit des Königs zu hören.

Für Thomas Mores Familie war dies eine angsterfüllte Zeit. Nun fühlten sich alle ein wenig erleichtert. In dieser Angelegenheit der Nonne von Canterbury konnte ihm nichts bewiesen werden, und abermals kehrte Thomas nach der Untersuchung zu seiner Familie zurück.

Es war kaum verwunderlich, daß einer seiner Angehörigen bisweilen einen ängstlichen Blick in den Augen des anderen auffing oder daß einer von ihnen besorgt zu lauschen schien. Und alsbald machte sich wieder diese schreckliche Unruhe im Hause breit.

Der König war mürrisch.

Seine Ehe war alles andere, als er sich von ihr erwartet hatte. Er hatte ein Kind – aber eine Tochter. Er mochte die kleine Elizabeth gern, doch sie war kein Sohn. Und er wünschte sich, daß Anne ihm Söhne schenkte.

Überdies war Anne als Ehefrau weit weniger anziehend, als es Anne die Mätresse gewesen war.

Der König spürte immer stärker das Bedürfnis, sein Verhalten zu rechtfertigen. Er wünschte, daß ihn die ganze Welt – und vor allem seine Untertanen – als den gerechten Mann sah, der sich – nicht wegen seiner Leidenschaft, sondern zum Besten seines Landes – von einer alternden Frau befreit und eine attraktive geheiratet hatte.

Er war sehr zornig auf Thomas More, der zwar nichts gegen ihn unternommen hatte, was das Gesetz verurteilen konnte, sich jedoch weigerte, das Tun des Königs öffentlich zu billigen. Als die Liste derjenigen, die schuldhaft an dem Fall der Nonne von Canterbury beteiligt waren, Heinrich vorgelegt wurde, erlaubte er nicht, daß Thomas Mores Name gestrichen wurde.

Doch im Augenblick konnte er in dieser Angelegenheit nichts weiter tun.

Er ging im Zimmer hin und her, einige seiner Vertrauten um sich versammelt.

„Es bekümmert mich", rief er. „Es bekümmert mich mächtig. Ich habe diesen Mann mit Ehren überhäuft. Was war er, bevor ich ihn erhoben habe? Ein elender Anwalt. Ich habe ihn groß gemacht. Und was ist seine Antwort? Was bietet er mir? Niedrige Undankbarkeit! Ein Wort von ihm, und unter diesen Mönchen könnte Frieden herrschen. Selbst Fisher würde sich gewiß von seinem alten Freund überreden lassen. Doch Thomas More will mich nicht als Haupt der Kirche anerkennen! Bei Christi Leib, das ist Verrat! Er behauptet, der Papst sei noch immer das Haupt der Kirche! Das ist Verrat – oder etwa nicht? Hat sich jemals ein Diener verräterischer gegen seinen Souverän gestellt? War je ein Untertan schurkischer seinem Fürsten gegenüber als er? Was habe ich ihm gegeben? Reichtum, Macht, Vergünstigungen. Und was gibt er mir? Ungehorsam! Ich verlange nicht mehr, als daß er tut, was andere von meinen Dienern getan haben. Er soll nur meinen Supremat in der Kirche anerkennen. Audley... Cromwell... Norfolk, meine Freunde... ist je ein König so gemartert worden?"

Er verlangte also, daß man ihn von diesem Mann befreite. Die kleinen Augen funkelten heiß und zornig, doch der Mund war affektiert verzogen. Auf dem ganzen europäischen Kontinent war Sir Thomas More geachtet. Das Gewissen des Königs durfte nicht belastet werden.

„Bringt diesen Mann zum Gehorsam!" Das war es, was die kleinen Augen von den Männern um ihn her erflehten. „Ganz gleich wie... ganz gleich, wie ihr es tut."

Norfolk bestieg die Barke und ließ sich nach Chelsea bringen.

Margaret, die ständig wachsam war, sah den Herzog kommen und lief ihm zum Ufer entgegen.

„Mein Lord... neue Nachrichten?"

„Nein, nein. Es ist nichts. Wo ist Euer Vater? Ich würde gern sofort mit ihm sprechen."

„Ich führe Euch zu ihm."

Thomas hatte den Herzog kommen sehen und trat vors Haus, um ihn zu begrüßen.

„Diese Ehre habe ich in letzter Zeit selten gehabt", sagte er.

„Ich möchte mit Euch allein sprechen", sagte der Herzog, und Margaret verließ die beiden.

„Nun, mein Lord?" fragte Thomas.

„Master More, Ihr seid ein törichter Mann."

„Seid Ihr eigens vom Hof gekommen, um mir das zu sagen?"

„So ist es. Ich komme unmittelbar vom König."

„Und wie habt Ihr ihn verlassen?“

„Zornig auf Euch.“

„Das tut mir leid. Das tut mir sehr leid.“

„Leid! Leid! Das sind leere Worte! Ihr könntet seinen Zorn in Freundschaft verwandeln, wenn Ihr es wolltet.“

„Wie das?“

„Das wißt Ihr selbst ganz genau. Ihr braucht lediglich der Thronfolge der Kinder von Anne Boleyn und der Suprematsakte zuzustimmen. Und, Master More, wenn Ihr gerufen werden solltet, diese Akte zu unterzeichnen, dann müßt Ihr Eure Torheit ablegen und es tun.“

„Die erste Akte würde ich akzeptieren, weil es den Gesetzen dieses Landes entspricht, daß König und Geheimer Rat die Thronfolge festsetzen. Selbst wenn es heißt, daß dadurch ein gesetzlicher Erbe um eines Bastards willen beiseite geschoben wird, können der König und sein Geheimer Rat dies den Gesetzen nach tun. Aber den Suprematseid würde ich nie schwören.“

Norfolk wurde ungeduldig. „Ich komme als Freund, Master More. Ich komme vom Hof, um Euch zu warnen. Der König wird Ungehorsam nicht dulden. Er müht sich, Euch eine Falle zu stellen.“

„Mehrere Beschuldigungen sind gegen mich erhoben worden, aber ich habe sie alle aufgeklärt.“

„Es ist gefährlich, Master More, mit Fürsten zu streiten. Deshalb wünschte ich, Ihr würdet Euch ein wenig nach dem Belieben des Königs richten, denn, bei Christi Leib, Master More, *Indignatio principis mors est.*“

„In der Tat“, erwiderte Thomas More mit einem Lächeln. „Der Unwille des Fürsten hat sich gegen More gewendet.“

„Mir geht es nicht um Wortspiele“, sagte Norfolk ungeduldig. „Ich bitte Euch nur, es nicht zu vergessen, das ist alles.“

„Ist das alles, mein Lord?“ fragte Thomas. „Dann danke ich Euch dafür, daß Ihr heute hierhergekommen seid. Und ich muß eins sagen: Der Unterschied zwischen Euer Gnaden und mir ist lediglich dieser – ich werde heute sterben und Ihr morgen.“

Der Herzog war so erbittert, daß er sich sofort verabschiedete und zornig zur Barke hinunterschritt, ohne ins Haus zu treten.

Das ärgerte Alice, denn sie hatte ihn ankommen sehen und sich beeilt, ein anderes Kleid anzuziehen und ihre schönste

Haube aufzusetzen. Doch als sie hinunterging, um ihren edlen Gast zu empfangen, sah sie nur noch seinen hastigen Abschied.

Trübsal lag über dem Haus.

Mercy hatte vorgesprochen – ängstlich und blaß.

„Wie stehen die Dinge, Meg?“ fragte sie.

„Mercy, komm mit hinaus in den Garten. Dort sind wir allein. Hier kann ich nicht mit dir sprechen, damit Mutter nichts hört.“

In der Stille des Gartens sagte Margaret: „Er ist wieder vor eine Kommission gerufen worden.“

„Gott im Himmel! Worum geht es denn diesmal?“

„Ich weiß es nicht.“

„Sein Name steht noch auf der Liste derer, die sich mit Elizabeth Barton schuldig gemacht haben.“

„O Mercy, das ist ja das Schändliche daran. Er hat sie mit seinen Argumenten widerlegt, aber es spielt keine Rolle. Sie klagen ihn dennoch an. Weshalb tun sie das, Mercy? Ich weiß es ... und du auch. Sie sind entschlossen, ihn anzuklagen. Er ist unschuldig ... unschuldig ... aber sie dulden es nicht, daß er unschuldig ist.“

„Sie können ihm keine Schuld nachweisen, Margaret. Er wird immer triumphieren.“

„Du willst uns trösten, Mercy. Ich denke so oft an die glücklichen Zeiten ... als wir Heu gemacht haben oder miteinander durch den Garten gegangen sind, zusammen gesessen haben ... gesungen, genäht, vorgelesen, was wir geschrieben hatten. Ach, Mercy, wie weit liegen diese Tage jetzt zurück. Nie wieder können wir behaglich oder ohne Angst zusammen sitzen. Immer müssen wir lauschen ... immer auf der Hut sein. Eine Barke kommt. ‚Wird sie an unserm Steg halten?‘ fragen wir uns. Hufschlag auf der Straße. Ist es ein Bote des Königs ... des neuen Ratsmitglieds Cromwell?“

„Meg, du marterst dich selbst.“

Doch Margaret fuhr fort: „Wenn er besonders glücklich war, sagte er: ‚Ich werde mich dieses Augenblicks erinnern, wenn ich sterbe. Ich werde mich seiner erinnern und sagen, daß mein Leben gelohnt hat ...‘“ Margaret vergrub das Gesicht in den Händen.

Mercy erwiderte nichts. Sie krampfte die Hände zusammen

und hatte das Gefühl, sterben zu müssen an der tiefen Not in ihrem Innern.

Sie dachte: Wir sind Realisten, Margaret und ich. Wir können die Augen nicht vor den Tatsachen verschließen wie die anderen. Elizabeth, Cecily, Jack, sie lieben ihn ... aber anders. Sie lieben ihn als Vater, doch ich glaube, daß er für Meg und mich sowohl ein Heiliger als auch der geliebte Vater ist.

„Ich denke eben daran", sagte Margaret plötzlich, „wie Ailie zu uns kam und uns diese modischen Kleider zeigte. Erinnerst du dich? Der langen Ärmel? Es war diese Frau ... die Königin. Diese Frau! Wäre sie nicht, Mercy, dann wäre er jetzt bei uns ... vielleicht läse er uns gerade vor ... vielleicht lachte er ... neckte uns in seiner frohen Art wegen einer Torheit. Und jetzt steht er vor einer Kommission, Mercy, und wir wissen nicht, wessen man ihn anklagt. Und wir wissen nicht, wann er nach Haus kommt ... falls er nach Haus kommt."

„Margaret, das paßt nicht zu dir. Du ... die du immer so vernünftig, so beherrscht bist. Du, die klügste von uns allen ... dem Kummer so nachzugeben, zu trauern um etwas, was noch nicht eingetreten ist!"

„Ach, Mercy, steh nicht so da! Tu nicht, als ob du ruhig wärest! Du hast Tränen in den Augen. Du hegst die gleiche Furcht. Auch dir bricht es das Herz."

Mercy sah sie an, und die Tränen liefen ihr über die Wangen.

„Und alles wegen einer Frau", rief Margaret in plötzlichem Zorn, „einer Frau mit einer verkrüppelten Hand und einer Warze am Hals, die mit einem Halsband verdeckt werden muß ... wegen dieser Frau ... muß unser Vater ..."

„Sag es nicht, Meg! Es ist noch nicht geschehen."

Sie sahen sich an und gingen schweigend zurück zum Haus.

Er kam nach Haus von der Kommission. Er war heiter. Will war bei ihm in der Barke, als Mercy und Margaret hinunterliefen, um ihn zu begrüßen.

Er umarmte die jungen Frauen herzlich. Er sah die Tränen auf ihren Wangen, aber er erwähnte sie nicht.

„Vater ... du bist zurückgekommen!" sagte Margaret.

„Ja, Tochter, dein Mann und ich sind gemeinsam zurückgekommen."

„Und Vater, steht alles wohl?"

„Alles steht wohl, meine Tochter."

„Du bist also nicht mehr auf dieser Liste des Parlaments? Man beschuldigt dich nicht mehr wegen der Nonne von Canterbury?"

„Das waren nicht die Dinge, über die sie mit mir zu sprechen wünschten."

„Worüber denn?"

„Ich wurde beschuldigt, den König dazu gedrängt zu haben, daß er seine *Verteidigung der Sieben Sakramente* schrieb."

„Aber diese Schrift hatte er doch bereits begonnen, Vater, als er dich hinzuzog."

„Ach, meine liebe Tochter, diese Anklage ist genauso wie alle anderen, deshalb bitte ich dich, jammere nicht darüber."

„Sie versuchen, dich zu überlisten, Vater."

„Einen Unschuldigen können sie nicht überlisten."

„Wie konnten sie nur diese Anklage gegen dich erheben?"

„Seine Majestät war entschlossen, den Papst mit diesem Buch zu ehren, und er hat es getan. Und nun möchte er behaupten, daß ich dieses Buch geschrieben habe. Doch da es so gut ist und ihm der Ruhm, den er sich damit erworben hat, weil es heißt, er habe es geschrieben, mehr bedeutet, behauptet man jetzt, ich hätte den König dazu veranlaßt, dem Papst mit diesem Buch ein Schwert in die Hand zu geben, mit dem er den König bekämpfen kann."

„O Vater!"

„Hab nur keine Furcht, Meg. Ich habe sie widerlegt. Denn habe ich damals den König nicht ausdrücklich vor der Gefahr gewarnt, mit dem Buch gegen die Strafbestimmungen des *Praemunire* zu verstoßen? Daran habe ich sie erinnert und auch daran, daß es sich um das Buch des Königs handelt, das ich, wie er selber sagt, nur nach seinen Wünschen geordnet habe. Sie konnten also schwer eine solche Anklage gegen mich erheben, wo der König so deutlich gesagt hat, daß es sich hier um sein eigenes Buch handelt – ja, und daß er den Titel ‚Verteidiger des Glaubens' dafür erhalten hat."

„Wenn er bestreitet, der Verfasser des Buches zu sein, dann sollte er auch den Titel ablegen, den es ihm eingebracht hat", sagte Mercy.

„Du hast recht, Tochter. Ich erwiderte: ‚Meine Lords, mit solchen Argumenten könnt Ihr Kinder schrecken, aber nicht mich.'"

Will runzelte die Stirn. Er fragte: „Aber wie steht es mit der Liste des Parlaments, Vater? Hat man Euern Namen darauf gestrichen?"

„Tatsächlich, Sohn Roper, diese Angelegenheit habe ich über der neuen völlig vergessen."

Wills Stimme klang schroff in seiner Angst: „Vergessen? Eine Sache, die Euch so sehr berührt – und uns alle dazu."

Margaret blickte besorgt von ihrem Mann zum Vater. Thomas lächelte, Will war zornig.

„Ich verstehe nicht, Herr", sagte Will, „wie Ihr so heiter sein könnt."

„Dann will ich es dir sagen, Will. Und meinen lieben Töchtern auch. An diesem Tag bin ich so weit gegangen und habe den Herren gegenüber, die mich ins Verhör genommen hatten, so deutlich meine Meinung gesagt, daß ich nun, ohne mich schämen zu müssen, nicht mehr umkehren kann."

Er hob die Augen und blickte über seine Kinder hinweg. Er lächelte, doch die Angst seiner Lieben wurde immer schlimmer.

Es schien nicht recht, daß das Wetter so schön war. Bestimmt hatte es noch nie einen so lieblichen April gegeben. Margaret konnte die strahlende Frühlingssonne einfach nicht ertragen. Alle im Haus gingen schweigend an ihre Arbeit und zwangen sich zu lächeln. Jeder wußte, daß es nicht lange dauern konnte, bis Thomas vor die Kommissionsmitglieder gerufen wurde, um den neuen Suprematseid zu unterzeichnen. Wie konnte er sich aus dieser Schwierigkeit herausziehen? Jetzt würde er vor der Notwendigkeit stehen, entweder zu unterschreiben oder es ausdrücklich zu verweigern. Das erste bedeutete Rückkehr in die Gunst des Königs, das andere ... Sie wußten es nicht. Sie wagten es nicht auszudenken.

Der Ostersonntag kam, und er, entschlossen, nicht wie die anderen zu grübeln, bemühte sich, über ihre Furcht zu lachen und heiterer zu sein, als er es gewöhnlich schon war. Er hatte sich mit Will verabredet, in die St.-Pauls-Kathedrale zu gehen, um die Predigt zu hören.

Sie machten sich an diesem schönen Frühlingstag mit der Barke auf den Weg.

„Wir sind nur wenige Minuten von Bucklersbury entfernt",

sagte er, „und ich kann nicht so nahe vorübergehen, ohne Sohn und Tochter Clement aufzusuchen.“

Mercy wartete mit schwerem Herzen auf ihn. Jedesmal, wenn sie ihn sah, fragte sie sich, ob es das letztemal gewesen sei.

„John“, rief sie leidenschaftlich, „wie kann ich ihn denn heiter begrüßen? Wie kann ich das?“

„Du mußt“, erwiderte John. „Wer weiß, vielleicht zieht dieser Sturm vorüber.“

Das Essen stand auf dem Tisch und wartete auf ihn. Und Mercy ging dem Vater über den Geflügelmarkt entgegen.

Sie sah ihn kommen, den Arm in den Ropers geschoben. Sie waren tief in ein Gespräch verwickelt. Zweifellos redeten sie über die Predigt, die sie eben gehört hatten.

Thomas umarmte sie herzlich. Doch seine prüfenden Augen sahen, was sie nicht verbergen konnte und was er jetzt im Gesicht eines jeden Angehörigen sehen mußte.

„Es ist schön, dich wiederzusehen, Tochter. Und wie finde ich dich? Heiter und wohlauf?“

„Heiter und wohlauf“, wiederholte sie. „Heiter und wohlauf, Vater.“

Er schob lächelnd den Arm durch den ihren, und so gingen sie nach Bucklersbury. Er war glücklich, mit ihnen zusammenzusein, denn obwohl beide nicht als seine Kinder geboren waren, wollte er sie wissen lassen, daß er sie als seine wahren Kinder betrachtete.

Freunde und Bekannte grüßten ihn, als sie dahinschlenderten. In dem Lächeln dieser Menschen lag Wärme. Sie erinnerten sich seiner noch aus der Zeit, als er Unter-Sheriff der City gewesen war, und sie erinnerten sich seiner als des unbestechlichen Lordkanzlers. Doch Mercy faßte die Blicke der Vorübergehenden anders auf – als Furcht, Mitleid, Warnung.

Der Schlag konnte nicht mehr lange auf sich warten lassen.

Margaret, die ihn vielleicht heißer liebte als alle anderen, wollte, daß er den Eid unterschrieb. Margaret würde alles wollen, damit sie ihn bei sich behalten konnte. Das wußte Mercy. Doch wenn sie, Mercy, jetzt mit ihm darüber hätte reden können, hätte sie ihn dann gedrängt, den Eid zu unterzeichnen?

Sie war anders als Margaret. Für Margaret war diese Liebe das wichtigste. Er war schließlich ihr Vater, und wenn sie ihn behalten könnte, würde es ihr nichts ausmachen, was es auch kostete. Doch Mercy würde ihn niemals bitten, etwas gegen sein Gewissen zu tun. Mercy wollte, daß er tat, was recht war ... welches auch die Folgen für ihn und seine Familie sein mochten.

Doch das hieß nicht, daß sie weniger darunter litt.

Hier war Bucklersbury mit den angenehmen Apothekergerüchen. Hier war ihr altes Haus.

„Ich trete nie ein, ohne daß mich tausend Erinnerungen bestürmen", sagte er.

Und Mercy wußte, daß er froh war, wieder hier zu sein, sich all der glücklichen Stunden zu erinnern und sie sich einzuprägen für die Zeit, wenn er das Haus in Bucklersbury nicht mehr besuchen konnte.

„Komm, Vater, du wirst hungrig sein. Wir wollen gleich essen."

Sie saßen bei Tisch, als der Bote eintraf.

Mercy stand auf. Sie war nicht übermäßig besorgt. Sie erwartete nicht, daß man Thomas hier suchte. Es mußte sich um einen Freund handeln, der vorsprach. Nein? Dann ein Bote vom Hof – Johns wegen, denn John gehörte jetzt zu den Leibärzten des Königs.

Der Mann trat vor. Er hatte ein Schreiben in der Hand.

„Eine Nachricht für mich?" fragte John.

„Nein, Herr. Ich bin angewiesen, dies Schreiben Sir Thomas More in Chelsea auszuhändigen. Doch da ich hörte, daß er sich in Euerm Haus aufhält, habe ich mir den Weg dorthin erspart."

Thomas stand auf, um das Schreiben in Empfang zu nehmen. „Danke. Ihr habt klug daran getan, Euch den Weg zu sparen."

Thomas blickte nicht in das Schreiben, sondern plauderte in seiner freundlichen Art eine Weile mit dem Boten. Und als der Mann gegangen war, hatte Thomas das Pergament immer noch ungeöffnet in der Hand.

„Vater ..." begann Mercy furchtsam.

„Wir wollen die ausgezeichnete Mahlzeit zu uns nehmen, die du uns bereitet hast, meine Tochter."

„Aber ..."

„Danach", sagte er, „ist hierfür Zeit."

Dann sprach er von der Predigt, die Will und er in der St.-Pauls-Kathedrale gehört hatten. Doch keiner der anderen hörte zu. Die Augen wanderten immer wieder nach dem Pergament, das auf dem Tisch lag.

„Vater", sagte Will zornig, „haltet uns nicht länger im Ungewissen! Was ist dies?"

„Hast du's nicht erraten, mein Sohn? Ich möchte schwören, es ist die Aufforderung an mich, vor den Kommissionsmitgliedern zu erscheinen und den Suprematseid zu unterschreiben."

„Dann seht es Euch an, Vater! Überzeugt Euch!"

„Du machst dir zuviel Sorgen, Will. Wir wußten, daß dies kommen mußte."

„Vater", entgegnete Will verzweifelt, „Eure Ruhe macht mich rasend. Lest es ... um Himmels willen!"

Thomas las. „Ja, Will", sagte er. „Ich soll vor den Kommissionsmitgliedern im Amtssitz des Erzbischofs von Canterbury in Lambeth erscheinen und den Suprematseid schwören."

„Das ist mehr, als ich ertragen kann", entgegnete Will. „Es ist mehr, als Margaret ertragen kann."

„Verlier die Hoffnung nicht, mein Sohn! Laß dich von den Schwierigkeiten nicht in Angst versetzen. Wenn die Schwierigkeiten anhalten, sind sie leicht zu tragen. Wenn sie schwer zu tragen sind, halten sie nicht lange an."

„Vater, wann gehst du nach Lambeth?" fragte Mercy.

„Morgen. Ihr seht also, heute brauche ich mir keine Sorgen zu machen. Heute kann ich tun, was ich will."

„Wir müssen zurück nach Chelsea", sagte Will.

„Warum?"

„Sie werden Euch dort so lange wie möglich bei sich haben wollen. Margaret ..."

„Laß sie! Laß Sie diesen Tag in Frieden verbringen. Je eher sie weiß, daß mir diese Aufforderung zugestellt worden ist, desto eher wird sie Angst haben wie du, Will."

„Ist denn das Wissen, daß es so gekommen ist, schlimmer als die Furcht, daß es kommen wird?"

„Ja, Will. Denn in der Ungewißheit gibt es immer noch Hoffnung. Laß Margaret noch eine Weile. Kommt, wir wollen essen, sonst ist Mercy verletzt. Sie und ihre Dienstboten haben sich große Mühe gemacht, um uns mit diesem Essen zu erfreuen."

Am Essen erfreuen! Wie konnten sie das?

Sie saßen am Tisch, und die Trauer in ihren Herzen war fast unerträglich.

Der einzige Heitere war Sir Thomas More.

Am frühen Abend gingen sie am Fluß entlang zurück nach Chelsea.

„Kein Wort darüber, Will!" sagte Thomas. „Laß ihnen den Frieden... Schenk ihnen noch diesen Tag."

„Aber, Vater", erwiderte Will gequält, „ich glaube nicht, daß ich ihnen meine Befürchtungen verbergen kann."

„Du zeigst seit mehreren Tagen Furcht, Will. Lächle, mein Sohn. Sie werden nichts merken. Sie werden nicht glauben, daß mich die Nachricht an einem anderen Ort als im eigenen Haus erreichen könnte. Laß uns noch eine frohe Nacht zu Haus verbringen. Laß uns singen und Geschichten erzählen, lachen und zusammen fröhlich sein, Will... nur noch den einen Abend."

Es gelang Will, sein Elend zu verbergen. Er sang so laut wie die übrigen. Und er spürte die Dankbarkeit seines Schwiegervaters.

Und als er in dieser Nacht neben Margaret lag, fand er keinen Schlaf, und ihr erging es ebenso.

Sie flüsterte: „Will, es kann nun nicht mehr lange dauern, nicht wahr? Es werden uns nicht mehr viele solche Tage bleiben."

Und Will erwiderte: „Es kann nicht mehr lange dauern." Er dachte an die Bitte des Vaters und sagte nicht: „Es kann keine solchen Tage mehr geben. Heute war der letzte, morgen geht er nach Lambeth."

Am nächsten Morgen stand die Familie auf wie sonst. Thomas wirkte ergeben, und Margaret bemerkte es. Es war fast, als ob er Freude über diesen Tag empfände. Alice bemerkte es auch. Sie dachte, ich glaube, er wird tun, was der König wünscht. Ich glaube wirklich, er ist endlich zur Vernunft gekommen.

Doch nach dem Frühstück sagte er: „Kommt... laßt uns zur Kirche gehen."

Sie wanderten über die Felder zur Kirche von Chelsea, wie sie es so manchen anderen Morgen getan hatten. Und nach dem Gottesdienst stand die Sonne hoch am Himmel. Thomas legte Will die Hand auf den Arm und sagte: „Will, es ist Zeit, daß wir uns auf den Weg machen."

Er rief zwei Knechten zu: „Macht die Barke bereit. Heute habe ich nach Lambeth zu fahren."

Nun wußten sie es. Der Tag war gekommen.

Margaret trat einen Schritt auf ihn zu, doch seine Augen hielten sie zurück. Nicht hier, Meg! sagten sie. Nicht hier... vor den anderen.

„Ich habe nach Lambeth zu fahren.“ Die Worte mochten für die anderen nicht so unheilvoll klingen wie für Margaret und Will.

Er fährt in irgendeiner Parlamentsangelegenheit nach Lambeth, mochten sie denken. Vor Abend wird er wieder zu Haus sein.

Doch Margaret wußte, weshalb er nach Lambeth fuhr. Und sie wußte, was er tun würde, wenn er dort war. In ihren Augen stand eine stumme Bitte: Vater, Vater, tu, was sie verlangen! Was kommt es darauf an, wer Oberhaupt der Kirche ist, wenn du das Oberhaupt deiner Familie bleibst und weiter zu ihrer und deiner eigenen Freude mit ihr zusammenlebst?

Er sah Margaret an. „Kommt nur bis ans Tor mit! Ich muß mich beeilen. Lebt alle wohl!“

Er küßte sie, und als Margaret an der Reihe war, klammerte sie sich an ihn.

„Vater...“

„Leb wohl, meine Tochter, meine geliebte Tochter. Ich werde bei dir sein ... in kurzer Zeit...“

Und er schritt über den Rasen, öffnete das kleine Tor, schloß es fest, nachdem Will hindurchgegangen war, und stieg die Stufen zur Barke hinunter.

Er warf einen Blick auf das Haus, das er gebaut hatte, das Haus, in dem er vollkommenes Glück mit seiner Familie erlebt hatte. Er betrachtete die Fenster, die im Sonnenlicht blitzen, die Pfauen auf der Mauer, die blühenden Obstbäume im Garten. Wer würde dieses Jahr die Früchte ernten? überlegte er.

Ein letzter Blick auf all das, was sein Glück auf Erden enthielt. Dann wandte er sich Will zu, und als die Barke sich langsam vom Steg entfernte, sagte er: „Ich danke dem Herrn, Sohn Roper, daß die Schlacht gewonnen ist.“

Er wurde in den Tower geschleppt, und aus dem Haus in Chelsea war alle Freude geflohen.

Es gab keinen Frohsinn mehr in dem Haus. Es war nichts zu tun, als voller Furcht zu warten, was als nächstes kommen würde.

Margaret hatte darum gebeten, ihren Vater besuchen zu dürfen, und infolge des Einflusses, den Dr. Clement und Giles Allington ausüben konnten, wurde ihr dieses Vorrecht endlich gewährt.

Sie hatte die Nacht davor überhaupt nicht geschlafen. Seit vielen Nächten schlief sie kaum noch. Sie schlummerte ein wenig und wachte immer wieder von den Gedanken an ihren Vater in seiner trostlosen Zelle auf. Tagsüber ging sie häufig am Fluß entlang, bis sie die grimmige Festung, die sein Gefängnis geworden war, deutlicher sehen konnte.

Und nun, da sie ihn sprechen sollte, da sie das Boot nehmen und den Fluß hinunter zum Tower fahren durfte, mußte sie bereit sein, ihm Worte des Trostes zu bringen. Sie mußte sich bemühen, ihn nicht um das zu bitten, was gegen sein Gewissen ging.

Margaret erreichte die Festung. Sie stieg aus der Barke. Will half ihr. Er hatte darauf bestanden, sie bis zum Tower zu begleiten und wollte hier auf sie warten. Lieber, guter Will, bester aller Tröster, liebster aller Ehemänner. Sie segnete den Tag, als ihr Vater ihn ins Haus gebracht hatte. Sie mußte an die Segnungen denken, nicht an ihr Elend.

Wie sie diese Festung haßte – mit ihrer Macht und ihrem Entsetzen! Sie schaute zu den runden Türmen hinauf, zu den schmalen Mauerschlitzen, die als Fenster dienten, zu den Kerkern mit den Gittern vor den Mauerschlitzen. Und hier in dieser Festung lebte ihr Vater, ihr geliebter Vater.

Ein Wärter führte sie eine Wendeltreppe hinauf und schloß eine schwere Tür auf. Sie stand in einer Zelle, einer Zelle mit steinernen Wänden und steinernem Fußboden. Dann sah sie nichts mehr von der Zelle, denn da war er, lächelte und kam auf sie zu, um sie zu begrüßen.

Sie schaute in sein Gesicht und sah, wie blaß er war, wie eingesunken die Augen. Er hatte sich verändert. Und dennoch ... er konnte noch lächeln, er konnte noch Heiterkeit heucheln, die er unmöglich empfinden konnte.

„Meg ... meine Meg!"

„Mein Vater!" Sie küßte ihn, klammerte sich an ihn. „O Vater, wie geht es dir? Was haben sie dir angetan? Du bist mager geworden, und dein Bart ist ungepflegt, und deine Kleider ... Vater ... Vater ... was kann ich tun? Was kann ich sagen?"

„Komm", entgegnete er. „Setz dich, Meg. Mein Wärter ist ein guter Mann. Ich habe zwei Schemel ... Viele Menschen sind freundlich zu mir gewesen, Meg. Mein guter Freund Bonvisi ... er schickt Fleisch und Wein ... und ich darf meinen guten John a Wood hier bei mir haben, damit er sich um mich kümmert. Du siehst, daß ich nicht schlecht behandelt werde. Man sorgt hier gut für mich."

Sie bemühte sich zu lächeln.

„Nun, und du, Meg, wie geht es dir? Du siehst wohl aus. Die Sonne hat dich gebräunt. Wie steht es mit meinen lieben Söhnen und Töchtern? Heiße sie, guter Dinge zu sein, Meg! Du vermagst das."

„Guter Dinge!" rief sie. „Vater, wir wollen uns nichts vortäuschen und sagen: ‚Dies wird vorübergehen', wenn wir wissen, daß es nur einen einzigen Weg gibt, wie es vorübergehen könnte – und du hast dich entschlossen, diesen Weg nicht zu gehen."

„Wir wollen von anderen Dingen sprechen, liebe Tochter."

„Wie könnte ich das? Was soll ich den Kindern erzählen?"

„Es könnte sein, Meg, daß du mit ihnen über den Tod sprechen mußt. Und wenn es so ist, dann laß sie den Tod als etwas Schönes sehen. Erkläre ihn als die Befreiung zu Schönheit, zu Freude, zum Glück, wie sie diese Erde nicht bieten kann. Sag ihnen, daß der Mensch, der sein Leben für reich hält, träumt, denn wenn der Tod ihn weckt, wird er sehen, wie arm er ist. Sag ihnen, daß jene, die unter den Händen ungerechter Menschen leiden, Hoffnung schöpfen sollten. Laß freundliche Hoffnungen deine Leiden mildern, Meg. Er, der von großem Reichtum und leerem Stolz hingerissen wird, er, der so kühn zwischen seinen Höflingen steht, wird nicht immer so kühn bleiben. Eines Tages wird er auf einer Stufe mit den Bettlern stehen. Ach, welches Geschenk hat das Leben zu geben, das sich mit dem Tod vergleichen ließe? Du wirst finden, daß der, der im Leben Furcht einflößen kann, im Tode nichts als Gelächter weckt. O Meg, Meg, sei wohlgemut. Trauere nicht, weil ich dem nahe bin, was uns alle erwartet. Mein Geist ist bereit, seine Hülle zu zerbrechen. Was macht es aus, wer die Hülle verletzt? Es kann der König sein. Es können die Minister des Königs sein. Es kann auch die Geliebte des Königs sein."

„Sprich nicht von ihr, Vater. Wenn du es tust, füllt sich mein Herz mit Haß. Als ich zum erstenmal von ihr hörte, erschien sie mir als ein törichtes, leichtfertiges Mädchen. Ich wußte nicht, daß sie eine verderbte Buhlerin ist... eine Mörderin heiliger Männer."

„Still, Meg! Sprich nicht schlecht von ihr! Bedaure sie lieber, statt sie zu verurteilen. Denn wie können wir wissen, welches Elend auf die arme Seele noch wartet?"

„Ich werde sie nicht bedauern, Vater. Ich will es nicht. Wäre sie nicht, hätten wir dich noch zu Haus in Chelsea... wir wären alle zusammen... wie wir es früher waren. Wie kann ich sie bedauern? Wie kann ich etwas anderes tun, als sie zu verfluchen?"

„Meg, du mußt Mitleid haben. Sie tanzt fröhlich am Hof, höre ich. Und ihre Tänze werden erweisen, daß sie uns die Köpfe wie Fußbälle heruntertritt. Doch vielleicht währt es nicht lange, Meg, bevor ihr eigener armer Kopf den gleichen Tanz tanzen muß."

„Vater, was kommt es darauf an? Was gibt es überhaupt Wichtiges, als daß du zu uns nach Haus kommst? Könntest du nicht..."

„Nein, Meg. Ich weiß, was ich tun muß."

„Aber was wird dann geschehen?"

„Wir werden sehen. Der Bischof von Rochester ist ebenfalls im Tower. Mein Wärter hat es mir berichtet. Ich wußte, daß mein lieber Freund Fisher dies tun mußte... genau wie ich es tun muß."

„Die Mönche der Kartause weigern sich, den Supremat des Königs anzuerkennen, Vater."

„Meine guten Freunde? Das hatte ich von ihnen erwartet."

„Aber, Vater, ist es recht... ist es gesetzlich, daß sie dich dafür gefangenhalten? Was hast du getan? Du hast dich nur geweigert, einen Eid zu schwören. Gibt es denn ein Gesetz, daß man hierfür in den Kerker gebracht werden darf?"

„Ach, Meg, des Königs Gutdünken ist das Gesetz. Es ist bedauerlich, daß ein christlicher Fürst durch einen beeinflußbaren Kronrat, der bereit ist, seinen Neigungen nachzugeben, und durch eine Geistlichkeit, der es an der Gnade fehlt, beständig auf ihrer Lehre zu beharren, so schändlich durch Schmeichelei mißbraucht wird."

„Aber, Vater, ist es das wert? Glaubst du das? Könntest du nicht... den Eid leisten... und dich völlig vom Hofleben zurückziehen? Bei uns leben... deiner Familie... wenn es dich nach dem Leben verlangt. Du hast deine Bibliothek ... dein Haus ... alles, was du liebst. Vater, du bist nicht mehr jung. Du solltest zu Haus sein mit deinen Söhnen und Töchtern, mit deiner Gattin ..."

„Bist du gekommen, um hier die Versucherin zu spielen? Nein, Frau Eva, wir haben darüber häufig genug gesprochen. Ich habe dir erklärt, daß kein Mann den Eid bereitwilliger abgelegt hätte als ich, wenn es möglich wäre, diese Sache, die den König befriedigen würde, zu tun, ohne damit gegen Gott zu sündigen."

„O Gott im Himmel", rief sie, „da kommen sie schon, um mir zu sagen, daß ich gehen muß. Vater ... wann werde ich dein Antlitz wiedersehen?"

„Sei guten Mutes, Meg! Ehe viel Zeit verstreicht, daran zweifle ich nicht."

Sie dachte: Mein Kommen hat ihn nicht aufgeheitert; es hat ihm Qualen bereitet.

Alice bekam die Erlaubnis, ihn zu besuchen.

Sie war grausam, mehr von Schmähsucht erfüllt als sonst. Das lag daran, daß sie sich so unglücklich fühlte.

Sie stand in der Tür. Ihre scharfen Augen nahmen die Zelle mit all ihrer trostlosen Düsterkeit auf.

„Du meine Güte, Master More!" rief sie. „Es ist mir unfaßbar, daß man Euch immer für einen klugen Mann gehalten hat. Hier lebt Ihr nun und spielt den Narren, wie Ihr es gewohnt seid. Ihr liegt in diesem engen, schmutzigen Gefängnis und seid es zufrieden, mit Mäusen und Ratten eingesperrt zu sein, wo Ihr doch draußen und in Freiheit sein und die Gunst des Königs und seines Kronrats genießen könntet. Und Ihr braucht dazu weiter nichts zu tun als das, was die Bischöfe und die Gelehrten in diesem Reich getan haben. Und wenn ich daran denke, daß Ihr in Chelsea ein recht hübsches Haus habt, Eure Bibliothek, Galerie, Euern Garten, Eure Wiesen und alles andere Notwendige um Euch her, wo Ihr in Gesellschaft Eures Weibes, Eurer Kinder und Eures Gesindes fröhlich sein könntet, frage ich mich wirklich, was Euch in Gottes Namen veranlaßt, noch so töricht zu zaudern."

„Alice ... Alice, es ist gut, Euch zu sehen. Es ist schön, Euer Schelten zu hören. Kommt, Frau, setzt Euch! Setzt Euch auf diesen Schemel, den mir mein guter Wärter beschafft hat. Uns geht es gut hier, John a Wood und mir. Mein guter Freund Bonvisi schickt uns mehr Fleisch und Getränke, als wir brauchen. Habt nur keine Furcht!"

„Euch gefällt es hier also besser als in Euerm Haus. Ist es so? Ist es das, was Ihr mir sagen wollt?"

„Ist dieser Tower dem Himmel nicht ebenso nahe wie mein eigenes Haus?" fragte er.

„Larifari! Larifari! Welchen Unsinn Ihr schwatzt! Alle Gefängnisse der Welt können das nicht ändern, wie ich sehe."

„Aber antwortet mir doch, Alice! Ist es nicht so?"

„Du lieber Gott, hört doch endlich damit auf!"

„Nun, Mistress Alice, wenn das so ist, und ich glaube, Ihr wißt, daß es so ist, dann könnt Ihr natürlich nichts anderes antworten als larifari. Und das ist nur gut."

„Hört auf mit diesem Geschwätz! Wie steht's mit Euern Kleidern? Habt Ihr etwas zu waschen? Und wie schmutzig es hier ist! Was denkt sich dieser Master a Wood eigentlich, daß er sich nicht besser um Euch kümmert? Mir scheint, Master More, daß Ihr ein Narr seid... von lauter Narren umgeben."

Und er sah, daß die funkelnden Tränen ihr über die Wangen liefen. Doch er tat, als sähe er sie nicht. Sie schalt weiter, womit sie ihn auf ihre Weise bat, nach Haus zu kommen, genau wie Margaret es getan hatte.

Aus einem Fenster des Herrenhauses blickte Ailie über den Park. Sie wartete gespannt. Bald, so glaubte sie, würde Lord Audley in Begleitung ihres Mannes vors Haus geritten kommen. Sie hatte Giles gebeten, er solle es, wenn sie zurückkehrten, so einrichten, daß sie ein Wort allein mit dem Kanzler reden könne.

„O Gott, hilf mir!" betete Ailie inbrünstiger, als sie jemals gebetet hatte. „Hilf mir, dies zu tun!"

Sie glaubte, daß Lord Audley ihr helfen könnte. Aber hatte er die Macht? Er war der Lordkanzler, und als ihr Vater Lordkanzler gewesen war, waren viele mit Bittschriften zu ihm gekommen.

Ailie konnte es nicht ertragen, jetzt an das Haus in Chelsea zu denken. Margaret schrieb ihr oft, ebenso Mercy. Aber die erzwungene Heiterkeit ihrer Briefe sagten ihr nur, wie verändert alles war. Wollte dieser traurige Sommer denn nie vorübergehen?

Sie hörte die Hörner der Jäger und schaute in den polierten venezianischen Spiegel, den ihr Gatte ihr geschenkt hatte und auf den sie früher so stolz gewesen war. Ihre Augen schimmerten feucht, und um ihren Mund zuckte es.

Dann nahm sie sich zusammen und lief hinunter, um die heimkehrenden Jäger zu begrüßen.

Audley sprach aufgeregt über das Wild, das er erlegt hatte. Doch was spielte das jetzt für eine Rolle? Jetzt war nur noch eins wichtig.

Giles lächelte ihr zärtlich und aufmunternd zu. Er ging voran zu den Ställen, wo die Reitknechte herbeieilten und die Pferde nahmen. Ailie ging neben Lord Audley, und Giles sorgte dafür, daß die beiden allein blieben.

„Ich hoffe, Ihr hattet eine gute Jagd, Lord Audley?"

„Die hatten wir, Lady Allington. Euer Gatte ist glücklich zu preisen, daß er solches Jagdgelände sein eigen nennen kann."

„Ihr müßt oft zur Jagd zu uns kommen."

„Das werde ich gern tun."

Ailie legte dem Lordkanzler eine Hand auf den Arm und lächelte zu ihm auf.

„Mein Lord, Ihr seid ein Mann mit großem Einfluß am Hof."

Lord Audley lächelte geschmeichelt.

„Ihr könntet etwas für mich tun, wenn Ihr das wollt."

„Lady Allington, ich würde gern alles tun, was in meiner Macht steht, um Euch gefällig zu sein."

„Ihr seid sehr gütig, mein Lord. Es ist mein Vater, von dem ich gern sprechen würde."

Lord Audley lachte kurz und ein wenig heiser auf. „Nun, Lady Allington, er hat alle Mittel zur Verfügung, um sich selbst zu helfen."

„So ist es nicht."

„Verzeiht, wenn ich Euch widerspreche, aber es ist so. Er braucht nur den Suprematseid zu unterzeichnen, dann wäre er morgen ein freier Mann."

„Aber das kann er nicht."

„Kann er nicht! Kann seinen Namen nicht schreiben!" Lord Audley lachte. (Er sagte gern: „Ich bin kein Gelehrter!" Damit meinte er, daß er für Männer, die es waren, eine gewisse Verachtung empfand.) „Aber wir haben doch immer gehört, er sei so ein gelehrter Mann!" fuhr er fort.

„Mein Lord, er ist der Ansicht, daß dies eine Gewissenssache ist."

„Dann sollte er sich mit seinem Gewissen verständigen. Meine liebe Lady, ich würde für Euern Vater ebensoviel tun wie für meinen eigenen ... um Euretwillen. Aber was kann ich tun? Das Heilmittel liegt bei ihm. Ich wundere mich ohnehin, daß er so halsstarrig in seiner Selbstgefälligkeit ist."

„Könntet Ihr den König nicht dazu bringen, daß im Fall meines Vaters auf diesen Eid verzichtet wird?"

„Meine liebe Lady, Ihr wißt, wie das Parlament denkt."

Darauf erzählte der Kanzler Ailie eine der Äsopschen Fabeln. „Gewiß habt Ihr, die Ihr die Tochter eines so gelehrten Mannes seid, diese Fabel schon gehört", sagte er. Es war die Geschichte von den wenigen weisen Männern, die versuchten, die Menge der Toren zu regieren. Sie wurden von den vielen verprügelt. „Waren sie wirklich so weise Männer, Lady Allington? Ich frage mich, ob sie es waren."

Ailie schaute in das kalte, stolze Gesicht neben sich, und das Herz lag ihr wie Blei in der Brust."

Sie hatten das Haus erreicht, und sie ging vor ihm hinein. Giles kam, und als er ihren Zustand sah, verwickelte er ihren Gast in ein Gespräch, so daß sie die Treppe hinauf in ihr Schlafzimmer gehen konnte.

Das tat sie. Die Tränen liefen ihr über die Wangen, und das schöne Gesicht war eine Maske tiefster Hoffnungslosigkeit.

Weitere Besuche im Tower wurden nicht erlaubt, und die Monate schleppten sich dahin. Weihnachten kam – und es war Frühling gewesen, als man Thomas zu Haus fortgerufen hatte.

Wie anders war dieses Weihnachtsfest als die, die sie bisher erlebt hatten! Sie waren alle zusammen, aber wie hätten sie ohne ihn glücklich sein können?

Sie lebten für die Briefe, die sie von ihm erhielten. Sie durften eine Magd zum Tower schicken, die ihm die Briefe brachte und seine abholte. Die treue Dorothy Colly machte den Weg, denn sie gehörte fast zur Familie, und Thomas hatte sie gern. Wenn sie zurückkam, berichtete sie alles, was er gesagt hatte.

„Er möchte wissen, was ihr gerade tut, wie ihr eure Tage verbringt. Keine Kleinigkeit ist ihm zu gering. Es macht ihm viel

Freude, all diese Dinge zu hören. Er fragt auch immer, was die Kinder sagen."

Als sie mit Margaret allein war, sagte sie: „Er hat mich geküßt, als ich wegging. Und ich sollte Euch ausrichten, sagte er, daß er mich liebt wie eine aus der Familie. Er sagte: ‚Hast du John Harris schon geheiratet, Dorothy? Das solltest du tun. Sag es Margaret. Sie wird dir helfen, das zu ordnen, denn die Ehe ist eine gute Sache. Und wenn zwei Menschen in Liebe und Kameradschaft gemeinsam wachsen, dann gibt es keinen glücklicheren Stand auf der Welt.'"

Margaret küßte das Mädchen. Sie wußte, daß John Harris sie liebte, und sie wußte, daß ihr Vater meinte: „Seid glücklich! Trauert nicht mehr! Geht an eure Arbeit wie bisher! Wenn es eine Hochzeit bei euch gibt, feiert sie, und freut euch. Euer Vater ist in allem, was ihr tut, bei euch."

„Ich muß ihn bald sehen, Dorothy", sagte sie. „So kann es nicht bleiben."

Er hatte sich seit seiner Festnahme sehr verändert. Er war mager und krank. Er hatte seine Bücher bei sich, und sie brachten ihm viel Trost. Er schrieb an einer Arbeit, die er *Ein Zwiegespräch der Tröstung* nannte. Es war ein Dialog zwischen zwei Ungarn, einem alten Mann namens Antonio und seinem Neffen Vincent. Diese beiden sprachen über die nahende Invasion der Türken. Die Allegorie war für Margaret, der er seine Schriften schickte, leicht zu verstehen.

„Ich kann Dir dies nicht vorlesen", schrieb er, „aber ich brauche Dein Urteil, wie ich es immer gebraucht habe."

Margaret ahnte, wer der Großtürke sein sollte, denn Thomas hatte geschrieben: „Kein geborener Türke ist so grausam den Christen gegenüber wie der falsche Christ, der von seinem Glauben abfällt. O Margaret, meine geliebte Tochter, ich bin an einem schmutzigen Ort gefangen, doch ich bin glücklich, wenn ich zur Feder greife, um an dich zu schreiben, und ich bin lieber Margarets Vater, als ich der Herrscher eines Reiches wäre."

Rich, der Kronanwalt, stattete ihm zahlreiche Besuche ab. Thomas durchschaute den Zweck dieser Besuche. Sie sollten dazu dienen, ihn in einer Falle zu fangen. Jetzt wurde versucht, ihn dazu zu bringen, daß er den Supremat des Königs bestritt.

Doch Thomas war in allen juristischen Fragen zu erfahren, als daß er das getan hätte. Er war sich durchaus bewußt, daß er nur dafür, daß er sich weigerte, den Eid zu unterzeichnen, nicht bestraft werden konnte. Wenn er über seine Ansichten schwieg, konnte man ihn nicht schuldig sprechen. Es gab kein Gesetz, nach dem man einen Mann bestrafen konnte, weil er sich weigerte, einen Eid zu unterzeichnen.

Vergeblich bemühte sich Rich, ihn in eine Falle zu locken. Cromwell, Norfolk, Audley, der ganze Geheime Rat, sie alle taten ihr Bestes, um dem König gefällig zu sein, indem sie einen Prozeß gegen More vorbereiteten, doch Thomas war ein besserer Jurist als sie alle. Nicht einer von ihnen – nicht einmal Cranmer – konnte ihn dazu verleiten, etwas zu sagen, was zu seiner Verurteilung führen konnte.

Er wußte, daß sein Freund Bischof Fisher im Tower war. Fisher war ein tapferer Mann, aber kein Rechtskundiger. Thomas schrieb ihm Briefe, und Fisher antwortete ihm. Ihre Diener fanden Wege, diese Briefe auszutauschen, denn die Kerkerwärter waren bereit, zwei so heiligmäßigen Männern wie Fisher und More die Gefangenschaft so erträglich wie möglich zu machen.

„Seht Euch sehr vor, mein Freund", bat Thomas den Bischof. „Seid auf der Hut bei Fragen, die Euch gestellt werden, seht Euch vor, daß Ihr Euch nicht in die Gefahren verstrickt, die die Statuten bieten. Ihr wollt den Eid nicht unterzeichnen. Das ist an sich noch kein Verbrechen. Doch hütet Eure Zunge gut! Wenn Euch jemand fragt, sorgt dafür, daß Ihr kein Wort über die Angelegenheiten des Königs sagt!"

Der Bischof war ein schwerkranker Mann, und die Kerkerhaft zehrte an ihm.

Eines Tages erschien Richard Rich bei dem Bischof und versicherte ihm, freundlich lächelnd, daß es sich nicht um einen amtlichen Besuch handele. Er komme nicht als Kronanwalt, sondern als Freund.

Der Bischof, der schwer unter der harten Gefangenschaft litt, unter der Hitze wie unter der Kälte, hieß den Kronanwalt willkommen. Dieser sprach darüber, wie betrüblich es sei, daß so bewunderte und geachtete Männer, wie er und Sir Thomas More, wegen einer solchen Sache im Gefängnis liegen müßten.

„Ich habe erst gestern mit dem König über Euch gesprochen", sagte Rich. „Und er erklärte, es bereite ihm großen Kummer,

Euch hier im Gefängnis zu wissen. Er sagte, er achte Euch hoch, und sein Gewissen mache ihm Euretwegen viel zu schaffen. Er fürchtet, daß er nicht im Recht war bei dem, was er tat. Und tatsächlich muß man sich fragen: Wo ist der Sohn, den Gott ihm geschenkt hätte, wenn er die neue Ehe billigte? Er hat nur eine Tochter – ein gesundes Kind, gewiß, aber eben eine Tochter! Das Gewissen quält den König, und Ihr könntet es erleichtern, mein Lord Bischof. Der König hat völlige Verschwiegenheit gelobt, aber er möchte Eure Ansicht erfahren. Er sagt, was Ihr – als heiliger Mann der Kirche – erklärt, wird sorgsam von ihm erwogen werden. Werdet Ihr nun, mein Lord Fisher, wenn ich Euch schwöre, daß das, was Ihr sagt, zwischen Euch, mir und dem König bleibt, mir Euern Geist öffnen?"

Fisher erwiderte: „Nach dem Gesetz Gottes ist der König nicht das Oberhaupt der Kirche von England auf Erden, er kann es nicht sein."

Rich nickte und lächelte. Er war sehr zufrieden mit sich selber.

Fisher hatte genau so geantwortet, wie er es sich erhofft hatte.

Aus demselben Grund wie diese beiden tapferen Männer waren auch andere im Tower.

Die Kartäuser waren aufgefordert worden, den Suprematseid zu unterzeichnen. Sie waren zu dem Ergebnis gekommen, daß sie das guten Gewissens nicht tun konnten, und der Prior der Londoner Kartause wurde sehr bald – wie auch die Prioren von Lincoln und Nottinghamshire – in den Tower geschleppt. Andere folgten ihnen.

Der König wurde immer zorniger, und wenn er zürnte, kehrte er seinen Groll gegen Cromwell.

„Bei Christi Leib", brüllte der König. „Es ist dieser Mann More, der sie in ihrem Widerstand bestärkt. Wir müssen ihm vor Augen führen, was die erwartet, die dem König nicht gehorchen."

„Majestät, wir haben alles, was wir können, getan, um eine Anklage gegen ihn zu erheben, doch er ist listig wie ein Fuchs in diesen Rechtsfragen."

„Ich weiß, ich weiß", entgegnete der König gereizt, „daß er in manchen Dingen ein gescheiter Mann ist und daß ich von Narren umgeben bin. Ich weiß, daß Ihr immer wieder versucht habt, Anklagen gegen ihn zu erheben, doch jedesmal hat er Euch eine Niederlage zugefügt. Er ist ein Verräter. Vergeßt das nicht! Aber ich habe nicht den Wunsch, ihn leiden zu sehen. Mein Wunsch ist, daß er seine Torheit aufgibt, daß er Uns seine Unterschrift gibt und aufhört, Haß unter denen zu säen, die ihn bewundern. Diese Mönche würden nachgeben, wenn er es täte. Doch nein ... nein! Diese Narren, die ich um mich habe, können ihn nicht dazu bewegen. Master More wendet ihre Argumente gegen sie und tut uns alle verächtlich ab. Man soll ihn an den Tod erinnern, den ein Verräter erleidet. Man soll ihn fragen, ob das dem Gesetz des Landes entspricht oder nicht. Man soll ihn fragen, welcher gescheite Anwalt einen Mann vor dem Tod des Verräters bewahren kann, wenn dieser Mann zum Verräter geworden ist." Cromwell suchte Thomas in seiner Zelle auf.

„Ah, Sir Thomas", sagte er, „der König ist bekümmert über Euch. Er will Euch wohl, trotz all der Schwierigkeiten, die Ihr ihm bereitet. Er möchte gnädig sein. Er möchte Euch an einen behaglicheren Ort bringen. Er möchte Euch wieder als freien Mann in der Welt sehen."

„Ich habe nicht den Wunsch, Master Cromwell, mich mit den Geschäften der Welt zu befassen."

„Der König würde Euch eher geneigt sein, wenn Ihr andere nicht dabei unterstützen würdet, ihm Widerstand zu leisten. Da sind diese Mönche, die jetzt im Tower untergebracht worden sind. Der König hat den Eindruck, daß Ihr, wenn Ihr Euch nur bereit fändet, sein guter Freund zu sein, diese Mönche bewegen könntet, von ihrer Torheit abzulassen."

„Ich bin ein wahrer und treuer Untertan des Königs und füge keinem Menschen Schaden zu. Ich sage nichts Böses, ich denke nichts Böses, und ich wünsche allen Menschen Gutes. Und wenn das nicht genügt, um einen Menschen am Leben und bei seinem Glauben zu erhalten, dann verlangt es mich nicht danach, zu leben. Deshalb steht mein armer Leib dem König zur Verfügung."

„Ich wiederhole, daß der König Euch wohlwill. Er möchte Euch eine Gunst erweisen. Doch Ihr wollt sie nicht annehmen."

„Da ist eine Gunst, die ich annehmen würde. Wenn ich meine Tochter Margaret Roper sehen könnte. Sonst gibt es kaum etwas, worum ich den König bitten würde."

Cromwell lächelte. „Ich werde sehen, was sich tun läßt. Ich zweifle nicht, daß Euer Gesuch bald bewilligt wird."

Und es wurde bewilligt.

Margaret kam an jenem Maitag, ein Jahr nach seiner Verhaftung, als die vier Mönche die schreckliche Buße zahlen mußten, die man ihnen zudiktiert hatte.

So wollten es der König und Cromwell. Denn die tapfersten Männer würden, wie Cromwell sagte, zurückschrecken, wenn sie sich den Tod vorstellen, den diese Mönche erleiden. Es war der Tod der Verräter, und es gab keinen Grund, weshalb nicht auch ein Bischof und ein ehemaliger Kanzler den gleichen schrecklichen Tod wie die Mönche sterben sollten. Nur der König in seiner Barmherzigkeit konnte dieses entsetzliche Urteil in Tod durch das Beil umwandeln.

Darüber soll Master More nachdenken. Und er soll es zusammen mit seiner Tochter tun, denn sie könnte die Minister des Königs bei ihren Vorstellungen unterstützen.

So war Margaret bei ihm, als draußen vor seinem Gefängnis Vorbereitungen getroffen wurden. Er und Margaret hörten das und wußten, was sie bedeuteten. Die Hürden wurden in den Hof getragen, und sie wußten, daß die vier braven Männer auf die Hürden gebunden und dann darauf nach Tyburn, der Galgenstätte, geschleppt, dort gehenkt, abgeschnitten und ihnen die Eingeweide aus dem Leib gerissen würden, solange sie noch am Leben waren.

Einem solchen Tod ins Auge zu sehen erforderte mehr als gewöhnlichen Männermut, so tapfer dieser Mann auch sein mochte.

Margaret stand mit zusammengepreßten Lippen vor ihrem Vater.

„Ich kann es nicht ertragen, Vater. Hörst du es nicht? Weißt du nicht, was sie diesen braven Mönchen antun?“

Und er erwiderte: „Sieh, Margaret, weißt du denn nicht, daß diese gesegneten Patres jetzt ebenso heiter in ihren Tod gehen wie der Bräutigam zur Hochzeit?“

Doch sie wandte sich weinend ab, sank ohnmächtig zu Boden, und nun war er es, der sich um sie bemühen mußte.

Mercy sagte zu ihrem Ehemann: „Ich muß etwas tun. Die Untätigkeit bringt mich um. Es würgt mich in der Kehle, und ich habe das Gefühl, als ob sie eingeschnürt wäre. Überleg doch, John! Seit einem Jahr leiden wir jetzt diese Qual. Diese langsame

Folter. Weiß der König das? Ist das der Grund, weshalb er unsere Hoffnungen weckt und sie gleich darauf zunichte macht, ehe er uns wieder Hoffnung schöpfen läßt?"

„Mercy, so kenne ich dich gar nicht... du bist sonst immer so ruhig."

„Ich kann nicht mehr ruhig sein. Ich träume von ihm, wie es vor vielen Jahren war, als er mich gerade in sein Haus genommen hatte: dann stand ich vor ihm, während er mir erklärte, welchen Fehler ich da oder dort gemacht hatte. Ich denke an ihn, wie er mir einmal gesagt hat, ich sei wahrhaftig seine Tochter. Ich bin seine Tochter. Deshalb muß ich etwas tun. Und du mußt mir helfen, John."

„Ich würde alles für dich tun, Mercy. Das weißt du genau."

„Vier von den Mönchen haben in Tyburn barbarisch gelitten, John. Und andere leiden noch auf eine entsetzlich langsame, verzögernde Weise. Sie sind in Newgate, und ich werde ihnen helfen."

„Du, Mercy? Aber... wie?"

„Ich gehe nach Newgate, um ihnen Hilfe zu bringen."

„Man wird dich nicht hineinlassen."

„Ich denke, der Arzt des Königs könnte mir helfen."

„Mercy! Wenn du entdeckt würdest... hast du dir überlegt, was das bedeutet?"

„Er hat gesagt, ich sei wahrhaftig seine Tochter. Ich möchte mir das gern beweisen."

„Was willst du tun?"

„Du kennst ihr Urteil. Diese gelehrten Mönche sind an Pfosten gekettet. Sie können sich nicht bewegen. Sie haben Halseisen umgelegt und Schellen an den Füßen. So will man sie sterben lassen. Das ist die Strafe für Ungehorsam dem König gegenüber. Sie erhalten nichts zu essen. Sie können sich nicht von dem Pfahl fortbewegen. Sie stehen bereits einen Tag und eine Nacht dort. Ich gehe jetzt nach Newgate und bringe ihnen etwas zu essen und werde sie säubern... damit sie nicht in ihrem eigenen Schmutz sterben."

„Das ist nicht möglich, Mercy."

„Es ist möglich, John. Ich habe geplant, was ich tun werde. Ich werde mich als Milchmädchen kleiden und einen Eimer auf dem Kopf tragen. Der Eimer wird mit Lebensmitteln und den Dingen gefüllt sein, die ich brauche, um sie zu säubern. Und dieses Milchmädchen wird in das Gefängnis eingelassen werden – auf Empfehlung des königlichen Leibartztes. Du kannst das tun, John. Und du mußt ... du mußt es tun ... denn ich würde sterben, wenn ich hierbleibe und denke ... denke ... Siehst du denn nicht, daß das für mich die einzige Möglichkeit ist, am Leben zu bleiben? Ich werde dann das Gefühl haben, *ihm* zu helfen. Ich muß es tun, John! Und du mußt mir helfen."

Er küßte sie und gab ihr sein Versprechen.

Am nächsten Tag ging Mercy, als Milchmädchen gekleidet, einen Eimer auf dem Kopf, durch das Tor des Kerkers von Newgate und wurde von einem Wärter, der dafür bezahlt worden war, zu den Mönchen geführt.

Mercy fütterte die Mönche mit den Speisen, die sie mitgebracht hatte, und säuberte sie.

Sie war glücklicher als jemals, seit man ihren Vater in den Tower gebracht hatte.

Der Zorn des Königs wuchs. Er gewöhnte sich auch an das Blutvergießen. Er betrog die Königin und bedurfte dringend der Beruhigung, denn dieses alte Ungeheuer, sein Gewissen, quälte ihn.

Der Papst hatte in der Hoffnung, Fisher zu retten, davon gesprochen, ihm den Kardinalshut zu verleihen.

Als der König das hörte, lachte er laut. „Dann muß er ihn auf den Schultern tragen", sagte er, „denn einen Kopf, auf den er ihn setzen könnte, wird er nicht mehr haben."

Und eines Tages im Juni wurde Bischof Fisher nach einem Verhör im Tower, bei dem das vertrauliche Geständnis, das er dem verräterischen Kronanwalt gemacht hatte, von diesem enthüllt worden war, zum Tode verurteilt.

Doch der König war großzügig. Im Hinblick auf das Alter und die Stellung des Bischofs wünschte Heinrich nicht, daß Fisher den Tod der Verräter erlitt. Er sollte durch das Beil des Henkers sterben.

Nun war Thomas an der Reihe und wurde am 1. Juli zum Prozeß nach Westminster vor das Parlament gebracht.

Dort erklärte ihm Norfolk, erbittert über die – wie er sagte – Halsstarrigkeit dieses Mannes, für den er einmal Zuneigung empfunden hatte, daß er immer noch des Königs Verzeihung gewinnen könne, wenn er seine Ansichten widerrufen würde.

„Mein Lord“, lautete Thomas Mores Erwiderung, „ich danke Euch für Euern guten Willen. Nichtsdestoweniger bete ich zu Gott dem Allmächtigen, daß es ihm gefallen möge, mir bis zur letzten Stunde meine ehrliche Gesinnung zu erhalten.“

Dann verteidigte er sich so geschickt, daß diejenigen, die beauftragt waren, über ihn zu richten, schon fürchteten, er werde sich abermals entziehen. Das durfte nicht geschehen. Nicht einer unter ihnen hätte es gewagt, dem König unter die Augen zu treten, wenn Thomas More nicht wegen Verrats verurteilt aus der Westminster Hall käme. Da trat der listenreiche Rich vor und erklärte, er habe ein vertrauliches Gespräch mit More geführt, wie er es auch mit Fisher getan habe.

„Ach“, rief Thomas, „Euer Meineid schmerzt mich mehr, Master Rich, als mein eigener Untergang.“

Doch das Gericht war froh, daß es ihn schuldig sprechen konnte, da sich jedes Mitglied vor der Ungnade des Königs fürchtete.

Sie führten ihn aus der Halle, und Margaret, die mit Jack und Mercy draußen wartete, fühlte sich gelähmt vor Schmerz, als sie ihn zwischen den Hellebardieren sah. Die Schneide des Henkersbeils war ihm zugewandt.

Jack lief vor und kniete zu den Füßen seines Vaters nieder. Margaret warf sich ihm in die Arme. Nur Mercy blieb zurück, da sie noch in diesem Augenblick daran dachte, daß sie nur die Pflegetochter war.

Margaret wollte den Vater nicht loslassen. Und Sir William Kingston, der Kommandant des Tower, stand daneben, wegen seiner Bewegung nicht fähig zu sprechen.

„Hab Geduld, Margaret. Meine Meg, hab Geduld. Zermartre dich nicht ...“, flüsterte Thomas.

Und als er sich freimachte, trat sie einige Schritte zurück und sah ihn an, ehe sie sich ihm noch einmal in die Arme warf.

Nun legte Sir William Kingston sanft die Hände auf ihre Schultern, und Jack schlang den Arm um sie, als sie ohnmächtig zu Boden sank und dort lag, während der traurige Zug weiterging.

Der König war gnädig gewesen. Er wollte den Mann, der sein Freund gewesen war, vor dem schrecklichen Tod bewahren, den die Mönche erlitten hatten.

„Der König in seiner Gnade", sagte Cromwell, „hat das Urteil in Tod durch das Beil verwandelt."

„Gott wolle verhüten", sagte Thomas mit grimmigem Humor, „daß der König seinen Freunden weitere solcher Gnaden erweist."

Es gebe jedoch gewisse Bedingungen, erläuterte Cromwell. Es dürfe keine langen Reden bei der Hinrichtung geben. Und wenn Thomas die Wünsche des Königs erfülle, werde der König gnädig erlauben, daß seine Familie seinen Leib zur Beerdigung erhielt. Der König war wahrhaft ein gnädiger Fürst.

Tod durch das Beil!

Nun wurde es in dem Haus in Chelsea wirklich dunkel. Die Angehörigen saßen trauernd im Kreis, und keiner sprach von ihm, denn sie hatten keine Worte mehr.

Was sie gefürchtet hatten, war eingetreten. Er, der dieses Haus zu dem gemacht hatte, was es war, der ihr Leben so gut und fröhlich gemacht hatte, war für sie verloren.

Sie würden ihn nie wiedersehen.

Dauncey weinte schweigend – nicht aus enttäuschtem Ehrgeiz, der erschien ihm jetzt nichtig. Er wußte nicht, was ihm geschehen war, seit er in dieses Haus gekommen war. Er hatte von Größe geträumt, er hatte eine vorteilhafte Ehe geschlossen, die ihn in die Gunst des Königs führen sollte. Und wohin hatte sie ihn geführt? Da er Dauncey war, wußte er mehr als die anderen. Er wußte, daß sich der Haß des Königs auf Sir Thomas More auch auf seine Familie erstrecken würde. Er wußte, daß ihr Besitz und Ländereien genommen werden würden, daß vielleicht sogar ihr Leben in Gefahr war. Doch es kümmerte ihn nicht. Ihn, Dauncey, kümmerte es nicht. Er hätte allen Besitz und alle Ländereien, die er hatte, hingegeben, er hätte seinen Ehrgeiz für die Zukunft weggeworfen, wenn sich die Tür geöffnet hätte und die lachende Stimme von Sir Thomas More wieder zu hören gewesen wäre.

Seine Frau Elizabeth lächelte ihm zu. Sie verstand ihn und war ihm dankbar, denn ihr schien, daß hier – inmitten des tiefen Kummers – ein wenig strahlendes Leuchten war.

Cecily und Giles Heron hielten sich an den Händen gefaßt, starrten vor sich hin und dachten ... dachten über die Vergangenheit nach.

Alice erinnerte sich, wie oft sie ihn gescholten hatte, und wünschte mehr als alles, was sie sich je gewünscht hatte, daß sie ihn wieder zum Ausschelten hier haben könnte.

Dorothy Colly schob die Hand in die von John Harris. Und sie waren sehr still, bis sie das Geräusch von Pferdehufen sich nähern hörten.

Es war ein Bote, der Margaret einen Brief brachte.

Sie zitterte, als sie ihn entgegennahm, denn der Vater sollte am nächsten Tag sterben, und sie wußte, daß dies das Letzte war, was sie je von ihm erhalten würde.

Der Brief war mit einem Stück Holzkohle geschrieben – mehr war ihm zum Schreiben nicht geblieben, denn sie hatten ihm vor einiger Zeit mit den Büchern auch das Schreibmaterial weggenommen.

Sie zwang sich vorzulesen.

„Unser Gott segne Dich, gute Tochter, und Deinen guten Mann und Eure Kinder und alles, was Euer ist ... und all meine Kinder und all meine Patenkinder und all unsere Freunde ..."

Dann nannte er sie alle beim Namen, und als Margaret die Namen vorlas, ließen sie die Köpfe hängen, denn die Tränen strömten ihnen aus den Augen.

Doch Margaret fuhr fort zu lesen.

Er bat sie, nicht um ihn zu trauern. Er solle morgen sterben, und es würde ihm leid tun, wenn er länger hätte leben müssen.

„Denn morgen ist St.-Thomas-Abend, und deshalb verlangt es mich, morgen zu Gott zu gehen. St.-Thomas-Abend! Das ist ein Tag, der für mich sehr passend und angemessen ist. Liebe Meg, Du hast mir nie besser gefallen, als damals, als Du mich zum letztenmal geküßt hast, denn ich liebe es, wenn töchterliche Liebe sich nicht um weltliche Höflichkeit kümmert. Leb wohl, mein Kind, und bete für mich, und ich werde für Euch und alle meine Freunde beten. Möchten wir uns alle frohgemut im Himmel wiedertreffen."

Margaret hatte aufgehört zu lesen, und Schweigen senkte sich auf sie.

Früh am Morgen des St.-Thomas-Abends kam Master Pope, ein junger Beamter des Hofes zu ihm, um ihm zu sagen, daß er an diesem Tag sterben solle.

Der junge Mann trat ein, Tränen in den Augen, und konnte

vor Weinen kaum sprechen, so daß es Thomas More war, der Thomas Pope trösten mußte.

„Grämt Euch nicht, Master Pope“, sagte er, „denn ich danke Euch herzlich für diese gute Nachricht.“

„Es ist der Wunsch des Königs, daß Ihr bei der Hinrichtung nicht viele Worte macht.“

„Ihr tut gut daran, mir das mitzuteilen, denn ich hatte geplant, länger zu reden. Ich bitte Euch, Master Pope, erwirkt vom König, daß meine Tochter Margaret dabeisein darf, wenn ich beerdigt werde, damit sie sieht, wie es getan wird.“

„Das wird der König erlauben, wenn Ihr vor Euerm Tod nicht allzulange redet. Dann werden Eure Gattin und all Eure Kinder die Erlaubnis erhalten, anwesend zu sein.“

„Ich bin Seiner Gnaden sehr dankbar, daß meinem armen Begräbnis soviel Wichtigkeit beigemessen werden soll.“

Als Pope dann ging, konnte er nicht mehr sprechen, weil ihm die Tränen die Stimme erstickten.

„Beruhigt Euch nur, guter Master Pope“, sagte Thomas, „und seid nicht bekümmert, denn ich vertraue darauf, daß wir uns einst frohgemut im Himmel wiedersehen, wo wir in ewiger Seligkeit zusammensein und uns lieben werden.“

Kurz vor neun Uhr verließ Thomas More, mit einem Gewand aus Fries bekleidet, das locker um seinen mageren Leib hing, ein rotes Kreuz in der Hand, sein Gefängnis und machte sich auf den Weg zum Tower-Hügel.

Nur ein einziges Mitglied seiner Familie war da, um ihn sterben zu sehen. Das war Mercy. Sie stand in der Menge, die sich um das Schafott versammelt hatte. Sie beobachtete und warf den letzten Blick auf ihn. Später würden Margaret und Dorothy Colly zur Bestattung seiner Leiche in der Kirche St. Petrus in den Fesseln dazukommen.

Mercy stand nicht nahe am Schafott, denn sie wollte nicht, daß Thomas Ihren Kummer sah. Sie sagte sich, sie müsse froh sein, daß er nicht diesem schändlichen Tod ausgeliefert wurde, den die armen Mönche in Tyburn erlitten hatten, während andere von ihren Brüdern angekettet in Newgate bei lebendigem Leibe verfaulten. Ihr Kerkerwärter, der fürchtete, daß Mercys Besuche bei den Mönchen entdeckt werden könnten, ließ sie nicht mehr zu ihnen, so verkamen sie langsam in ihren Ketten.

Grausame Welt! dachte sie, die diese Insel des Friedens und

Glückes in Chelsea umgibt wie ein stürmisches Meer. Auf dieser Insel hatten sie sich in Sicherheit geglaubt, doch nun waren sie von den bösartigen Wogen überflutet worden, die Frieden und Schönheit zerstörten und denen, die dort lebten und das Haus liebten, nur noch Erinnerungen ließen.

Thomas stieg die Stufen zum Schafott hinauf. Sie waren hastig gebaut worden und schwankten ein wenig.

Er lächelte und sagte zu einem der Beamten des Sheriffs: „Ich bitte Euch, Master Lieutenant, mich sicher hinaufzubegleiten. Dafür, wie ich wieder herunterkomme, dürft Ihr mich selbst sorgen lassen.“

Der Henker wartete auf ihn. Der harte Mann schaute in Thomas' Gesicht, und als er den liebenswürdigen Ausdruck darin sah, der die Zuneigung so vieler geweckt hatte, wandte er sich rasch ab und murmelte: „Herr, vergib mir ...“

Thomas legte ihm die Hand auf den Arm. „Fasse Mut, mein Freund! Fürchte dich nicht vor deinem Amt ... denn es ist ja dein Amt, sonst nichts. Gib acht, daß du nicht ungeschickt zuschlägst – um deiner eigenen Rechtschaffenheit willen.“

Dann kniete er nieder und betete: „Sei mir gnädig, mein Gott, in deiner großen Güte ...“

Er stand auf, und der Henker trat vor, um ihm die Augen zu verbinden.“

„Ich werde es selbst tun“, sagte Thomas.

Doch erst sprach er zu den Menschen, die auf seine letzten Worte warteten. Er sprach sehr kurz, weil er daran dachte, daß des Königs Mißfallen sonst die treffen könnte, die nach ihm zurückblieben.

„Meine Freunde, betet für mich in dieser Welt, und ich werde für euch in der anderen beten. Betet auch für den König und darum, daß es Gott gefallen möge, ihm gute Ratgeber zu geben. Ich sterbe als guter Diener des Königs ... doch Gottes Diener zuerst.“

Dann verband er sich die Augen und legte den Kopf auf den Block. Dabei schob er den Bart beiseite und sagte: „Der hat keinen Verrat begangen. Deshalb soll er vor dem Beil des Henkers bewahrt bleiben.“

Es herrschte tiefe Stille auf dem Tower-Hügel, als das Beil fiel.

Thomas Mores Lippen bewegten sich ein wenig.

„Ein guter Diener des Königs ... doch Gottes Diener zuerst.“

Die Nachricht von Sir Thomas Mores Tod wurde dem König gebracht.

„So sollen alle Verräter umkommen!“ rief er.

Doch in seinen kleinen Augen stand Furcht. Die Menschen auf den Straßen murrten. Mehr wagten sie nicht gegen den König zu tun. Sie hatten den schrecklichen Tod der Kartäuser gesehen, und nun steckte das Haupt von Sir Thomas an einem Pfahl auf der London-Brücke neben dem Haupt des heiligmäßigen Fisher, Bischof von Rochester.

„Kommt, Norfolk, woran denkt Ihr? Ihr schleicht da so herum.“

Norfolk war ein kühner Mann. Er sagte: „Daß es ein Jammer ist, Euer Gnaden. Ein Mann von solchen Gaben und dann so halsstarrig... so starrköpfig!“

„Ihr scheint traurig darüber zu sein, daß es so ist.“

„Euer Gnaden, er war ein liebenswerter Mann... trotz all seiner Fehler, Majestät. Viele haben ihn geliebt.“

Viele haben ihn geliebt!

Die Augen des Königs wurden schmal. Die Menschen würden immer daran denken, daß der Mann hingerichtet worden war, weil er seinem Gewissen mehr gehorcht hatte als dem König. Der gute Diener des Königs, doch Gottes Diener zuerst.

Der König verfluchte alle Märtyrer.

Dieser Mann durfte nicht im Gedächtnis der Menschen weiterleben. Sie sollten ihn als Verräter sehen, als Mann, der den Tod verdiente, als Verräter, dessen Kopf sich am richtigen Platz befand, wenn er nun von der London-Brücke auf Londons Fluß hinabschaute.

Aber Heinrich wußte, daß die Menschen, wenn sie an der Brücke vorüberkamen und zu dem Kopf des Mannes hinaufblickten, Gebete murmeln und um seinen Segen bitten würden. Zu viele erinnerten sich seiner Güte, seiner Tugend und Frömmigkeit.

Als Lebender war er Thomas More gewesen, der gute, liebenswürdige Mann. Als Toter würde er Thomas More, der Heilige, sein.

Das sollte nicht geschehen! Das durfte nicht geschehen!

Hatte More nicht erklärt, die Verbreitung aufrührerischer Ketzereien müsse um jeden Preis verhindert werden! Während seiner Amtszeit als Kanzler waren einige wenige Leute als Häretiker verbrannt worden. Der König wollte verbreiten lassen, daß dieser große, gute Mann nichts dagegen gehabt hatte, denen schweres Leid zuzufügen, die seine Ansichten nicht teilten. Konnte er sich dann darüber beklagen, wie er selbst vom König behandelt worden war?

Einige würden gewiß sagen: „Es ist nicht die Aufgabe des Kanzlers, über Ketzer Urteile zu sprechen. Das liegt in der Hand des Klerus.“ Doch wer würde das so genau untersuchen? Die Tudors und ihre Freunde, die es für nötig hielten, viele historische Tatsachen zu unterdrücken, würden keine Schwierigkeit haben, überall, wo es ratsam schien, Fakten zu verheimlichen oder auszuschmücken.

Der König erinnerte sich an den Fall eines Ketzers, der von Sir Thomas More zum Auspeitschen verurteilt worden war. Der König hatte sich damals darüber amüsiert, denn der Mann, um den es da ging, hatte sich hinter Frauen geschlichen, die in der Kirche knieten, ihnen die Röcke hochgehoben und über den Kopf geworfen. Das gerechte Urteil für dieses Vergehen war Auspeitschen. Doch dieser Mann war nicht nur ein Wollüstling, sondern auch ein Ketzer dazu. Eine kleine Veränderung der Berichte über solche Fälle – und schon stand More als ein Mann da, der Ketzer auspeitschte.

Der König zweifelte nicht daran, daß seine guten Freunde das notwendige Beweismaterial leicht beschaffen konnten.

Denn Märtyrer können wir in Unserm Reich nicht gebrauchen, dachte der König. Märtyrer sind unbequeme Leute, ich mag sie nicht.

Der König mußte immer recht haben. Und der König fühlte sich unbehaglich, denn auch ihm fiel es schwer, den Mann zu vergessen. Norfolk hatte recht: More war ein liebenswerter Bursche gewesen.

Ich habe ihn gern gehabt, sann Heinrich. Es hat mir Freude gemacht, ihn auszuzeichnen.

Er erinnerte sich der angenehmen Gespräche damals, als More das Buch für ihn schrieb, der Abende auf dem Balkon mit seiner ersten Königin, während Thomas More die Sterne am Himmel erklärte. Er dachte an die angenehme Familie in Chelsea und daran, wie er durch den duftenden Garten geschlendert war, den Arm um die Schulter des Kanzlers gelegt.

„Ich habe den Mann geliebt“, murmelte Heinrich. „Ich … genau wie die anderen. Es war nicht mein Wunsch, daß er sterben sollte. Gott sei mein Zeuge. Ich habe ihn geliebt."

Seine Königin kam ins Zimmer.

Er war nicht mehr froh mit ihr. Sie hatte ihm nichts von alldem gegeben, was er begehrt hatte. Sie hatte sein Herz mit Eifersucht und seinen Geist mit Befürchtungen gefüllt.

Er hatte ein ruhiges blasses Mädchen unter ihren Hofdamen bemerkt. Jane Seymour war ihr Name. Und wenn dieses Mädchen auch recht zurückhaltend war, hatte sie doch gezeigt, daß sie sich der Aufmerksamkeit des Königs nicht unbewußt war.

Der König verlor plötzlich die Beherrschung, als er seine Königin ansah, und er war voller Angst, weil ihm die Ermordung eines großen und guten Menschen schwer auf dem Gewissen lastete.

„Du hast das getan!" schrie er seine Königin an. „Du hast das getan. Du hast von mir den Tod eines guten Mannes gefordert, und Gott möge mir vergeben, daß ich dir deinen Wunsch erfüllt habe."

VIII

Kein Laut war auf dem Fluß zu hören als das Eintauchen der Ruder in das Wasser. Die Sterne funkelten am Julihimmel wie Edelsteine am Wams eines Königs, und die Umrisse der Hecken am Ufer traten klar hervor. Die Brücke und ihre entsetzlichen Reliquien wurden sichtbar. Das Boot hielt an, und als Margaret ausstieg, war Will schon bei ihr. Er legte den Arm um sie.

„Meg... Meg... bestehst du immer noch darauf?"

Sie nickte.

„Es ist gefährlich, das zu tun, meine Liebe. Ich weiß nicht, welche Strafe darauf..."

„Ich weiß es auch nicht", erwiderte sie. „Und es kümmert mich nicht."

Sie gingen das Ufer hinauf und weiter zur Brücke.

„Meg... bitte, geht zurück zum Boot. Ich will es tun."

„Nein. Dies ist meine Aufgabe, und meine allein."

Die warme Luft der Sommernacht strich ihr liebkosend über das Gesicht, als sie auf der Brücke stand und den Pfahl mit festem Griff umfaßte.

„Meg, du marterst dich."

„Nein", entgegnete sie. „Laß mich, Will, laß mich los."

Gemeinsam zogen sie den Pfahl herab und nahmen herunter, was daraufsteckte. Margaret schlug es zärtlich in den Schal ein, den sie mitgebracht hatte, und Will führte sie, den Arm um sie gelegt, zum Boot zurück. Zärtlich betrachtete Will Roper seine Frau und schwor, sie bis zum Ende ihrer Tage in Ehren zu halten. Er und ihre Kinder wollten ihr so viel Liebe schenken, daß Thomas, wenn er vom Himmel herunterblickte, auf sie niederlächeln und sie segnen würde. Nun starrte Margaret vor sich hin, die Arme um den Schal gelegt, der diese entsetzliche und kostbare Reliquie enthielt. Die London-Brücke lag hinter ihnen, und rasch fuhren sie flußaufwärts nach Chelsea.